Jörg und Miriam Kachelmann
Recht und Gerechtigkeit

Jörg und Miriam
Kachelmann

Recht und Gerechtigkeit

Ein Märchen aus der Provinz

HEYNE ‹

Bildnachweis:
Sämtliche Abbildungen © aus dem Privatarchiv von Jörg und Miriam Kachelmann
außer Seite 158, 233 und 275 © picture-alliance/dpa.

Verlagsgruppe Randomhouse FSC-DEU-0100
Das für dieses Buch verwendete
FSC®-zertifizierte Papier *Munken Premium Cream*
liefert Arctic Paper Munkedals AB, Schweden.

Inhalt

Vorwort

Oje, nicht schon wieder, werden Sie sagen, nicht schon wieder der Kachelmann. Sie haben so viel gehört, mehr als Sie jemals über mich erfahren wollten und sollten, ein paar Dinge, die wahr waren und sehr viele, die frei erfunden wurden. Schon im Gefängnis war mir klar, dass ich ein Buch schreiben wollte (und vielleicht wäre ich schneller aus dem Knast gekommen, wenn ich es nicht so laut angekündigt hätte, um ein »Ich lass mich von euch nicht unterkriegen« zu demonstrieren). Ich hatte in den hundertzweiunddreißig Tagen in acht Quadratmetern Mannheim viel Zeit, so viel Zeit wie noch nie, über mich nachzudenken. Über die Dinge, die ich in meinem Leben richtig gemacht habe und die Dinge, die ich falsch gemacht habe.

Die richtigen Dinge aufzuzählen wäre vermessen, womöglich sähe ich mich zu positiv im Rückblick und würde der Versuchung erliegen, mich Ihnen anzubiedern. Nichts läge mir ferner, ich will Sie ja nur einladen, dieses Buch zu lesen, das zu schreiben für Miriam und mich eine viel schwierigere Aufgabe war, als wir uns das ursprünglich gedacht hatten. Aber wir haben auch eine Mission, nämlich mitzuhelfen, dass das, was mir passiert ist, am besten niemandem nach mir passiert und dass die, die unschuldig wegen einer Falschbeschuldigung im Knast sitzen, bald ein neues Verfahren mit einem Freispruch bekommen.

Die Zahl an Falschbeschuldigungen dieser Art ist erschreckend hoch, Experten gehen inzwischen davon aus, dass eine womöglich deutliche Mehrheit aller Vergewaltigungsanzeigen auf keiner realen Basis beruht – nicht selten liegen die Gründe dafür darin, dass Polizei, Staatsanwaltschaft und Gerichte in Deutschland unkritisch alles glauben, was ihnen da erzählt wird. Und selbst wenn sie es nicht tun, führt eine Falschbeschuldigung immer wieder zum Erfolg: Das wohl dramatischste Beispiel ist der Fall des Lehrers Horst Arnold, der unschuldig seine volle Strafe abgesessen hatte und starb, bevor die Justiz sich bequemen wollte, sich der Falschbeschuldigerin anzunehmen. Was der *Spiegel* in seiner Ausgabe vom 16. Juli 2012 darüber schrieb, ist symptomatisch:»Was passiert eigentlich Staatsanwälten, die ihren Job schlecht machen? […] Es passiert ihnen nichts. […] Was passiert Richtern, die […] Fehlurteile fällen? Ihnen passiert schon gar nichts.«

Beim Schreiben in den letzten Monaten kam ich zu der Erkenntnis, dass auch in Mannheim weder den Polizisten und Staatsanwälten noch den Richtern irgendetwas passierte. Egal wie fehlerhaft sie sich im Zusammenhang mit meinem Fall verhalten haben, ich weiß nicht, ob sie gelogen oder sonst die Wahrheit verbogen haben, um mir bewusst zu schaden, oder ob sie sich in etwas verrannt hatten und dann keinen Ausweg mehr sahen, außer den einmal eingeschlagenen Weg unter dem Beifall großer Teile der veröffentlichten Meinung immer weiter zu verfolgen, auch dann, als er sich als falsch erwies. Was ich aber weiß, ist, dass niemand dafür zur Rechenschaft gezogen wurde. Die meisten Beteiligten sind sogar befördert worden.

Andererseits gehört für mich zu meinem neuen Leben auch, das alte zumindest zur Kenntnis zu nehmen und zu wissen, dass ich eben früher Fehler gemacht habe. Ich hatte schon während der Olympischen Spiele in Kanada, wo ich mich bis zur Verhaftung aufgehalten hatte, Zeit zum Nachdenken und wusste, was ich wollte und nicht mehr wollte, sodass die anschließende Denkpause so recht gar nicht mehr notwendig gewesen wäre. Aber sie war da, wenn auch ungerecht und zwangsweise – und im Gefängnis, umgeben von den vielen Kakerlaken, Ratten und Hakenkreuzen in der JVA Mannheim, ist die Erkenntnis weiter gewachsen (ich möchte nicht sagen, dass hundertzweiunddreißig Tage unschuldiges Sitzen für irgendwas gut sein können, aber wenn, dann dafür), dass nicht nur mein Leben, sondern auch ich selbst manchmal nicht so war, wie ich mir das wünschte und es richtig gewesen wäre.

Aber es gab nie Gewalt, Übergriffe, Jekyll und Hyde, Hebel, die sich umlegten, einen eiskalten Blick oder was auch immer mir in frei erfundenen Medienberichten angedichtet wurde. Die Fehler, die ich gemacht habe, waren andere und gehören in keinen Gerichtssaal: Ich habe über viele Jahre ein rastloses Leben geführt, habe mich im Beruf rumscheuchen lassen und war der falschen Meinung, dass das für das Wohlergehen der Firma notwendig sei. Ich habe immer wieder neue Menschen kennengelernt und nicht unterscheiden können oder wollen, wer und was gut für mich ist und wer nicht – als ich es mit der Zeit wusste, war ich zu feige, mich von ihnen zu trennen, und habe mich irgendwie durchgewurschtelt, ein Jongleur mit viel zu vielen Bällen. Ich war über Jahre in Beziehungsdingen nicht immer ehrlich, hatte mehrere Geliebte auf einmal. Einige von ihnen haben, um Rache zu üben, für Geld ihre Seele und die Wahrheit geopfert und mir damit letztendlich nicht nur bewiesen, dass sie nie Liebe empfunden haben, sondern auch gezeigt, dass ich nicht so feige hätte sein müssen – mein Rat an alle in einer ähnlichen Situation: lieber das Ganze gleich beenden, dann muss man nicht mehr oder weniger lustige Räubergeschichten erfinden, nur um doch bitte selbst verlassen zu werden, weil das vielleicht vor der Rache der Ex schützt.

Wahre Liebe ist ein seltenes Gut, und ich habe Gefühle vorgetäuscht bekommen und selbst manchmal Gefühle vorgetäuscht, wo eigentlich keine waren. Das tut mir leid und wird mir in diesem Leben nicht mehr passieren. Ich habe in dieser Zeit viele Dinge gelernt und wichtige Menschen in meinem Leben hinzugewonnen, aber auch etwas verloren: Vertrauen in die Justiz und ihre Vertreter, das bis zu meiner Verhaftung unerschütterlich war. Miriam versucht in ihrem Kapitel am Ende des Buchs zu beschreiben, was falsch läuft im Staat, der ihrer ist, warum es falsch läuft und was geändert werden müsste, damit Deutschland wieder gewissenhaft als Rechtsstaat bezeichnet werden kann.

Wenn Sie private Abrechnungen und Bettgeschichten erwarten, werden Sie enttäuscht werden. Das Buch fängt mit dem Tag meiner Verhaftung an und wird nicht das Ende der Aufarbeitung meines Falls sein. Es ist unser Ziel, dass Falschbeschuldiger verurteilt und dass Justiz und Öffentlichkeit dafür sensibilisiert werden, dass es sich bei Tätern auch um Frauen handeln kann und diese nicht aufgrund ihres Geschlechts von vornherein und automatisch Opfer sind.

Ich widme dieses Buch meiner Liebe und klugen Koautorin, meiner tapferen Mutter, meinen Kindern, meinen Verteidigern Andrea Combé und Johann Schwenn, ohne die das Gericht seinen furchtbaren Furor wohl hätte bis zu einer Verurteilung ausleben können, sowie den Freunden, die uns am 31. Mai 2011 begleitet haben, und besonders auch all denen, die mir in der Not Geld geliehen haben and God bless Charles Linda and Al and the Highland community for all your prayers. Ich danke darüber hinaus allen, die mir in den Knast geschrieben und Mut gemacht haben und mir das Gefühl gaben, nicht alleine zu kämpfen. Auch im Namen meiner Frau danke ich all jenen, die uns unterstützt haben in schwieriger Zeit, Verwandte, Freunde, die uns Unterschlupf gewährt und uns kreativ geholfen haben im Kampf gegen die Paparazzi und auf der Flucht vor ihnen. Ich danke den Anstaltsgeistlichen für ihren Dienst am Mitmenschen, den meisten Vollzugsbeamten, die im dritten Stock des U-Haft-Trakts der JVA Mannheim Dienst taten, für ihre Menschlichkeit, meinem Schänzerkollegen und Freund René und all meinen Mitgefangenen auf dem Stockwerk – besonders dafür, dass keiner von ihnen für noch so viel Geld seine Seele und mich an die Medien verkauft hat –, und nicht zuletzt der Kanzlei Höcker, die versucht hat, den medialen Kloakenmahlstrom zu kontrollieren und dessen Verursacher mit ziviler deutscher Rechtsprechung zu begegnen. Ich erinnere mich dankbar an das wichtige Vertrauen von Christian Heeb (damals *Radio Basel*), Marco Maier von *Radio Primavera* sowie Michael Aigner von *Aton-Solar* – noch weit vor der Rechtskraft des Freispruchs, immerhin drei Persönlichkeiten, die verstanden haben, was der Rechtsstaat mit der Unschuldsvermutung meint. Und wir danken dem Heyne Verlag für den Mut, mit uns ein Buch zu machen – ein Mut, der heutzutage nicht selbstverständlich ist, wie wir feststellen mussten.

Miriam dankt mit diesem Buch ganz besonders ihrer Omi, Imke, Dirk, den Mädels, der Großmutter und dem Opa für die liebevolle Unterstützung in schwieriger Zeit.

Miriam und ich möchten eine Stiftung oder einen Verein gründen, um mit Gutachtern und Anwälten, die ihr Handwerk verstehen, den Männern zu helfen, die zu Unrecht angeklagt wurden, und den Frauen, die wirklich einem Verbrechen zum Opfer gefallen sind. Ein Teil der Erlöse dieses Buchs wird in diese zu gründende Einrichtung fließen.

Es wäre uns eine Ehre, wenn sie den Namen von Horst Arnold tragen dürfte, einem falsch beschuldigten Mann, der nicht mehr erleben durfte, wie seiner Peinigerin der Prozess gemacht wird.

Teil I

Die Verhaftung

20.03.2010 Jörg Kachelmann wird bei seiner Rückkehr aus Kanada auf dem Frankfurter Flughafen verhaftet und in die JVA Mannheim eingeliefert. Kachelmanns Freundin Miriam, die ihn abholen wollte, wird Zeugin der Festnahme.

Ein voller Aufzug

Es ist kein gutes Zeichen, wenn zu viele Menschen mit in den Aufzug wollen. Normalerweise ist die Tiefgarage am Frankfurter Flughafen im hinteren Teil ziemlich leer, weshalb ich über die vielen Leute am Lift schon etwas verwundert war. Den Gepäckwagen mit in den Lift reinzuwurschten ist zwar nicht erlaubt, aber zu zweit hatten wir so viel Zeug, dass wir alles auf einmal nicht hätten tragen können, also rein damit. Ein Gepäckwagen plus einmal neunzig und noch einmal fünfundsechzig Kilo, da bleibt eigentlich nicht mehr viel Platz, ohne dass es ein Gschtungg wird, wie man in der Schweiz sagt. Aber den vielen Leuten, die gleichzeitig mit uns Lift fahren wollten, schien das egal zu sein. Wir boten an, dass sie zuerst fahren könnten, aber es machte ihnen nichts aus mitzufahren. Miriam und mir war das herzlich gleichgültig, wir hatten ein freies Wochenende vor uns. Alles war gut, ich war mit der Frau zusammen, mit der ich zusammen sein wollte, und das Auto war nur noch ein paar Meter entfernt.

Ich dachte mir nichts, als die Leute aus dem Fahrstuhl uns überholten und dann beim Auto umdrehten. Ich machte mir in den Sekunden des Überlegens, die mir bis zur Aufklärung der Situation blieben, keine großen Gedanken darüber, warum die hier waren. Das Auto stand noch so da, wie ich es am späten Vormittag des 9. Februar 2010 verlassen hatte. Ich hatte damals zwar nur rund fünf Stunden geschlafen, aber ich war konzentriert und freute mich auf die Arbeit bei den Olympischen Spielen.

In der Nacht zuvor hatte sich eine langjährige Gelegenheitsbeziehung mit einer Frau, die ich im Schnitt vielleicht ein gutes halbes Dutzend Mal pro Jahr gesehen hatte, in Wohlgefallen aufgelöst. Claudia

Dinkel hatte mich beim Fremdgehen erwischt, und ohne irgendwelche Gegenwehr ergriff ich die günstige Gelegenheit auf ein Beziehungsende im beiderseitigen Übereinkommen. Ich spürte aufatmende Entspannung, als ich damals in Schwetzingen die Treppe runterging. Ich merkte, dass da nichts an Gefühlen war, dass ich das Ganze, wie anderes auch, vor Jahren hätte beenden müssen, und dachte, dass meine Feigheit und Angst vor einer durchgeknallten Reaktion, die eine kurz vor dem Abschluss stehende, komplizierte familienrechtliche Vereinbarung über meine Kinder mit deren Mutter gefährden könnte, wohl übertrieben gewesen waren. Ich erlebte daraufhin eine zuversichtliche Fahrt in die Nacht.

In den Wochen zuvor hatte ich bereits erfolgreich und bisher ohne Nachtreten der Frauen angefangen, mehr Ordnung in meine Beziehungswelt zu bringen. Die im Vergleich zum erwarteten Theater doch recht ruhig verlaufene Verabschiedung von Claudia Dinkel gab mir die Zuversicht, dass meine Sorge, ich müsste mit Rache in den Medien rechnen, unbegründet war. Ich hatte es nicht für völlig ausgeschlossen gehalten, dass Claudia Dinkel eine potenzielle Rächerin sein könnte, die womöglich zur *Bunten* oder zu einem anderen Blatt rennt, um zu sagen, dass der Wetterfrosch eigentlich ein Schwein ist und mehr als eine Frau auf einmal hatte. Doch passierte erst mal nichts. Erst vor Kurzem hatten die Mutter meiner Kinder und ich geregelt, wie oft ich meine Kinder, die zwar biologisch nicht meine sind, die ich aber sehr liebe, sehen kann. Allerdings würde erst Ende März mit der erneuten Zahlung eines großen sechsstelligen Betrages alles Finanzielle unverrückbar vereinbart sein.

Die Olympischen Spiele liefen gut, ich hatte die Kinder für ein wunderbares Wochenende in Whistler, konnte mit ihnen bei einer Siegerehrung (danke, liebe Kollegen vom *NDR* und *MDR* für alle Hilfe) dabei sein, und sie konnten »O Canada« und ich die Schweizer Nationalhymne singen. Ich war rundum glücklich, zumal noch einmal zwei Wochen mit den Kindern bevorstanden, bevor ich nach Europa zurückflog und mich auf ein Wochenende mit Miriam freute.

Und nun, am späten Vormittag dieses Samstags, dem 20. März 2010, bekam ich von einem Dackelfaltenpolizeimann ein Papier in bemerkenswert kräftigem Rosa und las den Namen von Claudia Dinkel. Fast augenblicklich wusste ich, dass mein Leben nun sehr schnell ganz anders werden würde. Ich las das Papier immer und immer wieder, aber am Inhalt, am Wahnsinn, an der Lüge änderte sich nichts. Es stand da, und es war kein Scherz, das war mir klar. Ich verstand, dass ich das Rachepotenzial der Frau, von der ich mich doch ohne Zeter und Mordio getrennt hatte, in den letzten Wochen nicht über-, sondern weit unterschätzt hatte. Mein Herz schlug sehr schnell, als ich den Haftbefehl mit dem frei erfundenen Geschehen in der Nacht vom 8. auf den 9. Februar 2010 las, aber es geriet nicht aus dem Rhythmus wie bei anderen, viel weniger aufregenden Gelegenheiten in der Vergangenheit. Mich befiel auch keine Panik. Die Geschichte war von vorne bis hinten erlogen, und ich war zuversichtlich, dass auch der dümmste deutsche Polizist so etwas aufdecken könnte. Damals kannte ich allerdings noch nicht die Kriminalpolizeiaußenstelle Schwetzingen.

Ich war immer ein institutionengläubiger Spießer gewesen, war außer durch ein paar Kleinstverkehrsverstöße nie auffällig geworden bei der Polizei und glaubte im Übrigen an die Justiz in Deutschland – und in Baden-Württemberg, wo ich geboren war, sowieso.

Zudem schien mir der auf diesem rosa Papier festgehaltene Vorwurf der Vergewaltigung, noch dazu mit einem Messer, von vornherein so absurd, dass ich hoffnungsfroh sein wollte, dass sich das Ganze schnell auflösen würde. Ich wusste nicht mal mehr mit Sicherheit, ob ich an jenem Abend überhaupt ein Messer in der Hand gehabt hatte – wieso auch. Der Abend und selbst das Beziehungsende waren komplett ruhig verlaufen und nichts geschah, das sich einem irgendwie in die Erinnerung hätte brennen müssen, geschweige denn, dass die Dinge passiert wären, mit denen Claudia Simone Dinkel berühmt werden und Geld verdienen oder sich einfach nur rächen wollte.

So empfand ich für kurze Zeit den ganzen Zinnober am Flughafen schon fast als interessante Bereicherung meiner Biografie, ahnend, dass ich nun Dinge kennenlernen würde, die ich noch nicht kannte. Diese kindliche Herangehensweise konnte ich mir allerdings nur für

Sekunden bewahren, denn diese rund zehn Leute, die mich verhaften wollten, ließen durch ihre Körpersprache und die Art, wie sie mit mir umgingen, keinen Zweifel, dass sie davon ausgingen, dass ich die auf dem rosa Zettel festgehaltene Tat begangen hätte. Das Auto wurde durchsucht. Ich hatte aus diversen Fernsehfilmen und Büchern gelernt, dass es gut ist, erst mal nichts zu sagen, und ich war froh, dass Miriam cool und tapfer blieb. Sie stand mehrere Meter von mir entfernt und sah mich besorgt an. Wir durften uns schließlich voneinander verabschieden, und ich wusste, als ich auf sie zuging, dass ich etwas die Fassung verlieren würde. Ich bin jemand, der bei Filmen weint, selbst die Szene am Anfang in *Findet Nemo*, wenn die Mutter gefressen wird, rührt mich zu Tränen.

Bei der Verabschiedung tat nicht ich selbst mir leid, sondern Miriam. Sie stand da, stark und traurig, ich konnte ihr nur sagen, was man mir vorwarf und dass ich das nie getan hatte. Ich spürte und hörte, dass sie mir glaubte, und sie tröstete mich über den kurzen Moment hinweg, wo ich ein bisschen weinen musste. Es tat mir in der Seele weh zu sehen, wie sie einfach so dastand, einsam, unser Wochenende fand nicht statt, und es rührte mich letztendlich auch, dass sie in der überraschenden Not stärker war als ich.

Zuerst ging es in eines der Nebengebäude im Flughafen, wo der sogenannte erkennungsdienstliche Teil absolviert wurde. Ich versuchte Teile von Reststolz nach oben zu fördern, als ich von vorne und von der Seite fotografiert wurde; ich war müde nach der langen Reise und wähnte mich in diesen Momenten in einem falschen Film, in einem Traum, aus dem ich sicher gleich aufwachen würde. Was mit mir passierte, konnte nicht sein, es war falsch, ich war Menschen ausgeliefert, die sich komplett abseitig verhielten und mich mit einem völlig abwegigen Vorwurf konfrontierten. Diese Polizisten mussten die Menschenkenntnis eines abgetauten Kühlschranks haben, dass sie Dinkel diese schlecht zusammengelogene Geschichte glaubten.

Ich wusste allerdings zu jedem Zeitpunkt, dass alles Argumentieren sinnlos wäre, so schwieg ich und versuchte, alles erwachsen und wie ein Mann über mich ergehen zu lassen.

Miriams Sicht: Die Verhaftung

Jörg und ich waren für das Wochenende am 20./21. März 2010 verabredet und hatten vor, eventuell nach einem kurzen Aufenthalt in Leipzig, wo er am folgenden Montag einen Termin hätte wahrnehmen müssen, gemeinsam wieder Richtung Süden zu fahren. Ich stamme aus Leipzig, war aber im Oktober 2009 zum Antritt meines Psychologiestudiums nach Konstanz gezogen. Das hatte mehrere Gründe: zum einen, weil Jörg seine Firma in der Schweiz hatte, zum anderen, weil die anderen beiden Universitäten, die mich zum Studium zugelassen hatten, für mich aus fachlichen Gründen und wegen der Umgebung nicht infrage kamen.

Jörg war mehrere Wochen in Kanada gewesen, um da während der Olympischen Spiele zu arbeiten und um seine Kinder zu besuchen, die dort bei ihrer Mutter leben. Wir hatten uns also länger nicht gesehen, unter anderem auch deswegen, weil ich ihm ein Treffen zwischen den Olympischen Spielen und seinem Kinderbesuch, das für ihn zwei Tagesreisen nach Europa und zurück zur Folge gehabt hätte, aus Sorge um ihn ausgeredet hatte. Wir einigten uns schlussendlich darauf, dass er einen Tag eher als geplant aus Kanada zurückkehrte. Polizei und Staatsanwaltschaft würden Jörg das später als Täuschungsversuch und als Manöver anlasten, nach dem Motto: Er kam bewusst einen Tag früher zurück, an einem Tag, an dem ihn keiner erwartete.

Die Zeit vor unserer Verabredung hatte ich in Leipzig bei meiner Familie verbracht. Ich fuhr sehr früh am Morgen des 20. März 2010 mit dem Zug los, um vor Jörg am Flughafen in Frankfurt anzukommen. Ich wollte ihn dort überraschen, denn eigentlich war vorgesehen, dass wir uns auf halber Strecke trafen, um meine Fahrzeit zu reduzieren. Seine Flugnummer und die Ankunftszeit hatte er mir vor dem Abflug mitgeteilt, sodass ich ihn am Gate abholen konnte. Es war ein freundlicher Frühlingstag, ich war sehr fröhlich, hatte eine Menge Gepäck dabei (ich war ja vorher bei der Familie gewesen) und wartete in einer kleinen Menschentraube darauf, dass Jörg aus dem Gate trat. Nach vielleicht einer knappen halben Stunde Wartezeit kam er dann auch, ging links um die Ecke, blickte zurück und sah mich freudig überrascht an. Wir begrüßten uns, wie es ein Liebespaar tut, das sich längere Zeit nicht gesehen hat, freuten uns über den jeweilig anderen und traten gemächlich den Weg zum Parkhaus an, wo das Auto stand. Kriminalhauptkommissar (KHK) Hubert Dietrich würde später empört vor Gericht berichten, dass wir zur Begrüßung herumgeknutscht hätten – vermutlich war auch das für ihn ein Indiz für Jörgs Täterschaft. Klar, Knutschen ist schon prinzipiell sehr verdächtig – jedenfalls wohl aus Schwetzinger Perspektive.

Jörg war guter Laune, freundlich und liebevoll, ein bisschen verschlafen und erfreut, mich zu sehen. Wir unterhielten uns über seine Lederjacke und deren offensichtlichen Achtzigerjahrestil, darüber, wie es dem jeweils anderen ging (es ging uns beiden sehr gut), über den Flug und dass wir uns freuten, uns nach so langer Zeit wiederzusehen. Als er auf dem Weg zur Tiefgarage an einem Automaten sein Parkticket bezahlt hatte, liefen wir den Gang entlang und suchten einen Fahrstuhl. Der erste war besetzt, der zweite auch, der dritte war leer. Als wir einstiegen, kamen sofort, scheinbar aus dem Nichts, viele Menschen und drängten sich mit hinein. Ich kann mich erinnern, dass mir das seltsam vorkam. Heute weiß ich, dass mich mein Gefühl nicht getrogen hat. Jörg meinte noch scherzhaft, dass man ja sicher auch auf den nächsten Fahrstuhl hätte warten können, anstatt jetzt ein solches Gedränge zu verursachen.

Als der Fahrstuhl in unserem Parkdeck anhielt und wir ausstiegen, verließen noch ein paar, möglicherweise sogar alle anderen Personen den Lift und gingen vorweg. Ich kann mich gut erinnern, dass eine junge Frau an mir vorbeilief und mich angrinste. Später sollte sie sich als eine Art Polizeiazubi und Tochter des Kriminalhauptkommissars

Dietrich, des Einsatzleiters, herausstellen, die der Papa zur Promiverhaftung mitgebracht hatte – das erfuhr ich allerdings erst sehr viel später. Die junge Polizistin schien mir im weiteren Verlauf großes Gefallen dabei zu empfinden, die Verhaftung miterleben zu dürfen. Vielleicht kam es ihr ein bisschen vor wie im Zoo, wo man ein exotisches Tier betrachten kann – das sieht man ja schließlich nicht alle Tage! Wir gingen ein kleines Stück weiter. Plötzlich drehten sich die Personen, die uns eben noch überholt hatten, um und kamen auf uns zu.

Ein kleiner älterer Herr (wie ich viel später erfuhr: KHK Dietrich) hielt Jörg eine Art Ausweis vors Gesicht, gleichzeitig stand eine ältere kleine Frau in dunkler Jacke mit mittellangen braunen Haaren, offenbar auch eine Polizistin, direkt vor mir und bat mich sehr fordernd, ihr zur folgen. Ich weiß noch, dass ich zunächst dachte, wir bekämen Ärger mit der Flughafenpolizei, weil wir mit dem Gepäcktrolli im Fahrstuhl gefahren waren (was man wohl nicht darf, ich erinnere mich an einen großen Verbotsaufkleber an der Fahrstuhltür); später dachte ich, dass ich verhaftet werde, dann, dass wir beide festgenommen werden, und nach wenigen Minuten wurde mir schließlich klar, dass es um Jörg ging. Er wurde nach links zur Seite »gebeten«, ich nach vorne. Wir drehten uns, wie in amerikanischen Kitschfilmen immer eindrucksvoll inszeniert, in diesem Moment des Voneinanderweggezogen-Werdens noch einmal um, und ich konnte Entsetzen und Unverständnis in Jörgs Gesicht sehen. Ich vermute, dass ich einen ähnlichen Gesichtsausdruck hatte.

Diese kleine Polizistin, Carina Lapsit ist ihr Name (und wir sollten noch mehr miteinander zu tun haben in der Zukunft), fragte mich in einem leicht schnippischen Ton und auf eine Art, dass ich mich direkt schuldig fühlte, obwohl ich gar nicht wusste, was ich gemacht haben sollte: wer ich denn überhaupt sei, was ich hier wolle, wie ich heiße, woher ich komme. Ich versuchte ihre Fragen zu beantworten und guckte dabei immer wieder zu Jörg zurück. Lapsit und ich waren auf der Höhe von Jörgs Auto, links neben dem Wagen war eine Parklücke frei, weiter links davon standen zwei Polizeiautos. Am ersten war Jörg, der sich über die Motorhaube gebeugt hatte und von mehreren

Polizisten umringt war. Lapsit, die auf mich den Eindruck machte, als sei sie zusammen mit Dietrich Einsatzleiterin, wollte meinen Ausweis überprüfen. Ich stimmte zu, und sie nahm ihn mit ins erste Polizeiauto. Ich fragte sie, was denn überhaupt los sei, was uns vorgeworfen werde, beziehungsweise später, was Jörg vorgeworfen werde, und sah auch immer wieder besorgt zu ihm rüber. Er stand weiter über die Motorhaube gebeugt, und die Polizistin Lapsit erklärte mir nichts. Ihr einziger Kommentar war, dass er mir das dann schön selber erzählen könne. (Den schnippischen Unterton erwähnte ich bereits, auch wenn er sich hier aus der Wortwahl von selbst ergibt.) Mal links und mal rechts von ihr hielt sich die kleine Polizeiauszubildende auf, die Tochter Dietrich – sie sagte nichts, grinste dafür, entweder aus Freude am Schauspiel oder aus Verlegenheit, umso mehr.

Dieser ganze Vorgang – Abfrage der Personalien, des Erklärens, wer ich sei, woher ich käme, die Blicke zu Jörg, der weiterhin über ein auf der Motorhaube liegendes Blatt Papier gebeugt war (rechts neben ihm stand meistens der kleine ältere KHK Dietrich, der auch als Erster mit ihm geredet hatte), und meine ewige»Diskussion« mit der Polizistin Lapsit, dass sie mir doch endlich sagen möge, was los sei –, dies alles dauerte ungefähr fünfzehn Minuten, auch wenn es sich deutlich länger anfühlte. Irgendwann, nachdem mir mein Ausweis zurückgegeben worden war, hieß es, wir dürften uns voneinander verabschieden. Ich wusste nicht, was das heißen sollte: verabschieden. Warum verabschieden?

Jörg kam langsam und sichtlich geschockt auf mich zu. Wir standen dann am Heck seines Autos. Zwei oder drei Meter entfernt, von mir aus gesehen links, befand sich die kleine Tochter Dietrich (jemand hätte ihr Popcorn und einen Fernsehsessel holen sollen) und beobachtete uns, weiterhin dauergrinsend. Die anderen Polizisten standen mehrere Meter weiter weg an ihrem Auto und unterhielten sich. Ich nahm Jörgs Hand, versuchte ihn ein wenig zu beruhigen und fragte ihn, was hier los sei. Er war völlig durcheinander und sagte ungläubig und anfangs unverständlich, dass ihm vorgeworfen werde, eine Frau vergewaltigt zu haben, strich sich mehrmals durch

22

die Haare, war insgesamt sehr unruhig und blickte hilflos abwechselnd mich an und ins Leere. Ich erinnere mich, dass ich mich kurz nach links wegdrehte. Ich dachte: scheiße – nicht, weil ich es für möglich gehalten hätte, dass er das getan haben könnte, sondern weil ich wusste, dass das ein sehr schwerwiegender Vorwurf war und dass jetzt alles sehr anstrengend werden würde.

Bevor ich noch etwas sagen konnte, erklärte er: »Ich kann nur sagen, dass ich das nicht gemacht habe.« Woraufhin ich sagte: »Ich weiß.« Es kann sein, dass ich das sogar mehrmals wiederholt habe. Ich umarmte Jörg dabei und versuchte ihn zu beruhigen, indem ich sagte (und auch später noch mindestens einmal): »Du hast nichts gemacht, dir kann also nichts passieren!« Das habe ich damals tatsächlich gedacht in meinem aus heutiger Sicht schon sträflich naiven Glauben an Rechtsstaat und Gerechtigkeit.

Jörg war blass und stand teilnahmslos vor mir, aber er schaute mir in die Augen. Ich kann mich erinnern, dass ich im Versuch, ihn zu beruhigen, seine Hand festhielt und immer wieder drückte; er erwiderte den Druck jedoch nicht oder kaum und guckte mich nur weiter an. Er schien wie gelähmt, schaute ungläubig und hatte Tränen in den Augen. Ich sagte ihm: »Nicht weinen, Schatz!« Er nickte.

Er sagte dann noch, dass ich ja einfach das Auto nehmen und damit wegfahren könne. Ich antwortete, dass ich das nicht wolle, denn ich wollte ihn nicht allein mit den Polizisten zurücklassen – zudem war ich Fahranfängerin, und das Auto ist recht groß. Wir sagten dann nichts mehr und umarmten uns mehrmals, und ich versuchte weiter, ihn irgendwie zu stabilisieren.

Später konnte man in der Zeitung lesen, dass sowohl Kriminalhauptkommissar Dietrich als auch die (mittlerweile beförderte) Kriminalhauptkommissarin Lapsit zu Beginn des Prozesses vor Gericht ausgesagt hätten, dass ich völlig aufgelöst gewesen sei und geweint hätte, wohingegen Jörg emotionslos und kühl reagiert und mich zur Beruhigung umarmt habe. Nun, das komplette Gegenteil war der Fall gewesen, und wenn ich bis dahin gedacht hatte, Polizisten würden immer die Wahrheit sagen, und wenn sie vielleicht auch nicht unbe-

dingt »dein Freund und Helfer« sind, wären sie doch zumindest büro-
kratisch korrekt, so hatte ich mich gründlich geirrt. Es würde nicht
die einzige Unaufrichtigkeit der Polizisten bleiben und schon gar
nicht die einzige Unwahrheit der Ermittlungsbehörden und Beamten
im Zuge dieses Verfahrens.

Dann kam KHK Dietrich auf Jörg zu und wollte irgendetwas von
ihm oder mit ihm besprechen. Ich trat ein Stück zurück und stand
jetzt in einiger Entfernung zu Jörgs Auto, etwa auf der Höhe der ge-
genüberliegenden Parklücken. Ich sah, dass sich mehrere Polizisten
um Jörg versammelten und auf ihn einredeten. Irgendwann begriff
ich, dass es um die Durchsuchung des Autos ging, ob man das jetzt in
seinem Beisein tun solle und ob er ihr zustimme oder nicht. Ich ging
wieder näher heran und hörte KHK Dietrich zu Jörg sinngemäß
sagen, dass sie das jetzt auf die einfache oder die schwere Art machen könnten, entweder er stimme der Durchsuchung freiwillig zu,
oder sie würden das Auto aufbrechen. Unter diesem Druck war Jörg
damit einverstanden, das Auto »freiwillig herauszugeben«. Daraufhin
erklärte Dietrich, dass sie nicht mit ihm hierbleiben wollten und dass
nicht er, sondern jemand anderes die Durchsuchung bezeugen solle.
Jörg zögerte, und ich merkte, dass er das nicht wollte, weil er schon
ahnte, wer »jemand anderes« wohl sein sollte. Der Polizist sagte weiter, dass Jörg das selber wissen müsse und dass es dann natürlich sehr
leicht möglich sei, dass alle Welt von seiner Verhaftung erführe, wenn
er jetzt nicht sofort mit ihm wegfahren würde, zumal ich ja die Durchsuchung bezeugen könne. Ich nahm Jörg die Entscheidung ab, indem
ich zustimmte, weil ich nicht wollte, dass seine Verhaftung in die Öffentlichkeit getragen wurde. Daraufhin gab auch Jörg widerwillig sein
Einverständnis.

Ich hätte mich anders entschieden, wenn ich gewusst hätte, dass die
Bundespolizei vom Flughafen Frankfurt beziehungsweise die Polizei-
dienststelle Schwetzingen keinerlei Anstrengungen unternahmen, diesen Vorgang geheim zu halten, in Kauf nehmend, dass dann die einer
Verurteilung vor Gericht förderliche, in unserer Gesellschaft immer und
gut funktionierende Vorverurteilung beginnen konnte, nicht auszu-

schließen aber auch, dass mit der zuvor wochenlang geübten erfolgreichen Festnahmeaktion geprahlt werden konnte. Sicher ist nur, dass die Presse Jörgs Verhaftung weder von mir noch von Jörg noch von seinen Anwälten erfahren hat. Auch das lächerliche Argument, das die Staatsanwaltschaft später zu ihrer Verteidigung vorbrachte, nämlich dass die Festnahme sowieso herausgekommen wäre, weil Jörg ja nicht mehr bei der Arbeit erschienen wäre, geht fehl. Die Öffentlichkeit hatte schließlich auch nicht gemerkt, dass Jörg drei Wochen nach Ende der Olympischen Spiele noch nicht wieder in Deutschland war, da er seine Kinder besuchte; zudem hatte es auch in der Vergangenheit öfter längere Pausen in seinen Wettermoderationen gegeben, und seine Moderatorentätigkeit bei *Riverboat* war ohnehin schon seit einem Jahr beendet. Ganz abgesehen davon, dass niemand sofort an Gefängnis denkt, wenn jemand eine Zeit lang vom Bildschirm verschwindet, zumal Jörg damals noch nicht diesen Bekanntheitsgrad hatte, den er jetzt dank der gut einjährigen öffentlichen Hetzjagd unfreiwillig erreicht hat.

Auffällig ist, dass es sämtliche Ermittlungsbehörden und eingeweihte Privatpersonen geschafft hatten, sechs Wochen lang, von der Strafanzeige bis zur Festnahme, eisern Stillschweigen zu bewahren: Und nun will die Staatsanwaltschaft der Öffentlichkeit weismachen, dass die Ermittlungen, die Festnahme und die Untersuchungshaft Ereignisse seien, die man nicht unbemerkt an Presse und Medien vorbeischleusen könne? Noch nicht einmal drei Tage lang? Solcherlei Ausflüchte empfinde ich als Beleidigung meiner Intelligenz. Jörg und ich haben es später ohne Probleme geschafft, unbemerkt zu heiraten, an einem der Öffentlichkeit frei zugänglichen Platz, ohne uns zu verstecken. Kein Journalist hat davon etwas mitbekommen, und zwar nicht etwa, weil wir ein Riesenaufgebot an Sicherheitsvorkehrungen getroffen hätten, sondern weil wir die beteiligten Personen, Freunde und Familienmitglieder, schlicht gebeten hatten, es für sich zu behalten – und sie haben es für sich behalten. Sollten Staatsdiener mit ihrer Verschwiegenheitspflicht wirklich nicht schaffen, was Privatpersonen problemlos gelingt?

Wir hatten dann noch einmal kurz die Möglichkeit, etwas abseits von den Polizisten miteinander zu sprechen, diesmal schräg gegenüber vom Auto. Jörg ging es weiterhin sehr schlecht, und ich hatte zunehmend den Eindruck, dass er einfach in sich zusammensacken könnte. Ich nahm seine Hand und sagte, um die Situation irgendwie herunterzuspielen und Normalität zu erzeugen: »Dann verschieben wir eben einfach unser Wochenende, mein Schatz.« Doch er reagierte auf solche Sätze kaum mehr als mit einem Nicken oder einem kurzen »Ja«.

Irgendwann – das kann ich zeitlich nicht mehr einordnen, aber vermutlich nicht mehr als fünf bis zehn Minuten später – hieß es, dass sie jetzt abfahren würden. Jörg musste sich hinten ins Auto setzen, und der kleine KHK Dietrich, die untersetzte ältere Polizistin Lapsit, die immer noch sehr fröhlich wirkende Tochter Dietrich und ein schmaler rothaariger Polizist fuhren ab.

Übrig blieben ein bulliger Frankfurter Polizist und zwei Spurensicherer, die schon dabei waren, das Auto zu durchsuchen. Sie nahmen dafür Dinge aus dem Wagen, legten sie auf eine Folie und fotografierten sie. Der Frankfurter Polizist stand meistens auf die rechte hintere Tür des Polizeiautos gestützt und beobachtete sichtlich gelangweilt die Spurensicherer.

Seit Jörgs Wegfahrt wurde ich immer nervöser, das eben Erlebte bahnte sich seinen Weg ins Bewusstsein. Durch das langatmige Prozedere der Spurensicherer hatte ich mehr Zeit zum Nachdenken, als mir in diesem Moment lieb war. Eine leichte Panik erfasste mich, mir ging es schlecht. Ich fragte den Frankfurter Polizeibeamten mehrmals, wohin die Polizisten mit Jörg denn gefahren seien, fragte, ob ich mit aufs Revier könne und wie der Ablauf einer Verhaftung so sei, wann Jörg denn freikäme und ob es jetzt nur um seine Aussage ginge. Anfangs dachte ich immer noch, er würde spätestens am gleichen Abend wieder frei sein. Dass diese Festnahme der Anfang einer Odyssee, einer schier unendlichen Geschichte des Leids, des Wartens und des stetigen Ertragens einer Ungerechtigkeit nach der nächsten war, hätte ich damals selbst dann nicht geglaubt, wenn man es mir vorausgesagt hätte.

Der Frankfurter Polizist war wirklich der Erste, der ein Mindestmaß an Freundlichkeit und Menschlichkeit zeigte. Er versuchte, meine Fragen zu beantworten und mich, soweit es ihm möglich war, zu beruhigen. Warum ich das denn alles wissen wolle, fragte er, und ich entgegnete, dass Jörg sicher einen lieben und bekannten Menschen um sich haben wolle nach diesem ganzen Wahnsinn hier. Er sah mich verdutzt an, sagte aber nichts. Später war er so aufmerksam, mein Gepäck in den Kofferraum zu packen und ganz am Schluss, als wir das Parkhaus verließen, noch einmal nach mir zu schauen und mir, in vollkommener Verkennung meiner Situation, aber in dem Bemühen, freundlich zu sein, eine gute Reise zu wünschen. Das betone ich deshalb, weil die anderen Polizisten, die mit mir zu tun hatten, besonders KHK Dietrich und KHKin Lapsit, eine unangemessen unfreundliche bis aggressive Art und Weise hatten, mit Jörg und mir umzugehen. Ganz abgesehen von der ewig grinsenden Tochter Dietrich. Man hatte den Eindruck, dass es für viele Anwesende ein Höhepunkt ihrer Karriere sein musste, Jörg zu verhaften. Untereinander herrschte bei den meisten gute Laune, während sie einen diffamierend, fast schon höhnisch wirkenden Umgang mit uns pflegten. Das konnte ich unschwer an Kommentaren der KHKin Lapsit erkennen, die beispielsweise als ich auf die Frage, wer ich denn sei,»die Freundin« antwortete,»Aha …« machte, begleitet von einem vielsagenden Aufreißen der Augen.

Die Spurensicherung dauerte für mich eine Ewigkeit; in Wirklichkeit waren es wohl nur eine, anderthalb, höchstens zwei Stunden. In dieser Zeit lief ich nervös auf und ab, weinte zwischendurch so unauffällig wie möglich, denn das war mir in unmittelbarer Gegenwart des Polizisten sehr unangenehm (übrigens konnte KHKin Lapsit, engegen ihrer späteren Aussagen, meine Tränen nicht selbst gesehen haben, denn sie war mit KHK Dietrich und Jörg schon längst abgefahren), stellte dem Polizisten immer wieder Fragen und hoffte, dass ich diesen trüben Ort bald verlassen könnte. Ich sah meist aus einigen Metern Entfernung, dass sie Dinge aus dem Auto holten, auf die Folie legten und fotografierten. Sie unterhielten sich miteinander und lachten das ein oder andere Mal über Gegenstände aus dem Auto, unter anderem über ein»Statistik-Skript«, das ich Jörg aus meiner Universität mitgebracht hatte.

Gegen Ende der Durchsuchung besann ich mich auf meine Zeugenpflicht, stellte mich mit etwas mehr Selbstbewusstsein wenige Meter vom Auto entfernt hin und versuchte darauf zu achten, was die Polizisten taten. Man zeigte mir dann die zu beschlagnahmenden Gegenstände. Darunter waren eine Rechnung vom »Holiday Inn«, ein Taschentuch, ein kleines Fläschchen mit Tabletten (es sah aus wie aus dem Reformhaus). Ich unterschrieb die Erklärung, die Aktion bezeugt zu haben.

Man kann sich leicht vorstellen, dass das eigene Selbstbewusstsein nicht besonders groß ist, wenn man gerade die Verhaftung eines geliebten Menschen miterlebt hat, vollkommen ahnungslos über dessen Verbleib gehalten wird und allein mit drei Polizisten in einem dunklen abgesperrten Tiefgaragendeck irgendwo am Frankfurter Flughafen zurückbleibt. Ich wollte dort eigentlich nur weg. Ich wollte Jörg hinterherfahren, um ihn abzuholen und wieder mitzunehmen. Das sagte ich dem Frankfurter Beamten auch mehrmals, doch der erwiderte entweder nichts oder nur, er glaube nicht, dass Jörg heute noch freigelassen werde.

Als die Spurensicherung abgeschlossen war, erklärte ich, dass ich meine Entscheidung, nicht mit Jörgs Auto zu fahren, jetzt doch geändert hätte, und verlangte die Autoschlüssel. Die wollten die Polizisten mir zuerst nicht aushändigen, sie wollten erst eine Genehmigung ihrer Kollegen einholen und zusätzlich noch einmal Jörg fragen, ob er damit einverstanden sei. Was überflüssig war, da Jörg das selbst vorgeschlagen hatte. So mussten sie mir, nachdem sie nachgefragt hatten, dann doch die Schlüssel aushändigen.

Ich hatte damals das Gefühl, dass ich diesen Polizisten das Auto nicht überlassen sollte. Es war mehr ein Instinkt, der mir sagte, dass sie nicht vertrauenswürdig seien, und ich lag, wie sich später herausstellte, jedenfalls bei den vor Gericht teilweise die Unwahrheit über den Verlauf der Verhaftung und Jörgs Verhalten ausssagenden Polizisten Lapsit und Dietrich vollkommen richtig. Aus diesem Grund bin ich sehr froh, das Auto damals mitgenommen zu haben; so war auszuschließen – man kennt das ja aus schlechten Filmen –, dass etwas im Auto »gefunden« wurde, was dort gar nicht war, und wer weiß, woran sich KHK Dietrich und KHKin Lapsit noch alles »erinnert« hätten, wenn ich nicht zufälligerweise am Abend des 19. März 2010 spontan beschlossen hätte, Jörg am Gate zu überraschen und ihn nicht erst irgendwo zwischen Frankfurt und Leipzig zu treffen. Dass ich Polizeibeamten einmal so misstrauen könnte, hätte ich mir nicht träumen lassen.

Bei der Schlüsselübergabe überprüften die Polizisten meinen Führerschein (ich hatte ihn erst seit zwei Wochen), und ich ließ mir von den sichtlich beunruhigten Beamten erklären, wie man ein Automatikauto fährt, denn das hatte ich zuvor noch nie getan. Die Polizisten ließen für mich die Schranke öffnen, der Frankfurter Polizist verabschiedete sich hinter der Schranke noch einmal, und unsere Wege trennten sich. Endlich.

Es war eigenartig, hinaus ins Helle zu fahren, nachdem ich die letzten anderthalb bis zwei Stunden in der dunklen Tiefgarage verbracht hatte. Mittlerweile spiegelte diese Dunkelheit weitaus eher meinen Gemütszustand wider als die helle Mittagssonne, die mich daran erinnerte, was für ein frohes Wochenende wir beide miteinander geplant hatten und wie schön das hätte werden können. Diese Gedanken – wie etwas hätte sein können und wie etwas hätte sein müssen, und die Verzweiflung darüber, dass es dennoch nicht so ist oder war – waren fortan mein ständiger Begleiter.

Ich fuhr einfach los. Mein erster Impuls war, nach Heidelberg zu fahren, denn der Frankfurter Polizist erwähnte das als eine der drei Möglichkeiten, wohin man Jörg bringen könnte. Dann wollte ich doch lieber nach Leipzig zurück. Dann überlegte ich, einfach irgendwo ein Motelzimmer in der Nähe zu nehmen oder vielleicht nach Konstanz zu fahren ... Kurzum, ich war ratlos. Ich fuhr. Möglichst geradeaus, das ist am einfachsten.

Leider lenkte mich dieser Wunsch nach wenig Aufregung beim Fahren, ohne dass ich es merkte, direkt ins Frankfurter Stadtzentrum. Dort suchte ich verzweifelt einen Parkplatz, denn ich musste dringend anhalten, weil ich merkte, dass meine Konzentration mit jeder

Minute und jedem Kilometer, den ich fuhr, abnahm. Wenigstens hatte ich ein Schweizer Kennzeichen, was mir den Ärger der Frankfurter Verkehrsteilnehmer ein bisschen vom Hals hielt. Irgendwann kam ein Parkhaus, irgendwo mitten in der Stadt. Ich dachte: Okay, dann eben noch ein Parkhaus, der Tag kann eh nicht schlimmer werden. Bereits beim Aussteigen rief ich eine meiner engsten Freundinnen an, der ich das Geschehene zu erzählen versuchte. Ich musste mit jemandem reden, dem ich vertrauen konnte und der mir irgendwie half, nicht stehen zu bleiben. Ich glaube, wenn sie nicht gewesen wäre und mich beruhigt hätte, ich wäre dort auf dem Platz vor dem Frankfurter Parkhaus einfach sitzen geblieben und hätte mich kein Stück mehr bewegt, bis jemand gekommen wäre und mich abgeholt hätte. Dieses erdrückende Ohnmachts- und Verzweiflungsgefühl war überwältigend. Ich wünsche das keinem.

Ich wartete. Worauf ich genau wartete, weiß ich nicht, aber ich hoffte, irgendetwas von Jörgs Anwalt zu hören. Ich rechnete mir innerlich aus, wie lange es wohl dauern würde, bis Jörg telefonieren durfte, und dann, wie lange es dauern mochte, bis der Anwalt bei ihm sein würde, und wie lange es dauern könnte, bis dieser oder Jörg mich anriefe. Eigentlich habe ich nie daran gezweifelt, dass ich einen Anruf bekommen würde, aber als es immer später wurde – ich war mittlerweile wieder aus Frankfurt herausgefahren und in einer Raststätte namens »Wetterau« angekommen –, wurde ich doch sehr ungeduldig. Ungewissheit, habe ich gelernt, ist eines der schlimmsten Gefühle und kann einen in kürzester Zeit zugrunde richten. Ich überprüfte im Minutenabstand, ob die Presse schon etwas wusste, und war jedes Mal sehr froh und erleichtert, wenn Google News mir sagte, dass es keine neuen Einträge in den letzten vierundzwanzig Stunden gebe.

So gegen fünf oder halb sechs Uhr abends klingelte dann endlich das Telefon, und Jörgs neuer Anwalt Dr. Reinhard Birkenstock fragte mich, wo ich sei und ob ich mit ihm reden wolle. Ich erklärte ihm, wo ich war und dass ich natürlich mit ihm reden möchte. Seine Stimme klang sehr geschäftsmäßig, und er sagte, dass er zu der Raststätte kommen werde. Ich wartete. In der Zwischenzeit hatte sich der Himmel zugezogen, und es hatte angefangen zu regnen.

Nach etwa fünfzehn Minuten ging ich raus, rauchte vor dem Eingang der Raststätte eine Zigarette, ging zurück zum Auto, stieg wieder aus und sah mich in alle Richtungen um. Ich hatte Angst, den Anwalt zu verpassen, und hielt das Handy permanent in der Hand für den Fall, dass er erneut anriefe.

Frau Gottschalk und Herr Birkenstock

Nach der Fahrt vom Flughafen ins Stadtinnere von Frankfurt wurde ich dem Haftrichter vorgeführt, wie es so schön heißt, der in meinem Fall eine Haftrichterin war, eine Frau Gottschalk. Essen ist nicht und Trinken erst nach mühsamer Nachfrage – Polizisten sind auch nur Menschen und behandeln einen eben als Verbrecher. Und es gibt den erlaubten Anruf des Anwalts – ich kannte nur den Medienanwalt Höcker und lernte am Telefon, dass er gar nicht zuständig ist, sondern Strafrecht was ganz anderes ist und er sich kümmern würde. Kurze Zeit später hatte er den Kölner Anwalt Birkenstock gefunden.

Ich hatte noch nie von einem Anwalt Birkenstock gehört, aber ich war erst mal dankbar, dass sich da jemand kurzfristig um mich kümmern und nach Frankfurt fahren wollte. Das dauerte zwei Stunden, und wenn mir bisher noch nicht klar war, dass ich tief in der Scheiße steckte, wurde es mir in der stinkenden und verkritzelten Mini-Haftzelle in den Katakomben des Frankfurter Justizgebäudes bewusst. Leider sind die Inschriften selten in deutscher Sprache und aufgrund der geringen Größe der Zelle auch nicht geeignet, zwei Stunden zwischen Depression und Langeweile und auch allmählich einem Schuss von Verzweifelt-Sein und Sich-von-der-Welt-vergessen-Fühlen ablenkend zu füllen. Ein Spruch, den ich noch öfter in anderen Zellen lesen würde, lautete: »Ob sie dich lieben oder hassen, irgendwann müssen sie dich laufen lassen.« Ich war in der Hölle angekommen und hatte zunächst keine Hoffnung mehr. Diese Hoffnungslosigkeit, die ich zuerst als einen Zustand von Tagen sah, sollte sich über Monate hinziehen. Das Schlimmste im Moment war, dass wichtige Menschen wie meine Mutter noch gar keine Ahnung hatten, wo ich steckte und was passiert war. Wie auch? Nach dem ersten Schock wurde es mir selbst allmählich erst bewusst. Mir ging es immer schlechter.

Dr. Reinhard Georg Birkenstock hatte eine dicke väterliche Ausstrahlung und nahm mir das Gefühl, alleine gegen den Rest der Welt zu stehen, in der uniformierte und nicht uniformierte Überzeugungstäter das Sagen haben. Ich versicherte ihm, dass alle Anschuldigungen gegen mich haltlos seien; er stellte mir ein paar Testfragen, wie er mir später sagte, und beteuerte, dass er mir glaube. Weniger schön war, dass er mir ein Buch gab, das er selbst herausgegeben und im renommierten dtv-Verlag veröffentlicht hatte, ein Buch über Richter und Gerichtsszenen in der geistlichen und weltlichen Literatur. Liebe Anwältinnen und Anwälte aller Länder, auch wenn ihr meint, der Welt erläutern zu müssen, »wie Richter ticken«: Es ist nicht das, was sich der gerade unschuldig Festgenommene und bald Inhaftierte als Erstlektüre nach der Verhaftung wünscht. Und ich glaube, selbst die, die was ausgefressen haben, wollen so was nicht unbedingt lesen.

Die Fahrt von Frankfurt nach Mannheim war erfüllt von der Tristesse, die aufkommt, wenn man alle Rasten und Tanken wiedererkennt, in denen man früher fiese Frikadellenbrötchen, Cola light zum Wachbleiben oder in den fetteren Zeiten auch eine Schokolade zum sofortigen Verzehr gekauft hat. Diesmal gab es kein Anhalten, nirgendwo. Alles war anders, und auch wenn ich mich an jede Szene des bisher größten Katastrophentags meines Lebens erinnere, sehe ich alles im Rückblick durch einen großen Dunstschleier. Er steht wohl dafür, was die Kumpels im Knast Haftschock nannten. Er trifft selbst die, die was verbrochen haben, weil sie nie genau wissen, wann es so weit ist. Und die wie mich, die sich nichts haben zuschulden kommen lassen, trifft er ganz besonders.

Auf der traurigen Fahrt habe ich nicht die Fassung verloren. Es wohnen grundsätzlich weder Aggression noch Jähzorn in mir, und meine Ratio war zu jedem Zeitpunkt stark und gab mir die Erkenntnis, dass ich im Moment an meiner Situation nichts ändern konnte. Widerstand war ohnehin zwecklos; ich hatte spezielle Handschellen für den Transport im Auto verpasst bekommen (durch die hat man den Sicherheitsgurt am Hals und wäre bei einer Bremsung definitiv stranguliert worden), und die geballte Fröhlichkeit, die die beiden Schwetzinger Polizisten im Auto zu Gesicht und zu Gehör brachten, ließ erahnen, dass man mit Polizisten, die so unbändig gute Laune hatten, nachdem sie einen Promi »zur Strecke gebracht« hatten, nicht vernünftig reden konnte.

So beschränkte sich die Konversation auf die Frage der Polizisten an mich, ob ich denn »die Observationskette« am Frankfurter Flughafen wirklich nicht bemerkt hätte, was ich naturgemäß verneinte, wie hätte ich auch. Darüber konnten sich die beiden stolzen Dorfpolizisten kaum beruhigen und erzählten einander immer wieder, dass das ja ganz toll sei und welch professionelle Arbeit sie doch geleistet hätten.

Im weiteren Verlauf der Reise fragte ich noch, ob denn eine Falschbeschuldigung, wie sie mir zuteilwurde, von Amts wegen verfolgt werde und was man so dafür bekomme. Diese Frage löste ungläubiges Unbehagen aus, und ich entnahm der genervten Antwort, dass sie grundsätzlich schon strafbar sei, aber wohl in der Welt der Schwetzinger Polizei bisher keine große Rolle spielte.

Teil II

Das Gefängnis

22.03.2010 *Der Gefängnisdirektor erklärt Kachelmann, dass ihn ein Reporter der Bild-Zeitung angerufen und sich bei ihm über Kachelmanns Verhaftung erkundigt habe.*

23.03.2010 *Die Staatsanwaltschaft teilt der Presse Ort und Zeit des nicht öffentlichen Haftprüfungstermins mit. Beginn der Vorverurteilungskampagne Kachelmanns in den Medien.*

24.03.2010 *Haftprüfungstermin. Kachelmann beteuert seine Unschuld. Der Haftrichter ordnet dennoch das Fortbestehen der Untersuchungshaft an. Eine Haarprobe Kachelmanns wird entnommen und auf Drogenrückstände hin untersucht. Den vor dem Gerichtsgebäude wartenden Journalisten sagt Jörg Kachelmann, dass er unschuldig sei.*

20.04.2010 *Claudia Dinkel wird bei einer staatsanwaltschaftlichen Vernehmung der Lüge in Bezug auf den anonymen Brief mit den Flugtickets überführt, den sie am 08.02.2010 in ihrem Briefkasten gefunden haben will. Die beiden vernehmenden Staatsanwälte sind dennoch davon überzeugt, dass Dinkels Aussage in den anderen Teilen glaubhaft sei.*

26.04.2010 *Der »Untersuchungsbericht molekulargenetische Untersuchungen des Landeskriminalamtes« stellt keine DNA von Jörg Kachelmann an dem Messer fest, mit dem Dinkel bedroht und am Hals verletzt worden sein soll. Es findet sich auch keine DNA von Dinkel an der Messerspitze.*

17.05.2010   Die Mannheimer Staatsanwaltschaft erhebt wegen des Verdachts der Vergewaltigung in einem besonders schweren Fall und gefährlicher Körperverletzung Anklage gegen Jörg Kachelmann.

07.06.2010   Kachelmanns Verteidiger Birkenstock stellt Antrag auf Aufhebung des Haftbefehls und legt gleichzeitig Dienstaufsichtsbeschwerde gegen Generalstaatsanwalt Schlosser, Oberstaatsanwalt Frenzel, Oberstaatsanwalt Gattner und Staatsanwalt Oltrogge ein.

01.07.2010   Bei einem mündlichen Haftprüfungstermin weist das Landgericht Mannheim den Antrag Birkenstocks auf Aufhebung des Haftbefehls zurück. Jörg Kachelmann sei weiterhin dringend tatverdächtig, weshalb die Untersuchungshaft nicht aufgehoben werden könne.

09.07.2010   Das Landgericht Mannheim eröffnet das Hauptverfahren gegen Jörg Kachelmann und setzt den Prozessbeginn auf den 06.09.2010 fest.

12.07.2010   Prof. Dr. Hans-Ludwig Kröber wird von der Strafkammer mit der Erstellung eines fachpsychiatrischen Gutachtens über mögliche traumabedingte Beeinträchtigungen der Aussagetüchtigkeit Claudia Dinkels in Bezug auf das fragliche Vergewaltigungsgeschehen beauftragt.

15.07.2010   Jörg Kachelmann verbringt seinen 52. Geburtstag in der JVA und erhält eine von seinen Mithäftlingen unterschriebene Glückwunschkarte.

29.07.2010   Das Oberlandesgericht Karlsruhe hebt den Beschluss des Landgerichts Mannheim vom 01.07.2010 und den Haftbefehl des Amtsgerichts Mannheim vom 25.02.2010 auf.

Herzogenriedstraße 111, 68169 Mannheim, Zelle 1016 (verschissen)

Die Fahrt hatte in der Justizvollzugsanstalt Mannheim ein Ende. Samstagabend ist ein unpraktischer Moment, um in eine JVA eingeliefert zu werden. Es gibt immerhin kaltes Wasser in der Zelle, aber nichts zu essen. Als mein am selben Tag inhaftierter Zellenkumpel A. von mir hörte, dass ich den ganzen Tag nichts zu essen bekommen hatte, klingelte er. Ein paar Scheiben Brot waren noch aufzutreiben. Zugegebenermaßen hatte ich nicht den ganz großen Hunger.

Ich hatte Glück, dass A. mein Zellenkumpel der ersten Nacht war. Er war erwachsen, sprach einigermaßen Deutsch und hatte (auch) eine interessante Geschichte zu erzählen.

Die Zelle, in der ich die erste Nacht als Untersuchungsgefangener 546/2010 verbrachte, hatte die Nummer 1016, lag im Parterre und war wirklich so, dass sie auch in einem Film verwendbar gewesen wäre, in dem Veronica Ferres zusammen mit einem blinden und blonden deutschen Schäferhund in Aserbaidschan einen deutschen Bundeswehrsoldaten aus einem von aufständischen Rebellen betriebenen Gefängnis für Ungläubige befreit: Sie war komplett versifft und von einer bemerkenswerten Zahl von Kakerlaken belebt. Du bist Deutschland, dachte ich zum Gefängnis, und eingedenk des Resozialisierungsgedankens und der Unschuldsvermutung, von denen man allenthalben in den Medien hören kann, hat es mich einfach gewundert, was man mit den frisch Eingelieferten so macht. Später, als ich nach meiner Entlassung über die komplett versiffte Zelle berichtete, behaupteten die JVA-Verantwortlichen, dass die Sauberkeit der Zellen generell in der Verantwortung der Gefangenen liege, insinuierend, dass der Kachelmann einfach nicht gefeudelt habe, wenn seine Zelle dreckig war.

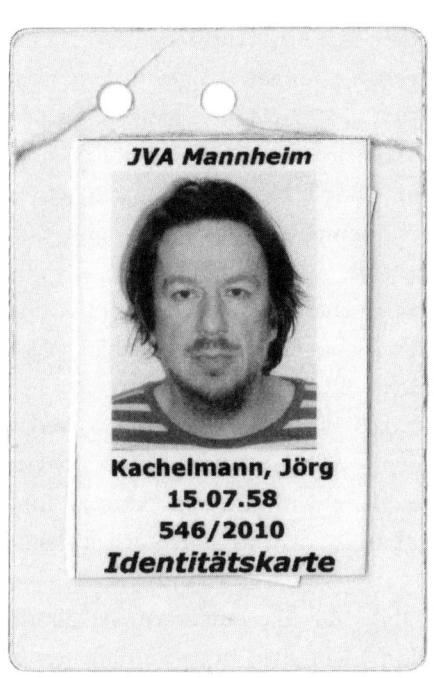

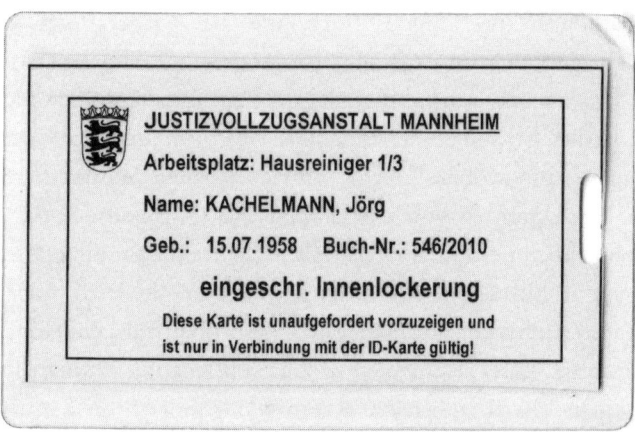

Ich wurde am zweiten Tag in der JVA Mannheim fotografiert, Schock und Elend sind unschwer zu erkennen. Wochen später wurde ich Reiniger mit »eingeschränkter Innenlockerung«.

Nein, Sie können sich nicht aussuchen, wo Sie Ihre erste Nacht in der JVA verbringen. Sie können nur gewiss sein, dass Sie nicht alleine sind, damit Sie sich nicht ans Gitter hängen. Sie können sicher sein, keine Putzmittel zu bekommen, bis Sie etabliert sind und das System verstanden haben. Und Sie können sicher sein, wenig bis nichts zu essen zu bekommen, wenn Sie nach vierzehn Uhr »einfahren«, wie es in der Fachsprache heißt.

Ich konnte nicht schlafen, der Kopf ratterte, und natürlich habe ich alle Szenarien durchgespielt, wie ich hätte verhindern können, dass ich nun unschuldig im Knast saß. Spätestens in Kanada hätte ich wissen müssen, dass eine Nullreaktion der verlassenen Frau ein schlechtes Zeichen war, wenn ich eigentlich erwartet hätte, dass sie zumindest zur Stalkerin wird. Aber was hätte ich tun sollen? Anrufen, ob alles okay ist? Fragen, wie's so geht? Vorsichtshalber in die Schweiz fliegen?

Es gibt viele Dinge, die einen auf einen Gefängnisaufenthalt vorbereiten. Eine einfache Kindheit, in der es üblicherweise Wurscht und Brot als Abendessen gab, ist eine gute Vorbereitung. Jahrelanges Dienen in der Schweizer Armee mit Aufenthalten in fensterlosen stinkigen Bunkern unter Tage ist auch eine gute Vorbereitung. Und in den Siebzigerjahren mit einem Jollenkreuzer auf dem Bodensee unterwegs gewesen zu sein, war auch gut. Damals gab es noch nicht die später vorgeschriebenen Chemieklos, rund um den See waren die Kläranlagen nicht überall fertig, und in warmen Sommern war das Wasser des Untersees von einem schweren, blubbernden Algenteppich bedeckt. So erschien es damals nicht weiter problematisch, auf den Segeltörns als Klo einen Eimer zu benutzen, der leicht mit Wasser gefüllt und nach Verrichtung des Geschäfts über Bord entleert wurde.

Jahrzehnte später erschien es jedoch problematisch, zumal ich nicht mit meinen Eltern auf engem Raum war, sondern mit dem mir bis dato völlig unbekannten Menschen A. Das Spülgeräusch entsprach dem eines startenden Düsenjägers, und A. hockte senkrecht im Bett. Entschuldige, Alter, für das laute Wachwerden in unserer ersten Knastnacht. Und dass ich Amateur die erste Kakerlake der Nacht platt getreten habe. Das soll man nicht, weil angeblich die Eier dann an der Schuhsohle bleiben und später zu neuen Kakerlaken werden können. Man soll die Kakerlake mit Klopapier aufheben und anschließend im Klo runterspülen – wobei sich dann zeigt, wieso Kakerlaken die mutmaßlichen Gewinner der Evolution sein werden: Sie schwimmen lange obenauf, obwohl die Knastklos noch diese gute alte Spülung haben, wo man einfach draufdrückt und dann geht's mit tierischem Druck ab, so lange man eben drückt. Die Kakerlake muss in ganz viel Klopapier eingewickelt werden, sonst ist sie auch nach minutenlangem Spülen immer noch da und kriecht sogar die glatten Klowände wieder hoch. Und es gibt nicht nur diese eine. Die Population von Kakerlaken in der JVA Mannheim reicht aus, um in längstens achtzig Tagen die ganze Welt entomologisch wiederzubevölkern, falls irgendwo ein Vulkan ausbricht oder ein Komet einschlägt.

Es wurde mein erster Morgen im Knast. Sonntagmorgen, nicht geschlafen, viel nachgedacht und im Nachgang froh, dass ich nicht wusste, was noch alles vor mir lag. Es wäre nur schön gewesen, Russisch zu können, die nächtliche Amtssprache in Mannheim, schreiend zwischen den einzelnen Gefängnisflügeln hin und her. Sonntag, der 21. März 2010. Scheiß auf den Frühlingsanfang.

Der Knast und die virtuellen Kinder

Am Tag nach der Verhaftung greift die ganze Routine, die auf jeden wartet, der frisch eingefahren ist. Und wahrscheinlich in meinem Fall noch ein paar Dinge mehr, weil ich ja aus der Sicht der Mannheimer Justiz nicht irgendein Häftling war. Ich war ein Promi (wie oft musste ich hören, dass man sich seit Vater Graf mit solchen auskenne), und entsprechend durfte ich mehrere Leute sehen, die man sonst nicht so einfach zu sehen bekommt: den Anstaltsleiter Schüssler, mit Vornamen Romeo, der inzwischen Landgerichtspräsident in Mosbach wurde und der sich nicht gerade der Hochachtung der meisten Stockwerksbeamten erfreute. Die bei mir ankommenden, auch nonverbalen

Botschaften von Schüssler und dem Leiter der U-Haft waren dieselben: ein gewisses Bedauern, dass ich da war, und dass die anderen Gefangenen tendenziell Menschen seien, die man aber besser meiden sollte, weil sie nichts Gutes von einem wollten. Es sei eben ein Gefängnis und kein Mädchenpensionat. Hatte ich es doch geahnt in den letzten nicht einmal vierundzwanzig Stunden.

Anstrengender wurde der Besuch beim Arzt, weil natürlich ein rundes Dutzend weiterer Häftlinge mit mir auf einen Termin wartete und ich erkannt wurde. Du hier, Alter? Warum? Ich sagte von Anfang an die Wahrheit, dass ich wegen einer Falschbeschuldigung zugegen sei, und ahnte, ohne den großzügigen Umgang der Ermittlungsbehörden mit meinen Persönlichkeitsrechten schon zu kennen, dass es nur noch eine Frage der Zeit sein würde, bis die mediale Begleitung meiner neuen Lebensabschnittsaufgabe in den Blättern von Burda und Springer landen würde.

Die Untersuchung bei der Ärztin ergab erneutes Bedauern über meine Anwesenheit und einen Blutdruck von 170/110. Das fand die Knastärztin nicht gut, und fürderhin bekam ich einmal täglich – immer mit dem Mittagessen in einem kleinen Tütchen durch den Stockwerksbeamten ausgeteilt – Atacand, einen Blutdrucksenker, acht Milligramm oder sechzehn Milligramm zum Halbieren vor Gebrauch. Das war vermutlich die größte Angst bei den Knastchefs: dass ich mich ans Gitter hängen oder sonstwie über den Jordan gehen könnte. Das wäre nicht karrierefördernd gewesen, und Schüssler wäre womöglich nicht inzwischen Landgerichtspräsident in Mosbach geworden. Ich hatte aber keinesfalls vor, einen Abgang zu machen, warum auch, und überhaupt wäre es genau das, was die Anzeigeerstatterin sich so sehr wünschte, wie ich damals ahnte und später von ihr selbst vor Gericht und ihrem Therapeuten bestätigt bekam. Dann wäre ihr Plan perfekt aufgegangen. Ich hatte aber keine Veranlassung, der Anzeigeerstatterin zu helfen. Ich wusste ja, dass die eigentlich Kriminelle unbehelligt außerhalb der JVA war.

Innerhalb der JVA glaubten allerdings die Beamten der Justiz zunächst offenbar samt und sonders an meine Schuld und versuchten das auch nicht zu verdecken. Ich durfte einen Psychologen kennenlernen, der irgendwelche doch eher unmaßgeblichen Fragen stellte, um zu beurteilen, ob ich in eine Einzelzelle könne. Das wollte ich schon, obwohl ich einen neuen jungen Zellenkumpel bekommen hatte, dem es nicht so gut ging, und es lenkte mich vom eigenen Elend ab, etwas väterlichen Trost zu spenden und zu hören, wie es sich anfühlt, ein kleines Kind zu Hause zu haben, eine Freundin und das Problem, das fast alle frischgebackenen Häftlinge haben: die Ungewissheit, was mit der Familie passiert. Viele Frauen nutzen die günstige Gelegenheit, sich erst mal das Sorgerecht zu sichern, und jedes Familiengericht beeilt sich, die entsprechende Entscheidung zu treffen. Es macht nie einen guten Eindruck, in Handschellen zu einem solchen Termin vorgeführt zu werden, und einige dieser Mütter zögern auch nicht, sich an ein frei erfundenes Ereignis zu erinnern, bei dem der Mann schon früher irgendwie verhaltensauffällig geworden sei, was dann dankbar in die Begründung des Sorgerechtsentzugs eingearbeitet wird.

In Österreich rechnen Polizei und Justiz inzwischen mit einer Falschbeschuldigungsquote von achtzig Prozent, die vermutlich auf Deutschland übertragbar ist. In den *Niederösterreichischen Nachrichten* sagte Leo Lehrbaum, Leiter der Gruppe »Sitte« des dortigen Landeskriminalamts: »Durchschnittlich vier von fünf Anzeigen entpuppen sich nach den Befragungen als erfunden!« Über einen wichtigen Motivationsstrang werden keine Zweifel gelassen, berichtet die Zeitung: Besonders traurig findet er Fälle, wo bei Scheidungs- oder Sorgerechtsstreitigkeiten der vorgetäuschte Missbrauch als Mittel zum Zweck eingesetzt wird. »Im Zuge der Erhebungen, wenn wir dann genauer über den Vorfall sprechen, stellt sich dann zumeist sehr bald heraus, dass sich die Anzeigerinnen in widersprüchlichen Aussagen verstricken und sie geben dann zu, dass das Ganze sich doch nicht oder nicht in dieser Form zugetragen hat. Sie kommen dann oft zur Vernunft und merken, dass das Ganze nicht in Ordnung war«, sagte Lehrbaum. Das wäre in Deutschland genauso, würde denn irgendjemand gewillt sein oder sich trauen, die Anzeigeerstatterinnen ergebnisoffen zu befragen.

So sind als Folge fast alle Kinderbilder an den Zellenwänden nur Erinnerungen an vergangene Zeiten, denn zweimal eine halbe Stunde Besuch pro Monat für einen U-Häftling mit Unschuldsvermutung reichen einfach nicht gegen das langsame Vergessen. Meistens wird die eine halbe Stunde für die Eltern oder, wenn (noch) vorhanden, für berufliche Angelegenheiten verbraucht, und auf der zweiten halben Stunde, die in einem Monat zur Verfügung steht, lastet dann der ganze Druck. Kleineren Kindern werden vorsichtshalber die tollsten Märchen zur Beruhigung erzählt: Der Vater sei im Krankenhaus, bei der Arbeit oder was die häusliche Fantasie so hergibt. Aber Kinder sind nicht doof. Spätestens die Sicherheitsschleusen und das Abgefummeltwerden durch Uniformierte machen es dem verständigen Kind ganz klar: Etwas ist hier gar nicht gut.

Auf der anderen Seite ist da der Mann, der, was auch immer er gemacht hat, zumindest in diesem Moment zutiefst bereut, weil er sieht, dass es seinem Kind deshalb nicht gut geht. Oder, wie es mir ging und vielen anderen, die unschuldig in deutschen Gefängnissen sitzen: Die Besuchten spüren das im Namen des Volkes applizierte Unrecht am intensivsten. Voll auf die Zwölf. Den Rest des Vollzugs kann man sich mit etwas Fantasie noch als eine Mischung aus Armee, Kloster und Surrogat einer Sendung aus dem Reality-TV-Kotvorrat zusammenbasteln; kommt aber ein Kind zu Besuch, wird das ganze Elend deutlich. Es ist relativ sinnlos, mit einer halben bis maximal einer Stunde pro Monat als möglicherweise unschuldiger Untersuchungshäftling Kontakt mit seiner Familie halten zu wollen. Das Briefeschreiben ist ebenso sinnlos, weil sich die Zensurbeamten der Justiz Zeit lassen. Ein Brief eines Untersuchungshäftlings der JVA Mannheim wird üblicherweise nach zwei bis drei Wochen zugestellt und braucht ebenso lange vom Absender in den Knast. Ein fröhlicher Vater-Kind-Dialog ist von vornherein zum Scheitern verurteilt, weil jedes zu besprechende Ereignis schon lange vorbei ist. Vom Brief seines Kindes bis zur Antwort des Vaters darauf dauert es einen bis anderthalb Monate, und das auch nur, wenn der Vater nichts geschrieben hat, was der Staatsanwaltschaft verdächtig oder unangenehm ist.

So war für die Untersuchungsgefangenen der JVA Mannheim fast jeder Besuch der Familie eine noch Tage zuvor heftig herbeigesehnte Verheißung, die aber am Tag des Besuches selbst meist schon dann in einem Tal der Depression mündete, wenn der Stockwerksbeamte durch die Gegensprechanlage kurpfälzerte:»Müller, machsch dich ferdich, Besuch.« Angst, dass es schiefgeht, dass die Kinder weinen, Fragen stellen.

Immer wissen, dass nicht das zu Gehör gebracht werden wird, was der durchschnittliche Inhaftierte sich eigentlich wünscht: »Ich lieb dich, Papa, ich vermiss dich sehr, aber Mama und ich warten auf dich, bis du wieder da bist, dann wird alles gut.«

Unter dem Druck einer halben Stunde pro Monat passiert nichts von alledem. Kind und Vater sitzen einander steif und unsicher gegenüber (ein Justizbeamter hockt unmittelbar daneben und überwacht den Besuch optisch und akustisch), Mutter und Vater können wegen des Kindes nicht miteinander reden, und nach Ablauf der halben Stunde sind sich alle einig, dass es furchtbar war und dass es vielleicht besser ist, diese Besuche dem Kind in Zukunft nicht mehr anzutun. So verschwinden die Kinder häufig schon in den ersten Wochen der U-Haft aus dem Leben der Väter, und es wird unmittelbar zur Legende, dass es ja doch immer darum gehe, die Gefangenen zu resozialisieren und auf eine Rückkehr in ein geordnetes Leben vorzubereiten. Bullshit. Das normale Leben der Gefangenen wird schon in der U-Haft systematisch zerstört; vom Begriff der Unschuldsvermutung ganz zu schweigen. Es gibt nach kurzer Zeit kein normales Leben mehr. Noch nicht einmal Pakete von wem auch immer sind erlaubt.

Schon nach kurzer Zeit gibt es nichts mehr zu resozialisieren, geschweige denn nach Jahren der Haft. Die einzigen Bezugspersonen sind die im Knast – und da wundern sich die Justizpolitiker über hohe Rückfallquoten.

Die ganzen dummen Sätze über Verbrecher und den Umgang mit ihnen sind nur deshalb möglich, weil die Justiz in Deutschland eine Welt für sich ist. Abgeschlossen, ein Staat im Staat, von dem nichts nach außen dringt. Denn Gerichtsreporter, die über den Gerichtssaal bei minimaler Motivation einen Blick in die Abgründe der deutschen Justiz werfen könnten, reden mit wenigen Ausnahmen einer verurteilungswütigen Staatsanwaltschaft und den dazugehörigen Richtern nach dem Munde.

Mir scheint, die Medienvertreter vor Gericht sind halt eben die, bei denen die Redaktionen froh sind, wenn sie aus dem Haus sind und keinen größeren Schaden anrichten. Lieber sollen sie mit ihren Texten wohlige Schauer an den Frühstückstischen der braven Bürger verursachen: Die Welt ist in Ordnung, die Verbrecher werden gefangen und zu möglichst vielen Jahren verurteilt, damit sie auf den Straßen nicht weiter anstrengen. So versuchen die Gerichtsreporter der meisten deutschen Medien einfach nur das gruselige Gefühl zu erzeugen, dass das Verbrechen immer und überall ist, aber dass Polizisten und Staatsanwälte mit eiserner Hand durchgreifen – wenn sie nicht von dummen Gutachtern und Ärzten daran gehindert werden, am besten halb Deutschland einzusperren.

Wer im Knast ist, kann sich nicht wehren. Die Umstände, unter denen U-Häftlinge mit Unschuldsvermutung in Mannheim, und womöglich nicht nur dort, ihr Dasein fristen, spielen in der Wahrnehmung der Öffentlichkeit keine Rolle. Niemand berichtet über die vielen kleinen Schicksale, das routinemäßige Sorgerechtsentziehen. Das gesunde Volksempfinden glaubt unter tatkräftiger Mithilfe der *Bild*-Zeitung zu wissen, dass es den Verbrechern noch viel zu gut geht. Aus diesem Grund durfte der neue Freizeithof der JVA Mannheim nicht aktiv kommuniziert werden. Die Knastchefs hatten offenbar Angst vor den örtlichen Medien, die wohl sofort wie Bluthunde knurrend an der Kette gezerrt hätten, wenn der feine Sand vom Beachvolleyballfeld bekannt geworden wäre: Gefängnis ist doch kein Urlaub – da hätte *Bild*-Mannheim sicher angeschlagen und den Volkszorn auf Vordermann gebracht, der den meisten Medien opportun scheint: Im Knast hat Zucht und Ordnung zu herrschen.

Die ersten Tage

In den ersten Tagen gab es mehrere Versuche, mich mit immer neuen Zellengenossen zusammenzulegen. Es herrschte bezüglich meines Zellendaseins eine große Nervosität, und der U-Haft-Chef wollte mich auf seinem (untersten) Stockwerk behalten, wo er auch sein Büro hat. So war ich also im Stockwerk I/1 (die römische Eins steht für den U-Haft-Trakt im Mannheimer Sternbau aus dem vorletzten Jahrhundert). Der dortige Reiniger, im Knast Schänzer genannt, eine Art Vorarbeiter unter den Knastis, war in den ersten Tagen des Haftschocks durchaus hilfreich: Es ist nicht ganz einfach, an Sachen heranzukommen, mit denen man das von diversen Vorgängern dauerhaft zugeschissene Zellenklo putzen kann, auch Schreibpapier und Stifte gibt es nicht ohne Einkaufsmöglichkeit, die allerdings erst nach Wochen möglich ist. Das Land Baden-Württemberg hat alles gestrichen, sollen doch die Verbrecher selbst gucken, wo sie die Dinge des täglichen Bedarfs herbekommen.

Und solche Sachen hat eben der Schänzer. Er erhält immer mal wieder ein kleines Kontingent solcher wertvollen Dinge von der Knastverwaltung, und wenn man freundlich ist zum Reiniger, dann ist er auch zum Bittsteller freundlich und verteilt unter der Hand auch mal einen Einwegrasierer (ebenfalls wegrationiert; wer sich rasieren will, muss zahlen) oder das rosafarbene Kalk lösende Mittel, ohne das man das Klo nicht sauber bekommt. Ob ich nun eher Prominenter oder nett war zum ebenso netten italienisch-deutschen Schänzer, auf alle Fälle bekamen wir, der junge angebliche BtM-Verdächtige (so werden im Knast diejenigen genannt, die wegen Drogengeschichten eingebuchtet wurden; BtM ist die Abkürzung für »Betäubungsmittel«) und ich, mit Zahnbürsten und Zahnpasta ein paar Dinge, die uns das Leben als frisch Eingefahrene erleichterten. Ja, selbst Zahnbürsten muss man neuerdings kaufen; wer kein Geld hat, ist halt selber schuld in Mannheim.

Und ich bekam in Rekordzeit einen Wasserkocher; das war nun wirklich ein Promibonus, das dauert normalerweise länger. Wer einen

Wasserkocher hat, hat heißes Wasser, sonst gibt's das nicht oder meist nur einmal am Tag beim Hofgang aus dem Hahn in der Küche, wo das Wasser eher warm als heiß ist. So konnten wir Tee kochen, und Tee war so ziemlich das Einzige, was ich in den ersten Tagen runterbekam. Das Mittagessen war gut, aber der Magen war nicht bereit zum Essen. Ich war im Knast, unschuldig.

Zum Promistatus gehörte auch, dass ich am Montag zum Knastdirektor gerufen wurde, wo man mir mitteilte, dass die *Bild* schon angerufen hätte und alles wüsste. Ich musste würgen und kurz aufs Direktorenklo, aber mangels Mageninhalt kam dann zum Glück nichts. Und ist es denn nicht zum Magenumdrehen? Der Inhalt der *Bild*-Zeitung einerseits, der auf Menschenverachtung beruht und diesen Rechtsstaat mit Füßen tritt, und andererseits die Heuchelei der Verlegerin Friede Springer, die ein philanthropes öffentliches Leben vortäuscht, das aber auf dem Kot ihrer Produkte gebaut ist: Was für eine Kombination! Alle Künstler und Prominenten, die sich in den Dienst des Springer Verlags stellen, täuschen sich, wenn sie glauben, durch dosierte Preisgabe des eigenen Stolzes geschont zu werden. Sie werden langfristig erkennen, dass diese Deals nicht funktionieren. Die *Bild*-Zeitung und ihre Verantwortlichen scheiden jeden Tag neu werte von unwerten Existenzen und sind im gegenwärtigen Zustand eine Gefahr für die Demokratie in Deutschland. Möglicherweise sind aber auch wie bei *Men in Black* Aliens in schlecht sitzenden Menschenkostümen am Werk; so wenigstens wären manche Methoden und Inhalte der *Bild*-Zeitung für mich erklärlich.

Ich konnte nicht auf milde Behandlung bei den Boulevardmedien hoffen, aus vielerlei Gründen. Abgesehen von ein paar kleinen Unsicherheiten, als ich mich durch die Firma oder auch mal einen Fernsehsender gedrängt fühlte, irgendwas zu machen, weil wir uns einen Wetterauftrag erhofften oder weil ich noch dachte, man müsste da mitmachen, hatte ich mich in den letzten Jahren weitgehend zurückgehalten und war zu keiner dieser Veranstaltungen mehr gegangen, bei denen man blöd herumsteht und ein Glas in der Hand hält. Gleichzeitig war die Verachtung für viele Journalisten gewachsen, weil sie auch einfachste Zusammenhänge bei Wettergeschichten entweder nicht korrekt wiedergeben konnten oder wollten – sogar korrektes Zitieren schien in den letzten Jahren ein Ding der Unmöglichkeit geworden zu sein. Allein schon die jahreszeitlich wiederkehrende Frage, wie denn der Sommer oder der Winter werden würde, ist ein untrügliches Zeichen für die Niveaulosigkeit vieler Medien und ihrer Kriterien, was eine Geschichte ist und was nicht. Ich machte nie ein Geheimnis daraus, dass meine Ablehnung eine brüske war, wenn ich nicht erzählen wollte, was ich in den Sommerferien vorhatte. Diese Medien würden keine Rücksicht nehmen, weder auf mich noch auf mir nahe Menschen.

In Anbetracht der Dinge, die unweigerlich kommen würden, tat es mir vor allem um meine Mutter leid. An jenem Montag im März 2010 wurde Eva Emmi Kachelmann Mutter eines mutmaßlichen Vergewaltigers. Noch am selben Tag wurde sie von Journalisten aller Art belagert. Ich machte mir große Sorgen um sie, aber sie blieb stark, wie ich Tage später erfuhr. Ich machte mir keine Gedanken, dass sie glauben könnte, was mir vorgeworfen wurde; sie kannte mich gut genug, um zu wissen, dass weder Gewalttätigkeit noch Jähzorn oder sonst irgendetwas, was einige der Frauen aus meiner Vergangenheit, von denen noch die Rede sein wird, später dann in den Medien oder vor Gericht berichten sollten, wahr sein könnte. Schwieriger war es, sie davon zu überzeugen, dass die deutsche Justiz nicht immer das ist, was sie sich als deutsche Beamtenwitwe eines verstorbenen deutschen Oberinspektors der früheren Deutschen Bundesbahn so vorstellte.

Wochen später, nachdem ich erfahren hatte, was die Staatsanwaltschaft Mannheim so alles zusammenfantasiert hatte mit angeblich von mir stammenden Spuren am Messer, und erlebte, wie sich die Polizisten von Schwetzingen so nachdrücklich um ihre Mitbürgerin scharten, fasste ich gegenüber meiner Mutter zusammen, dass bei der Justiz in Mannheim nicht nur individuell, sondern eine ganze Ansammlung furchtbarer Juristen anzutreffen sind. Das wollte sie anfangs kaum glauben, inzwischen aber sieht sie es auch so, sogar mit noch etwas mehr Schärfe. Der Furor in den nicht öffentlichen Sitzungen, als sich

Gericht und Staatsanwaltschaft an meinem Privatleben delektierten und verzweifelt belastenden Nektar aus den Aussagen gewisser Zeuginnen zu saugen suchten, entsetzte nicht nur mich, sondern auch manche Gutachter und andere erfahrene Leute im Gerichtssaal, die so etwas in Jahrzehnten ihrer Arbeit noch nie erlebt hatten.

Ich hatte mich entschlossen, im Knast sämtliche Fernsehberichte zu ignorieren, die sich mit mir befassten. Das war nicht ganz einfach, die Berichterstattung war mehr oder weniger täglich neu, was mir meine Knastkumpels beim Hofgang teils anerkennend (»Ey, so viele Weiber, Alda!«), teils schadenfreudig (»Deine Karriere ist vorbei, Alda!«) bis ablehnend (»Hey, Kachelmann, Arschloch!«) mitteilten.

Ich wusste damals nicht, wie viel Stuss in den Medien berichtet wurde, ahnte aber, dass es durch mein unaufgeräumtes Privatleben, das zwar jederzeit gewaltfrei, aber eben nicht treu abgelaufen war, nun vor allem bei den enttäuschten Ex-»Freundinnen« zu Racheakten kommen würde. Es war auch so verführerisch: Eine hatte den Anfang gemacht, nun war es leicht, das enttäuschte Opfer zu spielen und irgendwelche Storys zu erfinden, die es nie gegeben hatte. Eine von ihnen war die erste *Bunte*-Leidenszeugin Viola Sch., die so frei war, gegenüber der Polizei zu sagen:»Soll er doch im Knast verrecken!« Spätestens da weiß man auch als Mann, das muss wirklich Liebe gewesen sein.

Aber so schnell verreckt man nicht im Knast, und ich war dankbar festzustellen, dass ich zwar eine rührselige Heulsuse bin, was Filme und Schicksale anderer Menschen angeht, dass aber kein Selbstmitleid in mir wohnte. Ich wusste ja, dass ich unschuldig war. Und anfangs dachte ich noch, dass es eine eher kurze Sache werden würde. Glaubte noch, dass der Staatsanwalt oder die Polizei aus der Spargelstadt Schwetzingen Chefs hätten, die den fehlgeleiteten Ermittlungseifer ihrer Untergebenen sehen und die Falschbeschuldigung erkennen würden, die dem Haftbefehl zugrunde lag.

Spießrutenlauf in Mannheim

Dann kam der Haftprüfungstermin vom 24. März 2010. Im Nachhinein denke ich mir, dass die Staatsanwaltschaft schon vor diesem Termin geahnt haben muss, wie er ausgehen würde: Warum sonst hätte sie am 23. März 2010 mit einer Pressemitteilung Ort und Uhrzeit dieser nicht öffentlichen Veranstaltung bekannt geben sollen, mit der Folge, dass sich eine geifernde Pressemeute pünktlich vor dem Amtsgericht Mannheim einfand?

Als ich in den Amtsräumen war und aufgrund der Prognose von Rechtsanwalt Birkenstock wenig Hoffnung hatte, dass an diesem Tag meine Knastzeit enden würde, gab es zunächst die vereinbarte Haarprobe. Ich Weichei hatte mit Drogen nie was am Hut gehabt, aber die Mannheimer Staatsanwaltschaft hielt die Haarprobe für ebenso dringend erforderlich wie die gestrenge Frau, die die Probe nahm und durch Duktus und Körpersprache keinen Zweifel daran ließ, dass ich nicht nur das in Schwetzingen erfundene Verbrechen begangen hatte, sondern auch für den Hunger in der Welt und den Nahostkonflikt verantwortlich war. Den Zustand meiner Haare fand sie wohl auch unangemessen. Wie jeden Tag seit der Pubertät waren sie frisch gewaschen, aber die Anstaltsseife machte das Ganze doch etwas strohig – Shampoo oder womöglich Spülung gab es erst nach Wochen im Einkauf –, sodass schon am Anfang eine raue Note in den auch sonst widerwärtigen Tag kam.

Später flog in einem Nebenraum, warum auch immer, ein Fernseher aus zwei Metern Höhe unter dramatischem Getöse auf den Boden, und, ach ja, es gab auch noch meine Aussage. Es war unschwer zu spüren, dass alle im Raum außer meinem Anwalt Birkenstock mich für einen furchtbaren Sexualverbrecher hielten, wie ein zumindest potenziell Unschuldiger wurde ich von niemandem behandelt. Ich sagte die Wahrheit, soweit ich mich erinnern konnte, es war ja mit Ausnahme der ohne Dramatik verlaufenen Trennung von Claudia Dinkel am Schluss ein doch recht normaler Abend gewesen, sodass ich mir nichts Besonderes gemerkt hatte. Ich sagte wahrheitsgemäß aus, was ich wusste, nur bei manchen Sachen war ich mir wegen der zeitlichen Distanz und der schieren Normalität der Abläufe nicht mehr sicher. Was ich sagte, war den Anwesenden sichtlich scheißegal, am Ende gab es von Staatsanwalt Lars-Torben Oltrogge, den ich an diesem Tag das erste Mal sah, den legendären, in schrillem Diskant zu Gehör gebrachten Satz: »Aus aussagepsychologischen Gründen glaube ich der Klägerin.«

Dem konnte oder wollte sich der Amtsrichter nicht verschließen, aber ich dachte immer noch, dass sich die Wahrheit bald Bahn brechen würde, und bedankte mich bei Oltrogge für das immerhin stattgefunden haben mögende Erwägen meiner Freilassung. Ich höflicher Trottel. Ich hatte zur Verabschiedung die nasseste Hand der nördlichen Hemisphäre kurz in der meinen und dachte vorfreudig an die Seife in der Zelle, die mich hoffentlich von der DNA eines deutschen Beamten befreien würde.

Man hatte uns mitgeteilt, dass draußen Journalisten seien, und stellte das als Naturgesetz hin, was es eigentlich nicht hätte sein müssen. Wir konnten lediglich erreichen, dass ich ihnen ohne Handschellen zum Fraß vorgeworfen wurde. Ich sagte auf dem kurzen Gang durch die entfesselte Journaille, dass ich unschuldig sei, versuchte so normal wie möglich aus der Wäsche zu gucken und fügte hinzu, dass ich mehr dazu nicht sagen könne. Und rein ging's in das Justizfahrzeug, zurück in den Knast. Nachdem ich den Spießrutenlauf durch die vorgefahrene Medienmasse geradezu als Bedrohung meines Lebens empfunden hatte, kam mir diese Fahrt fast als Weg in die Sicherheit vor. Ich war nicht so sehr enttäuscht, dass ich wieder in den Knast musste – damit hatte ich angesichts der Vorwarnungen Birkenstocks und der feindseligen Stimmung im Raum während meiner Aussage gerechnet –, ich war eher erleichtert, in Sicherheit vor der entfesselten vierten Gewalt im Staat zu sein. Gut drei Monate später, als ich in die Freiheit entlassen wurde, sollte sich das umgekehrte zwiespältige Gefühl einstellen.

Die Debatte, ob diese Aussage eine gute Idee gewesen war, kam erst nachträglich auf. Ich war damals mit Anwalt Birkenstock einig, dass ich mich vor der Wahrheit nicht zu fürchten brauchte. Das Mannheimer Gericht hat mir später einfach nicht glauben wollen, aber gegen ignorante Gerichte kann man nun mal nichts machen. Wenn sie lieber einer Falschbeschuldigerin (oder mehreren Märchenerzählerinnen) glauben als einem Mann, der die Wahrheit sagt: Soll man dann darauf verzichten, die Wahrheit zu sagen?

Ich war wieder im Knast und ärgerte mich über das Land, in dem ich einsaß. Ausgerechnet im badischen Teil des Landes mit diesem Wahnsinn konfrontiert zu sein hat mich persönlich getroffen, weil ich ja in Baden geboren wurde und eigentlich fand, dass es ein gutes Land sein musste. Fast ein bisschen wie die Schweiz, aber aufgrund historisch unglücklicher Umstände dummerweise zum falschen Staat gehörend. Nach meinen Erfahrungen mit der Justiz in Baden-Württemberg, vor allem aber auch aufgrund dessen, was ich in den Urteilen von Haftkumpels gelesen habe, muss ich allerdings feststellen: Zumindest in Mannheim, möglicherweise auch in Baden-Württemberg, ist der Justizwahnsinn systembedingt. Ich werde dieses Bundesland in diesem Leben nur noch möglichst sparsam betreten. Allein schon der Gedanke, dass man der geballten Kriminalerkraft der Außenstelle Schwetzingen zum Opfer fallen könnte, muss eine großräumige Umfahrung zumindest der Kurpfalz zur Folge haben, wo die nicht nur nach meiner Ansicht unbedingt zu meidende Polizeidirektion Heidelberg zuständig ist.

Schade um das schöne Land, um die vielen netten Menschen, die ich dort in meinem Leben kennengelernt habe. Aber meiden Sie es nach Kräften, so viel sollte Ihnen Ihr Leben wert sein. Denken Sie nicht, dass Sie nur dann in eine solche Situation kommen könnten, wenn Sie mehr als einen Partner gleichzeitig haben. Es kann jeden treffen, der jemanden kennt, der sich an jemandem rächen will. Und dann gnade Ihnen Gott, wenn die Schwetzinger Kriminalpolizei die Ermittlungen aufnimmt, geführt vom mittlerweile zum Ersten Staatsanwalt beförderten Staatsanwalt Oltrogge und von Oberstaatsanwalt Oskar Gattner.

Zelle 1328

Es ist allerdings nicht alles schlecht in der Kurpfalz. Justiz- und Polizeibeamte, die rund 1900 Euro netto oder weniger verdienen, scheinen keine Aliens, sondern Menschen zu sein. Nicht korrupt, kein Schaum vor dem Mund, keine Vorurteile. Es sind Menschen mit Empathie und einem eigenen Leben. Die 1900-Euro-Grenze mag nicht ganz scharf sein, aber diesen guten Menschen hat Baden-Württemberg es zu verdanken, dass sich die Häftlinge nicht reihenweise an die Gitter hängen (die Selbstmordzahl ist dennoch viel größer als gemeinhin angenommen; der Justiz gelingt es meistens gut, Selbstmorde in U-Haft geheim zu halten oder die willfährige Gerichtspresse beim Bier davon zu überzeugen, dass das nicht so gut käme und man dafür andere schöne Neuigkeiten über diesen oder jenen Zuhälter hätte).

Zu diesen guten Menschen mit bescheidenem Verdienst gehörten die meisten Stockwerksbeamten in der JVA Mannheim, zumindest im U-Haft-Trakt. Dabei ist es egal, dass man als Gefangener fast durchweg mit dem Nachnamen gerufen und geduzt wird (»Kachelmann, mach doch mal…«). Das verstößt zwar mutmaßlich gegen irgendeine Vorschrift, aber es ist ein freundliches Duzen. Mich hat es nicht gestört, dass ich nur in der direkten Ansprache ein »Herr Kachelmann« und eher selten ein Gesiezter war. Scheiß drauf, es kommt aufs Herz an. Und fast alle hatten eins. Haben versucht zu helfen, wo es ging, und haben Ausländer und Einheimische (fast) immer gleich behandelt.

So war ich froh, vom ersten Stock, realiter Parterre, wo ich am Anfang war, in eine frei werdende Einzelzelle in den dritten verlegt zu werden. Ich hatte mehrere Gespräche mit dem Hauspsychologen absolviert, einem ausweislich seiner Bürodekoration in den späten Sechzigern stehen gebliebenen Menschen mit *Peanuts*-Cartoons an seiner Bürotür. Körpersprachlich und auch andeutungsweise konnte ich keine Zweifel daran erkennen, dass er an meine Schuld glaubte, schien es aber dennoch bemerkenswert zu finden, dass ich gegen die Beschuldigung kämpfen wollte, und gab mir dadurch die Einzelzellenberechtigung. Es ist ein fataler Fehler mancher Gefangener, die wehleidige Nummer abzuziehen und zu hoffen, dass dadurch irgendwas besser wird. Aber nichts ist gut, man wird nur andauernd mit entnervten und anfangs oft noch drogenabhängigen, später durch kalten Entzug sehr missmutigen Neuankömmlingen zusammengelegt und bekommt einen blauen Punkt draußen an die Zellentür, damit's auch alle wissen: selbstmordgefährdet.

Das war ich wirklich nicht, und ich habe mich im dritten Stock gleich wohlgefühlt. Es war sogar je eine Zelle an der Nord- und an der Südseite frei, und ich konnte mir eine aussuchen. Es war immer noch März, aber ich spürte an der Reaktion und aufgrund der Geschichten der Mitgefangenen, dass die baden-württembergische Justiz offenbar wild entschlossen war, an mir ihr Mütchen zu kühlen. Ich ahnte, dass ich so schnell nicht rauskommen würde und entschied mich deshalb für den Nordflügel. Ich hatte bereits gelernt, dass es wichtig ist, Lebensmittel bunkern und kühlen zu können, und ich wusste, dass es auf der Südseite im Sommer tierisch heiß werden würde. Die 1328 war eine gute Wahl, die von da an noch knapp hundertdreißig Tage meine Wohnung sein würde. Acht Quadratmeter Deutschland, Pritsche, Tisch, Stuhl, Schrank, Klo, Waschbecken.

Gesundes Essen gibt es in der JVA Mannheim nur gegen Geld. Das Land muss sparen, und wenn man den mutmaßlichen Verbrechern Geld wegnimmt, applaudiert der aufgehetzte gesunde Menschenverstand aus der *Bild*-Zeitung. In einer Vollversammlung der JVA-Beamten hat sich die Knastleitung dem Vernehmen nach dementsprechend vor Freude weggeschmissen, als sie verkünden konnte, dass Mannheim vom »teuersten« Knast des Landes zum zweitbilligsten aufgestiegen war, mit etwas mehr als zwei Euro pro Tag und Nase fürs Essen. Die beiden Gefängnistheologen gaben zu bedenken, dass viele Gefangene mit Hunger in die Nacht gingen, woraufhin es zu tumultartigen Szenen gekommen sein soll, bei denen die Geistlichkeit regelrecht zusammengebrüllt wurde.

Es gibt in Mannheim zweimal zu essen. Einmal so um elf Uhr rum, ein gutes Mittagessen, wirklich und ohne Ironie oft eine Leistung für eine Großküche für tausend Leute. Manchmal nicht genug, aber eigentlich immer gut.

Um halb drei gibt es Abendessen und Frühstück kombiniert, fünf Scheiben Brot plus zwei Scheiben Wurst oder Käse, manchmal Quark, einmal pro Woche einen Liter Milch. Die Problematik ist nun, dass die Leute, die sich zusätzlich per Einkauf verpflegen, aus einem knasttypischen Bunkerbedürfnis heraus die fünf Brotscheiben annehmen, aber einen Teil davon später durchs Gitter werfen. An der Herzogenriedstraße in Mannheim wohnen die fettesten Vögel, die man sich vorstellen kann. Durch die Lebensmittelwürfe sieht der Hof jeden Tag komplett eingesaut aus, weil die verwöhnten Vögel die Rinde dranlassen, nur das Weiche aus der Scheibenmitte rauspicken, und die zahlreichen Ratten offenbar auch Besseres gewohnt sind. Und die weggeworfenen Brotscheiben der Habenden sind ein Argument dagegen, dass es zu wenig zu essen gäbe. Aber das stimmt nicht: Wer keinen Einkauf hat, isst alles auf und ist dennoch oft auf Almosen von Mitgefangenen angewiesen.

Einmal pro Woche (wenn's gut kommt) bekommt man ein Stück Obst, meist schon älteren Datums. Zumindest während meiner Knastzeit hatte sich innerhalb der für die Gesundheit der Gefangenen zuständigen Menschen noch nicht herumgesprochen, dass Obst und Gemüse rationiert werden, um es vorsichtig zu formulieren. Das fanden zwar sowohl die Ärzte wie die für den Kraftsport zuständigen Leute ganz furchtbar, aber schließlich gibt es ja den Einkauf, der alle Probleme löst.

In der Schweiz ist es so, dass niemand vortäuscht, dass das Land wahnsinnig »sozial« in dem Sinn sei, den die Linke darunter versteht. Die Krankenkasse kostet wie Spaghetti für alle dasselbe, es gibt quasi Vollbeschäftigung, Kündigungsschutz existiert nicht. In Deutschland jedoch herrscht ein anderes Verständnis. Und so hat es mich sehr überrascht, dass in einem deutschen Gefängnis die Option »Mangelernährung oder nicht« über das eigene Portemonnaie entschieden wird. Ich hatte das Glück, mit Bargeld verhaftet zu werden, was sofort auf ein Knastkonto einbezahlt wurde, wovon dann eben die Miete für

Speiseplan JVA Mannheim

		Montag	Dienstag	Mittwoch	Donnerstag	Freitag	Samstag	Sonntag
Frühstück	Normalkost	Mischbrot	Mischbrot	Mischbrot	Mischbrot	Mischbrot / Marmelade Becher 225 g 14 täglg	Mischbrot	Mischbrot / H-Milch 1,5% 1000ml / Ei, gekocht
	Moslemkost	Mischbrot	Mischbrot	Mischbrot	Mischbrot	Mischbrot / Marmelade Becher 225 g 14 täglg	Mischbrot	Mischbrot / H-Milch 1,5% 1000ml / Ei, gekocht
	Vegetarier	Mischbrot	Mischbrot	Mischbrot	Mischbrot	Mischbrot / Marmelade Becher 225 g 14 täglg	Mischbrot	Mischbrot / H-Milch 1,5% 1000ml / Ei, gekocht
	Schonkost	Mischbrot	Mischbrot	Mischbrot	Mischbrot	Mischbrot / Marmelade Becher 225 g 14 täglg	Mischbrot	Mischbrot / H-Milch 1,5% 1000ml / Ei, gekocht
	Zulagen							
Arbeiterfrühstück	Normalkost	Mischbrot / Schnittkäse 1/2	Mischbrot / Wurstsorten Sortiment S (4) (9)	Mischbrot / Pudding Becher	Mischbrot / Wurstsorten Sortiment S (4) (9)	Mischbrot / Ei, gekocht	Mischbrot / Schnittkäse 1/2	Mischbrot / Wurstsorten Sortiment S (4) (9)
	Moslemkost	Mischbrot / Schnittkäse 1/2	Mischbrot / Wurstsorten Sortiment R (4) (9)	Mischbrot / Pudding Becher	Mischbrot / Wurstsorten Sortiment R (4) (9)	Mischbrot / Ei, gekocht	Mischbrot / Schnittkäse 1/2	Mischbrot / Wurstsorten Sortiment R (4) (9)
	Vegetarier	Mischbrot / Schnittkäse 1/2	Mischbrot / Schmelzkäse	Mischbrot / Pudding Becher	Mischbrot / Schnittkäse 1/2	Mischbrot / Ei, gekocht	Mischbrot / Schnittkäse 1/2	Mischbrot / Schmelzkäse
	Schonkost	Mischbrot / Schnittkäse 1/2	Mischbrot / Wurstsorten Sortiment S (4) (9)	Mischbrot / Pudding Becher	Mischbrot / Wurstsorten Sortiment S (4) (9)	Mischbrot / Ei, gekocht	Mischbrot / Schnittkäse 1/2	Mischbrot / Wurstsorten Sortiment S (4) (9)
	Zulagen							
Mittag	Normalkost	Spaghetti Bolognaise / Obst n.M.	Schnitzel "Wiener Art" / Erbsen-Möhren-Gemüse / Salzkartoffeln - gegart	Schinkennudeln 1/2/3/4/8/9 / Tomatensoße 2/4/8 / Blattsalat 2/5	Hähnchenschlegel / Currysoße m. Obst 2/8/7 / Kräuterreis	Fischfilet, paniert 9 / Kartoffelsalat 5/4/8 / Remoulade 1/4/2/8	Hühnernudeleintopf / Brötchen	Rinderbraten / Champignonsoße / Teigwaren
	Moslemkost	Spaghetti Bolognaise / Obst n.M.	Frikadelle, Rind / Erbsen-Möhren-Gemüse / Salzkartoffeln - gegart	Schinkennudeln 1/2/3/4/8/9 / Tomatensoße 2/4/8 / Blattsalat 2/5	Hähnchenschlegel / Currysoße m. Obst 2/8/7 / Kräuterreis	Fischfilet, paniert 9 / Kartoffelsalat 5/4/8 / Remoulade 1/4/2/8	Hühnernudeleintopf / Brötchen	Rinderbraten / Champignonsoße / Teigwaren
	Vegetarier	Spaghetti Sojabolognaise / Obst n.M.	Gemüseschnitzel 2/3/4 / Erbsen-Möhren-Gemüse / Salzkartoffeln - gegart	Nudelauflauf 1/4/2 / Tomatensoße 2/4/8 / Blattsalat 2/5	Frühlingsrolle 4 / Currysoße m. Obst 2/8/7 / Kräuterreis	Fischfilet, paniert 9 / Kartoffelsalat 5/4/8 / Remoulade 1/4/2/8	Vegetarischer Eintopf / Brötchen	Blumenkohlkäsemedaillon (1) (2) (3) / Champignonsoße / Teigwaren
	Schonkost	Spaghetti Bolognaise / Obst n.M.	Schnitzel "Wiener Art" / Möhren-Gemüse / Dampfkartoffeln - gegart	Schinkennudeln 1/2/3/4/8/9 / Tomatensoße 2/4/8 / Blattsalat 2/5	Hähnchenschlegel / Soße m. Obst 2/8/7 / Kräuterreis	Fischfilet, paniert 9 / Kartoffelsalat 5/4/8 / Remoulade 1/4/2/8	Hühnernudeleintopf / Brötchen	Rinderbraten / Champignonsoße / Teigwaren
	Zulagen							
Abend	Normalkost	Mischbrot / Wurstsorten Sortiment S (4) (9)	Mischbrot / Jagdwurst	Mischbrot / Streichwurst	Mischbrot / Edamer 1/2	Mischbrot / Kräuterquark 4	Mischbrot / Fleischkäse	Mischbrot / Bierschinken
	Moslemkost	Mischbrot / Wurstsorten Sortiment R (4) (9)	Mischbrot / Jagdwurst	Mischbrot / Streichwurst	Mischbrot / Edamer 1/2	Mischbrot / Kräuterquark 4	Mischbrot / Rinderfleischkäse	Mischbrot / Bierschinken
	Vegetarier	Mischbrot / Edamer 1/2	Mischbrot / Nudelsalat, vegetarisch	Mischbrot / Schmelzkäse 10	Mischbrot / Edamer 1/2	Mischbrot / Kräuterquark 4	Mischbrot / Schnittkäse 1/2	Mischbrot / Emmentaler 1/2
	Schonkost	Mischbrot / Wurstsorten Sortiment S (4) (9)	Mischbrot / Jagdwurst	Mischbrot / Streichwurst	Mischbrot / Edamer 1/2	Mischbrot / Kräuterquark 4	Mischbrot / Fleischkäse	Mischbrot / Bierschinken
	Zulagen							

In Mannheim waren Obst und Gemüse seltene Ware.

den Wasserkocher, für den Fernseher und auch für den Strom bezahlt wurde, den Wasserkocher und Fernseher mutmaßlich kosten – ja, das tapfere Bundesland Baden-Württemberg möchte auch die Stromkosten von den mutmaßlichen Verbrechern haben. Wer Kohle hat, kann sich auch alle zwei Wochen etwas zu essen kaufen, Zahnbürste, Shampoo, Rasierer, alles das, was es früher mal frei Haus gab und jetzt nicht mehr. Wer keine Kohle hat, braucht ein gutes Verhältnis zum Schänzer, zum Pfarrer oder zu der Person vom Sozialdienst. Alternativ lässt er es mit dem Zähneputzen sein und die Haare verfilzen.

Die beiden Reiniger von I/3 waren nette Menschen. Einer ganz jung mit einem bemerkenswerten Strafenkatalog, ein älterer mit einem erfrischenden Lachen, einem wachen Geist und viel Hirn. Sie hatten Milch, Grießbrei, Pudding und Milchreis, von denen sie mir abgaben in den ersten etwas magenentspannteren Tagen, als ich mich daran gewöhnt hatte, dass mich fast jeder dumm anlaberte, wenn es zum Hofgang ging nach *RTL Punkt zwölf*, ein wirklich unangenehmes Timing. Zubereitet wurde das meistens im sogenannten Umschluss. Wer in einer Doppelzelle lag, war dreiundzwanzig Stunden pro Tag eingeschlossen, nur für den Hofgang zwischen dreizehn und vierzehn Uhr ging's raus. Für die Leute in Einzelzellen dagegen gibt es die Möglichkeit des Umschlusses. Unter der Woche zwischen sechzehn und neunzehn Uhr, am Wochenende, wenn schon zwischen neun und zehn Hofgang ist, zwischen elf und vierzehn Uhr. Dann dürfen drei (wenn der Stockwerksbeamte nett ist – ich habe allen versprochen, im Buch nie den Ausdruck »Schließer« zu benutzen –, auch vier) Knastis in eine Zelle und spielen Karten, reden, rauchen und versuchen allenfalls, alkoholhaltige Getränke zu brauen.

Erfahrene U-Gefangene, zu denen ich mich nach zwei Monaten zählen durfte, entwickeln eine große Meisterschaft im Kochen von allerlei Dingen in einem langsam brütenden Fünfhundert-Watt-Wasserkocher (mehr Watt gehen nicht trotz der durch die Gefangenen überbezahlten Stromrechnungen, deren Ertrag mutmaßlich den Landeshaushalt sanieren soll, aber nicht in die Verbesserung der Stromversorgung in der JVA Mannheim fließt). Für Milchreis beispielsweise schneidet man die Milchtüte oben auf, stopft sie gesamthaft in den Wasserkocher und gibt den Milchreis in die Milch. Wenn man im Knast ist, ist alles, was im Umschluss aus dem Wasserkocher gezaubert wird, einfach wunderbar. Danke an A. und René, die mich im dritten Stock freundlich aufgenommen haben!

Hausreiniger Kachelmann

Das Glück wollte es, dass A. (nicht der aus der Zelle in der ersten Nacht), einer der beiden Reiniger, bald in einen anderen Knast verlegt werden sollte, es wurde also ein Schänzerjob frei. Für die Nachfolge brauchte es laut Anforderungsprofil jemanden, der die deutsche Sprache versteht und sich vorstellen kann, das Beamtenklo zu putzen und unter der Woche zwischen dem Aufstehen um halb sechs Uhr morgens bis zum Einschließen abends um einundzwanzig Uhr, am Wochenende bis sechzehn Uhr zur Verfügung zu stehen. Das war schon mal eine Verbesserung im Vergleich zu Normalgefangenen, die nach dem Umschluss um neunzehn Uhr, am Wochenende bereits um vierzehn Uhr eingeschlossen wurden und bei denen erst am nächsten Morgen um sechs Uhr (Wochenende sieben Uhr) wieder gecheckt wurde, ob sie noch leben. Wegen der Voraussetzung mit der deutschen Sprache fielen die meisten Kumpels mit Migrationshintergrund weg. Dann wurden die Sitzältesten gefragt, die aber alle ablehnten, bis René auf die Idee kam, bei unserem Stockwerksbeamten vorzuschlagen, ob es nicht der Kachelmann machen könnte.

Unser Stockwerksbeamter hieß G., und er war ein Guter. Mein Vorgänger als Reiniger hatte mich schon vorgewarnt, dass deutsche Gründlichkeit bei der Arbeit vonnöten sei, um den Stockwerksbeamten in der I/3 zufriedenzustellen:»So isch Lebe. Musch schaffe, sonschd kommt der G.«

G. hielt den Vorschlag erst einmal für einen Scherz, und beide haben eine Weile miteinander herumgeblödelt und sich vorgestellt, wie das Prinzesschen das Beamtenklo feudelt und den Gang wischt. Unser Stockwerksbeamter hatte natürlich auch mitbekommen, welch große Nervosität von der Anstaltsleitung ausging, die Angst, dass ich mich aufhängen würde oder sonst irgendwas passieren könnte, was den Ruf der JVA in Mitleidenschaft ziehen könnte. G. stellte früh fest, dass ich mit Selbstmord nix am Hut hatte, und er hatte für mich auch noch ein Zusatzincentive parat: »Kachelmann, wenn du dir was machsch, tritt ich dich in de Arsch.«

Am Ende wurde ich dann aber doch gefragt. Ich habe mir etwas Bedenkzeit erbeten, René, den potenziellen Mitreiniger, nach Vor- und Nachteilen befragt und auch die älteren Kumpels interviewt, warum sie den Job abgelehnt hatten. Für die war das tägliche Aufstehen um halb sechs zu mühsam, viele U-Knastis versuchen, eine Nacht lang vor der Glotze wach zu bleiben, weil sich das ein bisschen wie Normalität anfühlt, um dann, Nichtarbeiten vorausgesetzt, den Tag zu verpennen nach dem Motto: »Wer schläft, sitzt nicht.« Für mich war das frühe Aufstehen okay. In den ersten Nächten hatte ich vor lauter Blutdruck und Puls und Aufregung und Nachdenken, warum ich die Abschiedsszene in der Nacht vom 8. auf den 9. Februar 2010 nicht bis zu meinem Abgang gefilmt hatte, kaum schlafen können. Gut, ich hatte so was noch nie gefilmt, aber ich hatte doch geahnt, dass Dinkel alles zuzutrauen ist. Wobei auch da, habe ich mich getröstet, sie einfach behaupten hätte können, dass ich später noch mal wiedergekommen wäre und das dann Folgende nicht mehr gefilmt hätte.

Gedanken, denen man auch beim Putzen nachhängt. In den zwei Zusatzstunden, nachdem die anderen schon eingeschlossen in ihren Zellen sind, wird zwar geputzt, was das Zeug hält, aber es ist angenehmer, weil es still ist. Knast ist laut, es wird viel zwischen den Stockwerken hin und her gebrüllt in unterschiedlichen Sprachen, und dass es auch mal ruhiger ist, fällt erst so richtig und angenehm auf, wenn eingeschlossen wird und pro Stockwerk nur noch zwei Leute auf die Auffanggitternetze gegen Selbstmordspringer gucken. Dann stehen die beiden Reiniger da mit Besen und Wischmopp und warten, dass sechsundvierzigmal das charakteristische Geräusch des Schlüsselbundes in der Metalltür ertönt. »Einschließen, die Verbrecher!«, rief mein Kumpel manchmal fröhlich, um den Vorgang zu beschleunigen, ich fand's zwar lustig, wollte aber den Satz nie selbst verwenden, weil ich mutmaßte, dass ich womöglich nicht als Einziger hier kein Verbrecher war.

In den zwei abendlichen (am Wochenende nachmittäglichen) Putzstunden galt es, das Beamtenklo zu putzen (die meisten sind Stehpinkler, halt echte Männer), im Beamtenbüro die Möbel rauszuräumen, den Schreibtisch, alle Büromöbel und andere Flächen mit feuchtem Lappen und etwas Spüli zu reinigen, jeden zweiten Tag den Boden feucht zu wischen (an den Zwischentagen reichte Besenreinheit) sowie das Spülbecken und die Kaffeemaschine in Schuss zu halten und das Beamtengeschirr zu spülen. Und dann die flächige Aufgabe, die zweimal fünfundsechzig Meter Gang im Wechsel von Tag zu Tag mit dem Besen zu kehren oder mit Wischmopp und Eimer nass zu wischen. Eine sehr kontemplative Aufgabe, eine Zeit intensiven Nachdenkens über einer rhythmisch gleichen, einlullenden rotierenden Bewegung. Mein Reinigerkollege und ich haben oft über die optimale Handhabung diskutiert. Wir haben leicht unterschiedliche Taktiken beibehalten, aber das Ergebnis war relativ identisch, und G. konnte wohl niemals feststellen, wer gewischt hatte.

Die schönste Aufgabe eines Schänzers in der JVA ist jedoch, Essen auszugeben. Gegen zehn Uhr fünfundvierzig legten wir unseren weißen Kittel und das weiße Hütchen an und warteten darauf, dass G. aus seinem Büro kam und den Trakt aufschloss, damit wir auf dem anderen Flügel die Essenswagen holen konnten. Diese sind mit einem Vorhängeschloss gesichert, damit man nichts rein- und rausschmuggeln kann zwischen Küche und befreundeten Kumpeln in den Stockwerken. Immerhin nimmt die Mannheimer JVA-Küche Rücksicht auf die schweinefleischfreie Kost der Muslime, ein roter Punkt neben dem Namen an der Zellentür zeigt uns Reinigern, dass wir die Töpfe mit dem roten Punkt reichen müssen. Zum Essen bleiben fünfzehn bis zwanzig Minuten Zeit, dann werden die Mittagessentöpfe wieder eingesammelt.

Allgemein sind es die eher jüngeren Beamten wie G., bei denen noch deutliche Züge von Empathie und Mitleid mit den Gefangenen zu spüren sind. Mit der wachsenden Zahl von Dienstjahren verliert sich das dann. Meistens sind die Beamten Individuen mit einer spannenden Biografie; manche hatten auch schon mal mit der Justiz und ihrer Willkür zu tun, viele sind gepierct, mit größeren Mengen an Tattoos ausgestattet. Es gibt gemütlich-menschliche, es gibt verschrobene, und die anstrengenden gibt es natürlich auch und den zynisch-menschenverachtenden Typus, der von vornherein annimmt, dass hier keine Unschuldigen stranden.

Viele Beamte versuchen sich durch ihre ganz besonderen Regeln selbst ein Denkmal zu setzen, dabei wäre es so einfach: Wer die Reiniger in Ruhe arbeiten lässt, hat die saubersten Fenster (und wir waren stolz darauf) und sogar das glänzendste Klo für die Beamtenärsche. Der dritte Stock des U-Haft-Trakts war berühmt für die Sauberkeit der sanitären Einrichtung, und uns hat es nichts ausgemacht, jeden Tag die Hinterlassenschaften eines anstrengenden darmintensiven Tages zu beseitigen. Mir jedenfalls hat es nichts ausgemacht, den Dreck anderer Leute wegzumachen, und so habe ich gerne als Schänzer gearbeitet, lässt man einmal außer Acht, welche Ereignisse zu dieser vorübergehenden Berufswahl geführt haben.

Die falschen Zellennachbarn

Die üblichen Medien haben mein Schänzertum umgedichtet, nachdem sich angeblich Knastkumpels beschwert haben sollen, dass sie ebenfalls Anträge geschrieben hätten, Schänzer zu werden, aber nicht berücksichtigt worden seien. Mein Fall hat gezeigt, dass jeder Amateurblogger besser recherchieren kann als die Angestellten sogenannter Qualitätszeitungen, geschweige denn die örtlichen Springer-Pressevertreter in Gestalt von Frau Janine Wollbrett und Herrn Jörg Völkerling. Ich kann und will nicht jeden Dilettanten korrigieren, nur so viel: Die angeblichen Bewerber um meinen Schänzerjob residierten in anderen Stockwerken und konnten deshalb gar nicht in die Auswahl kommen. Die sitzälteren Kumpels in meinem Stockwerk wollten nicht. Und wenn wir schon mal dabei sind, *RTL*, *Bild* und andere: Die Leute, die ihr als angebliche »Zellennachbarn« interviewt habt, waren weit von mir entfernt untergebracht und haben mich allenfalls mal beim Hofgang oder im Besuchertrakt gesehen. Die Kantine, über die ihr gesendet und geschrieben habt, in der mich der angebliche Knastkollege gesehen haben soll, existiert nicht. Es gibt so was wie Stolz, auch von mutmaßlichen und angeblichen Kriminellen, sich nicht die Hände schmutzig zu machen und auch kein dreckiges Geld von Springer und Burda anzunehmen: Keiner der Kumpels vom dritten Stock des U-Haft-Flügels hat bis heute ein Interview gegeben oder verkauft. Viele Menschen, die in U-Haft sind, mögen Fehler gemacht haben, auch schlimme. Aber wie das Beispiel zeigt, haben diese Menschen mehr Ehre im Leib als so manche Journalisten.

Manche haben mir nach dem Knast davon berichtet, wie viel Geld ihnen für diesen Stolz durch die Lappen gegangen ist. Wer mit mir Hofrunden drehte, wurde systematisch einbestellt und befragt, in der Hoffnung, dass ich irgendwas Selbstbelastendes gesagt hätte. Alle scheinen bei der Wahrheit geblieben zu sein, das hebt meine Knastkumpels, schuldig oder nicht, schon mal über weite Teile der Kripo Schwetzingen und der Staatsanwaltschaft Mannheim hinaus.

Die Leute, die mit mir im Hof waren, wurden nicht nur durch die Anstaltsleitung, sondern auch systematisch durch Journalisten angesprochen, die sich in einem Haus gegenüber dem Gefängnishof dauerhaft eingerichtet und dann versucht hatten, die Leute zu identifizieren, mit denen ich meine Runden drehte, um die Kumpels anzugehen, sobald sie aus dem Knast raus waren. Einer dieser Exinsassen schrieb mir später, als ich mich wunderte, wie die »Journalisten« der größten anzunehmenden Zeitung immer so zielsicher telefonisch oder per E-Mail anfragen konnten:

»Ja, durch die Bilder und Videos (vom Hofgang), aber wie die dann an meine Daten kamen, ich weiß es nicht, eigentlich kommt da nur ein käuflicher Beamte infrage. Nein, ich habe versucht, diesen Bild-Redakteur zum schriftlichen Angebot zu bringen, aber er sagte mal: 12 000 Euro

wären viel Geld für Hofganggespräche, deren Inhalt man nicht kennt!
Schriftlich könne er das nur formulieren, wenn er den Inhalt kennt. Viel
Geld für einen Knacki, nicht genug, um in den Spiegel schauen zu können.
Jeder Mensch hat seinen Preis, klar! Nicht immer ist es Geld, aber die
Wahrheit hätte es für die Bild ja nicht unbedingt sein müssen. Glaubst du,
Burda oder Bild hätten gedruckt: Ja, ich war mit Jörg im Hofgang, und
ich halte ihn für unschuldig? Nie und nimmer! Ich komme eigentlich aus
der Ortenau, Offenburg und Burda liegen vor meiner Haustür, habe viele
Freunde da und kenne auch den ein oder anderen Entscheidungsträger.
Für mich ist der Fall klar, Burda hat sich, aus welchem Grund auch im-
mer, auf dich eingeschossen!«

Die Theologen

Neben vielen Insassen und den Vollzugsbeamten in den unteren
Chargen gab es noch weitere gute Menschen: Auch die Anstaltstheologen haben eine wichtige lebenserhaltende Funktion. Sie sind zwar
Diener des Systems, weil sich leider weder die katholische noch die
evangelische Kirche dazu durchringen kann, die Anstaltstheologen
ausschließlich aus eigenen Mitteln zu finanzieren. Das wäre so wichtig, vor allem, um die Unabhängigkeit der Theologen gegenüber dem
oft menschenunwürdigen System zu betonen. Aber ein Teil der pasto-
ralen Seele muss sich mit dem System gemeinmachen, einfach deshalb,
weil ein Teil des Nichtgotteslohns vom Land Baden-Württemberg
kommt. Die Kirche sollte zu stolz sein, das anzunehmen.

Dennoch sind die beiden Theologen so wichtig wie eine Schwimm-
weste im Ozean. Der sonntägliche Gottesdienst von acht Uhr bis Viertel vor neun ist gut besucht, und das nicht nur, weil es an Ostern auch
mal eine Tüte mit Schokohasen und -eiern gibt (große Reue bei allen,
die nicht dabei waren, Päckchen von auswärts sind ja verboten). Die
Theologen Gerhard Ding und Thomas Eisermann strahlen Menschlichkeit und Fürsorge aus, an denen es sonst der gesamten Anstalt ge-
bricht – so finden sich auch Muslime bei den christlichen Gottes-

diensten ein und zünden eine Kerze an, weil es groteskerweise nur die Theologen der beiden christlichen Religionen sind, die fest in der JVA Mannheim am Werk sind. Ein muslimischer Geistlicher kommt im Schnitt einmal im Monat vorbei, was dem Seelenheil der vielen muslimischen Schäfchen (rund die Hälfte aller Insassen) nicht gerecht werden kann.

Ich war vor dem Knast nie sehr religiös, aber auch nicht ungläubig. Es ist ja nicht selten, dass Menschen in der Not Trost und Hoffnung im Gebet suchen, das war bei mir früher auch manchmal so, und im Knast entschied ich mich schon früh, jeden Sonntag den Gottesdienst zu besuchen. Eine kleine exterritoriale Welt, und die fünfundvierzig Minuten mit den Theologen Ding oder Eisermann waren immer diejenigen Momente im Knast, die mir am meisten nahegingen, weil es die einzige Zeit war, wo die Welt sich nicht wie Knast anfühlte und ich spürte, was es bedeutet, die Freiheit verloren zu haben. Es waren auch die Momente, in denen ich am wütendsten über die Ungerechtigkeit war, dass ich eingesperrt war und nicht, wie es Recht und Gerechtigkeit erfordert hätten, die anderen, die mich mit ihren Lügen und ihrer kriminellen Energie in diese Lage gebracht hatten.

Die Sonntage blieben den ganzen Tag über mental ein bisschen schwieriger. Es war im Knast relativ still, weil die Gefangenen (mit Ausnahme von uns Reinigern mit den zwei Extrastunden fürs Putzen) schon um vierzehn Uhr weggeschlossen wurden und kein menschlicher Kontakt mehr bis zum nächsten Morgen stattfand. Diese Melancholie der Stille, während man durch das Fenster die Geschäftigkeit eines heißen Sommertages draußen ahnen konnte, schlug aufs Gemüt.

Zuerst war es nur das stille Gebet beim Anzünden der Kerze am Sonntag in der Kirche, das mir (und anscheinend auch allen anderen Gefangenen) viel Kraft gegeben hat. Ich habe dann angefangen, mit den vor der Kirche abgegebenen christlichen Kalendern und Devotionalbildchen einen Minialtar neben dem Fernseher aufzubauen, vor dem ich morgens gebetet habe – meistens nur um die Kraft, das auszuhalten, später auch für Erkenntnis und Rationalität bei Staatsanwaltschaft und Gericht.

Der evangelische Pfarrer Ding ist ein Mensch, der mit den Menschen im Knast ernsthaft mitleidet, und diese Empathie macht ihn so wichtig für sie. Pfarrer Ding hat mir eine Bibel geschenkt und gewidmet und mich am Abend des 9. Juni 2010, kurz vor einem Hagelgewitter, in der Knastkapelle gesegnet: alleine bei knapp vierzig Grad in der kleinen Kapelle in der ersten Reihe stehend und den Altar ansehend, nur Pfarrer Ding irgendwo schräg hinter mir in den Bänken sitzend. So viel Zeit in einem großen Raum, so viel Raum für alle Gedanken und die Erkenntnis der eigenen Wehrlosigkeit gegen die Ungerechtigkeit dieser Welt. Allein mit Pfarrer Ding und, so kam es mir an jenem heißen Juniabend vor, mit Gott. Das einzige Mal im Knast, an dem ich für ein paar Minuten die Fassung verlor, aber es werden nicht die ersten Männertränen gewesen sein, die Pfarrer Ding gesehen hat.

Ich begann, morgens nach dem Aufstehen und abends vor dem Einschlafen zu beten, und tue es bis heute. Ein Mithäftling aus dem vierten Stock gab mir in jener Zeit sein selbst gebasteltes Jesusbild, das er in einen Quarkschachteldeckel eingepasst hatte, mit den russischdeutschen Worten: »Für mich war gut, brauchst du jetzt mehr als ich.«

Die Solidarität durch Mitgefangene war wichtig zum Überleben. Dazu gehörten individuelle Aufmunterungen wie eine Geburtstagskarte und religiöse Devotionalien wie auch eine Tespi, die ein türkischer Mitgefangener für mich gebastelt hat.

Er war einer der Kumpels, die von Anfang an von meiner Unschuld überzeugt waren, und mein kleiner Hausaltar mit verschiedenen Fotos, Bildern und Devotionalien hat mich seither jeden Tag an jeden Ort begleitet, an dem ich seitdem war.

Knastleben im Sommer

Mitschänzer René und ich haben in unserer Amtszeit versucht, mit verschärfter Höflichkeit und viel »Bitte« und »Danke« und »Guten Appetit« in allen vorhandenen Sprachen den Zusammenhalt auf dem Stockwerk zu verbessern. Vor allem bei Hitzelagen im Sommer (im WM-Juli 2010 waren es tagsüber vierzig Grad in den Zellen, nachts nicht unter dreißig) sind die Nerven etwas angespannter, und es kommt leichter zu Raufereien und Schlägereien auf dem Stockwerk – eine ungute Sache, denn sie führen zur Lagerbildung, und die Spannung, die immer zu spüren ist, macht das Knastleben noch schwieriger. Wir haben über die rund hundertfünfundzwanzig Tage gemeinsamen Arbeitens gute Erfahrungen mit deeskalierender Höflichkeit gemacht, und wenn jemand auf unserem Stockwerk in eine Problemsituation kam, passierte das mit Leuten aus anderen Stockwerken.

In den ersten Tagen habe ich es nicht gepackt, mich der gesamten Gruppendynamik zu stellen, letztendlich auch den Paparazzi. Ich war durch die Anstaltsleitung vorgewarnt worden, dass Teile des Hofs von Häusern außerhalb einsehbar sind, und ich wusste, dass es Journalisten gab, die sich von einer Verletzung meiner Persönlichkeitsrechte nicht bremsen lassen würden. Am Anfang hat mich die Aussicht, von einem Fotografen abgeschossen zu werden, noch gehemmt; als mich meine Kumpels vom dritten Stock dann doch überredet hatten, ins Freie zu kommen, bin ich erst mal nur in einer Hälfte des Platzes im Kreis gelaufen. Gegen Ostern war mir das aber egal, und ich nahm es in Kauf, fotografiert zu werden (hoffte aber gleichzeitig auf Restanstand im Springer Verlag, ich Depp). Axel Cäsar ist ja tot, und es scheint dort niemand mehr zu leiden wie ein Hund, wenn er die *Bild*-Zeitung liest.

Die Hofgänge waren am Anfang sehr anstrengend, weil mir fast jeder berichten wollte, was er im Fernsehen gesehen hatte. Genau das wollte ich nun wieder nicht wissen; ich hatte ja beschlossen, nicht einmal rumliegende Zeitungen oder irgendwelche Fernsehbeiträge über mich anzusehen. Wie ich nachträglich festgestellt habe, war das angesichts der geballten gesendeten und geschriebenen, meist nicht der Wahrheit verpflichteten Staatsanwaltschaft, teils von oft verlogenen Medien orchestrierten Vorverurteilungskampagne eine sehr, sehr gute Idee. Ich weiß jetzt auch, warum mir das höhere Knastpersonal (das über 1900 Euro netto verdient) am Anfang so reserviert gegenüberstand: Die haben ernsthaft geglaubt, dass ich es war.

Die Knastkumpel und Stockwerksbeamten hatten da ein besseres Gespür und einen ausgeprägteren Menschenverstand. Sie merkten früh, dass ich keinen Schalter habe, der sich irgendwie umlegen lässt, auch der legendäre eiskalte Blick ist mir immer noch nicht gelungen, und den Hang zur Gewalttätigkeit muss ich erst noch entwickeln – drei zentrale Lügen aus dem Dinkel-Repertoire, die durch erzählfreudige weitere Ex-»Freundinnen« leicht variiert wurden, weil es so schön allgemein war. Fürs Protokoll: Ich bin in meinem ganzen Leben noch nie gewalttätig geworden, kann nicht mal rumschreien oder richtig wütend werden. Aber ich habe gelernt, dass es Frauen gibt, die das aus Wut über Untreue, aber auch für Geld behaupten, sei es vor der Polizei oder vor Gericht, um mitzuhelfen, einen Unschuldigen für viele Jahre in den Knast zu bringen. Die Knastkumpels haben meine kuhähnliche Friedfertigkeit freundlicherweise frühzeitig erkannt, was zu einem angenehmeren Umgang auf dem Stockwerk und beim Hofgang führte. Vergewaltiger sind im Knast nur ein bisschen weniger schlecht angesehen als die sogenannten Kiwis, Sittiche oder auch Kinderficker. Wir hatten welche mit diesem Vorwurf auf dem Stockwerk; bei dem einen erfuhr ich erst nach meiner Freilassung von dem ungeheuerlichen Verdacht, ein anderer ließ seinen Haftbefehl rumliegen in der Doppelzelle, und Sekunden später wusste es das gesamte Stockwerk.

Ein Häftling mit einem solchen Verdacht wird routinemäßig von einem Teil der Gefangenen so weit eingeschüchtert, dass er es nicht mehr wagt, die Zelle zu verlassen. Im Fall des jungen mutmaßlichen Kinderschänders fühlte der sich so bedroht, dass er ultimativ auf ein anderes Stockwerk verlegt werden wollte. Ich hatte gemischte Gefühle: Als betroffener Vater würde auch ich versucht sein, mit dem Gedanken an Selbstjustiz zu spielen, andererseits dachte ich an mich und gab den anderen zu bedenken, dass auch er einem Racheakt zum Opfer gefallen sein könnte und dass es eben letztendlich die Unschuldsvermutung gebe. Das überzeugte in diesem Fall aber kaum.

Ich weiß nicht, ob es irgendeinen potenziellen Kiwi draußen in seiner Krankheit interessiert und ob ihn diese Nachricht von irgendwas abhält, aber ich will es festhalten, und wenn es auch nur einen Einzigen beeindruckt: Der Knast wird Horror für Sie sein. Sie werden nicht aus der Zelle wollen. Sie werden jeden Tag um Ihr Leben bangen. Deshalb sind allerdings auch Menschen, die mit diesem Vorwurf über Jahre unschuldig im Knast saßen, danach meist nicht mehr in der Lage, ein normales Leben zu führen.

Die mir innewohnende gleichmäßige Gutmütigkeit kann für jugendliche Heißsporne aber auch eine Provokation sein, und in zwei Fällen habe ich etwas gemacht, was ich nie vorher gemacht habe (und seither auch nicht mehr): Ich habe mich mit meinen ein Meter neunzig und den einigermaßen starken Beinen und leider nicht so starken Armen einmal vor einem Jungschnösel aufgebaut, der mich schon seit Tagen bei meinen wischenden Tätigkeiten verhöhnte. Aus irgendeinem Grund war er nicht eingeschlossen, sondern kam vom Arzt oder was weiß ich und verarschte mich nach Herzenslust, während ich den Wischmopp schwang. Ein paar Tage ließ ich das über mich ergehen, dann wagte ich es (er schien notfalls knapp schwächer als ich): Ich stellte mich wenige Millimeter vor ihn hin und zischte dem Junggefangenen eine pädagogisch korrekte Ichbotschaft zu: »Ich will, dass du aufhörsch, mir auf den Sack zu gehen!«

Wow, ich bekam keine aufs Maul, und er ließ mich von da an in Ruhe. Wochen später probierte ich das Erfolgsmodell ein zweites Mal angesichts eines sonst geschätzten Kollegen, der aber nach drei Jahren U-Haft auch nicht mehr jederzeit auf der Höhe des Geschehens war und mir gesagt hatte, dass immer etwas dran sei, wenn man in U-Haft sitze. Ich hätte mildernde Umstände walten lassen sollen, denn ich wusste, dass er die *Süddeutsche* abonniert hatte, las aber absichtlich nicht, welchen Blödsinn von Gnaden der Staatsanwaltschaft die vermeintlichen Spitzenrechercheure in der fälschlicherweise als Qualitätszeitung betrachteten Papiersammlung offenbar ungefiltert übernommen hatten. Ich kann nur aus meiner Erfahrung berichten, dass die Geschichten der *Süddeutschen* in Sachen Seriosität mit dem Elend in *Focus*, *Bild* und *Bunte* gleichzusetzen waren. Es lohnt sich nicht, das Geld für solche Blätter auszugeben; Sachen einwickeln kann man auch mit billigeren Zeitungen.

Justiz heute: der Deal

Ich wusste, dass man in Mannheim auch für gar nichts ganz lange sitzen kann, wenn einen der kollektive Verurteilungsfuror, gepaart mit der gemeinschaftlichen Inkompetenz von Polizei, Staatsanwaltschaft und Gerichtswesen, trifft. In den ersten Wochen begann ich zu verstehen, auch aus den Schilderungen der Kollegen, dass die U-Haft eigentlich dazu da ist, einen zum Geständnis zu bringen. Und viele gestehen, sogar Dinge, die sie nie getan haben – um einem Angst machenden Prozess zu entkommen, um eine vergleichsweise erträgliche Strafe durch einen Deal zu bewirken. Denn heute läuft in Deutschland fast alles mit dem Deal.

Ein Deal spielt sich üblicherweise folgendermaßen ab: Die Staatsanwaltschaft sucht sich bei einem Drogendelikt alles zusammen, was es an ungeklärten Dingen in Mannheim in Sachen BtM gibt, und schiebt sie einem potenziellen Deal-Opfer in die Schuhe. Dann schreibt der Staatsanwalt dem Verteidiger, oder es gibt ein sogenanntes Rechtsgespräch in der Kneipe, bei dem der Mensch von der Staatsanwaltschaft dem Verteidiger sagt, dass es dafür zehn Jahre gibt, wenn nicht alles unverzüglich zugegeben wird. Bei einem umfassenden Geständnis könne man sich auf sieben Jahre einigen. Solche Deals sind der inzwischen legale Weg, dass sich Staatsanwaltschaft, Gericht und Verteidiger darauf einigen, mit möglichst wenig Aufwand möglichst viel Geld zu verdienen und obendrein gute Noten von den Chefs und Mandanten zu bekommen, ohne sie allerdings zu verdienen.

Vorteil für die Staatsanwaltschaft: sauberes Geständnis, keine Revision, das Urteil unterschreitet den Antrag der Staatsanwaltschaft, wenn überhaupt, kaum: Fleißkäferchen vom Ministerium.

Vorteil für das Gericht: Urteil schon klar, keine Revision, der Richter kann schon mal die Begründung schreiben, bevor's überhaupt losgeht, und muss nicht groß zuhören und kreativ fragen. Alle sind sich einig.

Vorteil für die Verteidigung: Wenn der Mandant zustimmt, kann der Verteidiger ihm erzählen, er hätte drei Jahre rausgeholt; sicher, eigentlich dürfte der für so was nur zwei Jahre auf Bewährung kriegen, aber wir sind in Mannheim, wo die Gleichung gilt: drei Kilo Gras aus Holland sind schlimmer als drei Tote. Der Verteidiger muss sich nicht groß vorbereiten, das Plädoyer ist in wenigen Minuten gebongt, weil alles schon von Anfang an ausgekungelt wurde. Und für das Gericht ist er als pflegeleichter Verteidiger automatisch in der Poleposition, um noch ganz viele tolle Pflichtverteidigungen zugeschanzt zu bekommen (seit ihrem deutlichen Plädoyer hat meine Verteidigerin Andrea Combé keine Pflichtverteidigungen mehr aus Mannheim bekommen – sie hat sich die Zuwendung des Gerichts verwirkt, das keine ernsthaften Gegner möchte).

So gibt es dann die typischen Anträge, die da heißen: Acht Jahre fordert die Staatsanwaltschaft, siebeneinhalb die Verteidigung, das Gericht gibt je nach Tagesform siebeneinhalb oder acht, aus die Maus. So einfach ist die deutsche Gerichtswelt geworden. Der Bundesgerichtshof (BGH) kann auf die Ausreißer in der Strafzumessung der baden-württembergischen Justiz nicht reagieren, denn zu jedem Deal gehört stillschweigend der Rechtsmittelverzicht, der ist zwar grundsätzlich nicht erlaubt, aber was soll's. Revisionssicher könnten solche Erpressungen ja nicht begründet werden.

Das nachfolgende Beispiel macht deutlich, wie verzweifelt sogenannte Verteidiger darum kämpfen, den Weg des geringsten Widerstands und der Gewinnmaximierung für alle Beteiligten (außer den Mandanten) gehen zu können. Auslöser der Ereignisse war der Versuch eines (zum fraglichen Zeitpunkt angetrunkenen) Knastkumpels, ungebetenen Besuch zu erschrecken und aus der eigenen Wohnung zu komplimentieren, allerdings ohne irgendjemanden zu berühren oder zu verletzen. Noch vor der Anklageerhebung unterbreitete der Verteidiger seinem Mandanten einen gut gemeinten Vorschlag – ich habe das im Knast wörtlich aus dem Originaltext abgeschrieben:

»Sie geben gegenüber dem Landgericht eine Erklärung ab, dass die Vorwürfe in der Anklageschrift stimmen. Mit diesem Geständnis würde insgesamt eine Freiheitsstrafe von sieben Jahren gegen Sie ausgeworfen werden, die wie folgt zu verbüßen sind: U-Haft vier Monate, Strafhaft ein Jahr, Therapie nach Paragraf 64 [Unterbringung in einer Entziehungsanstalt; Anmerkung JK] zwei Jahre, dann Freiheit.

Als andere Verteidigungsstrategie käme eine Konfrontationsverteidigung in Betracht, ohne Geständnis. Aktuell nach Aktenlage würde dies für einen versuchten Totschlag/Mord eine Freiheitsstrafe von zehn bis zwölf Jahren bedeuten, auch hier käme die Therapie zu tragen, das würde aber bedeuten, dass Sie zunächst einmal mindestens drei, vielleicht sogar vier Jahre Strafhaft verbüßen müssten, um dann in Therapie zu kommen und dann den Rest der Strafe in Freiheit zu verbleiben. Wenn man letztendlich auf die Halbstrafe hinaus möchte, so bleibt letztendlich nur Ihr Geständnis.«

Und weil der Verteidiger weiß, dass der bald Angeklagte gar nicht gemacht hat, was ihm vorgeworfen wird, wird er nun gegenüber dem Mandanten deutlich:

»Dieses Geständnis müsste ein taktisches Geständnis *sein. Ich weiß nicht, ob Sie hierzu psychisch in der Lage sind, Sie müssen es einfach* so *sehen.« [Hervorhebungen nicht durch mich; Anmerkung JK]*

Im Klartext: Auch wenn's nicht so war, geben Sie's halt zu, sonst kriegen Sie fast das Doppelte, denn:

»Die dritte Möglichkeit wäre gegebenenfalls ein Freispruch, den ich bei der drückenden Beweislage gegen Sie nicht glaube erreichen zu können. Unter diesen Umständen empfehle ich dringend die erste Variante. Bitte teilen Sie mir nach reiflicher Überlegung Ihre Entscheidung mit, damit ich gegebenenfalls mit der Staatsanwaltschaft und insbesondere dem Landgericht eine Vereinbarung für Sie treffen kann. Wenn nein, werde ich Sie dennoch weiter verteidigen, allerdings wird diese sogenannte Konfrontationsverteidigung hier nicht zum Erfolg führen, seien Sie versichert, dass Sie für den Fall einer Verurteilung mit einer erheblichen Strafe von tatsächlich sieben bis neun Jahren rechnen müssen.«

So viel Zaunpfahl war selten – der Verteidiger als verlängerter Arm der Staatsanwaltschaft. Wohlverstanden, dieser Brief wurde viele Wochen vor der eigentlichen Hauptverhandlung geschrieben, deren Verlauf in der örtlichen Presse wiedergegeben wurde. Raten Sie mal, wie es dem angeblichen versuchten Totschläger/Mörder mit dem ihm abgenötigten Geständnis so erging: sieben Jahre wegen versuchten Totschlags, abzüglich Therapiezeit nach Paragraf 64. Staatsanwalt und Verteidigung hatten beide sieben Jahre gefordert. Der Dealer (jeder Deal setzt die Unschuldsvermutung außer Kraft) ist ein Meister (auch) aus Mannheim. Ob der Gesetzgeber geahnt hat, wie sein Kostensparmodell der »Verständigung« im Strafprozess den Rechtsstaat ruiniert? Im Zweifel war es ihm egal. Beschuldigte haben keine Lobby, im Gegensatz zu selbst erklärten Opfern.

Wer so mit der deutschen, insbesondere der baden-württembergischen Justiz konfrontiert wird, sieht die Bundesrepublik Deutschland des 21. Jahrhunderts nicht mehr als Rechtsstaat. (Alle Aussagen gelten für die Ära unter dem Waffen besitzenden früheren Justizminister Ulrich Goll, der sich stolz als »schwäbischer Cowboy« gesehen hat.)

Die Wolfsschanze in Herzogenried

Warum spielt das Neonazitum bei einem erheblichen Prozentsatz der deutschen Inhaftierten eine so wichtige Rolle? Vor der Knastzeit hätte ich mir nicht vorstellen können, mit Neonazis auch nur ein Wort sprechen zu können. Nach vielen Gesprächen im Hof und auch nach Beobachtungen beim Sport habe ich beschlossen: Die Knastneonazis sind keine echten, keine Antisemiten, keine Holocaustleugner – sie sehen nur den Unterschied zu unscharf zwischen der Justizwillkür, die ihnen auch im modernen Deutschland oft begegnet, und der Justiz, wie sie in traurigen Phoenix-Beiträgen über die DDR und das Nazireich beschrieben wird.

Viele JVA-Bedienstete störte die rechte Gesinnung der Insassen offenbar nicht, davon zeugten zahlreiche Hakenkreuze an prominenten Stellen in der JVA, die nie weggeputzt wurden – im Gegenteil: Während meiner Haftzeit kamen noch weitere Hakenkreuze dazu. Das größte befand sich im Metallrahmen des Hausaufzugs, mit dem jeder Gefangene beim Einfahren in den Knast und auch wieder bei der Entlassung fährt. Ich hatte anfangs vermutet, dass sie zum »Tag der offenen Tür« sicher entfernt werden würden, aber vielleicht war das Publikum daran vorbeigeschleust worden. Der Öffentlichkeit werden schließlich auch nicht die ratten- und kakerlakenverseuchten Katakomben gezeigt, nur die schnuckeligen Zellen kommen ins Fernsehen, in denen real niemand wohnt, sondern nur kurz wartet. Und wenn die Hakenkreuze den neuen Gefängnisdirektor nicht gestört haben, sind sie wohl bis heute da.

Für die beiden Neonazis, mit denen ich auch mal Mau-Mau gespielt habe, waren Hitler und Horst Wessel an der Wand einfach der größtmögliche Protest gegen ein System, das zu spektakulären SEK-Verhaftungen und bei solchen Einsätzen zu Misshandlungen der physischen und psychischen Sorte neigt. Zum Protest gehörte auch die abendliche Verabschiedung mit einem »deutschen Gruß«, der mit einer solch legeren Selbstverständlichkeit aus dem Gang des anderen Stockwerks hinauskam, als ob nicht Goll, sondern noch knapp schlimmere

Menschen Justizminister in Baden-Württemberg gewesen wären. Ich musste über den grotesken Anblick nur lachen, einfach deshalb, weil diese Menschen mit dem gestreckten Arm sich beim Rundlauf im Tischtennis zwar ein fröhliches »Nimm das, Kanake!« leisteten, der türkische Gegner beim erfolgreichen Return des Schmetterballs aber sein »Du bist raus, Scheißdeutscher!« ebenso selbstbewusst grinsend sagen konnte. Und danach waren alle wieder gemeinsam Knastkumpels, die einander nicht wehtaten. Die Neonazis aus dem anderen Stockwerk werden keine mehr sein, wenn sie aus dem Knast sind, und werden die unter schwierigen Umständen (alles verboten!) während der U-Haft ins Knie geritzten Hakenkreuze bereuen. Andererseits trug die Duldung von Nazisymbolen im Knast durch die Anstaltsleitung durchaus zur ausländerfeindlichen Stimmung zwischen Beamten und Gefangenen in der JVA bei, es hat einfach etwas Irritierendes, deutsche Uniformen des einundzwanzigsten Jahrhunderts andauernd im Bild mit Hakenkreuzen zu sehen – wahrscheinlich der wichtigste Grund, warum Fotografieren in der JVA Mannheim so streng verboten ist. Der Leiter der U-Haft hat auch deutlich gemacht, dass er prinzipiell nur Deutsch spricht; das machte vielen Gefangenen das Leben schwer. Ich habe in meiner Haftzeit eine dreistellige Anzahl von Anträgen für ausländische Mitgefangene geschrieben und auf Englisch, Französisch und Italienisch versucht, den Kumpels einen Weg durch das Anstaltsdickicht zu zeigen – ich war ja im Hochsommer schon ein erfahrener Knasti und als Schänzer sowieso als Mittler zwischen Stockwerksbeamten und Gefangenen vorgesehen.

Für größere Probleme gibt es den Sozialdienst. Der tut, was er kann, ist aber dennoch reichlich überfordert. Wenn ich die Körpersprache richtig deute, leiden dessen Mitarbeiter wie der evangelische Theologe unter der Unmenschlichkeit des Mannheimer JVA-Systems und wissen, dass sie gegen die großen Probleme nichts tun können: Vorverurteilung, Verlust der Familie, Verlust der Wohnung, Verlust allen Besitzes, wenn nichts Größeres vorhanden ist.

Wetterstation Knast und Hundstage

Temperaturmessungen Mannheim-JVA vor der Zelle 1328, jeweils morgens 7 Uhr

4.4. 5,9 °C	4.5. 5,2 °C	3.6. 13,0 °C	2.7. 20,0 °C
5.4. 6,7 °C	5.5. 2,8 °C	4.6. 12,5 °C	3.7. 22,0 °C
6.4. 2,7 °C	6.5. 6,5 °C	5.6. 13,5 °C	4.7. 22,0 °C
7.4. 5,8 °C	7.5. 5,8 °C	6.6. 17,8 °C	5.7. 18,0 °C
8.4. 9,1 °C	8.5. 6,8 °C	7.6. 16,8 °C	6.7. 16,2 °C
9.4. 9,1 °C	9.5. 8,9 °C	8.6. keine	7.7. 15,3 °C
10.4. 7,2 °C	10.5. 8,9 °C	Messung	8.7. 17,5 °C
11.4. 4,4 °C	11.5. 8,7 °C	9.6. 18,8 °C	9.7. 20,0 °C
12.4. 3,7 °C	12.5. 9,5 °C	10.6. 17,0 °C	10.7. 22,0 °C
13.4. 5,6 °C	13.5. 7,2 °C	11.6. 18,5 °C	11.7. 23,0 °C
14.4. 5,8 °C	14.5. 6,4 °C	12.6. 18,0 °C	12.7. 24,5 °C
15.4. 5,3 °C	15.5. 6,5 °C	13.6. 13,9 °C	13.7. 19,0 °C
16.4. 7,8 °C	16.5. 8,0 °C	14.6. 14,5 °C	14.7. 21,0 °C
17.4. 2,7 °C	17.5. 8,3 °C	15.6. 11,9 °C	15.7. 19,0 °C
18.4. 5,1 °C	18.5. 7,2 °C	16.6. 11,5 °C	16.7. 18,5 °C
19.4. 6,8 °C	19.5. 7,9 °C	17.6. 13,0 °C	17.7. 19,5 °C
20.4. 7,3 °C	20.5. 9,2 °C	18.6. 15,0 °C	18.7. 15,5 °C
21.4. 5,6 °C	21.5. 10,5 °C	19.6. 11,0 °C	19.7. 16,0 °C
22.4. 1,8 °C	22.5. 10,5 °C	20.6. 10,5 °C	20.7. 18,0 °C
23.4. 2,8 °C	23.5. 13,1 °C	21.6. 10,5 °C	21.7. 20,0 °C
24.4. 5,9 °C	24.5. 15,0 °C	22.6. 8,7 °C	22.7. 20,0 °C
25.4. 8,5 °C	25.5. 16,5 °C	23.6. 11,0 °C	23.7. 18,5 °C
26.4. 11,2 °C	26.5. 13,0 °C	24.6. 13,0 °C	24.7. 13,0 °C
27.4. 10,8 °C	27.5. 10,5 °C	25.6. 18,0 °C	25.7. 11,0 °C
28.4. 8,8 °C	28.5. 14,0 °C	26.6. 17,0 °C	26.7. 15,0 °C
29.4. 11,5 °C	29.5. 12,0 °C	27.6. 16,5 °C	27.7. 13,5 °C
30.4. 17,7 °C	30.5. 13,1 °C	28.6. 17,2 °C	28.7. 15,0 °C
1.5. 12,3 °C	31.5. 9,3 °C	29.6. 18,5 °C	29.7. 14,0 °C
2.5. 11,5 °C	1.6. 10,9 °C	30.6. 19,0 °C	
3.5. 8,7 °C	2.6. 13,0 °C	1.7. 18,5 °C	

Ich habe im Knast von dem Moment an, als ich das Thermometer hatte, an fast allen Tagen (außer wenn ich wirklich mies drauf war) morgens um sieben Uhr die Temperatur abgelesen.

Immerhin hatte ich durch das Schreiben der Anträge und das Helfen Ablenkung vom eigenen Elend. Mit jedem Tag und jeder Woche und jedem Anwaltsbesuch von Birkenstock wurde mir bewusster, dass es eine längere Veranstaltung werden würde, und ich versuchte, die Absicht der Mannheimer Justiz zu durchkreuzen und nicht schwach, sondern immer stärker und ein selbstbewusster Knasti zu werden. Ich begann, mehr eigene Anträge zu schreiben (falls Sie jemals in ein

Gefängnis kommen sollten: schon am ersten Tag die Erlaubnis für Wasserkocher und Fernseher beantragen!), und stellte wie die anderen Häftlinge fest, dass komplett willkürlich verfahren wurde, denn manche Anträge werden gar nicht, manche schnell und manche ganz langsam beantwortet. Ein Quittungssystem für eingegangene Anträge gibt es nicht, sodass man auch öfter zu hören bekommt, dass ein Antrag nie angekommen sei.

Ich versuchte, mich häuslich einzurichten, und beantragte, Thermometer und Hygrometer aus dem Gepäck ans Gitter hängen zu dürfen, zur Erbauung. Nach geraumer Zeit wurde dem Antrag stattgegeben. Leider war es nicht ganz einfach, die beiden Instrumente nur mit einer Schnur zu befestigen, und das Hygrometer segelte schon am ersten Messtag in die Tiefe, ein herber Verlust. Aber das Thermometer zierte dann die Zelle 1328 von außen (typisch, dass die örtlichen *Bild*-Reporter ein Brett vor dem Kopf hatten und sich offenbar bei der verzweifelten Suche nach dem richtigen Zellenfenster nichts dabei dachten, dass nur eine einzige Zelle ein leicht zu identifizierendes Thermometer am Gitter hängen hatte). Ich fing an, jeden Tag morgens um sieben die Temperatur abzulesen, immerhin hatte ich mit Bedacht eine Zelle gewählt, die Richtung Norden ausgerichtet war. So schuf ich mir Gewohnheiten, die den Tag strukturierten. Die vergangenen Ereignisse hatten mich gelehrt, mein Leben an Worst-Case-Szenarien auszurichten, und nach den ersten wenigen Wochen der Hoffnung, dass die Anzeigeerstatterin umkippen und gestehen würde, hatte ich mich an den Gedanken gewöhnt, länger zu bleiben. So hatte ich es auch an Anwalt Birkenstock kommuniziert: Ich bleibe, solange es eben braucht, bis in Mannheim Recht und Gerechtigkeit ihren Lauf nehmen, eine Kaution komme für mich nicht infrage.

Damit die Messung einigermaßen korrekt ausfiel, wenn ich schon nicht wie vorgeschrieben zwei Meter über Wiese messen konnte, befolgte ich jeden Morgen dieselbe Routine: um fünf Uhr dreißig war Wecken, Fenster zu, Glotze an, *Quincy* gucken; um sechs Uhr die Postrunde mit G., gucken, ob noch alles lebt, und ärgern, dass Auflösung *Quincy* verpasst. Durch das geschlossene Fenster kam keine erwärmte

Innenluft ans Fenster, sodass die Messungen einigermaßen repräsentativ waren, bis auf die im Hochsommer, als sich das Gebäude dermaßen aufheizte, dass es in der Zelle auch nachts nicht mehr unter dreißig Grad abkühlte. Früher soll es bei Hitze noch erlaubt gewesen sein, auf beiden Seiten des Gangs in den Zellen jeweils die Essensklappe nachts aufzulassen, um ein wenig Durchzug zu erzeugen, aber aus irgendwelchen Gründen wurde das verboten, sodass es keine Alternative gab, als auf acht Quadratmetern Deutschland vor sich hinzubrüten. Zum Glück hatte der Anstaltsleiter keine Ahnung von seinem Laden und daher unrecht, als er am »Tag der offenen Tür« im Interview behauptete, dass Ventilatoren aus Sicherheitsgründen im Knast nicht erlaubt seien. O doch, sind sie, und es war ein Vorteil, dass ich die Hitzewelle aufgrund der Wetterlage ein bisschen früher erkannte und einen bestellte, als noch welche da waren – später waren sie ausverkauft.

So ließ ich mich einfach die ganze Nacht auf mittlerer Stufe durch den Ventilator anpusten, mit viel Wind lassen sich auch dreißig Grad aushalten. Durch das Zurückgeworfen-Sein auf das Wesentliche bleibt man im Knast immerhin vor typisch deutschen Manierismen verschont wie dem Gedanken – mit dem Propeller vor der Nase –, dass es ein Problem sei, wenn es zieht, oder dass man sich womöglich erkälten könnte, ganz ohne Ansteckung. Hier geht es um die wichtigen Dinge des Lebens: Wie halte ich Lebensmittel frisch bei dreißig bis vierzig Grad Tag und Nacht, und wie schütze ich die Lebensmittel vor den Kakerlaken?

Letztere bevölkern die gesamte JVA Mannheim in großen Mengen, hochgerechnet ein Millionenheer, und wenn man im Untergeschoss durch die Keller läuft, sieht man sie überall in sämtlichen Zuständen zwischen Leben und Tod. Mir war das eigentlich herzlich egal, die Schwabenkäfer, wie Kakerlaken in der Schweiz heißen (Mannheim gehört nicht zu Württemberg, auch wenn viele Journalisten fälschlicherweise gerne mal das Attribut »schwäbisch« auf die Kurpfalz angewendet haben), gehörten seit der ersten Mannheimer Nacht zum Inventar, und man kann sich in einem komplett kakerlakenbesetzten

Gebäude schwerlich abkapseln. So war es üblich, dass sich irgendwann in der Nacht, sobald die Außentemperatur unter der Zellentemperatur lag, die Viecher durch die offenen Fenster in die Zellen fallen ließen.

Es gibt ein charakteristisches Geräusch, wenn die chitingepanzerte Deutsche Schabe aus drei Metern Höhe auf die Bettdecke oder auf den Boden prallt, laut genug, um aufzuwachen, eine genervte nächtliche Suche zu beginnen und es auch uncool zu finden, dass diese Geräte die schnellsten Insekten der Welt sein sollen, über fünf Kilometer pro Stunde. Irgendwann erwischt man sie dann, und es folgt, wie nach der ersten Nacht in Mannheim gelernt, das Programm: mit Klopapier aufheben und runter ins Klo. Zu denken gab mir (obwohl ich es mir nach wie vor nicht vorstellen kann), als ein Kollege aus dem Vierten nach einem angeblichen Kakerlakenbiss einen tierischen Abszess auf der Wange bekam; das fand ich weniger schön, auch wenn ich noch nie davon gehört hatte, dass der Schwabenkäfer zum Beißen neigt. Seitdem behielt ich mein Fenster auch bei größter Hitze nachts in der gekippten Stellung und schraubte halt den Ventilator auf die volle Dröhnung.

Der Ventilator half allerdings nicht weiter, wenn es darum ging, Lebensmittel zu lagern. Einmal pro Woche bekam man eine Schachtel Margarine und einen Liter Milch, aber auch die Ultrahaltbarkeit stößt an ihre Grenzen, sobald die Milchtüte geöffnet ist. Wer keinen Einkauf hatte (den sich nur diejenigen leisten konnten, die Verwandte und Bekannte hatten, die Geld auf das Knastkonto einzahlten) und sich nicht neu versorgen konnte, musste die wenigen Stunden genießen, in denen die Milch okay war und die Margarine nicht flüssig – das ist eben das Problem, dass man innerhalb kurzer Zeit einen Liter Milch trinken und zweihundertfünfzig Gramm Margarine essen muss, weil schon am Tag danach das eine sauer und das andere flüssig ist. Ohne Kühlschrank hat man keine Chance im Sommer, und so sind die Gefangenen ohne Einkauf dann wieder sechs Tage ohne Milch und Brotaufstrich.

Besser hat man es, wenn es von außen Geld gibt und man gleichzeitig drinnen arbeitet. Der Lohn für die Arbeit ist vernachlässigbar (Zitat aus der Gefangenenzeitschrift *Klette* der JVA Mannheim, Ausgabe Winter 2009, Seite 37: »Die Entlohnung beträgt Tagessätze zwischen 7,50 und 12 Euro« – schöner kann einem der Staat nicht zeigen, wie wertlos die Arbeit und dadurch man selbst letztendlich ist) und hilft einem nicht, irgendwas zu kaufen: Aber die Tatsache der Arbeit an sich erhöht den erlaubten Betrag für den Einkauf. Vielleicht sollte ich noch angeben, wie hoch der Lohn für einen Reiniger mit Unschuldsvermutung in der U-Haft ist: immerhin satte 1,07 Euro in der Stunde, da lässt man's schon gerne mal krachen am Ende einer U-Haft. Mithilfe von außen kann man also die skorbutträchtige Anstaltskost ergänzen und für 239 Euro pro Monat einkaufen. Je nach zu erwartender Außentemperatur (sehr hilfreich war für uns Knastis, dass der Frühling 2010 eher kühl war) will es wohl erwogen sein, was gekauft wird, welche Frischprodukte und welche haltbaren. Schokoladentafeln zum Beispiel kann man gut mitnehmen, wenn man beim Umschluss zu einem kleinen Kartenspiel unter Reinigern in eine andere Zelle eingeladen wird: Man betritt fremde Zellen ungern mit lee-

JVA: Mannheim		Kontenspiegel vom: 11.06.2010		Seite: 1

Name:	Kachelmann	Jörg	Geburtsdatum:	15.07.1958
Gefangener Buchnummer: 40 1 546 2010				
Unterbringung:	MA Sternbau 1328			
Haftart:	U-Haft			

Geldbestände:		EG:	986,23
		SG1:	55,20
Externes Guthaben:	0,00	SG2:	0,00
ÜG-Soll:	0,00	HG:	0,00
		TG:	0,00
Scheckvorbehalt:	0,00	ÜG:	0,00
		Saldo:	1.041,43

Nr.	Datum	Beleg-Nr.	Buchungstext	Bemerkung	Kto.	Betrag
1	26.05.2010		Einkauf	Sagi	EG	-40,00
2	27.05.2010		Einkauf		EG	-50,07
3	28.05.2010		Einkauf	Sagi	EG	-20,00
4	02.06.2010		Einkauf	Sagi	EG	-50,00
5	02.06.2010		Buchung aus Schnittstelle	Lohnabrechnung 05/2010	EG	22,21
6	08.06.2010		Einkauf	Sagi	EG	-20,00
7	08.06.2010		Einkauf		EG	-50,00
8	08.06.2010		Überweisung - SG 1	v. RA Reinhard Birkenstock	SG1	55,20
9	09.06.2010		Stromkostenpauschale 3	Stromkosten für TV	EG	-1,25
10	09.06.2010		TV-Gebühren	TV-Miete / imtech	EG	-9,50
11	09.06.2010		TV-Kabelgebühren	Sat-Anschluß	EG	-8,62

Arbeit in der JVA Mannheim ist sinnlos, weil man nur einen lächerlichen Lohn bekommt, aber ohne Geld gibt es gar nichts.

Massak Logistik GmbH
Sitz Litzendorf
GF:Werner Massak,Boris Massak
Reg.ger. Bamberg HRB 5165

,15.06.2010
Kunden-Nr: 49

Beleg Nr.114942 vom 15.06.2010 ist noch keiner Rechnung zugeordnet.

Pos Bezeichnung	LVP	Menge	Preis	Mw	Rb	Retoure
0Pfandflasche 1.5l	0,25	-2,00	-0,50	2 *		_____
0S-ALASKA MIN.SPRIT.PET/PF 1,5L	0,59	4,00	2,36	2 *		_____
1PFLICHTPFAND E.0,25	0,25	4,00	1,00	2		_____
1S-ALASKA APFELSCH.PET/PF 1,5L	0,99	4,00	3,96	2 *		_____
2PFLICHTPFAND E.0,25	0,25	4,00	1,00	2		_____
2HARDTHOF MULTI FSG 20% 2L	1,19	10,00	11,90	2 *		_____
2X G&G H-VOLLMILCH 3.5% 1L	0,61	8,00	4,88	1 *		_____
2NIVEA BODYLOTION 400ML	4,99	1,00	4,99	2 *		_____
2X ELKOS BODYLOTION 500ML	1,99	1,00	1,99	2 *		_____
2SCHAUMA SH.FOR MEN 400ML	2,19	1,00	2,19	2 *		_____
2SCHAUMA SP.OIL INTENSE 250ML	2,19	2,00	4,38	2 *		_____
2DUSCHDAS ROLL ON FOR MEN 50ML	1,99	1,00	1,99	2 *		_____
2X VITAL.MULTIVIT.BRAUSETAB20ST	0,89	1,00	0,89	1 *		_____
2KM.GUGELHUPF MARMOR 500G	1,89	2,00	3,78	1 *		_____
2KM.QUARK STREUSSEL KUCH 400G	1,89	2,00	3,78	1 *		_____
2HARIBO HAPPY COLA 200G	0,89	5,00	4,45	1 *		_____
2TOFFIFEE 15ER 125G	1,39	5,00	6,95	1 *		_____
2X G&G SALZSTANGEN 250G	0,59	4,00	2,36	1 *		_____
2OE.GALETTA SCHOKOLADE 99G	0,69	8,00	5,52	1 *		_____
2OE.GALETTA VANILLE 80G	0,69	8,00	5,52	1 *		_____
2OE.S.MAHLZEIT GRIESSBREI 92G	1,29	4,00	5,16	1 *		_____
2X G&G H-SAHNE TETRA 30% 200G	0,55	5,00	2,75	1 *		_____
2BKR H-CREMIG.JOGH.PUR 3,5%500G	0,69	6,00	4,14	1 *		_____
2MUE.GRIESSPU.M.KIRSCHSO. 450G	1,09	4,00	4,36	1 *		_____
2Kiwi	0,25	10,00	2,50	1 *		_____
2Äpfel grün	1,99	3,00	5,97	1 *		_____
2Bananen	1,39	2,00	2,78	1 *		_____
2Tomaten	2,49	3,00	7,47	1 *		_____
2Zitronen Netz	1,29	1,00	1,29	1 *		_____
2Broccoli 500g	1,29	1,00	1,29	1 *		_____
2Ananas Stück	2,29	2,00	4,58	1 *		_____
2Honigmelone Stück	1,99	2,00	3,98	1 *		_____
2BANCETTO MACCARONI KURZ 500G	1,19	3,00	3,57	1 *		_____
2Basilikum	1,79	1,00	1,79	1 *		_____
2Zimt	1,79	1,00	1,79	1 *		_____
2MA.5-MT.BROCCO.NUDELTOPF 52G	1,29	4,00	5,16	1 *		_____
2BEEFLAND CORNED BEEF 340G	2,69	2,00	5,38	1 *		_____
2X G&G THUNF.FILETS NATUR 195G	1,25	8,00	10,00	1 *		_____
25-FRUCHTCOCKTAIL 425ML	1,09	2,00	2,18	1 *		_____
2X G&G ANANAS SCHEIBEN 850ML	1,29	2,00	2,58	1 *		_____
2X G&G MANDARIN-ORANGEN 314ML	0,59	2,00	1,18	1 *		_____
2VOLLKORN HAFERFLOCKEN 500G	0,69	1,00	0,69	1 *		_____
2X G&G KNAECKEBROT ORIGINAL250G	0,69	2,00	1,38	1 *		_____
2Eier 10er Packung	1,49	2,00	2,98	1 *		_____
2X G&G MOZZARELLA 45% 125G	0,60	5,00	3,00	1 *		_____
2X FG.DELI.WIENER WUERSTCH.400G	2,69	3,00	8,07	1 *		_____
2Leberkäsbrötchen	1,00	2,00	2,00	1 *		_____
2X G&G PFIRSICHE 1/2 FR. 850ML	0,95	4,00	3,80	1		_____

Beleg Nr.114942 vom 15.06.2010   **175,21**

Lieferdatum:

_____
Unterschrift

239.10
-175.21
_____
63.89

Wer gesund essen oder sich die Zähne putzen will, muss für viel Geld den Einkauf nutzen.

ren Händen. Für die meisten anderen Mitgefangenen war klar, wofür ein großer Anteil der Einkaufskohle gebraucht wird: Rauchen ist verbreitet, und Rauchen ist teuer. Mir wurde zwar mehrfach prophezeit, dass ich im Knast das Rauchen anfangen würde, aber diese Vorhersage war falsch, und so konnte ich das Geld vor allem für das ausgeben, was es sonst nicht gab: Obst, Gemüse, Getränke. Und außerdem, weil ein- bis zweimal die Woche auf dem Stockwerk gekocht werden darf, noch etwas klassischere Nahrungsmittel wie Nudeln und Reis – und nicht zu vergessen Kuchen, Quark, damit mit den Früchten auch ein angemessenes Gesamtkunstwerk im Umschluss angerichtet werden kann. Es war immer ein kleines Fest im Knast, wenn wir eine kunstvolle Quark-Früchte-Torte hinbekommen hatten oder frische Ananas in Joghurt oder ähnliche Kostbarkeiten, die vorsichtig aufgeteilt und schnell verzehrt wurden, weil im Hochsommer alles schnell hinüber ist.

Zweimal im Monat verwandelte sich die im Grundzustand aggressiv bellende Knastakustik für kurze Zeit in ein friedliches Summen, wenn der Einkauf, der vorher per Formular bestellt werden musste, geliefert wurde, die Kostbarkeiten unter den fest verschraubten Pritschen verstaut wurden und es für achtundvierzig Stunden Schlaraffenland gab. Danach waren die meisten schönen und frischen Lebensmittel ungekühlt nicht mehr in dem Zustand, den man sich wünscht. Und nach den achtundvierzig Stunden relativer Völlerei mit Vitaminen, Friede, Freude und Eierkuchen folgten wieder zwölf Tage Warten bis zur nächsten Bescherung.

In einem fremdbestimmten Leben wie im Knast gibt es im Lauf der Zeit immer mehr Rituale, und wenn man zu lange sitzt, entwickeln sich die Rituale zu Haftschäden, die aus der Reizarmut entstehen – wie das Weben der Elefanten im Zoo, das mechanische Hin-und-her-Wackeln mit Kopf und Rüssel, so manifestieren sich nach etwa achtzehn Monaten Haft ähnliche Verhaltenseigenschaften bei Menschen. Ein Kumpel, der schon drei Jahre in U-Haft saß, füllte seine leere Zeit durch ein permanentes gepresstes Singen durch die geschlossenen Lippen. Angesichts perfekter Hand-aus-Karten beim

Rommé (also wenn man alle Karten auf einmal erfolgreich loswird) war das nachvollziehbar eingesetzt, aber beim Essenausteilen und bei anderen Gelegenheiten wurde klar, dass er das immer machte, sobald er nicht sprach.

Knast ist nicht das Drinsein, sondern, wie man es hier nannte, das »Kopfgeficke«: das Nachdenken darüber, was draußen ist und was man verpasst. Es gab in Mannheim Leute, die saßen schon fünfundzwanzig Jahre – mit einer fernen Ahnung, was ein Computer ist; Internet und Handy kannten die Jungs nur aus der Glotze. In ihrem Verhalten erinnerten sie kaum noch an Menschen, denn die Haftschäden fangen schon nach wenigen Jahren an, und wer nach dieser Zeit rauskommt, ist nicht mehr in der Lage, draußen ein normales Leben zu führen – es wartet ja eh niemand mehr, weshalb ein kleiner Bruch danach hilft, schnell wieder in die gewohnte Umgebung zurückzukommen.

Meine Hoffnungen, auf einfache Art, ohne Anklage, ohne den demütigenden Prozess, wieder freizukommen, waren immer geringer geworden, und ich stellte mich auf eine lange Zeit des Kampfes ein. Nachdem weitere Frauen weitere unwahre Geschichten über mich verbreitet hatten, die von den Medien dankbar aufgegriffen wurden, wusste ich, dass es auf die lange Strecke gehen würde. Ich fürchtete die wöchentlichen Besuche der Birkenstocks, es gab eigentlich nie gute Nachrichten, und ich konnte nie verstehen, warum wir gegen all diese Märchenerzählerinnen nicht jeweils unverzüglich zivil- und strafrechtliche Schritte eingeleitet haben. Birkenstock sagte, dass das Gericht dann traurig werden würde wegen Zeugenbeeinflussung, aber diese Wehrlosigkeit gegen den frei erfundenen Wahnsinn da draußen war das Schlimmste für mich.

Ich lernte von den Mitgefangenen, dass es ihnen genauso ging: Kaum war man im Knast, meldeten sich Leute, mit denen man schon viele Jahre zu tun hatte, und erzählten irgendeinen Scheiß, um sich zu rächen. Nicht für etwas, was real passiert war, sondern einfach, um als Trittbrettfahrer die Situation auszunutzen, dass ein Knastinsasse niemals recht hat. Wie gesagt: Es gibt keine Unschuldsvermutung, das ist nur eine lächerliche Behauptung.

Was kommt in der Glotze?

Ich bin nachträglich sehr dankbar, dass ich nicht jeden Unsinn im Knast mitbekam, die zahlreichen Falschinformationen der Staatsanwaltschaft wegen meiner angeblichen Spuren an der »Tatwaffe« zum Beispiel und den Wahnsinn fast aller Medien, die diese Informationen bereitwillig übernahmen, sie allenfalls überhöhten, aber nie hinterfragten.

Die Kumpels im Knast wussten, dass ich die Inhalte der Schwachmaten-People-Sendungen im Fernsehen nicht wiedergekäut haben wollte, und schalteten sensibel um, wenn ich für einen Besuch in die Zelle kam. Auch der örtliche Radiosender *Sunshine live*, bei dem Claudia Dinkel arbeitete und der seiner Klein-Teilzeit-Mitarbeiterin offenbar ewige Nibelungentreue geschworen hatte, konnte durch den spanischen Sender *Maxima FM* im Knastkabelnetz mehr als nur ersetzt werden, und das ganze Stockwerk hat umgeschaltet – keine Macht denjenigen, die Falschbeschuldigerinnen bis heute Unterschlupf bieten – dass Claudia Dinkel bis heute unter dem Pseudonym »Toni« die Kirchensendung im Bumbum-Seifen-Sender moderiert, ist für mich als gläubigen Menschen schwer zu ertragen.

Neben Fernsehen und Radio und den seltenen Besuchen von maximal zweimal einer halben Stunde im Monat gab es nur noch ein theoretisches Fenster nach draußen: den Parkplatz nördlich des Knasts. In Blick- und Rufweite der Zellen versammelten sich hier Angehörige oder Freunde, um mit den Gefangenen Kontakt zu halten.

Ich habe diese Möglichkeit nie genutzt, weil es für meine arme Mutter womöglich zu traurig gewesen wäre, sich auf den Parkplatz zu stellen, um sich schreiend mit ihrem Sohn zu verständigen. Meine Kinder waren in Übersee, und ansonsten hielt sich die Anzahl der Bezugspersonen sehr in Grenzen. Es ging mir wie allen: Man verliert im Knast etwa siebenundneunzig Prozent seines Bekanntenkreises, und die, die übrig bleiben, bleiben Freunde oder werden es. Das Hin- und Herschreien vom und zum Parkplatz im Norden der JVA wurde je nach Lust und Laune des leicht cholerischen Leiters der U-Haft in Mannheim unterschiedlich geahndet. Russische Dialoge wurden weitgehend akzeptiert (weil nicht verstanden), während deutsche Dialoge sofort Uniformierte auf den Plan riefen, die unverzüglich Meldung machten, was einen Schreimonolog des U-Haft-Leiters in der Zelle des dialogwilligen Gefangenen zur Folge hatte. Bei schlechter Laune oder wenn der Gefangene auf irgendeiner Shitlist stand, gab es schon mal Verlegungen in den ersten Stock, in dem ich die ersten Tage verbracht hatte und wo die Löcher in der Vergitterung vor den Fenstern nicht mal briefmarkengroß sind – keine Chance, irgendwas zum Parkplatz zu schreien oder von dort zu hören.

Inzwischen soll diese kleine akustische Freiheit, mit der sich Kontaktmöglichkeiten schaffen ließen jenseits der unmenschlichen Lösung »Zweimal-dreißig-Minuten-müssen-auch-für-Unschuldsvermutete-reichen«, durch eine ausführliche Kameraüberwachung des Parkplatzes geschlossen worden sein. Wer auf dem Parkplatz herumsteht, wird schnell von den örtlichen »Gesetzeshütern« angesprochen.

Bemerkenswerterweise helfen vor allem die elektronischen Medien mit, den sanften Übergang Deutschlands in einen Polizeistaat mitzugestalten. Ich habe schon in sehr vielen Ländern Fernsehen geschaut: In keinem wird auf so vielen Kanälen so lustvoll kontrolliert und wenn möglich festgenommen wie in Deutschland. Polizist und Zöllner zu sein ist die neue geile Obsession für deutsche Fernsehschaffende; Kaufhausdetektive und Gefängnisdokus runden die kollektive Erregung angesichts des zur Strecke gebrachten mutmaßlichen Bösen ab. Dazu kommt das getürkte Fernsehen, das euphemistisch als »scripted reality« läuft, und bei einem angeblichen Nachrichtensender führen sich die Polizisten als die neuen Herren der Welt auf, wie ich am 17. Mai 2010 in meinem Knasttagebuch notiert habe: »Groteske n-tv-Sendung, irgendwas mit Revier (ab vierzehn Uhr). Respektlose, dumme Polizisten, die immer möchten, dass sie ausreden dürfen, aber nie ausreden lassen. Die selber schreien, aber andere nicht schreien lassen wollen.«

Von wegen »Freund und Helfer«. Beim Gedanken daran, was für ein Weltbild hier vermittelt wird und wie anders die Wirklichkeit aussieht, kann einem übel werden. Polizei und Justiz in Deutschland glauben wegen fehlender Kontrolle offenbar, dass sie Gott sind. Und verhalten sich auch so. Und werden durch die durchboulevardisierten Medien hofiert, weil es Quote bringt. So geht der Rechtsstaat vor die Hunde.

Ich sah im Knast so viel fern wie noch nie, und bei meinem Privatfernsehkonsum fiel mir vor allem die mangelnde Vielfalt deutscher Werbespots auf – weiß der Teufel, was die Leute in den Werbeagenturen so machen. Alle schöpfen aus einem Vokabular von hundertfünfzig Wörtern, neunzig davon heißen »lecker«, sehr zu Unrecht das erfolgreichste Wort der deutschen Sprache in den letzten zwanzig Jahren. Ich selbst habe bis zum 29. Juli 2010 die Sender am meisten geguckt, bei denen ich vor mir selbst sicher war. Tage, an denen ich nicht in der Glotze kam, waren gute Tage, und ich habe die Zeit genossen, in der ich mal ein paar Nachrichtensendungen gucken konnte, ohne dass in den Breaking News mein Name vorkam. Die Berichterstattung der Medien war durch die dezidierte Falschinformationspolitik der Staatsanwaltschaft in Tateinheit mit der Bequemlichkeit der Redakteure fast aller Qualitätsmedien nahezu identisch.

Nur an einem Wochenende gab es leichte Unsicherheiten durch eine *Spiegel*-Geschichte, in der die nicht vorhandene Beweislage der Staatsanwaltschaft dokumentiert wurde, und ein mir unbekannter Würdenträger der JVA brachte mir eine Ausgabe der *Zeit* vorbei, in der Sabine Rückert frühzeitig aufzeigte, wie das Recht in Mannheim mit Füßen getreten wird. Leider las ich die Geschichte damals nicht, vielleicht hätte ich mir dann den Anwaltswechsel hin zum Experten für zu Unrecht der Vergewaltigung Beschuldigte schon früher überlegt, mit dem ich zu lange warten sollte. Groteskerweise echauffierte sich die Journaille später, dass sich Sabine Rückert unjournalistisch auf eine Seite geschlagen habe, statt neutral zu bleiben. Erbärmlich. Nein, ihr Denkfaulen: Die Lage war schon seit März, spätestens April 2010 für jeden selber nachdenkenden und selber recherchierenden Journalisten eindeutig zu erkennen. Eure sogenannte Neutralität, die Nichtstun, Faulheit und Ignoranz bedeutete, hat mitgeholfen, einen haltlosen Vorwurf öffentlich zu stärken, und seiner Urheberin die

Kraft gegeben, ihn bis zum Ende durchzuhalten. Was Sabine Rückert für die *Zeit* und mit Abstrichen Gisela Friedrichsen für den *Spiegel* veröffentlichten, basierte auf Recherche, Fachkompetenz und kritisch überprüfter Überzeugung. Alle anderen gefielen sich als Sprachrohr der Staatsanwälte.

Im Mai und Juni wurde mir klar, dass in Mannheim alles anders ist, und die wöchentlichen Besuche meines Anwalts nebst Gemahlin wurden mir immer unangenehmer, weil sie meistens von unangenehmen Nachrichten begleitet waren, dass irgendwelche Frauen, mit denen ich entweder nie was hatte oder an die ich mich kaum noch erinnern konnte, sich darum bewarben, Gutes oder Ungutes über mich zu sagen. Ich begann, ein größeres Komplott nicht mehr auszuschließen. Möglicherweise fand auch einfach nur ein großes Trittbrettfahren all derjenigen statt, die meine Situation ausnutzen wollten, um einen ökonomischen Vorteil für sich herauszuholen oder um privat ihr Mütchen zu kühlen – Untreue scheint in den Augen einiger Frauen alles zu rechtfertigen, sogar, einen Menschen jahrelang in den Knast zu wünschen.

Immerhin bekam ich nach knapp drei Monaten Wartefrist die Zulassung zum Kraftsport, durch den ich mit meinen inzwischen jugendlichen achtundsiebzig Kilo immer fitter wurde, und beim Tischtennis konnte ich an alte Qualitäten meiner Jugend anknüpfen. Beim Rommé wurde ich so gewieft, dass ich immer öfter gewann und an manchen Tagen beim Idealergebnis von null Punkten blieb. Ich wurde mental immer stärker, mit jedem Tag Knast mehr, weil nicht nur ich mir meiner Unschuld bewusst war, sondern weil ich spürte, dass ich die Solidarität des ganzen Gefängnisses hatte – den Anstaltsleiter, dessen Stellvertreter und seinen Psychologen einmal ausgenommen. Ich war entschlossen, so lange stark zu bleiben, bis sich Recht und Gerechtigkeit Bahn brechen würden. Meinen Anwalt hatte ich gebeten, die Haftsache bis ans Verfassungsgericht weiterzuziehen, falls auch das Karlsruher Oberlandesgericht (OLG) die Linie der Juristen der 5. Strafkammer des Landgerichts Mannheim stützen sollte, die mich mit zunehmender Verzweiflung und großem Verfolgungseifer im Knast halten wollten.

Männer weinen doch

Mir hat zweimal ein Kumpel ins T-Shirt geheult, und ich habe instinktiv das gemacht, was ich auch mit meinen Jungs gemacht habe, wenn sie sich beim Spielen wehgetan haben: Kopf an die Brust und beruhigend über die Haare streicheln. Womöglich wird generell zu wenig getröstet in einem Knast, weil es »schwul« ist und weil alle versuchen, den harten Mann zu markieren. Dieser Kumpel war eigentlich nicht einer meiner Lieblingsstockwerksgenossen, ein ziemlicher Aufschneider, der viel gesehen hatte von der Welt und es auch raushängen ließ, und ich hatte ihn öfter mal wegen seines eigentümlichen Gebrauchs von Fremdwörtern beziehungsweise solchen, die er dafür hielt, aufgezogen. An seinem Geburtstag kam er von einem Besuchstermin zurück, und es ging ihm (wie den meisten nach Besuchen) sichtlich schlecht. Ich fragte ihn nach seinem Befinden, und in seiner Zelle heulte er dann einfach los. Für mich war dieses Trösten ein normaler Vorgang, und ich hatte es schon fast wieder vergessen, als ich ein Jahr später, er war wieder in Freiheit, eine E-Mail bekam. Er schrieb über die Zeit damals im Juli 2010:

»Heute ist der Tag vor meinem Geburtstag, dieser Tag hat mich lange Zeit wenig interessiert, auch der Tag danach war lange Zeit einfach nur ein Datum. Jedoch die Zeit in Mannheim hat mich geprägt. Du hast mir Halt gegeben, mir Kraft gegeben. Das werde ich nie vergessen. Ich werde unsere Zeit nie vergessen. Ich werde das Datum niemals vergessen.«

Es wird nicht viel öffentlich geweint in einem Knast, aber mutmaßlich viel hinter den geschlossenen Zellentüren. Ich war froh, dass bis zum Ende kein Selbstmitleid in mir wohnte. Am schlimmsten waren die Gedanken an die Menschen, die bei mir geblieben sind in der Not, und zu sehen, wie meine Mutter, tapfer und über achtzig, um mich litt. Aber sie hatte es ausgehalten, damals, als das Haff nicht richtig zugefroren war und die Russen kamen und die *Karlsruhe* in Sichtweite sank, und ich habe ihr gesagt, dass ihre Scheiße damals größer war als meine jetzt und dass ich das jetzt auch aushalten würde. Das einzige Mal außerhalb der Kirche, als ich Augenwasser bekam, wie man die Vorstufe zum Weinen in der Schweiz nennt, war an einem Sonntag (typisch, dass es am Sonntag passierte, wo man eben doch ein bisschen angegriffen ist). Es geschah kurz vor unserem Einschließen um sechzehn Uhr, als mein sonst durchweg tapferer Reinigerkollege seinerseits Augenwasser bekam, während er die Fotos seiner Neffen an der Wand betrachtete: »Ich vermisse vor allem den Ältesten so sehr.« Ich konnte nur noch um Fassung ringend seufzen: »Und ich meine Kinder.«

Wir wären einander wohl heulend in die Arme gefallen, wäre nicht G. etwas früher als sonst zum Zuschließen gekommen. So haben wir uns schnell gefasst, noch zwei weiteren Kumpels von der Ananas abgegeben, die wir zubereitet hatten (es war kurz nach dem Einkauf, Ananas muss in den ersten zwei Tagen weg, Honigmelone hält etwas länger), und ich habe in meiner Zelle noch ein bisschen weitergeschnieft. Ich vermisste meine Kinder so sehr.

When will you be out of jail?

Ursprünglich war vorgesehen, dass ich möglicherweise beim Geburtstag des Kleineren im April kurz in Kanada vorbeischauen würde. Da meine Lebenserfahrung mich gelehrt hatte, mich auf Worst-Case-Szenarien einzustellen, hatte ich meinen Anwalt bereits bei einem seiner ersten Besuche im Knast darum gebeten, meine Arbeitskollegen in Kanada anzurufen, damit er ein Geschenk für meinen Sohn organisieren und es ihm an seinem Geburtstag in der Schule übergeben möge. Wie für alle Mitgefangenen war es auch für mich das Unerträglichste, zuzusehen, was eine U-Haft mit den Kindern macht, vor allem, wenn die Mutter nicht solidarisch ist und die Abwesenheit des Vaters nutzt, um den Kindern den Unterschied zwischen Gut und Böse zu erklären.

In meinem Fall kam das besondere Pech hinzu, dass Viola Sch., die von der Paula zur Saula mutierende Märchenerzählerin der *Bunte*, in der sie »Isabella M.« genannt wurde, schon wusste, wie sie mich am stärksten treffen konnte. Sie flog nach Kanada, wo sie sich dann mit der Kindesmutter austauschte und den Kindern lange Vorträge hielt. Der Jüngere zeigte sich nicht beeindruckt. Der Ältere dagegen, den ich in seinen ersten Lebensjahren weniger oft gesehen hatte, ließ sich beeindrucken und wollte fünf Wochen nicht mehr mit mir telefonieren.

Es war einer der dunkelsten Momente, als mein Jüngster über seinen Bruder sagte: »He doesn't want to talk with you« (»Er will nicht mit dir sprechen«). Wie die Besuche waren auch die Telefonate mit den Kindern, die ich über meinen Anwalt vereinbart hatte, eine zweischneidige Sache. Wegen der Zeitverschiebung war es nur möglich, die Kinder an Werktagen zu erreichen, also in der meist etwas gehetzten Zeit vor der Schule. Das Wochenende fiel aus, weil dann das abhörende Personal in der JVA nicht arbeitet. So waren die Telefonate für jeweils sechzehn Uhr dreißig verabredet, und ich habe mich immer wieder darauf gefreut – bis dann der Tag kam, an dem das Gespräch stattfinden sollte und ich mich fragte, welche Räubergeschichten die Kinder wohl wieder zu hören bekommen hatten.

Es gibt nur ein Telefon im U-Haft-Trakt, ein Stockwerk tiefer. Zuerst muss man den Diensthabenden bitten, das Gitter zur Treppe hinten aufzuschließen, dann ein paar Holzstufen hinunter, den fünfundsechzig Meter langen Weg im zweiten Stock entlang bis zum Telefon vorne rechts. Benutzername, Code, los. Die dreizehn Ziffern drücken und versuchen, den immer gleichen ersten Satz des Jüngeren auszuhalten, wie lange ich denn noch im Gefängnis bleiben müsse.

Es war schwer, über die vielen Wochen eine geeignete Antwort zu finden. An dunklen Tagen: »I don't know, my dear son« (»Ich weiß es nicht, mein lieber Sohn«), an besseren auch mal mit dem Versuch einer Hoffnung: »I hope they let me go next week« (»Ich hoffe, sie lassen mich nächste Woche raus«).

Aber sie taten es nicht, eine lange Zeit nicht. Und so waren wahrscheinlich die traurigsten Betroffenen der Mannheimer Justiz Kinder, die weit weg waren und nicht verstanden, was überhaupt vor sich ging. Leider konnte ich den Kindern auch nicht so genau erklären, warum die »crazy woman« mich beschuldigt hatte und warum »the police« einer »crazy woman« irgendwas glauben würde. Mannheim, Schwetzingen. Man kennt sich halt. Inkompetente Polizisten, die Tränen für einen Wahrheitsbeweis halten. Eine Justiz mit ungezügeltem Verfolgungseifer. Söihäfeli, Söiteckeli, wie wir in der Schweiz sagen. Nach fünf Wochen war die Telefonierpause des älteren Sohnes vorbei, es gab keine Beeinflussung mehr. Die *Bunte* mit den gesammelten Räubergeschichten der Paradezeugin Viola Sch. war inzwischen auch erschienen (ob sie meinen Kindern gezeigt wurde, weiß ich nicht), aber vermutlich spürten die Kinder, dass es irgendwie nicht zusammenpasst, wenn eine Person einerseits behauptet, einen Menschen »wahnsinnig geliebt« zu haben, und dann nur kurze Zeit später möchte, dass derselbe Mensch, wie Viola Sch. formulierte, »im Knast verrecken möge«.

Das war für mich die überraschendste Erkenntnis in dieser Zeit. Ich hatte mich und auch Freunde gefragt, woran man wohl merken könne, wer es eigentlich ernst mit einem meine und wer nicht. Die Antwort kam während der Knastzeit. Die meisten Menschinnen, die ich in den vergangenen fünfzehn Jahren mal gekannt hatte, haben sich nie in irgendeiner Form bei mir gemeldet. Das ist zwar im Vergleich zu den Märchenerzählerinnen schon ein Upgrade, hat mir aber letztendlich doch gezeigt: Ich konnte damals nicht gemeint sein. Ich weiß von deren Bekannten, dass viele von ihnen nie Zweifel an meiner Unschuld hatten. Ich weiß auch, dass manche von ihnen es aber doch irgendwie gerecht fänden, dass einer im Knast sitzt, der nicht treu ist. Und die wollten nicht für mich kämpfen. Ob es später dann die Kohle war oder der potenzielle rote Teppich oder was weiß ich, vermutlich waren wohl auch zu Zeiten der Beziehungen keine echten Gefühle da, und mir wurde klar: auch von meiner Seite eigentlich nicht.

Ich habe mir oft überlegt, wie ich mich verhalten würde, wenn ich von einer Freundin erführe, dass sie zum Beispiel Chefin eines internationalen Callgirlrings wäre, gleichzeitig die erfolgreichste Angestellte und parallel siebenmal verheiratet und dann noch wegen irgendeines grotesken Vorwurfs im Knast säße. Ich wäre womöglich nicht erfreut und würde ankündigen, beizeiten, wenn der Knast durch wäre und sich alles aufgeklärt hätte, noch ein paar Fragen zu haben. Aber bis dahin würde ich alle Kraft daransetzen, meiner möglicherweise zukünftigen Exfreundin zu helfen, aus der Scheiße zu kommen, die ihr jemand anders bereitet hat ... Wer geliebt hat, kämpft gegen Unrecht, auch wenn der, dem es widerfährt, in anderen Bereichen seines Lebens Fehler gemacht hat.

Heute ist mir klar, dass mich alle diese Frauen, von denen ich nach dem März 2010 nie mehr etwas gehört habe, kaum geliebt haben können. Und ich weiß, dass ich den Fehler gemacht habe, diese Gelegenheitsbeziehungen aus Feigheit und Dummheit nicht abzubrechen. Wenn man jemanden nicht liebt, sollte man sich nicht immer wieder gegenseitig eine Art Beziehung vortäuschen, selbst wenn man sich nur selten sieht.

Die letzten Tage in Herzogenried

Im Hochsommer war ich ein erfahrener Schänzer geworden. Zusammen mit meinem Reinigerkumpel brachten wir das Stockwerk weiter auf Vordermann, und während G. im Urlaub war, putzten wir die komplett versifften Fenster in Küche und Putzkammer und machten ihm so eine Freude für die Rückkehr. Es gab natürlich auch immer wieder dunkle Tage der Verzagtheit, vor allem nachts, wenn die Knastmauern angeleuchtet wurden und sich die Schatten der Gitterstäbe an der Zellendecke abzeichneten. Die Täterin ist draußen, ich bin drin.

Meine Träume waren lange Zeit abseits der Knastrealität geblieben, umso größer war das Herzklopfen beim Aufwachen jetzt. Ich dachte an die blutdrucksenkenden Mittel, die ich am Vortag morgens um sechs genommen hatte, viele Stunden zuvor, und hoffte immer, dass mein Herz, das in früheren Stresssituationen rumgezickt hatte, im Takt bleiben und nicht ganz aussetzen würde. Ich ahnte, dass die Nebenklägerin aus Schwetzingen auf meinen Tod hoffte, weil dann die Wahrheit nie ans Licht kommen würde. Aber ich wollte so sehr am Leben bleiben und stark sein und dadurch zeigen, dass sie auch im Gefängnis nie wichtig in meinem Leben war und es weiter nicht sein würde.

Nach solchen Nächten, in denen ich nicht gut schlafen konnte, half am Morgen, dass mich G. persönlich über die Gegensprechanlage weckte, sodass ich in Ruhe wach werden, mir die Haferflocken mit Milch machen konnte, Glotze an und Zähneputzen, Wasser ins Gesicht, und, derart einigermaßen fit gemacht, nach dem Reiniger- und Arbeiteraufschluss um sechs Uhr den Postkasten durch die Gänge tragen konnte.

Zunehmend konnte ich mich auch tagsüber nützlich machen, mit einem russischen Kollegen, der den Hauptschlussabschluss machen wollte, das Bruchrechnen üben und immer öfter für diverse Leute im Knast Anträge an Richter schreiben, die alle durchkamen. Ich hatte herausgefunden, auf welche Art von Larmoyanz die gestrengen Halbgötter in Schwarz reagierten, und befürchtete aufgrund der Erfolge meiner Ghostwriteranträge, dass sie auf effektvoll eingesetzte Tränen einer blondierten falsch beschuldigenden Spätdreißigerin hereinfallen könnten.

Zu den Hinweisen, dass ich im Knast mehr und mehr etabliert war, gehörte auch meine erste Einladung zu einem alkoholischen Getränk, das in einer anderen Zelle gebraut worden war. Irgendwas Vergorenes hinzubekommen ist ein stetes Bedürfnis aller erfahrenen Knastis, und dank der Unmengen Brot, die ausgegeben werden, kann man mit größeren Mengen Apfelsaft, Brot, einem Kanister und viel Zeit durchaus was machen. Mit Kanistern können wir Reiniger schon mal aushelfen, obwohl wir natürlich nicht wissen und selbstverständlich auch ablehnen, dass damit Schindluder und Dinge getrieben werden, die die Gefängnisvorschriften nicht gutheißen. Mir selbst fehlte die Erfahrung zur Herstellung von Apfelwein, aber an einem schönen Sommerabend habe ich ein gutes Produkt genießen dürfen, und der Wischmopp wurde an jenem Abend mit besonderer Verve geführt.

In anderen Zellen führten Alkoholika schlechterer Provenienz oder höherer Prozentigkeit häufig zu Ausbrüchen von Unzufriedenheit in Form von heftigem und anhaltendem Treten gegen die Zellentüren in großem Ausmaß, was zu Razzien in allen Zellen führte und bei Auffinden von Alkohol zu Aufenthalten im Bunker – offiziell »besonders gesicherter Haftraum« genannt (kurz bgH, bemerkenswerterweise) –, einem ratten- und kakerlakenverseuchten Loch im Keller, das stetig auf achtundzwanzig Grad gehalten wird, weil der Delinquent nur ein leichtes Hemdchen mitbekommt und ohne Decke auf einer Matratze liegen muss. In der Mitte des Raums gibt es nur ein Loch zur Verrichtung der Notdurft und die einzige Quelle natürlichen Lichts ist ein Schacht zu einem Oberlicht, das aber durch eine rund ein Meter dicke Schicht verendeter Kakerlaken doch lichtundurchlässiger ist, als man sich das wünscht. Der Anblick dieser Sonderzelle, durch die bei Gewitter nicht nur Kakerlaken, sondern auch eine große Zahl von Ratten ihr Schwimmtraining absolvieren, würde jedem Drittweltdiktator Respekt abverlangen. Es gibt kein Leben vor dem Tod im Bunker, weshalb man ihn zu vermeiden sucht.

Das Treten gegen die Tür ist ein Zeichen für Unmut, kann aber auch eine Freudenkundgebung sein. Man möge mir verzeihen, dass ich trotz meiner ursprünglich deutschen Herkunft zusammen mit allen Kumpels mit Migrationshintergrund grundsätzlich alle Mannschaften unterstützt habe, die gegen eine deutsche Klub- oder Nationalmannschaft gespielt haben. Das ist zum einen gute Schweizer Tradition, zum anderen hatten mich deutsche Beamte unschuldig eingesperrt. Hinzu kam noch die unangenehme Vorstellung, dass der gierige deutsche Staat nach einem halben Jahr Knastaufenthalt womöglich auch noch damit ankommen würde, dass mein Lebensmittelpunkt nun offensichtlich in Deutschland sei und ich deshalb in Deutschland steuerpflichtig würde.

Da Päckchen nicht erlaubt waren, war klar, dass der Geburtstag am 15. Juli 2010 ein Tag werden würde fast wie jeder andere. Es gab die zu erwartende Häme und Schadenfreude in den Medien, wie ich mutmaßte und nach der Freilassung im Internet bestätigt sehen konnte, aber wegen der Begleitung in den Medien wusste auch das gesamte Stockwerk, dass ich zweiundfünfzig wurde, und hatte ohne mein Wissen eine Geburtstagskarte im Einkauf besorgt: Fast alle haben unterschrieben, mit Vorname oder Name und Zellennummer. Morgens um sechs bei der Postrunde hat mir einer der Kumpels die Karte übergeben, und ich musste kurz mit der Rührung kämpfen. Am Nachmittag gab es dann sogar noch zwei Torten bei den Kollegen, und wir haben eine ganz neue Umschlussrunde zusammenbekommen, um die Torten zu genießen und gebührend zu feiern. So ging der Tag einigermaßen gut zu Ende; die Birkenstocks kamen auch und überbrachten die Grüße meiner Mutter und von anderen lieben Menschen.

Der Hangover kam dann in der Nacht und am Tag danach, als es mir nicht gut ging. An solchen Tagen blieb ich weitgehend in der Zelle und schwänzte manchmal den Hofgang, wie ich es auch an den entscheidenden Tagen tat, als man mir ankündigte, dass ich vielleicht entlassen würde. Doch als es selbst nach dem zumindest vordergründig positiven Gutachten von Luise Greuel, der Psychologieprofessorin aus Bremen, wonach die Aussagen aus Schwetzingen den Mindestanforderungen an eine belastende Aussage nicht genügten, nicht zur Entlassung kam (eigentlich war das Ergebnis der Haus- und Hofgutachterin der Polizei und Justiz für Falschbeschuldigerin Dinkel derart vernichtend, dass die Mannheimer Staatsanwaltschaft dem Ergebnis mit der Anklageerhebung zuvorkommen wollte), war mir klar, dass die mutmaßlichen Juristen der Staatsanwaltschaft und des Landgerichts nicht zu stoppen waren und nur noch das Oberlandesgericht Karlsruhe Recht sprechen konnte. Einer der weiß bekittelten Pfleger, die abends ihre Runde zur Medikamentenverteilung machten, versicherte mir immer wieder, das Oberlandesgericht gehöre nicht zu der unappetitlichen Mannheimer Seilschaft und werde unabhängig entscheiden – sein Wort in Gottes Ohr.

Das Oberlandesgericht

Das Landgericht hatte Ende Juni, Anfang Juli 2010 mit dem Versuch, eine mündliche Haftprüfung ohne die beantragte Teilnahme der Nebenklägerin oder der Gutachter durchzuführen, eine Falle gestellt, in die wir zwar nicht tappten, die aber »Seidlingbockbültmann« (das sind der Vorsitzende Richter Michael Seidling, der Beisitzende Richter Dr. Joachim Bock, die Berichterstattende Richterin Daniela Bültmann) erlaubten, ihre einseitige Sicht der Dinge erneut unter die Leute zu bringen. Nun lag die Haftentscheidung beim Oberlandesgericht Karlsruhe, und ich versuchte mich in gedämpftem Optimismus.

Ich hatte im Knast schon immer (und, wie sich herausgestellt hatte, leider korrekt) gesagt, dass ich in Mannheim keine rationale Sicht auf meinen Fall erwartete und erst Hoffnung auf Gerechtigkeit hätte, wenn der Fall aus Mannheim heraus wäre. Dieser Haftprüfungstermin hätte dem verurteilungswütigen Landgericht Mannheim die Möglichkeit gegeben, noch mal öffentlichkeitswirksam unter Vermeidung einer Ladung von Dinkel und den ihr widersprechenden Gutachtern zu erklären, dass meine Aussage ja unglaubwürdig sei und so die Latte fürs Oberlandesgericht noch höher zu legen. Das Verfahren musste weg aus dieser Stadt.

Das war es jetzt. Karlsruhe. Nun musste es klappen, wenn ich noch eine Chance auf Recht und Gerechtigkeit haben, wenn ich nicht jeweils in Handschellen vor Gericht vorgeführt und nach einem Prozesstag wieder in die Herzogenriedstraße zurückgekarrt werden wollte. Ich war zwar nach all der Zeit ein selbstbewusster, erfahrener Knacki geworden, aber ich wollte raus. Ich war unschuldig, und die, die für meine Lage verantwortlich war, lachte sich wohl eins, wie sie es später auch am ersten Verhandlungstag tat. Endlich Kontrolle über den Mann – so wird sie gedacht haben –, den sie zuvor öfter monatelang nicht gesehen hatte. Sie muss sehr befriedigt gewesen sein, es geschafft zu haben, dass ich nicht wegkonnte aus dem Elendsgebiet zwischen Mannheim und Schwetzingen.

Menschlich lief im Knast alles gut, aber es war eben immer noch

Knast, und auch wenn ich mich mit der Zeit stärker fühlte, gab es doch stets die kurzen Momente von Verzagtheit, nicht Selbstmitleid, aber eben Momente, in denen ich die Welt sehr ungerecht fand. Nachts, wenn man aufwacht und sich im ersten Moment nicht daran erinnert, dass man im Knast ist, und es einem erst mit dem Gitterschatten an der Decke klar wird, dass man nur acht Quadratmeter Platz hat, um mal auf und ab zu laufen, und der Puls jagt schlagartig hoch: Das war so ein Moment. Ich selbst hätte es wohl noch eine Weile ausgehalten, unschuldig eingebuchtet zu sein, aber das Wissen, dass draußen Menschen verzweifeln, nicht verstehen, wie die Schwetzinger Kripo plus die Mannheimer Staatsanwaltschaft plus ein Landgericht so verblendet sein können, das ist schwer zu ertragen. Geholfen hat an den dunkleren Tagen immer die Wärme des Kollektivs, der Mitgefangenen, vor allem auch der türkischen, serbischen, kroatischen, albanischen, die eine feine Antenne hatten für die besseren und schlechteren Tage in meinem Knastleben: »Alda, was geht?« Geht so, und man tauscht ein bisschen Essen oder erzählt von den Kindern und ist sich einig, dass man nicht wieder nach Deutschland kommen möchte, wenn's vorbei ist. Zumindest nicht nach Mannheim.

Das Gefühl des Ausgeliefertseins bedrückte mich, ich wurde stiller in den letzten Tagen vor der Entscheidung des Oberlandesgerichts, immer noch gab ich mir Mühe beim Kehren und Wischen des Gangs, beim Beamtenkloputzen, beim Essenausteilen und, na ja, das mit dem Büro habe ich meist René überlassen – irgendwie galt die Regel: Knast essen nicht nur Seele, sondern auch Hirn auf, und ich konnte und wollte mir einfach nicht so genau merken, welche Büroeinzelteile nach dem Putzen wieder wohin müssen.

In der letzten Woche vor dem D-Day am 29. Juli 2010 hatte ich meinen Kindern gesagt: »I hope to be out next week«, und mich in der Hoffnung, nächste Woche draußen zu sein, zum ersten Mal nicht für einen neuen Telefontermin verabredet. Jeden Morgen um Viertel vor acht rief ich Anwalt Birkenstock an in der Hoffnung, irgendeine Mut machende Wasserstandsmeldung für mich herausdestillieren zu können. Ich hörte den Satz, den ich schon so oft gehört hatte, den ich aber diesmal zu glauben versuchte:»Die müssen Sie rauslassen.«Ich vereinbarte mit ihm, sofort Haftbeschwerde beim Bundesverfassungsgericht einzulegen, wenn das Oberlandesgericht Seidlingbockbültmann folgen würde.

Am 28. Juli 2010 wurden wir Schänzer abends noch mal per Lautsprecher zusammengerufen; ein Gewitter hatte mal wieder die Katakomben der JVA überschwemmt, und wir sollten die Böden in den »Bunkern« sauber machen, die ein nasses Gemisch aus Schlamm und Kakerlaken bedeckte. Ich fragte mich jede Sekunde, wo ich in vierundzwanzig Stunden sein würde.

Nach einer kurzen Nacht mit wenig Schlaf war es endlich der 29. Juli 2010. Zum ersten Mal konnte ich weder morgens noch mittags etwas essen, um Viertel vor acht wieder ein Telefonat mit Anwalt Birkenstock, der anschließend mit seiner Frau Richtung Mannheim fuhr, um mich abzuholen, aber eben nicht wusste, ob die Fahrt ebenso vergeblich sein würde wie die etlichen Male zuvor, als Mannheim mich eigentlich hätte freilassen müssen, aber nicht gewollt hatte.

Ich erfuhr, dass die Entscheidung gegen Mittag fallen würde, und verteilte mit Grummeln im Bauch zusammen mit René das Essen, setzte mich in seine Zelle, sah ihm beim Essen zu und wartete, dass irgendwas passierte. Noch nie im Leben hatte ich eine solche Spannung und gleichzeitig Ohnmacht gespürt, Gefühle, denen ich später vor Gericht noch oft begegnen würde: Eiferer hatten von meinem Leben Besitz ergriffen und versuchten, meine Existenz, aus welchen Gründen auch immer, zu zerstören. Doch die Wahnsinnigen mussten kurz pausieren, bevor sie wieder von der Kette gelassen würden. Heute war der Tag des Oberlandesgerichts Karlsruhe.

»Kachelmann«, hörte ich die Stimme von G. bis in die Zelle 1308, wo wir auf die Zeit zum Töpfeeinsammeln warteten.»Kachelmann, kummemol her!«

Wäre der Fernseher eingeschaltet gewesen, hätten wir die Breaking News schon gekannt, aber ich wollte und konnte die Entscheidung nicht sehen, irgendwie wollte ich die Mutter aller Nackenschläge, wenn sie denn kommen würde, nicht vom Fernsehen vorgesetzt bekommen.

Ich ging mit hundertachtzig Puls ins Büro von G., und er sagte die Worte, die ich wohl nie vergessen werde:»Jetzt sammle mer ersch die Töpf ei, und denn machsch dich ferdich.«

Mir schossen sofort die Tränen in die Augen, und G. machte das einzig Richtige, ging raus, schloss mich für zwei Minuten in seinem Büro ein, und als er wiederkam, hatte ich mich schon gefasst und sagte zu ihm:»Okay, von mir aus können wir die Töpfe einsammeln.« Ich sah, dass G. sich sehr für mich freute, und das war auch der Grund für die Rührung gewesen, von der ich mich gerade erholte.

René und ich umarmten einander, ich hatte es geschafft, gleichzeitig tat es mir leid, dass ich ihn nun im Knast zurücklassen musste. Er hatte Revision eingelegt, für den Fall, dass es bei mir noch länger ginge, um gemeinsame Zeit zu gewinnen – es ist angenehm, einen guten Schänzerkollegen zu haben. René war inzwischen zum Freund geworden, und erst an diesem 29. Juli 2010, als er mir sagte, dass er die Revision nun zurückziehen werde, erfuhr ich, dass er sie eigentlich nur meinetwegen eingelegt hatte.

Beim Töpfeeinsammeln kam der stellvertretende Anstaltsleiter und bot an, Erinnerungsfotos zu machen. Ich willigte ein unter der Prämisse, die Fotos nach der Entlassung zu bekommen, aber obwohl es einen Zeugen für dieses Versprechen gibt, war der Mannheimer Justiz auch hier nicht zu trauen: Mit Müh und Not gab es später eines der Bilder mit der Maßgabe, es nicht zu veröffentlichen. Darum war es gerade nicht gegangen, Herr Manfred März, es ging darum, dass ich die Fotos bekomme. Wo sind sie?

Plötzlich war nicht nur er, nein, auch alle anderen Beamten und selbst der rustikale U-Haft-Chef waren, man kann es nicht anders beschreiben, scheißfreundlich. Ich hatte schon im Knast nie ein Geheimnis daraus gemacht, was ich von der Auslegung von Justiz nach Mannheimer Gutsherrenart hielt, und weil es wahrscheinlich einen direkten Draht vom Knast in Richtung Staatsanwaltschaft und Richter gibt, mag auch meine offene Rede ein Grund für den Irrsinn gewesen sein, den diese angeblich der Neutralität verpflichteten Behörden in meinem Fall produziert haben. Ich habe mutmaßlich schon dem einen oder anderen Kumpel beim Umschluss gesagt, dass ich durchaus erreichen möchte, dass die allmachtversessenen Richter Seidlingbockbültmann mit ihren pflichtvergessenen Stichwortgebern Gattneroltroggegrossmannmägerle (das sind Oberstaatsanwalt Oskar Gattner, Staatsanwalt Lars-Torben Oltrogge, Staatsanwalt und Pressesprecher der Mannheimer Staatsanwaltschaft Andreas Grossmann, Staatsanwalt Werner Mägerle) den Tag nicht vergessen sollen, an dem sie einen Unschuldigen eingesperrt und ihn dann einem medialen Zirkusprozess ausgesetzt haben.

Nun wollten mich die Schergen Mannheims am 29. Juli 2010 schnell loswerden, aber genau darauf hatte ich keine Lust: schnell abzuhauen. Ich sah inzwischen auf den Nachrichtensendern, dass sich vor dem Tor Ü-Wagen mit einer Horde von Journalisten bereit gemacht hatten, um nach ihrer Vorverurteilungsorgie nun Heuchelworte der Überraschung und womöglich Anteilnahme ins Mikrofon oder in die Tastatur abzusondern. Dann doch lieber noch ein bisschen im Knast bleiben und sich anständig von allen Kumpels verabschieden, die Essensvorräte verteilen und eben fernsehen.

»Er könnte jeden Augenblick durch diese Tür kommen«, war ein gern gesendeter Satz, und wir haben uns sehr darüber amüsiert, wie die versammelten Seifensender Zeit damit verbraten haben, eine Tür zu filmen und die Leere mit sinnlosem Gebrabbel zu füllen. Es war mein erster selbstbestimmter Moment seit über hundertzweiunddreißig Tagen. Der Knast ist eine Katastrophe, aber er ist auch eine geschützte Werkstatt. Hundertzweiunddreißig Tage lang hatte ich zu ignorieren versucht, was es an juristischer und medialer Vorverurteilung gab. Obwohl ich damals höchstens ahnte, was die Medien in der Zwischenzeit mit mir gemacht hatten, hatte ich keine Lust, früher als notwendig an diesem Tag denen zu begegnen, die das mit mir veranstaltet hatten.

Ich blieb knapp zwei Stunden länger im Knast als notwendig. Ich war in verschiedenen Zellen zu Gast und habe mich von allen verabschiedet, die mich durch die letzten Wochen und Monate näher begleitet hatten. Der 29. Juli 2010 war auch Einkaufstag, ich hatte wieder beim Zulieferer Sachen bestellt (danke für die professionelle Arbeit, liebe Firma Massak), die ich gerne den Kumpels überlassen hätte, aber ein entlassener Häftling darf nichts mehr einkaufen, er ist ab dem Moment, an dem die entsprechende Instanz die richtigen Worte schreibt, nicht mehr im Knast. Um elf Uhr achtzehn legte die Justizangestellte U. in Karlsruhe fünfzehn Seiten ins Fax und gab die Faxnummer ein mit dem schlichten Satz auf dem Deckblatt: »Anliegende Senatsentscheidung erhalten Sie zur Kenntnis.« Auf der zweiten Seite dann in ziemlich großen Buchstaben »Beschluss vom 29. Juli 2010« und dann die Sätze, die nicht nur Staatsanwalt Oltrogge und seinen Kollegen den Tag versaut haben werden:

»Auf die Beschwerde des Angeklagten wird der Beschluss des Landgerichts – 5. Große Strafkammer – Mannheim vom 1. Juli 2010 aufgehoben.

Der Haftbefehl des Amtsgerichts Mannheim vom 25. Februar 2010 wird aufgehoben.

Die Kosten des Beschwerdeverfahrens und die dem Angeklagten inzwischen erwachsenen notwendigen Auslagen trägt die Staatskasse.

Gründe:

I.

Der Angeklagte befindet sich in vorliegender Sache seit seiner Festnahme am 20.3.2010 unter dem Vorwurf der in der Nacht vom 8./9.2.2010 in Tateinheit mit gefährlicher Körperverletzung begangenen besonders schweren Vergewaltigung der Nebenklägerin in ununterbrochener Untersuchungshaft aufgrund Haftbefehls des Amtsgerichts – Haftrichter – Mannheim vom 25.2.2010.

Mit Schrift vom 17.5.2010 erhob die Staatsanwaltschaft Mannheim Anklage zum Landgericht – Große Strafkammer – Mannheim. Mit

Verteidigerschriftsätzen vom 26.5., 2.6., 11.6. und 21.6.2010, denen die Staatsanwaltschaft entgegen trat, beantragte der Angeklagte, den Haftbefehl mangels dringenden Tatverdachts aufzuheben. Mit Beschluss vom 1.7.2010 wies die mit der Sache befasste 5. Große Strafkammer des Landgerichts Mannheim den Antrag auf Aufhebung des Haftbefehls zurück und hielt den Haftbefehl aufrecht und in Vollzug. Gegen diese Entscheidung erhob der Angeklagte mit Verteidigerschrift vom 1.7.2010 Haftbeschwerde mit dem Antrag, unter Aufhebung des angefochtenen Beschlusses den Haftbefehl des Amtsgerichts Mannheim vom 25.2.2010 aufzuheben und die Freilassung des Angeklagten anzuordnen. Mit Beschluss vom 2.7.2010 half die Strafkammer der Beschwerde nicht ab. Die Staatsanwaltschaft erachtete die Beschwerde mit Vorlageverfügung vom 5.7.2010 als unbegründet. Die Generalstaatsanwaltschaft Karlsruhe beantragte mit Schrift vom 6.7.2010, die Haftbeschwerde als unbegründet zu verwerfen.

Mit Beschluss vom 9.7.2010 eröffnete die Strafkammer das Hauptverfahren und ließ die Anklage zur Hauptverhandlung vor der Strafkammer zu. Wegen der Fortdauer der Untersuchungshaft des Angeklagten (§ 207 Abs. 4 StPO) verwies die Strafkammer auf ihre mit der beim Senat anhängigen Beschwerde angefochtene Haftentscheidung vom 1.7.2010.

Mit Verteidigerschriftsätzen vom 13.7.2010 und 19.7.2010 trug der Angeklagte – nach antragsgemäß bis 19.7.2010 gewährter Frist zur Stellungnahme – weiter vor und reichte mit Verteidigerschrift vom 20.7.2010 eine Chronologie der Vorgeschichte, der Anschuldigung und des Ermittlungsverfahrens nach. Mit Stellungnahme vom 22.7.2010 hielt die Generalstaatsanwaltschaft – u. a. unter Vorlage einer kriminalpolizeilichen Nachvernehmung der Nebenklägerin vom 21.7.2010 zu zwei am 23.2.2009 von ihr aufgenommenen, jeweils ein an ihrem Oberschenkel befindliches Hämatom zeigenden Lichtbildern – an ihrem Verwerfungsantrag vom 6.7.2010 fest. Der Angeklagte hat hierauf und an den dem Senat am 23.7.2010 seitens der Strafkammer vorgelegten Aufzeichnungen von Prof. Dr. G. H. Seidler, Trauma-Ambulanz der Psychosomatischen Universitätsklinik Heidelberg, über den Verlauf der psychotherapeutischen Behandlung der Nebenklägerin (Gesprächstermine in der Zeit vom

24.3.2010 bis 6.7.2010) mit am 26.7.2010 beim Senat eingekommener Verteidigerschrift repliziert.

Die zulässige Beschwerde des Angeklagten (§§ 304 Abs. 1, 305 StPO) hat Erfolg.

[...]

III.

Bei der dem Senat anhand vorgenannten Maßstabes vorrangig obliegenden Prüfung des dringenden Tatverdachts, d. h., ob der Angeklagte bei Würdigung des gegenwärtig vorliegenden Beweismaterials mit großer Wahrscheinlichkeit die ihm zur Last gelegte Tat begangen hat, imponiert die vorliegend zusätzlich besondere Beweiswürdigungsprobleme aufwerfende Fallkonstellation, dass Aussage gegen Aussage (die der Nebenklägerin gegen die des Angeklagten) steht und die Entscheidung davon abhängt, welcher der einander widersprechenden Aussagen zu folgen ist, wobei erschwerend hinzu kommt, dass die einzige Belastungszeugin, die Nebenklägerin, anlässlich der Anzeigeerstattung und im weiteren Verlauf des Ermittlungsverfahrens zu Teilen der verfahrensgegenständlichen Vorgeschichte und des für die Beurteilung des Kerngeschehens, d. h. des Vergewaltigungsvorwurfs, bedeutsamen Randgeschehens falsche Angaben gemacht hat. In diesem Fall, dass bei Aussage gegen Aussage diejenige des einzigen Belastungszeugen hinsichtlich Teilen des Geschehens widerlegt ist, kann seinen übrigen Angaben nur gefolgt werden, wenn außerhalb seiner Aussage Gründe von Gewicht für ihre Glaubhaftigkeit vorliegen (nur BGHSt 44, 153; BVerfG, NJW 2003, 2444).

Unter Anlegung dieses strengen Maßstabs vermag der Senat bei der dem gegenwärtigen Stadium des Verfahrens gegebenen Beweislage einen über den hinreichenden Tatverdacht hinausgehenden dringenden Tatverdacht (§ 112 Abs. 1 Satz 1 StPO) im Sinne des mit dem Haftbefehl bzw. der Anklage erhobenen Tatvorwurfs nicht zu bejahen.

Bei vorläufiger Gesamtwürdigung nach Lage der Akten hat der Senat zunächst hinsichtlich der allgemeinen Glaubwürdigkeit der Nebenklägerin und der Glaubhaftigkeit ihrer den Angeklagten belastenden Aussage im engeren Sinne im Wesentlichen bedacht:

Die bei der Anzeigeerstattung am 9.2.2010 und der ergänzenden kriminalpolizeilichen Vernehmung am selben Tage gemachten Angaben der Nebenklägerin, am Nachmittag des Tattages (8.2.2010) in ihrem Briefkasten einen anonymen Brief zusammen mit einer Ablichtung von zwei aus September 2008 datierenden Flugtickets des Angeklagten mit einer Frau [...] vorgefunden zu haben, waren falsch. Ebenso unwahr waren die in der kriminalpolizeilichen Vernehmung vom 11.2.2010 darüber hinaus gemachten Angaben der Nebenklägerin, keine Ahnung zu haben, wer ihr den Brief geschickt haben könnte, sie habe sodann nach der Frau gegoogelt, aber keinen Kontakt mit ihr aufgenommen und wisse nicht, ob es sich auch um die Frau handele. In der kriminalpolizeilichen Videovernehmung vom 30.3.2010 gab die Nebenklägerin außerdem für den Zeitpunkt der Erlangung des fraglichen (in Wirklichkeit von ihr gefertigten) Briefes fälschlich an, diesen nach dem mit dem Angeklagten am Nachmittag im Hinblick auf das abendliche Zusammentreffen geführten Chat vorgefunden zu haben. Gezielte Fragen nach Fantasienamen, unter und mit denen sie den von ihr verschwiegenen, mit [...] in der Zeit vom 10.12.2009 bis 13.1.2010 gehaltenen Mail-Verkehr geführt hatte, verneinte die Nebenklägerin. Dass sie wahrheitswidrige Angaben nach den beiden Erstvernehmungen vom 9.2.2010 in den beiden folgenden Vernehmungen vom 11.2.2010 und 30.3.2010 (und selbst noch bis 19.4.2010 gegenüber ihrem Therapeuten Prof. Dr. S. in den bis dahin geführten Therapiegesprächen) aufrechterhielt, vielmehr diese erst am 20.4.2010 und dann erst auf eindringlichen Vorhalt der beiden vernehmenden Staatsanwälte berichtigte, erschüttert zweifellos die Glaubwürdigkeit der Nebenklägerin, wie sie selbst weiß – auch unter Beachtung ihrer Vorstellung/Angst, dass man ihr überhaupt nicht glauben werde, wenn sie vorbringe bzw. einräume, dass sie von den Flugtickets und damit der Existenz der [Name der Konkurrentin; Anmerkung JK] bereits seit geraumer Zeit gewusst, diesen Umstand aber aus strategischen Erwägungen gegenüber dem Angeklagten verschwiegen und den anonymen Begleitbrief verfasst habe–. Dieses Aussageverhalten der Nebenklägerin erschüttert auch und insbesondere die Ermittlung des Wahrheitsgehalts der Angaben zum Vergewaltigungsvorwurf, dem Kerngeschehen.

Die Falschangaben der Nebenklägerin könnten durchaus der Belastungsmotivation geschuldet sein. Insofern dürfte sich zwischen einem Motiv ›Festlegung des eigenen Glaubwürdigkeitseindrucks‹ und einer Belastungsmotivation diffenzieren lassen, zumal Ziel der Falschangaben war, die Glaubwürdigkeit und die Glaubhaftigkeit ihrer Angaben im Kerngeschehen nicht zu erschüttern, Zweifel dahin, ›alles sei vorher geplant gewesen‹ nicht aufkommen zu lassen. Das Streben eines Zeugen, seinen Glaubwürdigkeitseindruck mit Falschangaben zu festigen, kann überschießende Belastungstendenzen beinhalten, wenn auch die Brieflüge der Nebenklägerin gegenüber dem Angeklagten selbst noch als Strategie/Taktik zur Konfrontation des Angeklagten nachvollziehbar sein mag.

In diesem Zusammenhang ist zu sehen, dass die ›Brieflüge‹ auch subjektiv in der Person der Nebenklägerin zwei nicht zu übersehende beachtliche unterschiedliche Zielrichtungen beinhaltete (vor der fraglichen Tat des Angeklagten: Täuschung des Angeklagten, nach der fraglichen Tat: Täuschung der Ermittlungsbehörden; insofern ist im Hinblick auf die Glaubhaftigkeit der Angaben der Nebenklägerin zum Kerngeschehen BGHSt 45, 164, 170 zu bedenken: ›Bemühen der lügenden Person, auf sein Gegenüber glaubwürdig zu wirken‹).

Mit Art und Weise des von ihr verschwiegenen, in der Zeit vom 10.12.2009 bis 13.1.2010 mit [...] geführten Mail-Verkehrs, nach der sie bereits – wie sie ebenfalls verschwiegen bzw. in Abrede gestellt hat – seit dem 8.2.2009 per Google gesucht hatte – hat die Nebenklägerin ein nicht unbeachtliches Fantasie- und Beharrungsvermögen unter Beweis gestellt.

Dadurch, dass sie auch unter Befragungsdruck ihre Falschangaben durchgehalten hat (insbes. in der Videovernehmung am 30.3.2010, aber auch zunächst noch in der staatsanwaltlichen Vernehmung vom 20.4.2010), hat sie ihre Fähigkeit zur Konstruktion und Aufrechterhaltung einer Falschaussage unter Beweis gestellt.

Die Nebenklägerin gibt in der Videovernehmung vom 30.3.2010 – unter Vorhalt aus dem Chat mit dem Angeklagten vom 8.2.2010 16 Uhr (›komme sicher noch während der heizperiode, aber vielleicht musst du nichts zu essen machen zur zeitersparnis für unsere hauptaufgaben‹) –

zum in Aussicht genommenen chronologischen Ablauf des Zusammen-
treffens mit dem Angeklagten am Tatabend an, dass die Handschließen
hätten benutzt werden sollen, ›sie, wenn sie den Brief nicht gefunden
hätte, auch die Sachen bereit gelegt hätte, sie aber nichts mehr bereitgelegt
habe‹. Die damit aufgestellte Behauptung der Nebenklägerin, den anony-
men Brief im Briefkasten erst nach dem mit dem Angeklagten geführten
Chat vorgefunden zu haben, stellt eine wahrheitswidrige Erklärung der
Nebenklägerin zur Umkehrung des von dem Angeklagten zuvor im Chat
vorgeschlagenen – und auch bislang nicht unüblichen – Ablaufs des Zu-
sammentreffens dar. Gründe, die sie in der Tatnacht gegenüber dem An-
geklagten, der in guter Stimmung angekommen sei, für die Umkehrung
der im Chat vorgeschlagenen, von ihm bevorzugten Reihenfolge des Ge-
schehens vorgebracht und wie dieser darauf reagiert habe, sind ihrer Aus-
sage nicht zu entnehmen. Die Angaben der Nebenklägerin zum abwei-
chenden Einstieg in den Tatabend sind insoweit wenig detailreich, ähnlich
wie ihre Angaben zum Kerngeschehen. Die Art und Weise des Beginns des
Zusammentreffens kann indes die weitere Abfolge des Tatabends – entwe-
der nach der Schilderung der Nebenklägerin beginnend mit gemeinsa-
mem Essen oder nach Einlassung des Angeklagten beginnend mit einver-
nehmlichem Geschlechtsverkehr – beeinflusst haben. Inwieweit es sich
hierbei um ein bloßes Randgeschehen des Verlaufs der Tatnacht oder um
eine für Kerngeschehen bedeutsame ›Scharnierstelle‹ handelt, ist der Klä-
rung der Hauptverhandlung vorbehalten.

Bei dieser Lage der Aussagen der Nebenklägerin sind an die Prüfung
und Annahme der Glaubhaftigkeit ihrer Angaben, insbesondere zum
Kerngeschehen, dem Vergewaltigungsvorwurf, erhöhte Anforderungen
zu stellen.

Diesen Anforderungen genügt die Aussage der Nebenklägerin – nach
dem von keiner Seite in Zweifel gezogenen Ergebnis der eingehenden
Exploration und darauf aufbauenden überzeugenden aussagepsycholo-
gischen Begutachtung der Nebenklägerin durch die Sachverständige
Diplom-Psychologin Prof. Dr. L. Greuel – nicht (laut Gutachten vom
31.5.2010). Die Aussage selbst weist erhebliche Mängel auf, die bereits die
sog. Mindestanforderungen betreffen (Logik, Konsistenz, Detaillierung,

*Konstanz, Strukturgleichheit). Demzufolge kann ein etwaiger Erlebnis-
bezug der Aussage oder umschriebenen Aussagekomplexe mit aussagepsychologischen Methoden nicht bestätigt werden. Dieses Ergebnis ist,
worauf auch die Sachverständige hinweist, freilich nicht mit dem Nachweis einer intentionalen Falschaussage der Nebenklägerin gleichzusetzen.*

Zu Ansätzen außerhalb dieser Methodik ist zu bemerken:

*Der schlichte Schluss, die Nebenklägerin könnte den Angeklagten (auf-
grund ihrer mangelhaften Aussage) zum Kerngeschehen, zur Vergewaltigung, nicht falsch angeschuldigt haben (weder objektiv noch subjektiv),
weil sie den Angeklagten mit einer mangelfreien (qualitätsreicheren) Aussage hätte überzeugender falsch anschuldigen können, erscheint zirkelschlüssig (sofern die fragliche Aussage der Nebenklägerin keine externe
Bestätigung finden sollte). Ein dahingehender Schluss hätte zu besorgen,
dass als Beweisanzeichen für die Richtigkeit der Aussage und die Glaubwürdigkeit der Nebenklägerin deren Aussage selbst (Aussage: mangelbe-
haftet statt mangelfrei) Verwendung fände, deren Richtigkeit erst bewiesen werden soll (vgl. BGH, StV 2005, 487; NStE StPO § 261 Nr. 99;
BVerfG NJW 2003., 2444; Dahs/Dahs Die Revision im Strafprozess,
6. Aufl., 2001, Rdnr, 418; Meyer-Ge a.a.O., § 337 Rdnr. 30a). So stellt
auch die Sachverständige im Rahmen Ihres Gutachtenauftrags – vor dem
Hintergrund der intellektuellen Fähigkeiten der Nebenklägern – denkfeh-
lerfrei – fest, dass aus einem Qualitätsmangel der Aussage selbst nicht der
Beleg für den Erlebnisgehalt der Aussage abgeleitet werden kann (Greuel
Rdnrn 377).*

*Gefahr, einem Zirkelschluss zu unterliegen, bestünde auch, sollte die
Mangelhaftigkeit der Aussage der Nebenklägerin zum Kerngeschehen mit
dem Todesangst bedingenden Messereinsatz (Trauma) erklärt werden.
Den Einsatz des Messers gälte es erst zu beweisen. Grundsätzlich gilt, dass
sachverständige Erklärungen konkrete Feststellungen zum Tatgeschehen
nicht entbehrlich machen (vgl. auch BGH, NStZ 1986, 373 a.E).*
[...]

Bei der Würdigung der Aussagen der Nebenklägerin können Bestrafungs- und Belastungsmotive nicht ausgeschlossen werden, da sie in Anbetracht des Bestrebens der spätestens seit September/Oktober 2009 durch Hinweise auf eine Verbindung zwischen dem Angeklagten und [...] verunsicherten Nebenklägerin nicht fernliegen, dem Angeklagten eine Parallelbeziehung nachzuweisen und ihn damit ggf. zu konfrontieren. Als die Nebenklägerin ihrerseits am 8./9.2.2010 mit dem Eingeständnis des Angeklagten konfrontiert wurde, kam dies für sie einer Lebenslüge, gepaart mit einer fundamentalen Erschütterung ihres eigenen Selbstwertgefühls (›Ich bin gestorben‹) gleich, die Wut auf den Angeklagten, Hass, Rachegedanken und Vergeltungswünsche mit der Möglichkeit bewirkt haben könnten, ›Gleiches mit Gleichem‹ zu vergelten.

[...]

IV.

Unter Anlegung des bei der gegebenen Fallkonstellation ›Aussage gegen Aussage eines nur teilweise glaubwürdigen Zeugen‹ zu beachtenden strengen Prüfungsmaßstabes gelangt der Senat bei der gebotenen Gesamtwürdigung vorgenannter Tatsachen und Umstände und der daraus resultierenden Beweislage zu der Auffassung, dass jedenfalls zum gegenwärtigen Stadium des Verfahrens dringender Tatverdacht i. S. d. § 112 Abs. 1 StPO nicht mehr besteht.

Dahinstehen kann infolgedessen, ob in der Person des Angeklagten der Haftgrund der Fluchtgefahr (§ 112 Abs. 2 Nr. 2 StPO) derzeit noch gegeben ist, was angesichts der persönlichen und – auch inländischen – beruflichen Bindungen des Angeklagten und seiner Erklärung vom 26.7.2010, ernsthaft und fest entschlossen zu sein, sich auch im Fall seiner Freilassung der Hauptverhandlung zu stellen, dort zu seinen Lebensführungsfehlern zu stehen und wegen des Anklagevorwurfs um seine Rehabilitierung zu kämpfen, fraglich sein könnte (vgl. hierzu Senat, 2005, 33 mit Anm. Hilger).

Der angefochtene Beschluss sowie der Haftbefehl verfallen damit der Aufhebung. Sollte der Angeklagte indes der auf den 6.9.2010 anberaum-

ten Hauptverhandlung unentschuldigt fernbleiben oder diese eigenmäch-
tig verlassen, würde dies freilich den Erlass eines Haftbefehls nach § 230
Abs. 2 StPO rechtfertigen.

Die Kosten- und Auslageentscheidung folgt aus einer entsprechenden
Anwendung des § 467 Abs. 1 StPO.

Schwab
Vorsitzender Richter am Oberlandesgericht

Schmid
Richter am Landgericht

Münkel
Richter am Oberlandesgericht«

Zwei Minuten später waren alle Blätter durch in der JVA Mannheim, wo man herzhaft »scheiße« gesagt haben wird. Ist er also womöglich doch unschuldig. Das Theater der Knastchefs, dass ich doch endlich gehen möge, wurde immer größer, und irgendwann ging ich dann wirklich los, zog mich noch um, achtundsiebzig Kilo schwer, auf eins neunzig verteilt, und hatte zufällig das weiße Hemd an. Es war halt gewaschen und lag zuoberst, ich machte mir keine Gedanken um Außenwirkung, und wer mich nachher und vorher in den karierten Lumberjacks gesehen hat auf dem Paparazzo- und den anderen Fotos, weiß, dass mir mein Outfit herzlich egal ist.

Ich bekam das beschlagnahmte Nicht-Euro-Geld zurück, dazu meinen Koffer und meine Tasche, die ich aber zunächst noch in der JVA zurückließ. So vollbepackt aus der Tür zu kommen, stellte ich mir blöd vor, ich wollte die Hände freihaben, um mich von G. zu verabschieden. Er war nicht nur für mich wichtig in den Wochen meiner Knastzeit. G. ist zwar ein Raubauz, der auch ein wenig findet, dass es die Verbrecher fast ein bisschen zu gut haben, aber ich muss mir nicht in jeder Beziehung mit einem Menschen einig sein, vor dem ich Respekt habe. Ich hatte ihn gefragt, ob er mich vors Tor begleitet, denn er war neben René meine wichtigste Bezugsperson. Damit wollte ich durchaus auch das Statement abgeben, dass es im Mannheimer Justizwesen echte Menschen gibt, nicht mehr und nicht weniger. Es würde mich nach all dem, was ich über die Chefs der JVA und deren seltsame Zusammenarbeit mit den Staatsanwälten weiß, nicht wundern, wenn G. für den kameradschaftlichen Abschied später viel Ärger von seinen Vorgesetzten bekommen hätte – die Justiz in Baden-Württemberg wollte offenbar aus irgendeinem Grund ganz doll, dass ich ein Verbrecher war und auch bitte konsequent wie einer behandelt würde.

Draußen vor dem Tor der erwartete Bohei. Es war immer klar, dass ich keinen Pieps sagen, sondern gleichmäßig geradeaus gucken und warten würde, bis es vorbei ist, um anschließend in den Birkenstock'schen Landrover zu steigen, um dann zum ersten Mal den Kampf mit den Paparazzi anzunehmen. Es war, wie ich schon vermutet hatte: Die Freiheit machte mich nicht euphorisch, denn ich hatte vor Augen, dass der Kampf womöglich vor Gericht erst richtig losgehen würde. Die psychologischen Implikationen angesichts dieser Richterpersönlichkeiten, die vom Oberlandesgericht desavouiert worden waren, waren mir bewusst. Derselben 5. Großen Strafkammer, die mich mit grotesker Verzweiflung zum Verbrecher machen und mich im Knast behalten wollte, würde ich wiederbegegnen, und sie würden sicher alles dafür tun, dem OLG Karlsruhe zu beweisen, dass Mannheim besser ist als Karlsruhe, und vor allem, dass Mannheim das letzte Wort hat vor dem Gang zum Bundesgerichtshof.

Teil III

Die Entlassung

29.07.2010   Jörg Kachelmann wird ohne Auflagen freigelassen. Er fährt mit seinem Verteidiger Birkenstock nach Köln und wohnt einige Tage in einem Kölner Hotel.

Es ist nicht alles gut

Draußen.

Zuerst meine Mutter und meine Kinder anrufen, große Freude allenthalben. Beim ersten Stopp an der Tanke wünschte ich mir eine Cola light. Es ist zwar ein Mädchengetränk, weshalb man es im Knast nicht im Einkauf zur Verfügung hat, aber entscheidend war, dass es ein kühles Getränk ist – im Knast war mangels Kühlschrank immer alles warm.

Den ersten längeren Stopp legten wir in Maria Laach ein, ich zündete Kerzen an und dankte im stillen Gebet für meine Freilassung. Wir hatten die Paparazzi zwar abgeschüttelt, aber die Leserreporter der *Bild*-Zeitung sind ja so weit konditioniert, dass sie für wenig Geld ihre Seele sowie die Bilder aus ihrer Handykamera verkaufen. Alles fühlte sich sehr wenig nach Freiheit an, eigentlich war ich auf der Flucht.

In Köln angekommen, gab es in der Birkenstock-Villa den ersten Schluck Alkohol seit langer Zeit (sieht man von dem einen Apfelweinversuch im Knast ab). Das bisschen Weißwein knallte schnell, der Körper wundert sich sehr, selbst bei Kleinstmengen. Nach hundertzweiunddreißig Tagen des Entzugs der Selbstbestimmung war ich noch nicht in der Lage, selbständig zu denken und die letztlich wohl nicht wirklich gute Idee meines Anwalts zu verhindern, sich in einem italienischen Restaurant in der Kölner Innenstadt zu treffen. Ich wollte eigentlich nicht gleich in die Öffentlichkeit, und noch war mir nicht bewusst, wozu das in der Medienstadt Köln führen musste: Der Belagerungszustand des Restaurants setzte bald ein und alles nur, weil die Botschaft ausgesendet werden sollte: »Seht her, er ist frei, wir haben es geschafft!«

Prof. Dr. Tilman Elliger, der nicht lange da war und mögliche gutachterliche Aspekte diskutierte, wurde zum Opfer dieser grotesken Veranstaltung, denn die *Bild*-Zeitung stempelte ihn prompt zum »Party-Gutachter«. Letztlich war es ein misslungener Abend, ein anwesender Jurist sah wegen der deutschen Eigenheit, dass am Ende wieder das Gericht zuständig ist, das einen schon vor dem Prozess verzweifelt im Knast behalten wollte, die Sache rabenschwarz: »Die Chance für 'ne Verurteilung sehe ich bei siebzig zu dreißig.« Das war genau das, was man als frisch aus dem Gefängnis Entlassener in einer Runde von zunehmend heiterer werdenden Menschen hören möchte.

Ich wollte nicht schon wieder fotografiert werden und saß deshalb zusammen mit einem der Söhne Birkenstocks in der komplett dunklen Kneipe und hoffte, dass die Paparazzi aufgeben würden. Knast reloaded, nur diesmal im Dunkeln und hundemüde und noch nicht einmal schlafen dürfend.

Schließlich entschieden wir dann nachts um vier, doch in ein Taxi zu hechten. Was für ein erbärmlicher, gehetzter Abschluss eines Tages, der eigentlich ein guter hätte werden sollen! Das Ganze endete in einem Kölner Hotel und dann dort erstmals mit der Erfahrung, vom eigenen Anwalt angebrüllt und zusammengeschissen zu werden. Diese Erfahrung wiederholte sich, aber ich sollte erst in vier Monaten den Mumm haben, daraus die Konsequenzen zu ziehen.

Miriam hatte gegenüber den Birkenstocks bereits bei ihrem ersten Treffen so ihre Zweifel, wie ihre Schilderung beweist.

Miriams Sicht: Der Anwalt

Nach ungefähr fünfundvierzig Minuten des Wartens vor der Raststätte »Wetterau« sah ich ein schwarzes Auto einparken, ich stieg aus und ging langsam zu ihm hin. Eine Frau holte gerade etwas aus dem Kofferraum, sah mich und warf mir einen schwer identifizierbaren Blick zu, um dann wieder in den Kofferraum zu schauen. Ich weiß noch, dass mich das verunsicherte. Der Fahrer ging ums Auto herum. Wir begrüßten uns, er stellte zuerst sich als Jörgs Anwalt Birkenstock und anschließend seine Frau vor – sie sagte nichts zu mir. Sie schenkte mir nur erneut einen durchdringenden Blick. Wir gingen gemeinsam in die Raststätte. Ich war voller Fragen und konnte kaum erwarten zu hören, wie es Jörg ging, was überhaupt passiert war, wie es jetzt weiterginge, wann er rauskäme und so weiter. Die Birkenstocks waren wohl weniger gespannt auf das Gespräch als ich. Es sollte zuerst einmal gegessen werden.

So standen wir an dem Büffet in der »Wetterau«, Herr Birkenstock bestellte sich eine große Portion Bratwurst mit Sauerkraut und Kartoffelbrei und Kaffee. Ich konnte nichts essen, obwohl ich den ganzen Tag noch nichts zu mir genommen hatte. Mir hatte es den Appetit verschlagen. Ich bestellte widerwillig einen Kaffee, um nicht unhöflich zu sein, und wir setzten uns an einen Hochtisch. Nachdem er gegessen hatte, begann Birkenstock mich zu fragen, ob ich denn wisse, weswegen Jörg im Gefängnis sei. Ich bejahte. Er guckte mich länger an und sagte dann, dass Jörg natürlich unschuldig sei, dass er mit ihm geredet habe und dass das für ihn ganz klar sei. Das hat mich sehr erleichtert, denn nur weil man der Verteidiger eines Beschuldigten ist, muss man ihm noch lange nicht glauben. Zudem war mir als Frau damals schon klar, dass eine falsche Anschuldigung für eine normal intelligente Frau bei entsprechender Planung unschwer vorzutäuschen ist und unbeteiligte Männer oft dazu neigen, erst einmal der armen zerbrechlichen, weinenden Frau zu glauben und den Beschützer zu geben.

Dr. Birkenstock fragte, was bei der Verhaftung so passiert sei, insbesondere, welche Gegenstände beschlagnahmt worden seien. Ich versuchte ihm möglichst genau zu erzählen, was ich gesehen und gehört hatte. Wegen eines beschlagnahmten Gegenstands kam ich auf Jörgs Sorgerechtsstreit in Kanada zu sprechen, Birkenstock blickte interessiert auf und wollte Näheres dazu wissen.

Bis zu diesem Zeitpunkt hatte ich kein wirklich gutes Gefühl bei den Birkenstocks. Sie waren mir zu wenig freundlich, zu sachlich – ich hatte mir Anwälte anders vorgestellt, insbesondere in der Situation, in der ich war. Ihr Umgang mit mir als einer ihrem Mandanten nahestehenden Person erschien mir gefühlsmäßig nicht optimal. Schließlich wussten sie, was ich vor ein paar Stunden erlebt hatte und dass das nicht leicht für mich gewesen war. Um es genau zu sagen: Ich vertraute ihnen nicht. Weniger noch Herrn Birkenstock als seiner Frau, die links neben mir saß und mir, wenn sie nicht gerade ihren Mann gegenüber anschaute oder in ihre Kaffeetasse sah, prüfende Seitenblicke zuwarf, die mir unangenehm waren. In meiner durch die Ereignisse des Tages erzeugten Paranoia steigerte ich mich fast in den Gedanken hinein, einen Staatsanwalt vor mir sitzen zu haben. Nach dem Erlebnis am Vormittag dieses unfassbaren Tages schien mir nichts mehr undenkbar. Für mich passte das einfach nicht zusammen: Einerseits war Herr Birkenstock Jörgs Verteidiger, andererseits verhielt er sich mir gegenüber sehr unpersönlich und sachlich und war vor allem darauf bedacht, Informationen zu sammeln. Seine Frau starrte mich prüfend an, während er mir persönliche Fragen stellte, ohne mir aber etwas von dem zu erzählen, worauf es mir ankam. Mir war das unheimlich.

Herr Birkenstock bestellte uns eine neue Runde Kaffee, und ich erzählte ihm die Kanada-Geschichte im Abriss. Dann sagte er mir nur, dass es eine Weile dauern könnte mit Jörg, sonst nichts. Ich war ziemlich verzweifelt, weil ich mir bis zu diesem Zeitpunkt zumindest noch hatte einreden können, dass es nicht von Belang sei, wenn Polizisten meinen, dass Jörg längere Zeit im Gefängnis verbringen müsse. Bekommt man das jedoch vom Verteidiger zu hören, dann schwindet die Hoffnung.

Schließlich fragte Herr Birkenstock, wo ich denn jetzt hinwolle. Ich wusste es nicht. Die Birkenstocks schauten einander fragend an, dann erklärte Herr Birkenstock, dass er am Abend zwar noch eine Einladung wahrzunehmen habe, aber dass ich bei ihnen in Köln übernachten könne, wenn ich keine andere Möglichkeit hätte. Ich war darüber sehr erleichtert, denn es nahm mir eine Entscheidung ab, und zugleich war ich froh, weiter in der Nähe desjenigen zu sein, der Jörg aus diesem Mist wieder herausholen sollte, in den ihn diese Frau mit ihrer erfundenen Geschichte gebracht hatte. Dass es nur eine Erfindung sein konnte, die die Anzeigeerstatterin von sich gegeben hatte, wusste ich von Anfang an. Jede Frau, die Jörg kennengelernt beziehungsweise mit ihm jemals eine Beziehung gehabt hatte, musste das wissen.

Die Birkenstocks erklärten, dass sie vor der Abfahrt noch eine Zigarette rauchen wollten. Draußen beratschlagten wir, wer fährt, und ich war sehr dankbar, dass sich Frau Birkenstock anbot, Jörgs Volvo zu fahren, denn ich war nicht nur nervlich ziemlich am Ende, sondern obendrein noch Fahranfängerin. Ich ahnte, dass ich mit dem Fahrstil von Herrn Birkenstock, der es eilig hatte, nicht würde mithalten können. So saßen am Ende Frau Birkenstock und ich gemeinsam im Volvo und unterhielten uns. Wobei ich mich anfangs eher interviewt fühlte und auch ihre Ratschläge, um die ich nicht gebeten hatte, schon fast anmaßend fand, aber zu geschwächt war, um mich angemessen zur Wehr zu setzen. Ich ließ sie reden, weil es mir letztendlich auch egal war, was eine fremde Frau von mir, meinem Leben und meiner Beziehung zu Jörg hielt. Ich konzentrierte mich darauf, für die Gastfreundschaft dankbar zu sein, und blendete alles andere so gut es ging aus.

Die Fahrzeit von der »Wetterau« nach Köln beträgt ungefähr zwei Stunden, und das Gespräch deprimierte mich zusehends, da ich bemerkte, dass Frau Birkenstock offenbar Dinge über Jörg wusste, die mir unbekannt waren. Das half keineswegs, meine Stimmung aufzuhellen, sondern verstärkte das flaue Gefühl im Magen nur noch. Ich hatte nicht die Kraft zu fragen, wer die Frau war, die Jörg angezeigt hatte. Während der Verhaftung hatte ich noch gedacht, es sei diese Stalkerin, von der ich wusste, dass Jörg erfolgreich gegen sie vorgegangen war, aber die Andeutungen von Frau Birkenstock sprachen gegen diese Annahme.

Doch dies alles bewegte mich innerlich nicht so sehr wie die Hoffnung, dass Jörg möglichst schnell wieder aus dem Gefängnis kam, dass niemand etwas von der Verhaftung erführe und Jörg nicht der öffentlichen Schadenfreude ausgesetzt sein würde. Alles andere konnte man später klären.

Im Haus der Birkenstocks angekommen, setzten wir uns erst in die Küche, rauchten wieder und tranken Cola. Frau Birkenstock verließ den Raum, und ich war mit Herrn Birkenstock allein. Wir schwiegen viel. Er wirkte gelöst und freundlich, und ich merkte schon damals, dass ich seine Gegenwart als weitaus angenehmer empfand als die seiner Frau. Er erzählte von dem Eindruck, den er von Jörg gewonnen hatte. Jörg sei ein sehr höflicher, freundlicher Mann, der überhaupt nicht abgehoben gewirkt habe und sehr tapfer gewesen sei, ruhig und zuversichtlich. Dann demonstrierte er, wie Jörg mit überkreuzten, gefesselten Armen vor ihm gesessen hatte, und empörte sich darüber, dass es eine Schikane der Polizei gewesen sei, ihn so zu ihm zu führen. Das sei vollkommen überflüssig gewesen, und früher hätte man das so auch nicht gehandhabt. Bei dem Gedanken, dass Jörg mit gefesselten Händen wie ein überführter Verbrecher in einem kleinen Raum gewartet hatte, spürte ich, wie mir angesichts dieser Ungerechtigkeit Tränen in die Augen schossen, ich konnte sie aber glücklicherweise zurückhalten.

Nach diesem Gespräch brachen wir zusammen mit der Tochter des Hauses zu einem Büffet bei einem mit der Familie Birkenstock befreundeten Italiener auf. Ich kann mich nicht mehr erinnern, was gefeiert wurde, nur noch daran, dass ich kaum etwas aß, ein Glas Rotwein trank und die Fröhlichkeit und Feierstimmung der Birkenstocks an diesem Abend nicht teilen konnte.

Das Fest bot aber zumindest eine oberflächliche Ablenkung, und so versuchte ich mich darauf einzulassen, indem ich mich ein bisschen mit der Tochter unterhielt, die eine sehr freundliche angenehme Frau ungefähr in meinem Alter war. Sie lud mich später am Abend noch ein, mit ihr und Freunden in die Disco zu gehen, und Birkenstocks taten wirklich alles, um mich zu ermutigen, sie zu begleiten: Aber mir lag nichts ferner als in irgendeiner Kölner Disco den Tag zu betanzen und mich unter noch mehr Leute zu mischen. Dieser Abend hat mir lange zu denken gegeben, ebenso wie das Buch, von dem mir Herr Birkenstock kurz vor meiner Abreise am Sonntag – wie schon zuvor Jörg – ein Exemplar geschenkt hat – ein Buch mit Kurzgeschichten über Richter, Urteile, Anwälte und sonstigen Gerichtskram. Er war der Herausgeber und präsentierte es mir stolz. Ich bedankte mich höflich und fragte mich gleichzeitig, wie er die Gemütslage seines Gegenübers so falsch einschätzen konnte.

Lügenstorys und Schauergeschichten

Mein erster Schlaf in Freiheit war kurz, und das Aufwachen fühlte sich nicht viel besser an als im Knast, auch wenn ich mir immer wieder *frei-freifrei* einzureden versuchte, aber ich wusste, dass ich Paparazzi an der Backe hatte, die wiederum wussten, dass ich mitten in Köln war. Zwar war ich draußen, konnte aber noch nicht selbstständig handeln und denken. Ich fühlte mich wie ein Rehlein auf dem Mittelstreifen der Bundesstraße zwischen Mannheim und Frankfurt, wenn alle Autos durch die Schwetzinger Kripo, die Staatsanwaltschaft Mannheim, Frau Dinkel und ihren Professor Günter Seidler aus Heidelberg mit seinem »Gutachten«, das am Anfang von allem stand und die Glaubwürdigkeit der Nebenklägerin bescheinigte, ferngesteuert würden.

In diese Zeit meiner Schwäche fiel die Gaga-Idee eines Interviews für die elektronischen Medien und den *Spiegel*. Zwar hatte der *Spiegel* im Juni 2010 eine erste Darstellung der wahren Sachlage gegeben, aber ich hätte lieber einfach nur Blumen schicken sollen. Dass damit nun auch all die anderen, auch die Vorverurteilungsmedien, ein Interview einfach so bekamen, war schlicht blöd. Ich hätte erst mal ausschlafen, nichts tun und mit Menschen reden sollen, die keine eigenen Interessen in der Sache hatten, und nach einer Woche wäre ich dann vielleicht in der Lage gewesen, selbstständige Entscheidungen zu treffen. Nun gut, ich entschied mich anders, und ich sagte, was mir richtig und wichtig erschien, hatte aber leider nach der verkorksten Nacht nicht die Kraft, das schriftliche Interview für den *Spiegel* gegenzulesen; so standen nun wieder ein paar Dinge drin, die so nicht stimmten und die ich erst viele Monate später im Interview mit der *Zeit* und der *Weltwoche* würde richtigstellen können.

Am Samstagvormittag in der verrauchten Küche bei Birkenstocks, in der ich in den kommenden Monaten oft auf einer Trittleiter sitzen würde, kam dann definitiv bei mir an, dass ich zwar aus dem Knast war, der Kampf um meine Freiheit aber jetzt erst so richtig begann. Schon im Knast hatte ich gehört, dass mich *Focus* und *Bunte* mit besonderer Verve verfolgten – ob aus Schlagzeilengier oder persönlichem Angefasstsein sei dahingestellt.

Am Samstag nach meiner Freilassung traf mich Burdas jüngster Hammer mit der Schauergeschichte, dass es mit Marleen P., früher W., nun eine Zeugin gebe, der vor knapp zehn Jahren Furchtbares mit mir widerfahren sei. Ich hatte schon im Knast von Birkenstock davon gehört und mich sehr gewundert. Kaum war ich aus dem Knast, hat der *Focus* nachgelegt, weil es wohl opportun schien, mich in die Nähe einer zweiten angeblichen Tat zu bringen. Eine wilde Lügenstory, deren einziger Vorteil war, dass, wie in anderen Fällen, sich Leute meldeten, die sich ebenfalls sehr über die Angaben der »Zeuginnen« wunderten. In diesem Fall war es ein früherer Fast-Arbeitgeber der inzwischen mutmaßlich braven Zahnarztfrau aus Berlin, bei dem sich diese als Escort-Dienstleisterin beworben hatte.

Die luftigen Bewerbungsfotos bekamen wir zur Verifizierung erst mal geschickt, zusammen mit der Mitteilung, dass Madame noch Jahre danach mit der Promibekanntschaft mit mir angegeben hätte und er auch bezeugen könne, dass das angebliche Opfer deutlich nach dem frei erfundenen Vorfall noch mit mir in seiner Anwesenheit per SMS und Gespräch in entspannter Fröhlichkeit kommuniziert hätte. Von einem unangenehmen Moment sei nie die Rede gewesen, was der potenzielle Zeuge sicher erfahren hätte, weil zwar aus der Anstellung nichts geworden war, aber aus dem Bewerbungstreffen eine private Beziehung resultierte.

Wir hatten den Escortchef als Reservezeugen in der Hinterhand, mussten ihn aber nicht aufrufen, denn der *Focus*-Liebling von der ersten Augustausgabe versenkte sich später vor Gericht mit einer grandiosen Entschiedenheit selbst (sie erinnerte sich an das erfundene Erlebnis genau, aber sonst an nichts, nicht mal, ob ich jemals mit ihr was Körperliches hatte). Wir winkten nur kurz mit dem Begriff »Escortservice«, woraufhin sie sagte, sie habe gar nicht gewusst, was das sei, als sie sich beworben hatte.

Wenn ich schon damals gewusst hätte, wie verbissen die Mannheimer Landrichter Seidlingbockbültmann in ihrem Drang agierten, den hohen Herren vom Oberlandesgericht, die mich freigelassen hatten, zu zeigen, wer am Ende das Sagen hat, wenn ich das nur irgendwie geahnt hätte, wäre ich an jenem 31. Juli 2010 noch ein wenig trauriger geworden, als ich's in der Birkenstock'schen Küche eh schon war, als man schon wieder eine Stellungnahme gegenüber der *BamS* entwerfen musste, die die *Focus*-Geschichte vorab gebracht hatte. Es war nichts Neues daran, schon dem Oberlandesgericht Karlsruhe lag diese Aussage vor, und es hat mich trotzdem rausgelassen: Diese »Anknüpfungstatsache«, wie es juristisch heißt, war dem OLG zu Recht nicht geheuer (nicht einmal der Staatsanwaltschaft, die dieses neue Verfahren im Hinblick auf die zu erwartende Strafe im Vergewaltigungsverfahren sogleich vorläufig einstellte, um es noch vor Rechtskraft des Freispruchs wiederaufzunehmen und dann mangels Tatnachweis endgültig einzustellen).

Ich fragte mich einmal mehr, warum wir nicht von Anfang an eine Gegenanzeige gegen die Nebenklägerin gemacht, sondern erst vor ein paar Monaten Klage gegen sie eingereicht haben, vielleicht hätte das all die sich daran bereichernden Trittbrettfahrerinnen verhindert – aber es blieb fast bis zum Ende des Verfahrens so: Jede positive Wendung im Prozess oder ein wahrhaftiger Bericht im *Spiegel* oder in der *Zeit* wurde postwendend durch eine erfundene Geschichte in einem Burda-Projekt beantwortet, die bei Springer aufmerksamkeitswirksam angeteasert wurde. Die Staatsanwaltschaft, das Gericht und die Dinkel-Fraktion außerhalb der Justiz haben bis zum Schluss mit Geld und Macht um die Meinungshoheit gekämpft – ob alles nur dazu diente, mich zu diskreditieren, oder ob handfeste finanzielle Interessen hinter allem standen und welche, das werde ich hoffentlich noch herausfinden.

Ende des Nachrichtenboykotts

In den ersten zwei Tagen der Freiheit begann ich zaghaft nachzulesen, wie mich die Medien seit dem Bekanntwerden meiner Inhaftierung am 22. März 2010 begleitet beziehungsweise beharkt haben. Nachdem ich das meiste gelesen hatte, empfand ich umso größeren Respekt vor meinen Mitgefangenen und den Stockwerkbeamten, die kein Geheimnis daraus machten, dass sie von meiner Unschuld überzeugt waren. Die Dinkel-Fraktion bei Polizei und Staatsanwaltschaft hatte gemeinsam mit ihren Gewährsmännern und -frauen in den Medienhäusern ganze Arbeit geleistet; mir blieb glatt die Sprache weg.

Schon am ersten Tag, an dem die falschen Vorwürfe bekannt wurden, war eigentlich für die deutschen Medien alles erledigt, mein Grab geschaufelt, wie der Onlinedienst der Schweizer Zeitung *20 Minuten* tags darauf berichten konnte (die Klickstrecke ist leider gelöscht worden). Frohlockend war am 23. März 2010 zu lesen:»Die deutsche Presse hat den Spaten gezückt und gräbt für Kachelmann: Die Artikel der Tageszeitungen nach dem Vorwurf der Vergewaltigung gleichen einem Nachruf.« Ja, die Unschuldsvermutung, wozu auch? Selbst der *Tagesschau*-Chef meines Lieblingssenders äußerte sich am nämlichen Tag beunruhigend:»Natürlich kann man sagen, dass der Haftbefehl schon ein Hinweis darauf ist, dass der Vorwurf nicht völlig abwegig ist.« Hätte ich's gewusst, hätte ich mir über das Fortbestehen meiner *ARD*-Moderationstätigkeit schon am 23. März 2010 keine Illusionen mehr gemacht.

Das Groteske daran: Journalisten sehen sich offenbar nicht (mehr) als kritische Begleiter der Justiz, sondern verhalten sich zunehmend wie die Kettenhunde einer oft willkürlichen Justiz, die immer recht haben möchte, koste es menschliche Existenzen, wie es wolle. Am selben 23. März wurde ich in den Medien beruflich erst mal zum Autodidakten downgegradet; dass ich an der Universität Zürich das erste und zweite Vordiplom abgelegt und sämtliche Vorlesungen und Praktika in Sachen Atmosphärenphysik beziehungsweise Meteorologie mit Testat absolviert hatte und lediglich die Schlussprüfung nicht gemacht habe (weil ich schon einen Job hatte), fiel irgendwie unter den Tisch. »Autodidakt« hört sich ein wenig unseriös an und passt besser zum angeblichen Vergewaltiger, den Justiz und Medien mit aller Kraft schon einen Tag nach der Verhaftungsnachricht vor aller Welt aufbauten. Staatsanwaltschaft und Dinkel-Anwalt logen, dass »Rechtsmedizin und Gynäkologie die Vergewaltigung bestätigten« beziehungsweise eine »hohe Wahrscheinlichkeit bestehe, dass die Angaben der Frau stimmen«.

Die »Gleichschaltung« der Berichterstattung fast aller Medien während meiner Knastzeit ist beeindruckend. Aus dem Knast heraus konnte ich mich nur wenig bis gar nicht wehren – mit ein Grund, weshalb es der Staatsanwaltschaft und der Dinkel-Fraktion bei Polizei und in den Medien wichtig gewesen sein muss, mich möglichst lange im Gefängnis zu halten. Die Kommunikation meiner Abstempelung zum Schuldigen beinhaltete mehrere fein orchestrierte Schritte:

1. Es muss ganz dringend eine enge Beziehung zwischen Dinkel und Kachelmann gegeben haben.

Nein, die gab es nicht. Es gab gelegentliche Treffen aus sehr überschaubaren Beweggründen, aber das hätte die Räuberpistole und das Motiv für die angebliche Tat, dass ich über ein »Beziehungs«-Ende irgendwie unglücklich bis aufbrausend (ausgerechnet ich!) hätte sein können, unbrauchbar gemacht. Denn ich sollte ja »narzisstisch gekränkt« worden sein. Deswegen wurde als Erstes ein reichhaltiges Beziehungsleben erfunden. Dinkel-Anwalt Thomas Franz musste gegenüber Journalisten eine »harmonische Beziehung« erfinden. Zitat aus *20min.ch* vom 24. März:

»Einige Schwetzinger sollen sich bei der Redaktion der Schwetzinger Zeitung *gemeldet haben, die Kachelmann in Begleitung der Frau gesehen haben wollen. ›Da war von Besuchen im Kaffeehaus ebenso die Rede wie von einem Dinner beim Edel-Italiener ›Delle Rose‹, im ›Quadrato‹, vom Eisbecher in der ›Gelateria‹ und vom Bierchen im ›Brauhaus‹.‹ Die Wirte wollten aber weder bestätigen noch dementieren.«*

Dass die Wirte, die mich noch nie gesehen hatten, lieber nichts sagten, ist klar, zumal mit Neugierkundschaft (hier saß der Verbrecher!) zu rechnen war, und einer gab später auch zu, das Gerücht selbst initiiert zu haben. Im Schweizer *Blick* wurde eine anonyme und wahrscheinlich nicht existente »Wirtin aus Schwetzingen« zitiert, denn sie log: »Sie waren in den letzten Jahren oft meine Gäste und haben immer sehr verliebt und harmonisch zusammen gewirkt.«

Zum systematischen Aufblasen der Veranstaltung passte, dass selbst René Pöltl, der Oberbürgermeister der Stadt, von meinen rund ein halbes Dutzend nächtlichen Besuchen pro Jahr in seiner Stadt Kenntnis gehabt haben wollte und sich zitieren ließ: »Die beiden sollen oft in Heidelberg unterwegs gewesen sein. Schwetzingen ist zu klein, da hätte sie ja jeder sofort erkannt.« Als durchschnittlicher Journalist würde man die Fragwürdigkeit eines solchen Satzes schon an der nicht vorhandenen Logik des Inhalts erkennen, aber »in Heidelberg unterwegs« hört sich eben nach Beziehung an, denn ohne Beziehung ist kein Beziehungsende mit Schrecken möglich. Deswegen war das den Kommunikatoren und den Journalisten so wichtig. Ja, der Oberbürgermeister kennt seine Schäflein so gut, dass er noch mitteilte, er halte Claudia Dinkel für äußerst glaubhaft. Überhaupt, der Schwetzinger Oberbürgermeister (seit jeher im verwaltungsrechtlichen Sinne auch Chef der Ortspolizeibehörde), der bis heute noch nicht von seinen Knallchargen lassen kann und gegen die weise Entscheidung des neuen Innenministers Reinhold Gall, der die Polizeidirektion Heidelberg mit den Mannheimer Kollegen zu einem Polizeipräsidium zusammenlegen will, in den Kampf ziehen möchte, wie die *Schwetzinger Zeitung* berichtet: »Ich weiß, wie viel bei der Kripo auch im Bereich der Kriminalprävention geleistet wird. Die Beamten hier haben durch ihre Ortskenntnis einen Wissensvorsprung und kennen ihre Pappenheimer.«

O ja, Herr Pöltl. Nur *Frau* Pappenheimer nicht.

Manchen Erfindern aus der Medienbranche war die Beziehung zur Gelegenheits-Dinkel trotzdem noch ein bisschen zu klein, unter anderem dem Schweizer *Blick*, der Dinkel und mich auf einem »Landespresseball« gesehen haben will. Die ganzen Abschreiber dieses Unsinns haben sich offenbar nie gefragt, wo denn die Fotos geblieben sein mögen, die bei solchen Anlässen gemacht werden. Die »Beziehung« musste erst eine werden, und sie wurde in den Medien gemacht.

2. Das »angebliche Opfer« zum »Opfer« machen und es auch dringend so nennen.

Bis zur Feststellung einer Schuld oder Unschuld müsste es so sein, dass Opfer nur »angeblich« bis »mutmaßlich« Opfer sein können, und für Täter gilt dasselbe, denn sonst hat sich die Unschuldsvermutung gleich erledigt. Doch fast alle deutschen und schweizerischen Journalisten konnten sich gegen den kollektiven Rausch nicht wehren, und so war zwei Tage nach Bekanntwerden des Ganzen das »Opfer« Claudia Dinkel geboren. Das wurde sanft eingeleitet, indem man einen Vertreter der Opferschutzorganisation »Weißer Ring« befragte. Der »Weiße Ring« verfolgt sicher auch sehr verdienstvolle Aufgaben, ist mir aber besonders als Schutzorganisation krimineller Falschbeschuldigerinnen aufgefallen. Befragt, was er von allem hielte – und zwar zuerst befragt von *Focus Online* und dann allgemein übernommen –, sagte Helmut Rüster, der Pressesprecher dieser Organisation: »Die Wahrscheinlichkeit, dass sich jemand solche Taten ausdenkt, ist ziemlich gering. Vor allem angesichts der Tatsache, dass die Anzeige offenbar kurz nach der Tat [sic!] erfolgte und das Opfer [sic!] nicht mit dem Ekel allein sein wollte.«

Am selben Tag erfand Dinkel-Anwalt Franz, dass »ein Arzt eindeutige Spuren einer Vergewaltigung festgestellt« hätte. Nein, das hat kein Arzt getan, damals nicht, in den Gutachten nicht, vor Gericht nicht. Aber alle deutschen und Schweizer Journalisten haben es brav abgeschrieben, ohne es zu hinterfragen, und begannen somit bereits am 24. März 2010, Recht zu sprechen. Ein Artikel von »amc« auf *20min.ch* endete mit einem Ausflug in die Küchenpsychologie über Frau Dinkel: »Noch wird ihr Gesicht verpixelt, noch ist ihre Identität unbekannt, doch das kann sich schnell ändern. Dessen dürfte sie sich als Radiomoderatorin sicherlich bewusst sein. Würde sie das in Kauf nehmen für eine haltlose Beschuldigung?«

Ja, so einfach ist die Welt! Deshalb wurde Dinkel auch wahrheitswidrig als devotes Hascherl geschildert, das in furchtbaren Rollenspielen gedemütigt wurde und allenfalls ein Codewort sagen musste, damit irgendwas aufhört. Alles Schwachsinn! Es war zwar angesichts des seltenen bis monatelangen Nicht-Sehens sowieso nicht, was man sich gemeinhin unter einer Beziehung vorstellt. Das wenige, das war, fand auf gegenseitiger Augenhöhe statt. Das reale Selbstbewusstsein, später auch vortrefflich auf den Fotos aus dem Gericht zu erkennen, passte wie der rotzige Auftritt vor den Richtern nicht zum erfundenen Geschehen in der Nacht vom 8. auf den 9. Februar 2010, weshalb Staatsanwaltschaft und Medien das arme Hascherl erfinden mussten.

Und weil zu einem richtigen Opfer auch traurige alte Menschen dazugehören, wurden die armen Dinkel-Eltern frühzeitig in die Schlacht geworfen: Vater Dinkel durfte in *Bild* kundtun, dass es »Frau und Tochter sehr schlecht« ginge, und über Mutter Dinkel hörte man von Traurigkeit bis Depression so allerlei Mitleiderregendes.

3. Den angeblichen Täter zum Monster machen.

Aus mir ein Monster zu machen schien zunächst die schwierigste Aufgabe zu sein; ich hatte ja über fünfzig Jahre lang ein unauffälliges Leben geführt, hatte nie in Wirts- oder Treppenhäusern randaliert und war nie laut oder auch nur im Ansatz gewalttätig geworden. Obendrein war ich ja schon eine Weile in der Öffentlichkeit, und es wäre schon vor Dinkels Tat spannend gewesen, irgendwas Komisches über mich zu schreiben. Ich hatte auch nie Journalisten näher als beruflich opportun in meine Nähe gelassen; am Anfang meiner öffentlichen Zeit hatte ich ein paar Ausrutscher, als ich Journalisten für Porträts auf Autofahrten mitnahm und zu dummen Sammelgeschichten meinen Senf abgab, weil ich dachte, es wäre gut für die Firma. Irgendwann hatte ich bemerkt, dass das ganz egal ist und dass nicht wenige Journalisten im einundzwanzigsten Jahrhundert oft schon damit überfordert sind, irgendwas korrekt zu zitieren, während manche gleichzeitig eine Arroganz und Allmachtsfantasie an den Tag legen, die mir widerwärtig erschien, und ich hatte mich entschieden, Medienarbeit nur noch kontrovers oder eben gar nicht zu gestalten.

Kurzum, vor allem die deutsche Boulevardjournaille, aber auch der sogenannte seriöse Rest, der durchaus meist nicht anders ist, wusste genau, was ich von ihnen hielt. Man darf zum einen wohl davon ausgehen, dass die Abneigung gegenseitig war und ist. Zum anderen gab es die *Bunte*, deren Redakteurin schon in den ersten Tagen Bittbriefe an Claudia Dinkel geschrieben hatte und war bereits am 30. März 2010 in einem weiteren Fax (woher hatte sie Dinkels Privatnummer?) sehr deutlich geworden: »Wie ich Ihnen schon mehrfach geschrieben habe, habe ich Ihnen von Anfang an geglaubt, was Herr Kachelmann Ihnen angetan hat.«

Burdas Werkzeug der Anklage sprach also schon mal Recht, und gleichzeitig wurde in den Medien der Grundstein für die Monstrifizierung gelegt. Dabei machten viele Journalisten sich zunächst nicht selbst die Finger dreckig, sondern fanden fragwürdige Experten, die wie *feng-shui-schule.ch* schon mal am 24. März 2010 entdeckten, dass es Kachelmann wegen seines Verhältnisses zwischen Ober- und Unterlippe »nicht immer leichtfallen könnte, seinen Gefühlen Ausdruck zu verleihen oder angemessen darauf zu reagieren«.

Die Geburtsstunde von Dr. Jekyll und Mr. Hyde, die viele Medien verzweifelt herbeischreiben wollten. So zu tun, als hätte ich irgendeinen »Schalter, der sich umlegt«, oder wahlweise einen »eiskalten Blick«, war die neueste Idee. Diese extrem dreiste Lüge über einen Menschen wie mich, der Jähzorn, Aufbrausen und Schreien eher vom Hörensagen kennt und sehr unangenehm findet, konnte sich durch geschickte Orchestrierung über ein Jahr halten, bis am 5. Mai 2011 zum großen Bedauern der vollzählig anwesenden Presse Gutachter Dr. Hartmut Pleines mir attestierte, dass ich nicht psychisch gestört sei. Das Gericht hatte schon geahnt, dass das so war, und Pleines' Auftritt ganz ans Ende des Prozesses gesetzt, wohl hoffend, dass vorher noch irgendjemand irgendwas Tolles sagte, was für eine Verurteilung wegen nichts gereicht hätte.

Aber vorläufig befinden wir uns noch im Frühling 2010, und Mr. Hyde musste erst einmal anständig aufgepustet werden. Laut *Bild* hätten mich zu Abiturzeiten die Mitschüler als »schwul« verspottet, und an eine Freundin könne sich niemand erinnern (was überrascht, drehte ich doch schon damals längere Zeit mit Schulfreundin M. meine Runden im Pausenhof, und hey, als sie mich verabschiedet hatte, habe ich doch noch nach der Schultheateraufführung ausführlich mit R. rumgeknutscht – zählt das alles gar nichts mehr?). Das hört sich doch schon mal nach einem guten Setup für einen Ausraster an: Eigentlich ist er schwul, aber jetzt wollte er mal beweisen, dass er ein Mann ist, und es der Schlampe zeigen … Ungefähr so lief wohl die angepeilte Denkkonstruktion für den Leser. Ebenso grotesk war die *Bild*-Geschichte, dass ich »Bedienungen und weiblichen Gästen gegenüber ausfallend«, »sexistische Witze machen« und »frauenfeindliche Zoten« durchs Lokal rufen würde. Dabei würde ich so etwas nicht mal mit drei Promille machen. Das ist frei erfunden, zeigt aber die Wehrlosigkeit eines Menschen, der im Knast sitzt. Er muss alles aushalten, und sei es noch so weit hergeholt, denn in einer Situation der Schwäche versucht jeder Charakterwiderling seine Chance zu nutzen.

Der Schweizer Wettermitbewerber Peter Wick stand vor der Herausforderung, den Spagat zu lösen, dass mir ein angeblich großer Narzissmus innewohnte, was andererseits aber so gar nicht zu meinem, sagen wir legeren Äußeren passte. In seiner Mitteilung an die *Welt* musste Wick sich deshalb große Mühe geben: »Das etwas schmuddelige Auftreten könnte sogar narzisstisch oder eitel sein. Er war zudem nicht immer nur charmant, sondern konnte tiefschwarz sarkastisch sein. Er hatte tatsächlich zwei Seiten.« Das schien das Leitmotiv aller Dinkel-Unterstützer zu sein, die aufs Stichwort die Geschichte mit den »zwei Seiten« oder mit dem Schalter, der sich angeblich umlegte, irgendwie bestätigten.

Der ganze frei erfundene Wahnsinn, mit dem ich so präsentiert werden sollte, dass ich zumindest insoweit einen an der Waffel hätte, dass ich es eben getan haben könnte, ist in einem *Welt*-Artikel (http://www.welt.de/die-welt/vermischtes/article9406861/Die-Akte-Jörg-Kachelmann.html) schön zusammengefasst. Und wenn man gefallen ist, kommen alle Ratten aus ihren Löchern. Die Medien erfinden Dinge, auf die man erst mal kommen muss. Am 2. April 2010 frohlockte der Schweizer *Blick*:

»Hat Kachelmann seine Freundin [...] unter Drogen zu Sex gezwungen? Spielen Drogen wie Kokain eine Rolle im Leben des Schweizer TV-Moderators – und wenn ja, bis zu welchem Grad? Diese Fragen stellten sich die Ermittler im Fall Kachelmann diese Woche. Und ordneten einen Drogentest an.

Kurz nach seiner Verhaftung hatte sich Jörg Kachelmann noch geweigert, eine Speichelprobe abzugeben. Später stimmte er aber der Abgabe einer Haarprobe zu [...]. Jetzt aber musste sich der inhaftierte TV-Moderator Jörg Kachelmann offenbar einem Drogentest unterziehen – Haar- und DNS-Probe inklusive, wie das Nachrichtenmagazin Focus *in einem Vorabdruck berichtet.«*

Jaja, ihr Lieben. Das hat man in jedem Krimi gelernt, dass man nichts zulässt, bevor man mit dem Anwalt gesprochen hat. Deswegen war's ganz am Anfang noch nichts mit dem schönen Test, aber am 24. März 2010 konnte er dann gerne stattfinden. Anfang April war das Ergebnis, dass nichts, aber auch gar nichts gefunden wurde, zwar schon draußen, aber warum nicht trotzdem noch Nektar aus der Probe an sich saugen (Vorabdruck! Uiuiui!) und spekulieren, was das Zeug hielt – Sex, Drogen, es wurde immer besser. Der letzte Abschnitt der *Blick*-Geschichte illustriert, wo der Journalismus heutzutage angekommen ist:

»Apropos Drogen: Zunächst teilte Kachelmann offenbar eine Zelle mit einem Drogendealer, bevor er in eine eigene Zelle verlegt wurde (Blick.ch berichtete). Ob er sich mit dem Mann über einschlägige Themen unterhalten konnte?«

Wenn man »Kachelmann Drogentest« googelt, bekommt man über sechstausend Ergebnisse. Dass der Drogentest ohne irgendein zählbares Ergebnis blieb, wurde damals nicht berichtet, es findet sich bis heute kein Eintrag. Es passte nicht ins Bild. Dafür kamen alte Geschichten wieder zum Vorschein wie die von meinem unaufgeräumten Auto, was in Deutschland, wo seit jeher Ordnung eine größere Rolle gespielt hat als anderswo, wohl eine besonders große Sünde ist. Das muss dem Vorsitzenden Richter Seidling im Landgericht wohl gefallen haben, denn später, bei seiner Einvernahme der Zeugin Miriam K., der Koautorin dieses Buches, sprang er dankbar darauf an. Als das Thema »unaufgeräumtes Auto« angesprochen wurde, leitete Seidling mit den Worten: »Kommen wir nun zur Persönlichkeit des Angeklagten«, zum großen Wunschkomplex über, den dieses Gericht wohl bei jedem Zeugen hatte, damit es irgendwas Schönes bekäme, das es aus der Misere rettet, da wir doch alle wissen, dass Frau Dinkel die ganze Chose nur erfunden hat.

4. Größtmögliche Ablenkung von der angeblichen Tat und Überführung in eine Moraldiskussion.
Staatsanwaltschaft und Dinkel-Fraktion mitsamt ihrer Gefolgschaft in den Medienhäusern dürfte früh klar gewesen sein, dass die Selbstverletzungen der Täterin nicht als Beweis taugten und die ausführlichen Lügen zum Tathergang ihrer Sache nicht helfen würden. Deshalb wurde es wichtig, vom eigentlichen Tatvorwurf abzulenken und die ganze Sache zu einem Tribunal darüber zu machen, wie man sein Privatleben zu gestalten habe. Schon im März 2010 haben Tanja May und Mitstreiter Stefan Blatt begonnen, eine Adressliste abzuarbeiten, die sie von dritter Seite erhalten hatte. Weil diese Person meinen Computer Jahre zuvor durchsucht hatte, kamen viele E-Mails von *Bunte* zuerst bei teilweise veralteten E-Mail-Adressen an. Miriam, die ich noch nicht so lange kannte, blieb längere Zeit unbelästigt, weil sie wegen des frühen Redaktionsschlusses nicht in der E-Mail-Sammlung enthalten sein konnte. Erst als ihre Adresse aktenkundig geworden war, bekam die *Bunte* gewohnheitsmäßig die Anschrift, um ihr dann schreiben zu können. Allerdings erteilte Miriam ihr damals – anders als andere – eine Absage und schrieb der Sonnengrüßerin am Donnerstag, den 2. September 2010, um 0.44 Uhr zurück:

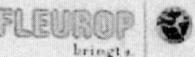

»Sehr geehrte Frau May,

ich habe Ihre Blumen und das damit verbundene ›Telegramm‹ erhalten und antworte Ihnen hiermit ein erstes und ein letztes Mal. Es ist eine maßlose Unverschämtheit, dass Sie und Ihre Redaktion die Unverfrorenheit besitzen, überhaupt mit mir in Kontakt zu treten, und zusätzlich infolgedessen Dritte (Firma ›Fleurop‹ und letztendlich auch den ausliefernden Blumenladen [...]) über meine Bekanntschaft mit Herrn Kachelmann und meine gerichtliche Ladung durch den unmissverständlichen Inhalt Ihres Schreibens informieren.

Ich behalte mir diesbezüglich alle rechtlichen Schritte vor.

Wie um Gottes willen kommen Sie dazu, zu glauben, dass ich mit Ihnen auch nur irgendetwas aus meinem Leben und meiner Privatsphäre besprechen möchte? Warum sollte ich Sie kennenlernen wollen? Was geht Sie oder die Öffentlichkeit, in deren Auftrag Sie zu agieren behaupten, mein Privatleben an? Zudem ist sicherlich die Frage erlaubt, wer Ihnen und Ihrer Redaktion meine Anschrift mitgeteilt hat, auch wenn ich von Ihnen vermutlich nicht ernsthaft eine ehrliche Antwort erwarten kann, da Sie in den letzten Monaten mit Ihrer Berichterstattung und Ihren persönlichen Statements über den bekannten Sachverhalt schon des Öfteren be-

*wiesen haben, dass Sie es offenbar mit der Wahrheit und der Realität nicht
so ernst nehmen.*

*Ich hoffe, ich habe mich eindeutig ausgedrückt und muss in Zukunft
keine falschen Blumen mehr entgegennehmen.*

Mit freundlichen ›Sonnengrüßen‹ an Sie und die Bunte-*Redaktion
Miriam K.«*

Die anderen von meiner Untreue teils überraschten Frauen, die weniger Herzensbildung und/oder Gehirn und dafür den Willen zur Rache hatten, wurden bei positiver Antwort von Hubert Burdas Vertretern gut bezahlt, wie vor Gericht vorgelegte Verträge belegen, und regelrecht hochgekocht, wie eine nicht durch Burda bezahlte Zeugin vor Gericht berichtete. Sobald wieder eine neue Bekanntschaft in den Polizeiakten aufgetaucht war oder sich selbst gemeldet hatte, bekam sie kurz danach Mails und Anrufe aus allen Richtungen. Offenbar sahen Staatsanwaltschaft, Dinkel-Fraktion und Medien ihre größten Chancen in einem Auftritt der enttäuschten Frauen. Auch Dinkels Therapeut, Professor Seidler aus Heidelberg, hatte versucht, eine Glaubenskongregation der Frustfrauen zu organisieren, um sich meiner angeblichen Psychopathologie zu nähern. Viola Sch. hatte extra bei der Polizei in Schwetzingen ihre Handynummer hinterlassen, damit sich jede infrage kommende Frau bei ihr melden möge. Die einseitig ermittelnden Stümper in Uniform kamen dieser Bitte gerne nach, zeigten sich aber dennoch vor Gericht genervt, dass sie so oft von Viola Sch. angerufen worden seien, wenn ihr irgendwas womöglich Belastendes eingefallen war.

Sch. hat am Ende fünfzigtausend Euro, aufgrund ihrer längerfristigen Zusammenarbeit mit *Bunte* womöglich deutlich mehr, von Burda kassiert – sie blieb aber vor Gericht relativ wirkungslos, weil sie (damals noch nicht von Burda bezahlt) kurz nach der Verhaftung eine mehrseitige Sicht der Dinge verfasst hat, die der Wahrheit entsprach und die sie nicht mehr aus der Welt schaffen konnte. Selbst die Richterdarsteller konnten mit dem, was Viola Sch. in der *Bunten* entwickelte, nicht viel anfangen. Die Regel war am Ende: Wer von Burda Geld nahm, hat vor *Bunte* und Gericht brandschwarz gelogen. Alle anderen haben komplett die Wahrheit gesagt, die durch das Gericht entnervt zur Kenntnis genommen wurde und sich selbstredend in keinem einzigen Artikel wiederfand: Es gab nie Gewalt, keinen eiskalten Blick oder irgendeinen sich umlegenden Schalter.

Die Burda-Zeuginnen jedoch haben zum Teil das länger zurückliegende Ende des Techtelmechtels vergessen, damit das Ganze ein bisschen aktueller wurde. Wie die *Bunte* frohlockte, sollten sie – wie Viola Sch. – »Kronzeugin« sein und »gegen Kachelmann« aussagen. Das hat im Gericht kaum funktioniert, weil das Internet nichts vergisst und ich bis zum Ende ausführliche Ergebenheitsbekundungen der Rächerinnen vorweisen konnte, in denen so gar nicht von unangenehmen Erlebnissen die Rede war. Bei den Frauen legte sich offenbar immer der Schalter um, den ich nicht hatte, wenn sie erfuhren, dass sie nicht die Einzigen in meinem Leben gewesen waren; falls sie es nicht doch wussten wie ein Teil oder sich selbst regelmäßig einen Blick nach links und rechts gönnten wie bei der länger verflossenen Luftgitarrenspielerin, die unmittelbar nach der Verhaftung an meine E-Mail-Adresse schrieb: »I'll stand by you – and my family too«, oder die Schweizer Melkerin, die schrieb: »Der Vorwurf ist absolut absurd (ich kenne J seit Jahren und er verhält sich genau gegenteilig) und ich mache mir Sorgen um ihn.«

Wenn allerdings der mediale rote Teppich ausgerollt wurde und sie erfuhren, dass es da noch andere gegeben hatte, machten dieselben Frauen einen erheblichen Salto rückwärts und behaupteten das Gegenteil, wie zum Beispiel die Schweizer Melkerin, die sich nun plötzlich doch vorstellen konnte, dass ich so was machen würde, und die ankündigte, dass sie den Gang zur Staatsanwaltschaft sich selbst und der »Bad Schwetzingerin« schuldig sei. Die Luftgitarrenspielerin »erinnerte« sich plötzlich an ein Telefongespräch am 9. Februar 2010, in dem ich angeblich komplett aufgelöst gewesen sei (auf das sie aber in weiteren E-Mails danach nie Bezug nahm, obwohl ich angeblich so anders gewesen sein soll als sonst). Und Zeugin »Verena C.«, die bei der Polizeieinvernahme noch nichts Böses zu berichten wusste, gab ihrer Aussage ein kleines Upgrade im späteren *Bunte*-Interview – nur dumm, dass sie nach dem erfundenen Ereignis jahrelang um Aufmerksamkeit gebettelt und mich als einzigen Menschen bezeichnet hatte, dem sie vertrauen könne – die Staatsanwaltschaft Mannheim ermittelt mittlerweile nach Beschwerde gegen das Nichtstun wegen Falschaussage. Wie tief die Zuwendung so mancher Zeugin gewesen sein muss, ahnt man beim Mailverkehr, als eine von ihnen nach ihrer immerhin in weiten Teilen wahrheitsgemäßen Aussage zuerst an mich schrieb:

»Es tut mir leid, dass ich heute müde aussah, ich hab die letzten 3 Nächte einfach nicht schlafen können. Danke für Deine Augen heute. Ich kann sie lesen. Melde Dich.«

Als ich mich daraufhin nicht meldete, bekam einer meiner Anwälte kurz darauf von derselben Frau elektronische Post über Gefühle, die sich am selben Tag ereignet haben müssen:

»Ihr Blick war gut. Als die Tür im Gerichtssaal aufging, sah ich Sie ... danach war ich benebelt ... das bin ich heute noch. Ich würde Sie gern wiedersehen.«

Wir sprechen hier über Frauen mit höherer Bildung, meist mit Hochschulabschluss, und nehmen verwundert zur Kenntnis, dass wir nicht von einem Einzelfall reden können angesichts von einem knappen halben Dutzend wilder Rächerinnen, die bereit waren, zwar nicht unmittelbar der Anzeigeerstatterin nachzueifern, aber doch mit einer gewagten Trittbrettfahrt deren Geschichte zu stützen, eben »glaubwürdiger« zu machen. Ich musste lernen: Einige Frauen finden es offenbar durchaus angemessen, dass ein untreuer Mann im Knast sitzt, auch wenn diese Frauen gleichzeitig zutiefst davon überzeugt sind, dass der böse Mann das ihm zur Last gelegte Verbrechen nicht begangen hat. Und eine um Beweise verlegene Justiz fällt auf alles herein, was ihrem Vor-Urteil Nahrung gibt.

Alle diese Dinge und Geschichten der Frauen hatten natürlich nichts mit der Nacht vom 8. auf den 9. Februar 2010 zu tun. Und genau das war das Ziel von Gericht, Dinkel-Fraktion, Staatsanwaltschaft und den meisten Medien: komplett davon abzulenken, worum es eigentlich ging. Nicht um mein Beziehungsleben, sondern um eine – erfundene – Straftat in einer Februarnacht.

Die zwölf groteskesten Schlagzeilen der Medien

Wer hat Angst vor Jörg Kachelmann?
[*Süddeutsche Zeitung Magazin,* Heft 34/2010, 23. – 28.8.2010]

»Ich bin auch ein Opfer von Jörg Kachelmann.« Anja L. tritt als Zeugin im Prozess des Jahres auf
[*Bunte,* Nr. 36, 2.9.2010, Titel, Schrift: weiß, »ein Opfer« gelb]

Polizistinnen glauben Kachelmann-Freundin
[*Focus Online,* 29.9.2010]

Kachelmann-Prozess
Keine Erklärung für das Zeitloch
[*Frankfurter Rundschau,* 4.10.2010]

Zeitlöcher im Kachelmann-Prozess gestopft

[*Ruhrnachrichten*, 1.3.2011]

Neue Zeugin bringt Jörg Kachelmann
in neue Not

[*Welt Online*, 4.12.2010]

Prozess gegen Jörg Kachelmann
Die bizarre Schlacht der Gutachter

[*Stern*, 24.1.2011]

»Blaue-Flecken-Gutachter« wieder vor Gericht
Irrer Gouda-Beweis im Kachelmann-Prozess

[*Bild*, 14.12.2010]

Treten und kratzen
Die rabiaten Methoden
des Kachelmann-Gutachters

[*Welt Online*, 1.2.2011]

Entscheidende Wende
im Kachelmann-Prozess?
Zwei Rechtsmediziner entlasten
Wettermoderator

[*RTL*, 9.2.2011]

**Alice Schwarzer als Zeugin
beim Kachelmann-Prozess
Ich war ein Scherz der Verteidigung
Vor Gericht schwieg sie, jetzt redet sie**

[*Bild,* 10.2.2011]

**Zeugin geheiratet:
Kachelmann Hochzeit nachgewiesen**

[*Netplosiv,* 28.3.2011]

Teil IV

Auf der Flucht

August 2010   Die erste Augustwoche verbringt Kachelmann
in Niebüll.
Anschließend hält er sich achtzehn Stunden lang in der Schweiz auf.
Er nimmt an einer abendlichen Grillparty bei seiner Firma
Meteomedia teil und besucht am Morgen danach seine Mutter.

30.08.2010   Kachelmann kehrt von einer zweiwöchigen Reise
zu seinen Kindern aus Kanada zurück.

Nordfriesland und Dänemark

Der Belagerungszustand dauerte an, und die Freiheit war auch nach zwei Tagen ohne Gitterstäbe vor dem Fenster nicht der große Brüller. Ein IT-Helfer der Birkenstocks kam vorbei und erzählte, dass er noch iPads übrig habe, und ich leistete mir eins, vielleicht würde ja ein Spielzeug für große Jungs ein wenig trösten. Birkenstocks wollten nach Sylt in Urlaub fahren, und ich sollte mitkommen. Ich hatte von vornherein beim Gedanken an eine Insel die Assoziation an die Paparazzinacht von Köln, eingeschlossen und ohne Fluchtmöglichkeit vor dem Geschwader der Medien. Unterwegs sprach ich mit dem Medienanwalt Ralf Höcker, ob es eine gute Idee sei, in der Birkenstock'schen Sylt-Villa (die früher mal Emmi Göring gehört hatte und auch bei Inselführungen ein Thema ist) einen Urlaub zu versuchen. Höcker war entsetzt, weil ihm schon vor Augen stand, was *Bild* hätte daraus machen können: *Kachelmann lässt's krachen in der Göring-Villa auf Sylt!*, und ich fasste allen Mut zusammen, den Birkenstocks an einer Raststätte zu sagen, dass ich nicht auf die Insel kommen würde. Dass *Bunte* mit der Insel Werbung macht, kam noch verschärfend dazu.

Es gab nun zwar den Liebesentzug, den ich schon aus anderen Situationen kannte, aber das große Drama blieb diesmal aus, und Höcker suchte für mich ein Hotel mit diskretem Personal. Nach kurzer Zeit hatte er den »Niebüller Hof« in Nordfriesland klargemacht, zwar mitten im Ort, aber von der richtigen Größe: nicht zu klein, weil ich sonst auf jeden Fall aufgefallen wäre, und nicht zu groß, sodass man das Personal noch auf den besonderen Gast einschwören konnte. Ich ließ mir gegen Ende der Fahrt Zeit, um im Dunkeln anzukommen, und von draußen auf dem Kiesparkplatz rief ich im Hotel an, woraufhin mir die Empfangsdame entgegenkam und mich direkt vor die Zimmertür lotste. Bis zum Ende meines Aufenthalts musste ich nicht zur Rezeption, und das gesamte Personal hielt dicht (soweit es überhaupt von mir wusste). So verbrachte ich rund eine Woche in relativer Freiheit im »Niebüller Hof«.

Freiheit hieß, dass ich immer um dreizehn Uhr aus dem Hotel schlich, denn die freundliche polnische Mitarbeiterin (»Ich spire genau, Sie sind unschuldich«) und ihre Kollegin hatten mir den Tipp gegeben, erst mal zu warten, bis alle Pauschalurlauber in ihren Reisebussen zu den Tagesausflügen aufgebrochen waren. Also wartete ich, bis ich mich aus dem Haus stehlen konnte, um mich dann unmittelbar über die dänische Grenze in Freiheit und Abenteuer zu begeben, möglichst schnell das Land verlassen wollend, das Unschuldige einsperrt. Ich war müde, sehr müde und dankbar, alleine zu sein und die Birkenstocks auf der Insel zu wissen. Ich hoffte immer, dass das Handy nicht klingeln würde, denn das bedeutete meistens, dass der Anwalt irgendeine schlechte Nachricht hatte, etwa dass gerade mal wieder eine »Zeugin« aufgetaucht sei oder das Landgericht die groteske Reihenfolge des Zeugenaufmarsches ankündigte, der von den Medien »Lausemädchen-Parade« genannt wurde.

So ergab sich die unglückliche Kombination, dass mein Körper sehr müde war, aber alles zwischen Kopf und Herz immer noch im Alarmzustand. Den besten Schlaf hatte ich immer nachmittags, wenn ich mich irgendwo mit meiner dänischen Decke in die Dünen legte und irgendwann aufwachte, weil es kalt war oder mich Schafe anschnauften. Essen ging weiterhin nicht viel. Meine meist einzige Mahlzeit des Tages war etwas Fisch und Brot und viel Obst, alles gekauft in einem dänischen Laden im Dorf, stets darauf achtend, dass kein Auto mit deutschem Nummernschild davorstand. Die Paparazzi hatten die Fährte verloren, aber ich fühlte mich trotzdem wie auf der Flucht.

Der erste Luxus, den ich mir gönnte, war eine *Avatar*-DVD. Ich hatte den Film im Original kurz vor der Mannheimer Zeit im Kino gesehen und hatte zwar nicht unbedingt das Bedürfnis, eine mentale

Brücke in die unaufgeräumte Lebenszeit vor dem Knast zu schlagen, aber der Film hatte mir gefallen. Ich freute mich auf gut zwei Stunden Unbeschwertheit in meinem Hotelzimmer. Das lag im Parterre, was den Nachteil hatte, dass die Vorhänge permanent zugezogen bleiben mussten, aber das war egal, schließlich war ich jeden Nachmittag unterwegs. Meist erst zwischen zweiundzwanzig und dreiundzwanzig Uhr und manchmal nach einer anstrengenden Zeit des Wartens auf reine Luft auf diversen Parkplätzen in und um Niebüll konnte ich wieder in mein Hotel huschen – wenn auch der letzte Rentner, der noch mal frische Luft schnappen wollte, zu Bett gegangen war. Menschen meines Alters und darüber waren ja bis zum 20. März 2010 meine klassische Zielgruppe bei den Öffentlich-Rechtlichen gewesen, von denen kannte mich daher jeder. Und nach meiner Mannheim-Zeit kannten mich nicht nur die, wie ich bei flüchtigen Begegnungen erfahren musste, als Menschen in ein unverwandtes Starren verfielen, sobald sie meiner ansichtig wurden.

Während des Aufenthalts in Niebüll kam zweimal Anwalt Birkenstock von der Insel herüber; es waren ein paar angenehme Stunden, seine Frau war nicht dabei, er schien entspannter zu sein als sonst und war weiterhin überzeugt von seinem Credo: »Die können Sie nicht verurteilen.« Mir jedoch war der Glaube an Recht und Gerechtigkeit zumindest teilweise abhandengekommen.

Als dann die Pläne des Gerichts bekannt wurden, welche Zeugen das Gericht in welcher Reihenfolge würde hören wollen, nannte Birkenstock dies richtigerweise eine Kriegserklärung – normal wird das angebliche Opfer immer zuerst gehört, dann irgendwelche Zeugen, Gutachter und das war's auch schon. Seidling hat alles umgekehrt: Ich sollte erst durch die sogenannten »Beziehungszeuginnen« sturmreif geschossen werden, und ganz am Ende, wenn sowieso schon alle Leute glaubten, dass ich ein Verbrecher sei, sollte kurz vor dem Urteil noch schnell Frau Dinkel kommen und weinen. Ich wusste, dass ich noch einen langen Weg des Kampfes vor mir hatte, wie mir auch eine E-Mail der Dinkel-Kämpferin Tanja May von der *Bunten* zeigte:

Lieber Herr Kachelmann,

als ich Ihr Interview im Fernsehen sah, wusste ich, wie Sie all die schönen, süßen, braven Lausemädchen für sich gewinnen konnten. Da mein Kollege und ich mittlerweile so viele Ihrer reizenden Frauen kennengelernt haben, würden wir uns sehr gern auch einmal mit Ihnen unterhalten. Interesse?

Mit freundlichen Grüßen

Tanja May
[...]
Chefreporterin
Mitglied der Chefredaktion
BUNTE Entertainment Verlag GmbH
Arabellastr. 23
81925 München

Die Fahrten übers flache dänische Land waren nie ganz entspannt. Sicher, alles war besser als die Zelle 1328 in Mannheim, aber die Anspannung war bei meinen Ausflügen nach Südjütland kaum geringer, und ich weiß immer noch nicht, ob mir bei meinem fast täglich besuchten Ziel, der wunderschönen Hjerpsted Kirke, ein Paparazzo auf der Spur war oder nicht. Da war auf alle Fälle ein Auto mit einem deutschen Kennzeichen und ein Mensch mit einer Kamera. Ich hetzte von einem Versteck zum nächsten, Gebäudeecken, Grabsteine, was es gerade gab, und hoffte, dass die Blutdruckmedikamente ihren Job machten. Vermutlich hätte ich mein Auto mit dem journalistenbekannten Schweizer Nummernschild nicht einfach sichtbar hinstellen dürfen. Aber was sollte ich machen?

Irgendwann fuhr der mögliche Paparazzo wieder weg. Ich fühlte mich elend. Das war sie nun also, die Freiheit, und sie fühlte sich gar nicht so toll an. Ich kaufte mir eine Basecap mit der Aufschrift »Danmark« und setzte sie nie mehr ab, wenn ich draußen war, obwohl ich das einengende Gefühl auf dem Kopf noch nie leiden mochte. Vielleicht hatte ich damit ein bisschen mehr Chancen auf Unerkanntheit. In die Niebüll-Woche fiel auch ein schneller Flug in die Schweiz, um meine Mutter und die Firma zu besuchen. Meine Mutter war sehr dankbar, dass ich draußen war, aber voller Wut auf die Menschen, die mich in den Knast gebracht und dort gehalten hatten. Sie hatte an die Präzision und Seriosität der deutschen Polizei und Justiz nach 1945 geglaubt, und nun musste ich ihr aufgrund meiner Erfahrungen sagen, dass zumindest in Mannheim und Schwetzingen beziehungsweise im Beritt der Polizeidirektion Heidelberg dieses Vertrauen völlig unberechtigt ist. Sie glaubte an ein rasches Ende des Prozesses, und ich musste ihr klarmachen, dass ich es nun mit denselben Richtern zu tun haben würde, die mich so entschlossen im Knast hatten halten wollen. Ich hatte inzwischen deren »zirkelschlüssige« Begründungen für die Fortdauer der Haft gelesen und ahnte, dass diese Richter rationalen Erwägungen kaum zugänglich sein und im Gegenteil nach der narzisstischen Kränkung durch das Oberlandesgericht Karlsruhe vermutlich alles versuchen würden, am Ende doch noch recht zu bekommen und mich wieder einfahren zu lassen.

Der Besuch bei der Firma war fast generalstabsmäßig geplant. Unser Finanzer holte mich am Flughafen ab, und in der Abenddämmerung erschien ich gleichsam als Überraschungsgast auf einer eigens aus diesem Anlass veranstalteten kleinen Grillparty. Es war sehr unwirklich und seltsam, als ob Jahre vergangen wären. Mein Büro, die Leute, alles war ein bisschen fremd. Ich ahnte schon damals, dass ich nicht wieder in meine alte Arbeitssituation in Sachen Fernsehen zurückkehren würde. Die Freude über meine Anwesenheit war bei den meisten Mitarbeitern greifbar. In einer kurzen Rede machte ich deutlich, dass ich kämpfen würde, für die Firma und für mich, und dass ich jetzt wieder da sei und dabliebe. Eines meiner Lieblingslieder ist »I won't back down« in der Version von Johnny Cash, die ich noch überzeugender finde als das Original von Tom Petty. Das Stück hatte mir Mut gemacht in den dunklen Jahren des Kampfes um die Kinder, und ich habe den Kollegen von Meteomedia zu erklären versucht, dass ich den ganzen Scheiß, der noch vor mir lag, aushalten wolle und könne.

Immerhin wurde ich bei meinem Besuch in der Schweiz, der gerade mal achtzehn Stunden dauerte, nicht ein einziges Mal fotografiert, obwohl auch meine Mutter seit der Freilassung steter Belagerung anheimfiel. Deshalb besuchte ich sie morgens um fünf Uhr, denn ich hatte gelernt, dass auch deutsche Paparazzi nur Beamte sind, die zwischen zehn und achtzehn Uhr ihren Dienst tun; außerhalb dieser Zeiten ist man relativ sicher. Wie mein späterer Verteidiger Johann Schwenn vor Gericht sagen sollte, handelt es sich eben um Pack, aber – schließlich sind wir in Deutschland, mit Kündigungsschutz, Urlaubsanspruch und Brückentagen – um faules Pack.

My Boys

Die nächste große Herausforderung in Sachen Paparazzi war der Flug zu meinen Kindern. Ich probierte den Weg von Kopenhagen über London nach Calgary und kam zu meiner Überraschung ohne Probleme und komische Fragen ins Land. Im Gegensatz zur öffentlichen Wahrnehmung ist es nämlich oft anstrengend, nach Kanada einzureisen. Viele Beamte an den Flughäfen gehen tendenziell von kriminellen Absichten des Einreisenden aus (und konnten es zu Zeiten, als ich noch in Kanada gemeldet war, meistens auch nicht besonders leiden, wenn man das Land verließ), und so hatte ich mich mit Bestätigungen in Sachen meiner Freilassung munitioniert. Ich hatte riesige Angst davor, nicht ins Land gelassen zu werden; das hätte mir und meinen Kindern das Herz gebrochen.

Der kanadische Botschafter in Berlin, den ich im Vorfeld der Olympischen Spiele kennengelernt hatte, versuchte mir Mut zuzusprechen, aber garantieren konnte auch er nichts, denn wer ins Land darf und wer nicht, liegt ganz im Ermessen des kanadischen Beamten bei der Einreise. Ich änderte vorsichtshalber noch den Zielflughafen von Vancouver nach Calgary, weil mir dort die Behandlung der einreisenden Menschen immer einen Tick freundlicher und menschlicher vorgekommen war als weiter westlich. Als ich ohne irgendwelche Besonderheiten durch war, war ich zum ersten Mal seit langer Zeit so etwas wie glücklich. Ich würde meine Kinder sehen, und ich rief sie noch vom Gepäckband aus an.

Als ich die Jungs bei ihrer Mutter abholte, hingen die Paparazzi (deutsche Medien lassen sich offenbar auch bei Auslandseinsätzen nicht lumpen) schon in den Bäumen, und als ich auf mein Grundstück fuhr, rannten sie sofort aus dem Gebüsch – allerdings nicht auf das Grundstück, davor hatten die Häscher dann doch Bammel. In den USA hatte ich bei all meinen Aufenthalten seit der Freilassung immer meine Ruhe, weil selbst der dümmste deutsche »Journalist« zu wissen schien, dass ein Unbekannter auf einem fremden Grundstück in dörflichen Gegenden im Mittleren Westen möglicherweise den nächsten Bambi-Event nicht mehr erleben wird. Wahrscheinlich bin ich der Einzige dort ohne Knarre; ich besitze zwar eine, aber die wohnt in der Schweiz, und ich habe nicht vor, von ihr Gebrauch zu machen, solange keine fremden Mächte die Schweiz erobern wollen, ich diese abwehren soll und mich die Schweizer Armee zu diesem Behuf mit Munition ausrüstet.

Aber Kanada ist nicht die USA, und so verfolgten uns die Paparazzi auf Schritt und Tritt. Als ich einmal bei einer Rast kurz das Auto verließ, sprangen sie mir schon wieder entgegen und stellten irgendwelche dummen Fragen. Ich weiß nicht, wie ich reagieren würde, wenn die Leute, die über den Atlantik fliegen, um einem unschuldigen Menschen mit seinen Kindern aufzulauern, wenigstens eine im weitesten Sinne empathische Frage stellen oder nur schon vom Ton her versuchen würden, menschliche Regungen zumindest vorzutäuschen. Nein, sie haben alle diesen seltsam lauten fordernden Tonfall drauf, den der investigative Journalist für angemessen hält, wenn er den lange gesuchten Rosstäuscher auf frischer Tat ertappt: Stimme immer oben, Fragen kurz hintereinander rausbellen, eine Antwort gar nicht erst abwarten und sich offensichtlich daran laben, wie der Gescheuchte vor Aufregung zitternd ins Auto steigt, seinen verängstigten Kindern erklärt, dass das alles nichts zu bedeuten habe, auch wenn sie nicht mehr weiteressen durften, sondern sich anschnallen sollten, weil wir jetzt schnell weiterfahren müssten.

Ich habe noch niemanden gehasst. Ich habe wahrheitsgemäß in den beiden Interviews mit der *Zeit* und der *Weltwoche* gesagt, dass ich die Nebenklägerin trotz ihrer Falschanzeige nicht hasse. Unter normalen Umständen wäre sie niemals damit durchgekommen. Sie hatte einfach nur das vorläufige Glück, dass ihre wahrheitswidrigen Behauptungen auf den fruchtbaren Boden von unsäglich naiven Schwetzinger Polizisten, unsäglich verfolgungswütigen Mannheimer Staatsanwälten und unsäglich überforderten Mannheimer Richtern fielen. Das sind hochgefährliche Allianzen, die es dort schon länger gibt und die es wert wären, durch einen Untersuchungsausschuss durchleuchtet zu werden.

Ich hatte nie Anfälle von Jähzorn in meinem Leben. Aber ich hätte mir in solchen Paparazzisituationen, vor allem, wenn die Kinder mit dabei waren, gewünscht, es gäbe ein Recht darauf, sich und seine Familie zu verteidigen. Ich habe Verständnis, wenn ich lese, dass irgendwo ein Promi einem Paparazzo eins aufs Maul gegeben hat. Ich selbst würde es allerdings nicht tun, weil eben diese Aggression nicht in mir wohnt und ich eher Fluchttendenzen entwickle und versuche, die Typen so auszutricksen, dass sie nicht wissen, wo ich bin. Andrea Combé, meine wunderbare Verteidigerin, von der noch die Rede sein wird, hat es immer mit Müh und Not geschafft, keinen zu überfahren, obwohl sich die Fotografen oft regelrecht vors Auto geworfen haben, damit man nicht schnell in die Tiefgarage des Mannheimer Unrechtsgebäudes fahren konnte.

Ich hatte befürchtet, dass die Kinder nach meiner langen Abwesenheit und der in meiner Knastzeit versuchten negativen Beeinflussung durch Viola Sch. fremdeln würden. Doch wir hatten eine schöne Zeit, gegen deren Ende das Anstehende allerdings immer dominanter wurde und sich auf meine Seele legte: der Abschied von den Kindern. Und nach dem Rückflug blieb nur noch eine Woche bis zum Prozessbeginn. Ich verabschiedete mich von den Jungs mit dem Versprechen, dass ich im November wiederkäme, da der Prozess Ende Oktober vorbei sein würde.

Ich hielt Versprechen Nummer eins. Dass ich Versprechen Nummer zwei um sieben Monate verfehlen würde, hätte ich mir nie vorstellen können und wollen. Das war vielleicht ganz gut so, denn womöglich wäre ich doch verzagt gewesen oder hätte einmal kurz daran gedacht, zwar in die Schweiz zurückzukehren, aber gleich dortzubleiben. Gar nicht erst nach Mannheim zu gehen zum Prozessbeginn am 6. September 2010, das habe ich mir manchmal als Gedankenspiel vor dem Einschlafen vorgestellt, real kam es aber nie in Betracht. Ich wusste, dass ich damit nicht nur mir, sondern auch meiner Firma schaden würde, und ich hatte von Verteidigerin Combé gelernt, dass die Schweizer Justiz bei Falschbeschuldigerinnen ähnlich blind reagiere wie die aus Mannheim (und anderen Gegenden, die mein Verteidiger Johann Schwenn, der häufig mit diesen Fällen zu tun hat, aus beruflichen Gründen leider kennenlernen musste). Das ist ein Problem für Männer der gesamten westlichen Hemisphäre.

Teil V

Der Prozess beginnt

06.09.2010   *Prozessbeginn vor dem Landgericht Mannheim unter Anwesenheit der Nebenklägerin Claudia Dinkel. Kachelmanns Verteidiger Birkenstock stellt einen Befangenheitsantrag gegen den Vorsitzenden Richter Michael Seidling und die Berichterstattende Richterin Daniela Bültmann. Daraufhin wird das Verfahren auf den 13.09.2010 vertagt. Das Gutachten von Prof. Kröber liegt vor.*

13.09.2010   *Zweiter Prozesstag. Staatsanwalt Lars-Torben Oltrogge verliest die Anklageschrift und beschuldigt Jörg Kachelmann, Dinkel mit einem Messer bedroht und vergewaltigt zu haben.*

15.09.2010   *Am dritten Prozesstag beginnt nach einer Unterbrechung der Verhandlung wegen neuer Anträge der Verteidigung die Beweisaufnahme. Der Mitschnitt des Notrufs von Claudia Dinkel bei der Polizei wird vorgespielt. Miriam muss als Erste der »Beziehungszeuginnen« aussagen. Die Öffentlichkeit wird ausgeschlossen. Miriams Vernehmung wird am Abend abgebrochen und auf einen zweiten Termin vierzehn Tage später vertagt.*

29.09.2010   *Zweite Aussage von Miriam, ebenfalls unter Ausschluss der Öffentlichkeit.*

06.10.2010   *Der von der Verteidigung beauftragte rechtsmedizinische Gutachter Prof. Dr. Bernd Brinkmann, der in seinem Gutachten davon ausgeht, dass sich Claudia Dinkel ihre Verletzungen selbst beigebracht habe, wird von der Kammer in einem Befangenheitsantrag abgelehnt.*

18.10.2010   Claudia Dinkels Vernehmung beginnt. Auch hier wird
die Öffentlichkeit ausgeschlossen wie bei all ihren weiteren Vernehmungen.

25.10.2010   Zweite Aussage Dinkels vor Gericht.

27.10.2010   Dritte Aussage Dinkels.

November   Prozesspause von zwei Wochen.
Kachelmann fliegt nach Kanada zu seinen Kindern.

6. September 2010

Die letzten Tage vor Prozessbeginn verbrachte ich in leichter Lähmung und mit dem Unvermögen, richtig wach und richtig müde sein zu können, immer noch hoffend, dass irgendein Wunder passieren möge, das mir diese Ungerechtigkeit ersparte. Mir war klar, dass die kommenden Wochen für mich psychisch noch schwieriger auszuhalten sein würden als die Knastzeit. Sicher, frisch aus der Gefängniszelle zu kommen und in Handschellen vorgeführt zu werden, wenn das Oberlandesgericht Karlsruhe eine ähnliche Vorstellung von Recht gehabt hätte wie die 5. Große Strafkammer des Landgerichts Mannheim, wäre wohl der Super-GAU gewesen; aber wenigstens hatte ich in meiner Knastzeit den Vorteil gehabt, die vorverurteilenden Medienheinis und -heidis ignorieren und die Tränen und die Wut meiner Mutter nur erahnen zu können. Was hätte mein Vater getan, wenn er noch am Leben gewesen wäre? Was würde ich tun, wenn das einem meiner Jungs passierte?

Ich denke, ich hätte mich mit einem Dixiklo vor das Landgericht gesetzt mit einem Liegestuhl und einem Transparent: *Ihr seid nicht Deutschland, Seidlingbockbültmann.* Väter haben ein gutes Gefühl für die Wahrheit und für einfache Mittel, diese kundzutun.

Doch dieses Prinzip der geschützten Werkstatt würde ich ab dem 6. September nicht haben. Ich wusste genau, was in den Medien passieren würde, und mir war auch klar, ich würde aushalten müssen, dass gelogen wird, dass sich die Balken biegen. Ich hatte in meinem früheren Leben in Beziehungsdingen auch mal ganz schön gelogen, aber nie vor Polizei und Gericht. Aus den Vernehmungsprotokollen wusste ich, dass mich ein Trauerspiel erwartete, und ich hatte als einzigen Trost, dass Richtung November auch die schlimmste Zeit meines Lebens enden würde. Was den Ausgang des Ganzen anging, versuchte ich optimistisch zu bleiben. Ich hatte nichts getan, weshalb es auch keine Spuren gab, wie schon das Oberlandesgericht festgestellt hatte, und bei einer Aussage-gegen-Aussage-Konstellation reichten laut OLG die Angaben von Dinkel nicht aus, nicht zuletzt, weil ihr schon ganz am Anfang des Verfahrens diverse Lügen nachgewiesen werden konnten. Leider unterschätzte ich den Eifer und die Ausdauer von Staatsanwaltschaft und Gericht, recht behalten zu wollen, ganz gewaltig.

In den letzten Stunden vor dem 6. September 2010 galt es, das Leben in Zeiten der Katastrophe etwas angenehmer zu gestalten. Ich kam menschlich mit Verteidiger Birkenstock bis dahin ganz gut aus und gab ihm Tage später den Kosenamen Walze, in der Hoffnung, dass er alles plattmachen würde, was sich ihm in den Weg stellte. Ich hatte einige Nächte im Haus Birkenstock übernachtet und war dankbar dafür, aber ich wusste, dass ich das Ganze nur aushalten würde, wenn ich eine eigene Bleibe hatte. Für die Zeit des Prozesses hatten mir das Duo aus Medienanwalt Ralf Höcker und Medienmanager Michael Laschet (an seinen Firmennamen »Reich und Berühmt« konnte ich mich nicht recht gewöhnen; reich war ich schon damals nicht mehr, und dabei hatte Birkenstock seine endgültige Rechnung noch gar nicht geschrieben) Unterstützung angeboten, sowohl für die Gestaltung meiner Zukunft als auch auch bei den kleinen Sachen des Lebens, wie zum Beispiel bei dem Problem, eine Wohnung zu finden. Ich wusste gar nicht, dass es so etwas wie Wohnungen auf kurze Zeit gibt, aber ich hatte sogar eine Auswahl und suchte mir eine nette Wohnung mit Küche, Bad und Klo auf der Etage und Internet mitten in Hürth aus. Das fühlte sich schon eher wie Freiheit an, eine eigene Wohnung: wieder Nudeln kochen können – und hoffentlich keine Paparazzi.

Am Sonntag vor dem ersten Dinkel-Day gab es nicht nur die Schlüssel zur Wohnung, sondern auch einen Termin bei Höckers Leib-und-Magen-Friseur, der ein richtig klassischer Friseur war und viel mehr abschnitt, als ich wollte. Ich nehme an, dass Höcker mit ihm schon vorher den Konfirmandenlook verabredet hatte. Höcker wäre wahrscheinlich auch lieber gewesen, ich wäre erst mal eine Weile abgetaucht und dann irgendwie geläutert zurückgekehrt und so wieder ins Fernsehen gekommen, aber das war und ist mir nicht wichtig. Ich hatte bereits in der JVA vielen (zu vielen?) Leuten angekündigt, dass ich mich mit den Verhältnissen in der deutschen Justiz im Allgemeinen und dem Justizvollzug im Besonderen befassen würde, sobald ich rauskäme, und ich war weiterhin davon beseelt, nicht nur gegen das an mir exekutierte Unrecht zu kämpfen, sondern auch denjenigen zu helfen, denen nämliches Unrecht nach mir widerfährt. Und da mich nie irgendjemand von der *ARD* kontaktiert hatte, wusste ich, dass ich bei dem Sender nichts mehr zu melden haben würde. Der Ruf war ruiniert, nun galt es, aus dem ungenierten Restleben das Beste und Sinnvollste zu machen. Trotz der gewachsenen Religiosität zählte ich ein Jahr des Aufenthalts im Kloster nicht dazu. Wozu auch – ich kannte ja meine Fehler in diesem Hochgeschwindigkeitsleben und meine Entscheidungsunfähigkeit in Sachen Beziehungen zur Genüge und hatte hundertzweiunddreißig Tage Zeit gehabt, besonders ungestört darüber nachzudenken. Erkenntnis: weniger arbeiten, immer wissen, was ich will und was nicht, und das am Ende auch machen, keine Kompromisse aller Art, täglich beten, sicherstellen, dass meine Mutter nie ins Altersheim muss, und ansonsten: Kinder sind das Wichtigste.

Diese furchtbare Fahrt im Range Rover nach Mannheim. Dieses kehlezuschnürende Näherkommen an die Stadt des Justizelends, das Treffen abends, gegen einundzwanzig Uhr, vor der Mannheimer Kanzlei von Andrea Combé (die Paparazzi hatten wie immer um diese Zeit schon Feierabend, und Sonntag war es obendrein), beruhigend dann die Fahrt mit Combé nach Heidelberg ins Hotel, das ein weiterer Anwalt aus der Kanzlei Höcker dankenswerterweise organisiert hatte.

Ich hatte bereits während des Knasts gegen Widerstand darauf bestanden, eine Frau ins Team zu holen, weil Birkenstock mit seiner patriarchalischen Ausstrahlung mir nicht geeignet schien, Frauen die wirklich harten Fragen zu stellen. Schon damals musste ich befürchten, dass es tatsächlich zu einem Prozess kommen würde, und Burdas Zeitschriften hatten ja mitgeteilt, dass mehrere Frauen, die ich mal kannte, »gegen Jörg Kachelmann« aussagen würden. Mir war zwar völlig schleierhaft, was diese Frauen oder irgendjemand, der die Wahrheit sagen wollte, gerichtlich Bedeutsames gegen mich aussagen könnten, aber ich musste generell mit dem Worst-Case-Szenario rechnen: mit Kampf. Also wollte ich eine Frau im Team, und sie sollte aus der Mannheimer Gegend sein, denn so viel war mir klar, dass die Mannheimer Justiz einen von außerhalb sowieso von vornherein als nicht satisfaktionsfähig ansehen würde.

Ich hatte mich bei den Knastkumpels umgehört und viel Gutes über Andrea Combé gehört. Sie sei für ihr Alter ein Geschoss, aber auch eine gute Anwältin. Ich erzählte Birkenstock davon, insistierte über mehrere Besuche, bis es endlich zu einem Treffen, aber nicht zu einem Engagement, sondern nur zu einer halbherzigen freien Mitarbeiterschaft kam, gewissermaßen um vor Ort den Puls zu fühlen. Gegen Ende meiner Knastzeit hörte ich von Mitgefangenen dann weniger tolle Dinge, sie könne vor allem Deals, was mir aber keine Angst machte, denn Deals sind ja was für Leute, die was ausgefressen haben. Ich war unschuldig.

Ich ließ mich von diesem Gerede nicht beeindrucken und war froh, vor den Prozesstagen mit ihr von Mannheim nach Heidelberg zum Hotel fahren zu dürfen. Sie war von Anfang an von meiner Unschuld überzeugt und hatte einen fundierten Optimismus, wusste aber auch, dass viel Arbeit vor uns lag. Bis Ende November durfte sie par ordre du moufti kaum etwas tun oder sagen; auch der spätere Verteidiger Schwenn war ein Alphatier, aber er schätzte vom ersten Tag an Combés Sachverstand und die Präzision im richtigen Erkennen des Problems, und Schwenn und Combé kämpften um mein Leben, als ob es ihr eigenes wäre. Dieses Gefühl gibt einem in größter Not Sicherheit. Aber das kam alles erst im Dezember.

Der 6. September 2010 kam und mit ihm das erwartete Theater drinnen und draußen, und ich hoffte einfach, dass es bald vorbei wäre dank des vorbereiteten Befangenheitsantrags gegen den Vorsitzenden

Seidling und die Richterin Bültmann. In der Tat war das Gröbste schnell durch, ein sonniger und warmer Tag. Nebenklägerin Dinkel saß ebenfalls im Gerichtssaal und grinste offenbar zufrieden vor sich hin. Erst nach ihrem *Bunte*-Interview vom Juni 2011 waren die Bilder ihres hasserfüllten zufriedenen Grinsens unverpixelt zu sehen – ausgerechnet unter der Überschrift »Ich bin keine rachsüchtige Lügnerin«. Als »Opfer« ist man im Gegensatz zu einem prominenten Angeklagten kein mediales Freiwild, sondern darf meist mit Rücksichtnahme auf die Persönlichkeitsrechte rechnen. Mit breiter öffentlicher Unterstützung ohnehin.

Dinkel wusste, dass sie mit dem 6. September 2010 in gewisser Weise schon gewonnen hatte, dass ich wohl auch bei einem Freispruch nie mehr dorthin kommen würde, wo ich vorher gewesen war. Und mit dem Vorsitzenden Richter Michael Seidling und Vater Walter Dinkel, den beiden Sportskameraden, mit der rührenden Fürsorge durch die Kripo Schwetzingen, der geballten Verbohrtheit der Mannheimer Staatsanwaltschaft, feministischen Fürsprecherinnen in der *Bild* und einem ihr zugetanen Therapeuten, der sich für sie prozessual mächtig ins Zeug legte – was sollte da für Claudia Simone Dinkel schiefgehen können?

Der Kröber

Etwas, das für die Anzeigeerstatterin schiefgehen konnte, kam am Nachmittag des 6. September 2010 in mein Leben in Gestalt eines Gutachtens des Berliner Professors Hans-Ludwig Kröber, einem forensischen Pychiater, der mit der Erstellung eines psychiatrischen Gutachtens zur Frage der Aussagetüchtigkeit von Claudia Dinkel beauftragt worden war. Ich war mit dem Birkenstock'schen Landrover schon stadtauswärts unterwegs (aus Sicherheitsgründen fuhr immer ich), als der Anruf von der Justizdienststelle kam, dass das Gutachten abholbereit sei. Mir klopfte das Herz bis zum Hals (ich hatte noch während der Knastzeit jedem Gutachten prinzipiell mit Vorfreude entgegengesehen; nachdem ich erlebt hatte, wie die Mannheimer in Schwarz das Greuel-Gutachten zurechtgebogen hatten, war ich nicht mehr so euphorisch), während ich wartete, dass Birkenstock das Gutachten holte, und es dauerte, bis der Verteidiger kam und gleich mal die beruhigenden Worte sagte: »Es sieht gut aus.«

Ich kann sehr schnell lesen und begann, das mehr als fünfzig Seiten starke Papier durchzublättern und die schönsten Stellen zu zitieren. Und immer, wenn ich dachte, dass es schöner nicht mehr kommen könnte, fand sich eine noch bessere Passage. Wow, das Kröber-Gutachten! War er doch der professionelle und objektive Gutachter, wie er landauf, landab gelobt wird! Staatsanwaltschaft und Gericht hatten ja mit all den Gutachten der ersten Wochen und Monate ihre liebe Not, keins hatte ihnen geholfen. Entweder kamen die Gutachter bezüglich der Verletzungen zu dem Schluss, dass eine Selbstbeibringung wahrscheinlich sei, oder sie stellten fest, dass Dinkel wahrscheinlich log – sogar die Bremer Professorin Luise Greuel, die so eine Art Frauen- und Feminismusbeauftragte des deutschen Gutachterwesens zu sein scheint, fand Dinkels Aussage nicht belastbar. Nur ein kleiner Mann aus Heidelberg, der sich vor allem mit Verkehrsmedizin auskannte und für das, was er zu begutachten hatte, nach eigenen Angaben nur minimale Erfahrung mitbrachte (und genau deshalb hatte ihn die Staatsanwaltschaft Mannheim vermutlich ausgewählt), ein gewisser

Prof. Dr. Rainer Mattern, kam zum Ergebnis, dass man es so, aber auch anders sehen könnte. Im Juristenlatein: non liquet. Auf Deutsch: Nichts Genaues weiß man nicht.

Weil eben nichts da war. Von Anfang an gab es keine DNA von mir an dem angeblichen Tatmesser, bloß die Staatsanwaltschaft Mannheim beziehungsweise deren Statthalter Grossmann behauptete den Medien gegenüber das Gegenteil. Und dieselben Medien, die durch die Staatsanwaltschaft oder andere gezielt mit Prozessunterlagen versorgt wurden, waren wiederum offenbar zu faul, diese ganz zu lesen, und dann typischerweise überrascht, als spät, sehr spät im Prozess der Zeuge des Landeskriminalamts genau dasselbe sagte, was schon ganz am Anfang in den Akten in seinem Gutachten von April 2010 festgehalten worden war: keine mir zuzuordnenden DNA-Spuren. Und die DNA-Spuren der Nebenklägerin befanden sich an der falschen Stelle, an der Klingenschneide nämlich, die die Schürfung am Hals hundertprozentig *nicht* verursacht hatte. Dazu dann noch die eindeutigen aussagepsychologischen Gutachten – das alles ließ selbst für dieses Gericht nur den Schluss zu: Mit der Dinkel-Aussage war nichts mehr zu machen. Also musste Superseidler her. Prof. Dr. med. Günter H. Seidler, seines Zeichens Leiter der Sektion Psychotraumatologie am Universitätsklinikum Heidelberg und einer der merkwürdigeren Professoren unter der Sonne – in Heidelberg scheint nicht nur die Polizeidirektion geistig im Wilden Westen stehen geblieben zu sein, auch das Verteilen von Professorentiteln scheint anderen Gesetzen zu gehorchen als in anderen Teilen der Bundesrepublik – anders ist für mich die Verleihung der Professorenwürde an Leute wie Mattern oder Seidler nicht zu erklären, Letzteren halte ich mit seinen »Gutachten« für eine Gefahr für die Rechtssicherheit in Deutschland. Das Gutachten von Greuel (die mutmaßlich wegen ihrer peinlich feministischen Dissertation über die »Polizeiliche Vernehmung vergewaltigter Frauen« von der Staatsanwaltschaft Mannheim zur Gutachterin erkoren worden war) hatte ein Hintertürchen offen gelassen, das zwar nicht die Dinkel-Aussage retten konnte (die war auch nach Greuel unrettbar schlecht), aber sie immerhin mit der Tat selbst erklären wollte: Geboren war das Dinkel-Trauma als Reparaturwerkstatt einer unbrauchbaren Aussage. Motto: Wenn die Aussage an sich schon unglaubwürdig ist, könnte das daran liegen, dass die Tat – die hier wie nebenbei durch die Hintertür als gegeben vorausgesetzt wird – einen solchen Schock hinterlassen hat, dass keine klare Schilderung der angeblichen Abläufe mehr möglich ist. *Trauma*, das Steckenpferd all der Schutzorganisationen nicht nur der wahren Opfer, sondern auch unkritisch eingemeindeter Falschbeschuldigerinnen, die für ihr verantwortungsloses Tun auch noch Spendengelder absahnen und in ihren Broschüren seltsame alte Männer, die noch etwas aus ihrem Leben machen wollen, mit jungen angeblichen bis mutmaßlichen Opfern posieren lassen.

Trauma! Das neue Zauberwort. Alle haben ein Trauma, wie man beim Googeln unschwer feststellen kann. Schlichteste Erlebnisse führen heutzutage zu einem Trauma, und die vorgetragene Dinkel-Geschichte, wenn das kein traumatisierendes Ereignis ist?! Was gibt es Schöneres als einen Therapeuten wie Seidler, dem es an Distanz und Kritikfähigkeit gegenüber der Klientin fehlt, wie das Kröber-Gutachten nahelegt – und dieser Professor aus Heidelberg hatte mit seiner sogenannten ärztlichen Stellungnahme im Sommer dafür gesorgt, dass Landrichter Dr. Joachim Bock frohlocken konnte: »Greuel und Seidler, das passt wie Zahnrädchen ineinander.« Und schwups, war der Haftfortdauerbeschluss begründet. Kachelmann bleibt im Knast, denn alles, was Dinkel sagt, ist unbrauchbar wegen des durch die Tat erlittenen Traumas. Sagt Seidler.

Seidler als behandelnder Therapeut war zwar nur sachverständiger Zeuge und kein Gutachter, andererseits aber der letzte Strohhalm, an den sich die Mannheimer in Schwarz klammerten. Seidler lieferte sozusagen den Persilschein – alle Lügen, alle Widersprüche, alle Lücken in der Dinkel-Aussage: Trauma wäscht alles rein. Dieser unwissenschaftliche und parteiische Seidler-Text hatte dazu geführt, dass ich mindestens einen Monat länger im Knast blieb und der Jagdeifer von Staatsanwaltschaft und 5. Kammer durchschlug. Sie witterten die Chance, mich dauerhaft in den Knast zu bringen.

Die juristische Quittung für dieses Manöver hatte bereits das Oberlandesgericht erteilt:

»Gefahr, einem Zirkelschluss zu unterliegen, bestünde auch, sollte die Mangelhaftigkeit der Aussage der Nebenklägerin zum Kerngeschehen durch Todesangst bedingenden Messereinsatz (Trauma) erklärt werden; den Einsatz des Messers gälte es erst zu beweisen. Grundsätzlich gilt, dass sachverständige Erklärungen konkrete Feststellungen zum Tatgeschehen nicht entbehrlich machen (vgl. auch BGH, NStZ 1986, 373 a. E.).«

Auch die unmaßgebliche Meinung der Staatsanwaltschaft zum Thema Posttraumatische Belastungsstörung, die immer nur meinte und wollte, dass die Tat stattgefunden habe und ich der Täter sei, hatte das Oberlandesgericht abgebügelt:

»Entgegen der Meinung der Staatsanwaltschaft (Schrift vom 22.7.2010, S. 19) kommt als Ursache für eine posttraumatische Belastungsstörung, in deren Folge auch die Fähigkeit eingeschränkt sein kann, Erlebtes wiederzugeben, nicht lediglich ein lebensbedrohliches Ereignis in Betracht. ›Auch das Geständnis eines mehrjährigen systematischen Betruges [...] kann die Dimension eines seelischen Traumas haben‹ (vgl. Greuel, Rdnrn. 336, 337).«

Die eigene Gutachterin zerstörte das Meinen und Wollen der Staatsanwaltschaft, die, weit entfernt von Objektivität, immer nur herauspickte, was mir schaden konnte. Zur Klärung der Traumaproblematik verwies das Oberlandesgericht dann aber auf das am 12. Juli 2010 durch die Kammer in Auftrag gegebene überlegene fachpsychiatrische Gutachten von Prof. Dr. Hans-Ludwig Kröber; denn Seidler war nur

Zeuge und die Psychologin Greuel keine Sachverständige für Psychotrauma.

Und jetzt, am Nachmittag des 6. September 2010, eines an sich blöden Tages, kam sozusagen das Obergutachten über die »Arbeit« des angeblichen Wissenschaftlers Seidler. Professor Kröber schrieb in diesem Gutachten, was den Tag damals noch am Straßenrand in Mannheim zu einem guten Tag werden ließ:

»Die Argumentation, in den Krankenblatteinträgen wie in der gutachterlichen Stellungnahme, folgt dem Prinzip: Alles was normal ist, was also nicht pathologisch ist, hat sich die Probandin trotz des Traumas erhalten können; alles was sie belastet, ist Traumafolge. Insofern gibt es kein Phänomen, das in irgendeiner Weise das Trauma widerlegen könnte, weil also alles, was vorliegt, entweder Traumafolge ist oder Widerstand gegen das Trauma. Es gibt schlechterdings nichts, was in der Wahrnehmung des Therapeuten (Seidler) die Überzeugung von einem ursächlichen Trauma widerlegen könnte. Deutlich wird, dass in der Kooperation zwischen Prof. Seidler und seiner Patientin von Frau Dinkel wiederholt die Themen angesprochen wurden, die Prof. Seidler am Herzen liegen; er forscht seit langem über das Problem der Scham, und Frau Dinkel liefert ihm im Laufe der Therapie ständig Material, dass es ihr Leiden sei, vor allem massive Scham zu empfinden.*

[...]

Häufig findet Prof. Seidler sogenannte ›Intrusionen‹. Die ihm wichtigste Intrusion ist die Angabe von Frau Dinkel, bei der Konfrontation in der angeblichen Tatnacht sei Herr Kachelmann plötzlich anders geworden, ›sein Blick habe sich verändert, erst ungläubig, überrascht, dann böse und eiskalt, sie habe noch nie so einen Blick gesehen, und es schaudere sie, wenn sie daran dachte‹. Er (Seidler) fährt fort: ›Dieser Blick kommt dann auch als Intrusion immer wieder.‹

Gemeint ist damit, dass Frau Dinkel immer wieder in ihrem Bericht innehält, nichts mehr sagt, etwas abwesend wirkt und dann berichtet, sie habe diesen Blick vor sich gesehen. Das sei eine Intrusion, und das sei *ein typisches Merkmal für eine posttraumatische Störung. So etwas könne man auch nicht erfinden.* (*Das ist füglich zu bezweifeln, zumal es alle halbwegs begabten Schauspieler als Standardkunstmittel verwenden, im Verlaufe einer Schilderung plötzlich innezuhalten, ins Leere zu starren und sich eine ganz bestimmte Szene und Wahrnehmung zu vergegenwärtigen.*)«

Kröber weiter zum Therapeut-Klienten-Verhältnis:

»Sicherlich ist eine starke emotionale Beziehung zwischen Therapeut und Klientin nicht therapiewidrig; sie muss allerdings wahrgenommen und kontrolliert werden, sie muss reflektiert werden. All das wird aus den weiteren Stellungnahmen in keiner Weise deutlich; vielmehr findet sich in allen Aufzeichnungen eine unkritische Unterwerfung des Therapeuten unter die Vorgaben der zu behandelnden Frau, die mit allem, was sie tut und sagt, die Vorannahmen des Behandlers über das Vorliegen eines maximalen Traumas, das ihr ein anderer Mann zugefügt hat, bestätigt. Das möchte er bei ihr heilen.«

Und dann das Fazit von Professor Kröber, das Miriam später trocken feststellen ließ: »Kein guter Tag für Frau Dinkel.«

»An dieser Stelle wäre es spätestens angebracht darauf hinzuweisen, dass bei Therapien mit Frauen mit dieser manipulativen Potenz, wie sie in der Beziehung zu Prof. Dr. Seidler sichtbar wird, eine regelmäßige Supervision ausgesprochen angebracht wäre; sehr viel mehr an Kritiklosigkeit gegenüber den Äußerungen einer Patientin und Selbstverleugnung des Therapeuten ist im Grunde nicht vorstellbar.«

Ein Psychotrauma bei der Nebenklägerin konnte Kröber im Gegensatz zu Seidler also nicht feststellen. Damit brach das letzte Kartenhaus der Anklage in sich zusammen.

Der allerletzte Satz des Gutachtens heißt bei Professor Kröber:

>*Die Glaubhaftigkeit der Aussage war nicht Gegenstand dieses Gutachtens.*«

Das war der Trick von Staatsanwaltschaft und Gericht in Mannheim, sozusagen der Plan B, den sich die Juristen zurechtgelegt haben müssen, den sie ja selbst noch in der absurden mündlichen Freispruchsbegründung durchgezogen haben: Wenn wir Kachelmann schon nicht zur Strecke bringen können, dann müssen wir unter allen Umständen die Nebenklägerin davor beschützen, belangt zu werden und selbst hinter Gitter zu kommen (allerdings verhängen Gerichte meistens lächerliche Strafen für kriminell handelnde Frauen, was auch immer sie getan haben mögen, vor allem aber wenn sie einen unschuldigen Mann ins Gefängnis gebracht haben).

Gutachter bekommen ja einen definierten Fragenkatalog, von dem sie nicht abweichen dürfen. Nur Greuel tat das, um unwissenschaftlichen Stuss über meine ihr unbekannte Person und die Art der Beziehung abzusondern, und disqualifizierte sich damit nicht nur meines Erachtens selbst lebenslang für die erste Reihe von Aussagepsychologen, die, mutmaßlich peinlich berührt, ihren fundamental-feministischen Ausführungen lauschten, die zwar nichts mit der Nebenklägerin oder mir zu tun hatten, Greuel aber einen *Emma*-Titel bringen sollten. Seidler jedenfalls hat es zum Ritterschlag eines Interviews in *Emma* gebracht, wodurch letzte Zweifel an den Zweifeln an seiner professionellen Kompetenz beseitigt wurden. Kröber hat in seinem Gutachten angedeutet, was er von Frau Dinkel und ihrem Professor aus Heidelberg hielt. Er bezeichnete die Befragungen durch die willfährige Schwetzinger Polizei konsequent als »Geschädigten«-Vernehmung und schrieb die Geschädigte, die keine war, immer nur in Anführungszeichen. Den eher peinlichen Versuch Dinkels, mit dem Halstuch auf irgendetwas hinzuweisen, das nie geschehen ist – außer dass sie sich allem Anschein nach mit einem unbekannten Gegenstand selbst verletzt hat –, bewertete Kröber so:

»Dass eine Frau, die nach ihrem Bericht von einem vergewaltigenden Mann am Hals angegriffen und verletzt worden ist, sich in einer Therapie wiederholt mit einem Seidenschal um den Hals präsentiert und bei belastenden Fragen wiederholt an den Hals greift, ist in keiner Weise für irgendetwas hinweisend, es kann der schiere Zufall sein, es kann ein bewusstes Hinlenken der Aufmerksamkeit auf eine bestimmte Geschichte sein, es kann auch eine unbewusste Schutzgeste sein. Natürlich könnten Psychotraumatologen [wie Seidler; Anmerkung JK] der Kriminalpolizei und den Gerichten sehr viel Arbeit abnehmen, wenn sie beweiskräftig aus den Beschwerden von Opfern den Tatablauf rekonstruieren könnten; bislang ist niemand auf die Idee gekommen, dass dies möglich wäre, und zwar völlig zu Recht nicht.

So bleibt es bei der zentralen Frage, ob die Schwächen in der Aussagequalität, die Frau Prof. Dr. Greuel in der Exploration von Frau Dinkel festgestellt und thematisiert hat, nun damit zu erklären wären, dass Frau Dinkel zwar irgendwie grundsätzlich aussagetüchtig gewesen wäre, aber eben in Bezug auf die entscheidenden Ereignisse des Tatgeschehens dann doch nicht, weil für den Kernbereich des Tatgeschehens nun Traumafolgen ihre Aussagetüchtigkeit aufheben würden.

Diese Überlegung würde voraussetzen, dass ganz selektiv, zeitlich abgetrennt, ausschließlich für eine Sequenz von wenigen Minuten die Wahrnehmungsfähigkeit von Frau Dinkel für das Tatgeschehen aufgehoben gewesen wäre, so dass sie logischerweise darüber auch nicht berichten kann. Genau diese Annahme macht Prof. Dr. Seidler, indem er das zentrale Dogma der Traumatheorie aufgreift und erklärt, wenn die lebensbedrohlichen Ängste überhandnähmen, beginne das jeweilige Opfer zu ›dissoziieren‹, also in einen veränderten Bewusstseinszustand zu gleiten, in dem die Realitätskontrolle nicht mehr möglich sei, weil die Realität zu belastend sei; man schalte sich in solchen Situationen also gleichsam aus, und solche Situationen könnten dann später nicht rekonstruiert werden, würden durch Fehlererinnerungen gefüllt, und beim Berühren entsprechender Szenen würden solche Menschen wieder in ein dissoziatives Abgleiten und Wegrutschen hineinkommen.

Dem ist zu entgegnen, dass die Alltagserfahrung des Strafprozesses mit Zeugen verdeutlicht, dass solche von der Traumatheorie postulierten Abläufe in der Realität, wenn überhaupt, offenbar ausgesprochen selten stattfinden. Sofern Zeugen von akut lebensbedrohlichen Situationen vernommen werden, imponiert immer wieder, wie klar und deutlich sie gerade die hochgradig gefährlichen, entscheidenden Situationen des Tatgeschehens erinnern und wie klar und differenziert sie diese wiederzugeben vermögen, und zwar weitgehend unabhängig von der Intelligenz und von der Verbalisierungsfähigkeit des Zeugen. Insofern sind hier die Forschungen der Aussagepsychologie weit besser wissenschaftlich fundiert und klar, dass in Wahrheit regelhaft etwas ganz Gegensätzliches stattfindet: Es findet eine Fokussierung auf das Kerngeschehen statt, randständige Phänomene werden möglicherweise nicht oder nur noch punktuell erinnert, während es einen Fokus auf die Bedrohung, auf die Waffe, auf den Angreifer gibt, was ja auch im Sinne der Selbsterhaltung und im Sinne der maximalen Alarmierung ausgesprochen angemessen ist. Dieses Kerngeschehen wird nahezu eingebrannt ins Gedächtnis, wird in aller Regel noch nach Jahrzehnten prägnant erinnert, was auch immer wieder die Prozesse gegen KZ-Täter verdeutlichen, in denen Zeugen nach Jahrzehnten schrecklichste, lebensbedrohliche Szenen exakt und bildreich erinnern.

Anders gesagt: Die traumatisierende Situation, die einen maximalen ›Arousal‹, eine maximale Anhebung der Aufmerksamkeit und der Wachheit hervorruft, führt in aller Regel nicht zur Ausschaltung der Informationen über das Kerngeschehen, sondern ganz im Gegenteil zu einer maximalen Helligkeit des Kerngeschehens. Interessanterweise gibt es aber einen anderen Schutzmechanismus, nämlich eine Reduktion von Angst und Panik im Sinne einer zeitweiligen emotionalen Anästhesie. Nicht die Kognition (und damit die Erinnerungsfähigkeit) wird ausgeschaltet, son-

dern – in Maßen und keineswegs immer – die begleitende Emotion. Entsprechend können Opfer in aller Regel auch sehr klar und deutlich wiedergeben, was das Kerngeschehen war.«

Dinkels Versuch, mithilfe ihres Therapeuten Seidler ihre schlecht erzählte Geschichte mit einem Trauma zu erklären, war durch Kröbers Gutachten definitiv gescheitert. Seidler war als Tollpatsch disqualifiziert worden – konsequenterweise hätten schon nach dem Kröber-Gutachten die Ermittlungen der Mannheimer Staatsanwaltschaft gegen Claudia Simone Dinkel wegen Falschaussage und Freiheitsberaubung beginnen müssen. Aber die Mannheimer und Schwetzinger hielten zusammen bis zum Ende.

Prof. Dr. Bernd Brinkmann, ein weltweit renommierter rechtsmedizinischer Gutachter, wollte die intentionale Falschbeschuldigung durch Claudia Simone Dinkel dem Gericht darlegen, weshalb er frühzeitig von den kreativen Mannheimer Rechtsauslegern, im engen Schulterschluss von Staatsanwaltschaft und Gericht, über einen grotesken, inhaltlich falschen Befangenheitsantrag zur Strecke gebracht wurde, in dem Brinkmann Aussagen sogar von Verkehrsmediziner Mattern untergejubelt wurden. Brinkmann wurde von der Staatsanwaltschaft deshalb fälschlicherweise vorgehalten, er habe andere Ursachen für die Verletzungen Dinkels an den Oberschenkeln ausgeschlossen und sich auf die These der Selbstverletzung beschränkt. Das Gericht folgte dem Antrag der Staatsanwaltschaft und gab dem Befangenheitsantrag statt.

Brinkmann ist ein Gutachter von höchstem Rang, sein Wort hat in allen Gerichtssälen der Welt Gewicht – nicht in Mannheim, wo er offenbar um jeden Preis verhindert werden musste, denn Brinkmann hatte nahegelegt, dass sich Dinkel nicht nur selbst verletzt, sondern sich auch schon ein Jahr vor besagter Nacht im Februar 2010 trainingsweise Hämatome zugefügt hatte. Mit der Befangenheitserklärung Brinkmanns sollte der Mannheimer Worst Case, ein Freispruch wegen erwiesener Unschuld, verhindert werden. Zudem hatte auch

Dinkel über ihren Professor aus Heidelberg kundgetan, dass sie nicht aussagen würde, wenn Professor Brinkmann im Saal wäre. Diese Drohung haben Seidlingbockbültmann offenbar ernst genommen und den weltweit renommiertesten Rechtsmediziner aus dem Weg geräumt.

Immerhin, dank Professor Kröber endete der 6. September 2010 mit einer beschwingten Heimfahrt. Die scheinwissenschaftliche Parteinahme eines Seidler war in einer frühen Phase des Prozesses entlarvt worden. Kurz keimte wieder die Hoffnung auf, dass Kröbers inhaltlich wie sprachlich brillantes Gutachten die Herren in Mannheim überzeugt und besänftigt haben müsste. Doch wie ich an den nächsten Prozesstagen bemerkte, war das Gegenteil der Fall: Die Gegenangriffe von Seidlingbockbültmann wurden immer vehementer, und die Hoffnungen der Justizdarsteller aus Mannheim fokussierten sich wohl immer mehr in die Richtung, dass die Presse ihnen ein neues Opfer zuliefern möge, irgendeine Ersatztat, damit man mich doch noch drankriegte. Allein, Burda konnte noch so viele Zehntausende, vielleicht Hunderttausende Euro in die Hand nehmen, um Frauen für ihre Storys zu bezahlen, am Ende würde es nicht reichen. Zu schlecht haben jene Frauen in ihren Interviews gelogen, sich in Widersprüche verstrickt und in der Not vor Gericht alles umgebende Beiwerk vergessen, wo sie doch Minuten vorher fast gleichzeitig geschehene belastende Dinge haarklein zu erzählen wussten.

Es ist nicht auszudenken, wie es einem Mann vor einem ähnlich agierenden Gericht ergehen mag, wenn die Nebenklägerin nur etwas intelligenter agiert als Claudia Dinkel mit ihren Kumpaninnen, den »Belastungszeuginnen«.

Miriam als Zeugin vor Gericht

Ich hatte Miriam seit meiner Verhaftung weder gesehen noch gesprochen. Von den Birkenstocks hatte es zwischendurch Andeutungen gegeben, sie sei überzeugt, dass ich so etwas nie gemacht hätte, und ab und an bekam ich Grüße und Durchhaltewünsche ausgerichtet. Das gemeinsame Erlebnis der Verhaftung hatte mich nie losgelassen, und ich hatte mir während meiner Knastzeit immer stärker gewünscht, dass wir noch mal einen Versuch miteinander haben, wenn sie denn wollte. Wahrscheinlich steht immer noch in der Zelle 1328 der JVA Mannheim das, was ich im Sommer 2010 auf die linke Wand neben dem Kleiderschrank mit Kugelschreiber mehr ritzte als schrieb: *Miriam.* Zwei, drei Tage später schien mir das nicht ganz ausreichend im Hinblick auf meine jüngere Vergangenheit, und ich ergänzte: *Nur Miriam.*

Miriam war als erste der Zeuginnen, die allesamt in der Nacht der erfundenen Tat nicht dabei waren, am 15. September 2010 geladen. Vielleicht war ihre Ladung als einzige einigermaßen gerechtfertigt, schließlich war sie ja bei der Verhaftung dabei gewesen. Ich freute mich einerseits, sie wiederzusehen, andererseits war ich von schlechtem Gewissen zerfressen, dass sie nun einer solchen unangenehmen Situation ausgesetzt sein würde. Ich war zwar dafür nicht direkt verantwortlich, aber ich hatte Miriam mit anderen Frauen betrogen, und sie hätte diesen Irrsinn nicht über sich ergehen lassen müssen, hätte ich mir damals besser und konsequenter überlegt, was ich will und was nicht und ob häufig wechselnder Geschlechtsverkehr in meinem Alter nicht ein bisschen kindisch ist.

Zu spät, sie kam rein, sicherlich um zehn, fünfzehn Kilo leichter. Ich hatte mir seit Tagen vorgenommen, dass ich nicht losheulen wollte in dieser Situation, was mir leicht passiert, wenn ich Mitleid habe mit einem Mitmenschen. Miriam sah aber nicht zu mir herüber; ich hatte das so erwartet und auch nicht negativ interpretiert. Sie hat bei ihrer Zeugenaussage die Wahrheit gesagt, und vor jemandem, der die Wahrheit sagt, musste ich mich nicht fürchten.

Gericht und Staatsanwaltschaft schwelgten in einer fast schon voyeuristischen Verhandlungsführung und fragten die arme Miriam in Grund und Boden. Sexualität war offenbar ihr Lieblingsthema. Es wurde nach allem gefragt, was nichts mit dem eigentlichen Tatvorwurf zu tun haben konnte, jeder Geschlechtsverkehr wurde aus sämtlichen Richtungen beleuchtet. Wie zur Einschüchterung der Zeugin las Richterin Bültmann triumphierend beschlagnahmte SMS-Nachrichten vor. Die ganze Atmosphäre war geprägt durch ein Von-oben-herab-Reden, eine Kälte, ein geheimes Delektieren an der Thematik, eine Machtdemonstration der Kammer, die mit ihren Stichwortgebern von der Staatsanwaltschaft gemeinsam eines versuchte: die vierundzwanzigjährige Miriam K. durch permanente Grenzüberschreitungen bei der Einvernahme zu demütigen, zu provozieren und zu Aussagen zu verleiten, die mich hätten belasten sollen. Daniela Bültmann ist inzwischen nicht mehr Richterin, sondern angeblich irgendwas für die CDU in Berlin, was ich für eine gute Tat für Deutschland halte, weil sie so automatisch Schaden vom Land abwendet. Nirgendwo können inkompetente Menschen mehr furchtbare Dinge tun als als Richter.

Miriam blieb stark, kaum geschützt durch ihren Anwalt und meinen Verteidiger vor den hochnotpeinlichen Verhörern oben am Richtertisch und links auf den Stühlen der Staatsanwaltschaft. Das Gericht beraumte in seinem inquisitorischen Furor einen zweiten Tag an, den 29. September 2010, an dem Seidlingbockbültmann noch einmal probieren wollten, die Zeugin und damit den Angeklagten vielleicht doch noch zur Strecke zu bringen. Ich war stolz auf Miriam, dass sie so stark blieb, alle Hinterhalte dieser Leute, die vorgaben, dort im Namen des Volkes zu sitzen und zu fragen, durchschaute und die starke Vorstellung einer emanzipierten, selbstbewussten Frau bot, die sogar pseudoeinfühlsam vorgetragene Suggestivfragen souverän konterte. Zwei Wochen später also wieder ein ganzer Tag, eine Quälerei sondergleichen, und wenn diese Einvernahme öffentlich gewesen wäre, hätte man wohl über einen Offenbarungseid der deutschen Justiz berichten können, die den Sitzungssaal in eine verbale Peepshow verwandelt hatte.

Miriams Sicht: Die Aussage

Mitte August erhielt ich eine Ladung vom Landgericht Mannheim, mich am 15. September 2010 um vierzehn Uhr dreißig »in der Strafsache gegen Jörg Kachelmann wegen Vergewaltigung und sexueller Nötigung« im Landgericht einzufinden.

Ungefähr drei Wochen vor diesem Termin bekam ich gegen Mittag einen Anruf. Der Mann am Telefon stellte sich als ein Kommissar der Polizeidirektion Heidelberg vor, und mein Herz machte wieder einmal, wie so oft zu dieser Zeit, einen Sprung – er sagte, die Staatsanwaltschaft habe ein Zeugenschutzprogramm für die Zeuginnen im Fall Kachelmann beantragt, und man würde nun jede Zeugin anrufen und, falls sie es wünsche, mit ihr absprechen, wie sie unbehelligt in das Landgericht gelangen könne. Ich empfand das damals als freundliche Geste, dass das Landgericht und die Staatsanwaltschaft sich zumindest darüber Gedanken machten, wie sie die völlig überflüssigerweise geladenen Zeuginnen wie mich wenigstens ein bisschen vor der sensationsgierigen Presse beschützen könnten. Dass einige dieser Damen, die geladen waren, den Auftritt allerdings sichtlich genossen und dass das Zeugenschutzprogramm auch dazu genutzt wurde, Exklusivität für Interviews zu sichern, hatte das Gericht nicht bedacht. Denn dadurch gab es keine Bilder ihrer Anreise ins Landgericht, und somit konnten diese Zeuginnen nicht nur ihre Aussage, sondern auch ihr Aussehen exklusiv vorab an die Presse verkaufen.

Dieses ganze Prozedere um den Weg in den Gerichtssaal hatte zudem den Nebeneffekt, dass es so aussah, als müssten die Frauen vor Jörg geschützt werden. Genau dazu ist ein Zeugenschutzprogramm schließlich normalerweise da. Und man hätte überhaupt niemanden vor der Presse schützen müssen, wenn man diejenigen, die zur Wahrheitsfindung sowieso nichts beitragen konnten, da sie zum fraglichen Zeitpunkt schlicht nicht anwesend waren, nicht geladen hätte. Das hätte vielen Frauen, die ihre Ladung als Chance für die Fünfzehn-Minuten-Prominenz à la Andy Warhol ansahen, die Bühne für ihre Selbstdarstellung entzogen.

Ein Verzicht auf die Ladung der von der Staatsanwaltschaft benannten Zeuginnen hätte dem deutschen Steuerzahler nicht nur viel Geld erspart. Es hätte auch die Nerven derjenigen Frauen geschont, die diese Ladung in keiner Weise gewünscht hatten und die durch das Gericht, die Staatsanwaltschaft und die Medien gedemütigt und dazu benutzt wurden, Jörg zu diffamieren. Denn um nichts anderes konnte es in Wirklichkeit gehen. Der gesamte mediale Zirkus, der sich unweigerlich aus der Ladung der »Beziehungszeuginnen« entwickelte, war für das Gericht vorhersehbar. Bereits vor der Hauptverhandlung hatten *Bild*, *Bunte*, *Focus* und sogar das Magazin der *Süddeutschen Zeitung* das angebliche Liebesleben des Angeklagten ausgebreitet und ausgeschlachtet. Nun wertete das Gericht diese Medienkampagne auch noch auf, indem es die Frauen zu juristisch wichtigen Zeuginnen für einen Anklagevorwurf machte.

Letztendlich hatten die Ladungen wohl auch die Funktion, der Öffentlichkeit zu zeigen: »Seht her, der Kachelmann hatte aber viele Frauen! Der muss ein Schwein sein! Dem zeigen wir jetzt mal, was deutsche Gerichte mit solchen Schwerenötern machen!« War es das, was man sich bei Gericht und der Staatsanwaltschaft erhoffte: Jörgs Ruf möglichst stark zu beschädigen? Zumindest erklärt sich so die Reihenfolge der Ladungsliste, die als Erstes zwei Polizisten und dann nur Exfreundinnen von Jörg vorsah. Die Anzeigeerstatterin sollte erst kurz vor Ende der Beweisaufnahme gehört werden, und die Gutachter, die von der Verteidigung beigezogen worden waren, waren auf der ersten Ladungsliste der 5. Großen Strafkammer überhaupt nicht berücksichtigt worden. Die vom Vorsitzenden vorgesehene Dramaturgie der Beweisaufnahme war die einer Verurteilung.

Frau Dinkel als Nebenklägerin war es theoretisch erlaubt, sich alle

Aussagen der Frauen anzuhören oder sich zumindest von ihrem Anwalt berichten zu lassen und ihre eigene Aussage darauf abzustimmen. Wenn man keine Beweise für eine Anschuldigung hat, kann man den Angeklagten so lange moralisch diskreditieren, bis man behaupten kann, ihm sei die Tat zuzutrauen, um damit die eklatanten Mängel in der Aussage der Belastungszeugin auszugleichen. Das war offenbar der Plan, und er hätte beinahe funktioniert. In vielen anderen Fällen, die erfolgreich wiederaufgenommen wurden, ist er jedenfalls aufgegangen, so zum Beispiel im Fall von Ralf Witte oder im Fall des Biologielehrers Horst Arnold, die beide zu Unrecht im Gefängnis saßen. Selbst gravierende Zweifel an der Täterschaft, so die Lehre daraus, lassen sich leichter überwinden, wenn man den Angeklagten im Lauf der Gerichtsverhandlung mit erfundenen oder ausgeschmückten Geschichten als charakterlich oder moralisch verkommen darstellt.

Ich vermutete derartige Motive des Gerichts und der Staatsanwaltschaft, als ich die Ladungsliste im Internet auf der Seite des Landgerichts las, und war zutiefst frustriert und wütend, dass das Landgericht nicht zur Vernunft gekommen war nach dem eindeutigen Beschluss des Oberlandesgerichts, das Jörg mangels dringenden Tatverdachts freigelassen hatte mit dem Verweis darauf, dass »Bestrafungs- und Falschbelastungsmotive« der Nebenklägerin nicht ausgeschlossen seien. Das war ein Affront gegenüber dem Landgericht, der wohl nicht erfolgt wäre, wenn das Oberlandesgericht Karlsruhe nicht davon überzeugt gewesen wäre, dass die Mannheimer Justiz sich vollkommen verrannt und einen höchstwahrscheinlich Unschuldigen eingesperrt hatte. Denn ein Gericht rüffelt andere Richter in einem so öffentlichkeitswirksamen Verfahren wie diesem nur ungern.

Knapp vier Wochen waren vergangen, in denen ich inständig gehofft hatte, dass die Richter des Landgerichts nun endlich zur Vernunft gekommen seien, dass sie sich den obergerichtlichen Beschluss zu Herzen genommen und den Fall auch einmal aus dieser für sie neuen, distanzierten Perspektive betrachtet hätten. Mit der Veröffentlichung der Ladungsliste wurde meine Hoffnung allerdings im Keim erstickt. Ich verstand sie als Kampfansage an das Oberlandesgericht, vielleicht sogar als Ausdruck eines Egoproblems. Es war wieder einer der Momente, in denen mich eine tiefe innere Unruhe und Angst ergriff, weil ich zu verstehen begann, dass die Qualität eines Justizsystems ganz entscheidend von den Menschen abhängt, die in ihm arbeiten.

Seit Jörgs Verhaftung im März hatte ich alles gelesen und alles verfolgt, was über das Verfahren veröffentlicht worden war. Ich hatte über seinen Verteidiger, Rechtsanwalt Birkenstock, sowie über dessen Frau regelmäßig und in kurzen Abständen meine besten Wünsche und Durchhaltenachrichten ausrichten lassen, ob dies jedoch immer und immer vollständig geschah, weiß ich nicht. Briefe konnte ich nicht schreiben, da diese wegen der Postkontrolle von der Justiz gelesen und im Fall einer Aussage womöglich gegen mich verwendet worden wären. Zudem missfiel mir der Gedanke, dass Fremde sich das Recht herausnehmen, private Post zu lesen. Aus denselben Gründen schieden Besuche aus, zumal ich befürchtete, am Eingang der Justizvollzugsanstalt von den Medien erwartet zu werden. Auch nach der Haftentlassung gab es lediglich eine nur unzulänglich funktionierende indirekte Kommunikation. So wussten wir beide bis zu dem Zeitpunkt nach meiner zweiten gerichtlichen Aussage, als wir uns das erste Mal seit seiner Verhaftung wiedersahen, nicht, woran wir miteinander waren und wie es dem jeweils anderen wirklich ging.

In all den Monaten zwischen Festnahme und gerichtlicher Aussage hatte sich eine unbändige Wut in mir aufgestaut. Wie sollte es anders sein, wenn man instinktiv *weiß*, dass das, was dem Menschen, den man geliebt hat, vorgeworfen wird, jetzt nicht und nicht in hundert Jahren der Wahrheit entsprechen kann.

Ich habe in dieser Zeit viele Dinge über Jörg erfahren, die mir unbekannt gewesen waren, die allerdings, nach der ehrlichen Reflexion über die Monate hinweg, für mich auch nicht unvorstellbar waren. Denn ich hatte durchaus geahnt, dass irgendetwas in seinem Privatleben nicht so sein konnte, wie er es mir gegenüber darstellte. Ungefähr zwei Monate vor seiner Verhaftung hatte ich einer Freundin am Telefon sinngemäß gesagt, dass ich nicht wisse, ob er nicht vielleicht irgendwo eine zweite Familie mit zehn Kindern habe (von seinen

Kindern in Kanada hatte er mir allerdings erzählt, und wir wollten sie im Sommer gemeinsam besuchen). Diese Gedanken resultierten damals aus der Unzufriedenheit über die relativ seltenen Treffen. Wir sahen uns immer wöchentlich für ein bis zwei Tage oder alle zwei Wochen etwas länger, und ich empfand das auf die Dauer als nicht tragbar für eine feste Beziehung. Ich war zwar durch die Arbeit, der ich damals nachging, auch selbst zeitlich stark eingebunden, aber dennoch wollte ich eine andere Lösung. Wir einigten uns darauf, das zu verbessern, aber ich war nicht davon überzeugt, dass sich die Situation tatsächlich verändern würde. Erst in der Zeit seines Kanada-Aufenthalts während der Olympischen Winterspiele im Februar/März 2010 hatte ich den Eindruck, dass wir uns wirklich einig geworden waren und dass er sich eine engere, festere und eindeutigere Beziehung mit mir wünschte.

Alles das, was ich dann in den Medien über die anderen Frauen las, hat mich natürlich trotz meiner Skepsis sehr getroffen. Dennoch oder gerade wegen meiner eigenen Erfahrung glaube ich keiner der Exfreundinnen, dass sie nie irgendetwas gewusst oder auch nur geahnt haben wollten. Jörg und ich waren zum Zeitpunkt seiner Verhaftung seit knapp einem Jahr zusammen, und ich ahnte schon Monate vor unserer unfreiwilligen Trennung, dass er mir etwas verschwieg. Es war einfach zu offensichtlich; und so ein guter Lügner, wie man ihm zu sein andichtete, um die eigene Verantwortung kleinzureden, ist er beim besten Willen nicht. Selbstbetrug und schlechte Motive der Partnerinnen (wie sie sich im Laufe des Prozesses bei einigen der Exfreundinnen offenbaren sollten), an einer solch unzulänglichen Beziehung festzuhalten, gehören unabdingbar zum Erfolg einer Täuschung dazu. Das soll die Täuschung weder beschönigen noch entschuldigen. Aber mal ganz ernsthaft und bei allem Verständnis für Träumereien und das Leben in Illusionen: Wie soll man das über Jahre nicht bemerkt haben wollen? Das halte ich für ausgeschlossen.

Ich war also durchaus enttäuscht und verletzt, aber diese Gefühle haben mir nie den Verstand vernebelt und mich zu einer rachsüchtigen Amazone mutieren lassen. Es ist eine Sache, jemanden zu betrügen (wozu, wie gesagt, nach meiner Meinung immer jemand gehört, der sich betrügen lässt); eine andere ist es, jemandem eine schwere Straftat vorzuwerfen, die er nicht begangen hat. Wer Jörg kannte und eine ehrliche Einschätzung über ihn abgab, wusste, dass er zu einer solchen Tat nicht in der Lage war und auch niemals sein würde. Deswegen war es ein von vornherein zum Scheitern verurteiltes Unterfangen der Nebenklägerin, ihm eine Sache anhängen zu wollen, die so weit von Jörgs Naturell entfernt war – zumindest hatte ich anfangs noch gedacht, das müsste aussichtslos sein. Die Monate seit seiner Verhaftung hatten mich eines Besseren belehrt, nämlich dass sich immer Mitmenschen finden, die von einem das Zerrbild einer gestörten Persönlichkeit, eines Menschen mit schlechten Neigungen oder mit einem üblen Charakter herstellen. Falls man noch dazu im Blickpunkt der Öffentlichkeit steht, gesellen sich auch die Stalker und Wahnsinnigen dazu, die ihre Hassgefühle im Internet verbreiten. Und vor allem fehlen diejenigen nicht, die den Kontakt ohnehin nur aus Profitgründen gesucht haben und die im Falle eines Falles schnell die Seiten wechseln. Dann ist es eben jetzt eine Zeitung, die viel Geld bezahlt, um intime oder »pikante Sexdetails« oder sonst irgendetwas zu erfahren. Da fallen die Masken sehr schnell.

Ich stieg also mit einer großen Wut, verzweifelt über die eigene Ohnmacht, nichts an den bestehenden Verhältnissen ändern zu können, und mit Hass auf die schier unendliche Ignoranz der Staatsanwaltschaft und des Gerichts am frühen Nachmittag des 14. September 2010 am Hauptbahnhof Leipzig in den ICE Richtung Mannheim. Ich hatte mehrere Wochen bei meiner Familie und Freunden verbracht und fuhr, ähnlich wie am Tag von Jörgs Verhaftung, von ihnen weg, diesmal also, um vor dem Gericht zu erscheinen, das Jörg nach einer ungerechtfertigten Verhaftung einen ungerechten Prozess machte. So hatte ich es damals erlebt, so erlebte ich es jetzt wieder.

Monatelang hatte ich gelesen – Gerichtsurteile, juristische Artikel, Artikel über Jörg und das Verfahren, Texte über Aussagepsychologie, Studien und Abhandlungen über sexuelle Gewalt und die Folgen für die Opfer und deren Verhalten –, und ich hatte diese Lektüren immer wieder abgeglichen mit eigenen Erfahrungen und dem Erfahrungswissen Dritter. Ich war mir daher nicht nur aus Gefühlsgründen und wegen der Kenntnis seiner Person sicher, dass Jörg schon längst hätte aus dem Gefängnis entlassen werden müssen. Spätestens nach den *Zeit-* und *Spiegel*-Artikeln vom Juni 2010, die als erste Medien aufzeigten, dass es eigentlich kaum eine Grundlage für die Inhaftierung Jörgs gab und damit erste Ermittlungs- und Verfahrensfehler aufdeckten, war mir auch klar, dass noch nicht einmal die Aussage der Nebenklägerin den Mindestanforderungen, die an eine gerichtliche Aussage zu stellen sind, genügte und dass es, trotz zahlreicher Spuren, die untersucht wurden, nicht den geringsten Sachbeweis für die behauptete Tat gab. Meine emotionale und intellektuelle Erkenntnis seiner Unschuld entsprach demnach auch der juristischen Lage. Ich zweifelte zutiefst am deutschen Rechtsstaat.

Mit dieser Einstellung fuhr ich ab. In den Wochen, seitdem ich die Ladung erhalten hatte, hatte ich mir innerlich jeden Tag die längsten und ausführlichsten Monologe zurechtgelegt, die ich dem Gericht und der Staatsanwaltschaft um die Ohren hauen wollte. Mal offensiv, mal mit dem Bemühen, sie aufzufangen und zu überzeugen. Angefangen mit der Unsinnigkeit meiner Ladung und der Ladung der anderen Frauen (was ich sogar rechtlich begründen konnte) über die juristisch fragwürdige Dramaturgie der Zeugenladungen insgesamt, über die Ausblendung wissenschaftlicher Erkenntnisse, über die fehlende Menschenkenntnis von Gericht und Staatsanwaltschaft, über die offensichtlichen Lügen der Nebenklägerin, mit einem Schlenker hin zu einer kurzen Erklärstunde über Frauen und ihre Fähigkeiten zur Manipulation, zu den Motiven der Frauen, gegen Jörg auszusagen, bis hin zu einem Vortrag über Sexualität, um ihnen am Ende entgegenzuschleudern, dass sie mein Privatleben einen feuchten Dreck anginge und dass sie beim Studium besser hätten aufpassen und später gefälligst ihre Weiterbildungen hätten besuchen sollen. Kurz, ich schäumte vor Wut und hatte den festen Vorsatz, all das auch genauso dem Gericht zu sagen. Ich hatte mein flammendes Plädoyer minutiös im Kopf, wie einen Schauspieltext choreografiert.

Frau Birkenstock rief mich an, kurz bevor ich in den Zug stieg, wünschte mir alles Gute und erklärte, dass ich keine Angst haben solle. Ich sagte, dass alles okay sei, denn Angst um mich hatte ich keineswegs. Ich hatte nur Angst, eine Mauer der Ignoranz vor mir zu haben, in den Köpfen der Richter und Staatsanwälte nichts verändern zu können und in dieser Ohnmachtssituation zu verharren, in der ich letztendlich die ganzen Monate gewesen war. Frau Birkenstock unterschätzte mich vermutlich, aber das tat sie wohl von Anfang an und bis zum Schluss. Es war mir aber gleichgültig. Es ging nicht darum, *sie* zu überzeugen.

Der Abend davor war ein schwieriger Abend gewesen, denn zu der Wut kam eine starke Nervosität, die daraus entstand, nicht zu wissen, was auf mich zukommen würde. Ich telefonierte noch mit meinem Anwalt, der mich auch bei meiner polizeilichen Aussage begleitet hatte, und wir beratschlagten, ob wir die Öffentlichkeit ausschließen wollten. Ich war anfangs dagegen, weil ich wollte, dass die Öffentlichkeit wusste und erfuhr, dass das, was ich zu sagen hatte, Jörg in keiner Form belastete, im Gegenteil. Ich wollte mit den vielen Lügen aufräumen, die unter anderem auch über mich, vorrangig aber über Jörgs Charakter und seine Lebensumstände verbreitet worden waren. Mein Anwalt gab zu bedenken, dass das zwar eine richtige Überlegung sei, dass aber die Presse am Schluss sowieso nur schreiben würde, was sie wollte. Dass sie sich einzelne Sätze herauspicken, aus dem Kontext reißen und verzerren und unser Sexualleben vor aller Augen und Ohren ausbreiten würde. Schließlich ließ ich mich überzeugen, den Ausschluss der Öffentlichkeit zu beantragen, auch deshalb, weil es nicht nur um mein Intimleben ging und ich für Jörg nicht mitentscheiden konnte, da wir ja keinen Kontakt hatten. Im Nachhinein betrachte ich diese Entscheidung als Fehler, denn der Beschluss des Gerichts, bei meiner Aussage die Öffentlichkeit auszuschließen, wurde quasi zum Präzedenzfall und hat den späteren Aussagen der anderen Frauen (ich war die erste Zeugin) Tür und Tor geöffnet, ebenfalls den Ausschluss der Öffentlichkeit zu beantragen, und manche konnten sich so ihre Exklusivrechte für »Interviews« sichern, in denen sie teilweise komplett andere Aussagen als vor Gericht und Polizei machten.

Am Morgen des 15. September 2010, dem Tag meiner Aussage, schaltete ich den Fernseher ein und sah bei *n-tv* den ewig schlecht informiert daherkommenden Thomas Präkelt vor dem Landgerichtsgebäude stehen und davon erzählen, dass heute ja die erste der »Beziehungszeuginnen« aussagen werde. Zeitgleich sah ich in *Bild-online*, dass sie einen Artikel über mich veröffentlicht hatten, in dem Teile meiner polizeilichen Aussage sinnentstellend zitiert und mit meinem Vornamen und dem Anfangsbuchstaben meines Nachnamens versehen waren. Das war wohl die Rache von *Bild* für das »presserechtliche Informationsschreiben«, das ich über meinen Anwalt Wolfgang Kutsch unter anderem an *Bild*, *RTL* und *Bunte* hatte schicken lassen und in dem sinngemäß stand, dass ich jeglicher individualisierender und erkennbar machender Text- und Bildberichterstattung widerspreche: *Bild* reagierte darauf mit der Entscheidung, das bislang eingesetzte Pseudonym »Dagmar B.« in meinen Klarnamen »Miriam K.« zu verändern.

Die Show, die die Medien mit ihren Übertragungswagen und ihren Mikrofonen und Laptops vor dem Landgericht abzogen, war eine widerliche Party, die an die Stimmung erinnerte, die vor Gladiatorenkämpfen geherrscht haben musste – es war eigentlich zum Lachen. Ein Overkill! Eine Menschenmasse, die sich am Leid anderer ergötzen wollte. Nach der Berichterstattung der letzten Wochen und Monate zu urteilen, ging es den wenigsten dort darum, unvoreingenommen wahrheitsgemäß zu berichten und ihre Pflicht als Kontrolle der Justiz ernst zu nehmen.

Ich war also von vornherein alles andere als entspannt. Das Wissen, in wenigen Stunden einem törichten Gericht Rede und Antwort zu stehen und an dieser Meute sensationsgeiler und rücksichtsloser Medienheinis vorbeizumüssen, machte es nicht besser.

Mein Anwalt holte mich mit seinem Auto ab. Wolfgang Kutsch ist ein junger Mittdreißiger, ein selbstständiger Strafverteidiger aus Köln, der für mich nun die Rolle eines Zeugenbeistands einnahm, ein freundlicher und lustiger Mensch, der zufälligerweise auch noch meinen Musikgeschmack hatte. Das ist immer gut. Ich war froh, ihn zu sehen und ihn an diesem Tag an meiner Seite zu haben. Wir fuhren Richtung Mannheim-Hauptbahnhof, wo wir mit der Heidelberger Kripo verabredet waren, um in deren blickdichtes Auto umzusteigen und ins Landgericht zu fahren. Wir waren ein bisschen zu früh da, und so beschlossen wir, noch einen Tee zu trinken, einen Muffin zu essen, den ich dann doch nicht herunterbekam, und natürlich so viele Zigaretten wie möglich zu rauchen, bevor wir ins Gericht mussten. Die Kripo rief zwischenzeitlich an und sagte, dass sich alles um mindestens eine halbe Stunde verzögern werde. So hatten wir noch ein wenig Zeit, den Ablauf zu besprechen.

Ich erzählte meinem Anwalt, was ich vorhatte. Mir war zwar klar, dass das auch für mich ein riskantes Verfahren sein könnte, wenn ich ein Gericht derart angriff, wie ich es mir vorgenommen hatte. Aber ich wollte das alles nicht nur für Jörg machen, sondern auch für mich, um jederzeit vor den Spiegel treten und mir sagen zu können: Ich habe keinen Unschuldigen wider besseres Wissen verleumdet oder ihm absichtlich geschadet. In einer Situation wie dieser, die nun wirklich nicht alltäglich ist und in der die Versuchung besteht, sich seinen verletzten Gefühlen auszuliefern und eine rachsüchtige Wahnsinnige zu werden, ist diese Devise ein guter Wegweiser und hilft nachts beim Einschlafen. Das eigene Gewissen lässt sich nicht dadurch beschwichtigen, dass man von »Aufarbeitung« einer Beziehung spricht oder das altruistische Motiv vorgibt, andere Frauen vor Jörg schützen zu wollen, indem man Schmutzige-Wäsche-Interviews über den Ex gibt. Menschen, die auf andere noch eintreten, wenn sie schon am Boden liegen, haben in meiner Welt kein Mitleid verdient. Das sind Menschen, die sich jenseits von Gut und Böse bewegen.

Es gibt eben im Leben keine Ausnahmesituationen, in denen Gerechtigkeitssinn und Menschlichkeit legitim außer Kraft gesetzt werden können und ihre Gültigkeit verlieren – entweder man hat diese Prinzipien, dann muss man sie auch in jeder Situation, in die man gerät, aufrechterhalten, gerade wenn es schwerfällt, oder man hat sie eben nicht. Außerdem war ich davon überzeugt, dass es der einzige Weg war, das Gericht wachzurütteln, und dass es meine Pflicht war gegenüber einem Menschen, den ich einmal gut kannte und den ich einmal liebte, die Wahrheit in einer für ihn so gefährlichen und existenziell bedrohlichen Situation mit aller Überzeugungskraft auszudrücken. Das ist mein Verständnis von menschlichem Umgang miteinander, und ich hätte meine Brandrede auch dann gehalten, wenn Jörg mir in der Zeit seiner Verhaftung hätte ausrichten lassen, dass er mich nie wiedersehen möchte. Das hätte nichts geändert, ich hätte trotzdem vor Gericht ausgesagt: Ein Vergewaltiger ist er trotzdem nicht! Die Beziehung, die zu Jörg bestand oder nicht bestand, war auf Eis gelegt, und sie zu besprechen und zu klären lag für mich in weiter Ferne.

Ich erzählte also meinem Anwalt von meiner vorbereiteten Brandrede, und er überlegte. Er gab zu bedenken, dass ich vermutlich recht hätte, aber dass sie meinem Vorhaben, nämlich dem Gericht nahezubringen, dass es einem falschen Glauben anhänge, nicht dienlich wäre. Nach längerer Diskussion überzeugte Kutsch mich mit dem Argument, dass es nach seiner Erfahrung weit mehr helfen würde, wenn das Gericht den Eindruck einer neutralen Zeugin hätte, und dass man ihm die Entscheidung, wie es meine Aussagen zu werten hätte, nicht abnehmen sollte.

Dass ich als »Meinungs-« beziehungsweise »Leumundszeugin« allerdings sowieso niemals neutral sein konnte, müsste ein Gericht wissen, fand ich. Letztendlich war die Anhörung der »Meinungszeuginnen« ja genau deswegen von der Staatsanwaltschaft beantragt worden, weil diese erwartete, dass unsere Meinungen über Jörg keine guten sein würden. Ich entschied mich trotzdem, den Rat meines Anwalts zu befolgen, dem Gericht meine aufgestaute Wut und meinen Ärger vorzuenthalten und eine freundliche, wohlgesinnte Frau zu sein, die dem Gericht Achtung und Respekt entgegenbringt, den die Kammer aus meiner damaligen wie aus meiner heutigen Sicht eigentlich schon längst verspielt hatte.

Das war ein sehr schwerer Akt, innerhalb kürzester Zeit die innere Agenda zu verändern. Ich verwarf meinen Monolog und versuchte, mich auf das Wesentliche zu konzentrieren und mein Temperament unter Kontrolle zu halten.

Nach der halben Stunde Verzögerung trafen wir am Mannheimer Hauptbahnhof Beamte von der Kripo Heidelberg. Eine kleine Frau, die mich etwas seltsam angrinste, und ein freundlicher älterer Kripobeamter nahmen uns in Empfang, und wir stiegen in einen silbernen Van mit verdunkelten Scheiben. Die Beamten hatten sich freundlicherweise große Mühe gegeben, uns vor neugierigen Blicken zu verbergen, indem sie sogar das Fenster zum Fahrerhaus noch mit einem Stück Pappe abgedeckt hatten. Mein Anwalt und ich konnten von innen nach außen schauen, aber niemand zu uns hinein. Wir sahen das Spektakel der rennenden Kameramänner und Fotografen, die bei unserer Ankunft so wirkten, als würden sie um ihr Leben laufen, als sie die Verfolgung aufnahmen. Einer hat sogar versucht, durch einen winzigen Spalt, der durch ein ausgeklapptes Fenster hinter der Rücksitzbank entstand, zu filmen. Es war unglaublich.

Wir stiegen aus und wurden von einem freundlichen tätowierten Polizisten mit, wenn ich mich recht erinnere, Dienstwaffe, Handschellen und Funkgerät am Gürtel in Empfang genommen, der uns durch den Keller des Landgerichts zum Zeugenraum neben dem Saal 1 brachte. Er lief immer vor, schloss jeweils eine der vielen Türen auf, ließ uns passieren und schloss hinter uns wieder zu. Es war ein beklemmendes Gefühl. Wir gingen an den Zellen des Gerichts vorbei, wo vermutlich die angeklagten Untersuchungshäftlinge während ihres Prozesses in den Pausen warten müssen. Alles war in einem Taxigelbton gehalten.

Der Zeugenraum war ein helles, vielleicht zehn Quadratmeter großes Zimmer im Erdgeschoss (oder Hochparterre) des Gebäudes. In der Mitte stand ein grauweißer Bürotisch mit ein paar Stühlen und gegenüber war ein Fernseher mit aufmontierter, jedoch inaktiver Kamera. Rollos waren vor den Fenstern. Ich saß auf einem Stuhl mit dem Rücken zum Fenster, hatte den Mantel ausgezogen und versuchte ruhig zu bleiben. Die ursprüngliche Zeit meiner Ladung war schon überschritten, es war nach vierzehn Uhr dreißig. Wir warteten. Irgendwann kam der nette Polizist zurück und brachte ein Funkgerät, das er in die Mitte des Tisches stellte. Er sagte, dass wir ihn rufen könnten, wenn etwas sei. Mein Anwalt machte ein skeptisches Gesicht, da wir uns auch über die bevorstehende Aussage unterhielten, und schaltete das Gerät aus.

Wir warteten, und meine Anspannung wuchs mit jeder Minute. Kutsch, mein Anwalt, hat zwar viel unternommen, um mich zu beruhigen, aber es gelang mir nur schwer, mich zu entspannen. Ich erinnere mich insgesamt nicht gut an diese lange Zeit des Wartens, weil ich zu sehr mit meinen Gedanken bei dem war, was mir bevorstand. Sicher weiß ich nur noch, dass das Warten unerträglich war. Zu einem Zeitpunkt, an dem ich dachte, dass es jetzt bestimmt noch eine Weile dauern würde, kam der Polizist herein und sagte, dass ich jetzt dran sei.

Wir standen auf und gingen über den Gang durch einen Nebeneingang seitlich in den Saal. Von den Sitzplätzen der Zuschauer aus gesehen kamen wir von links herein, also von dort, wo Staatsanwaltschaft und Nebenklage ihre Plätze hatten. Ich musste an ihnen vorbeilaufen und mich sehr bemühen, ihnen nicht einen vernichtenden Blick zuzuwerfen – gut, das wäre auch kindisch gewesen, ich hätte es aber trotzdem gerne gemacht. Von uns aus links war jetzt die Richterbank – die Richter betraten zeitgleich mit uns den Saal, von einem Raum hinter der Richterbank –, und direkt vor mir die Verteidigerbank mit Jörg.

Ich sah ihn nicht an. Mit Absicht nicht, denn ich wusste nicht, was ein Blickaustausch nach so langer Zeit mit mir machen würde. Schließlich hatte ich ihn geliebt, und das war auch noch nicht vorbei, nur weggeschoben und irgendwie neutralisiert, zumindest für die Zeit des Kampfes, all das auszuhalten. Der plötzliche und unerwartete Abschied auf unbestimmte Zeit am Frankfurter Flughafen war sehr einschneidend gewesen und seine Dramatik noch immer präsent. Die erwartungsvollen Reporter und die Zuschauer, die rechts von uns saßen und gerade wieder in den Saal kamen (es hatte zuvor eine kurze Pause gegeben), versuchte ich weitgehend zu ignorieren. Mein Blick war neutral freundlich, so hatte ich es mir jedenfalls vorgenommen, und ich glaube, dass er mir gelungen ist. In der Mitte zwischen Anklage- und Verteidigerbank stand ein kleiner weißgrauer Tisch mit zwei Stühlen und einem Mikrofon, dorthin ging mein Anwalt zielstrebig, und nachdem der Vorsitzende Richter Michael Seidling mich harsch aufgefordert hatte, mich zu setzen, nahmen wir dort gemeinsam Platz.

Nun saßen wir mit dem Rücken zu den Zuschauern, links die Staatsanwaltschaft und Rechtsanwalt Franz, der Nebenklagevertreter von Frau Dinkel, und rechts von uns Rechtsanwalt Birkenstock, Jörg, Rechtsanwalt Klaus Schroth, ein weiterer Verteidiger Jörgs, den Birkenstock wohl vor allem als Unterstützung für die Haftbeschwerde vor dem OLG Karlsruhe ins Boot geholt hatte und der nun auch im Prozesssaal anwesend war, und Rechtsanwältin Combé. Vor mir ganz links auf zwei Stühlen in die Ecke gedrängt, die beiden Ersatzschöffen, dann frontal vor mir, von links nach rechts, der erste Schöffe – ein freundlich aussehender älterer Herr mit Brille –, Dr. Joachim Bock – der Beisitzende Richter –, dann der Vorsitzende Michael Seidling, als Berichterstatterin die Richterin Daniela Bültmann, neben ihr der zweite Schöffe, ein jüngerer Herr mit wenig Haarwuchs, der ernst guckte. Daneben wiederum saß ein Ersatzrichter, ein junger aufgeweckter Mann mit kurzen schwarzen Haaren. Rechts neben ihm saß an einem Computer der Protokollführer. Kutsch hatte rechts von mir Platz genommen. Schräg neben mir an anderen Tischen saßen die Gutachter – an diesem Tag waren anwesend Prof. Dr. Mattern (Rechtsmediziner aus Heidelberg), Prof. Dr. Pleines (Psychiater aus Heidelberg zur Begutachtung von Jörg), Prof. Dr. Greuel (Aussagepsychologin aus Bremen) und die von der Verteidigung bestellten Gutachter, die der Vorsitzende trotz Antrag der Verteidigung nicht auf die Ladungsliste des Gerichtes gesetzt hatte: Prof. Dr. Brinkmann (Rechtsmediziner und Jurist aus Münster), Prof. Dr. Elliger (Psychologe und Psychiater aus Köln) und Prof. Dr. Markus Rothschild (Rechtsmediziner aus Köln), der wie auch der Hamburger Rechtsmediziner Prof. Dr. Klaus Püschel ein Gutachten zu den Verletzungen der Nebenklägerin erstellt hatte.

Es war laut im Saal, die Richter ordneten ihre Unterlagen und

185

besprachen sich noch kurz untereinander, ebenso die Staatsanwaltschaft. Herr Franz, der Nebenklagevertreter, saß einfach nur da und guckte. Hinter Kutsch und mir gab es rege Unterhaltungen im Zuschauerbereich. Ich versuchte, möglichst geradeaus zu sehen, damit das Publikum hinter mir so wenig wie möglich von mir erkennen konnte. Nicht weil ich mich für etwas schämte, sondern weil ich irgendwelchen Gaffern, die scharf darauf waren zu sehen, wie ich aussah und wie ich mich verhielt, nicht die geringste Information gönnte. Denen, die anwesend waren, um sich ein eigenes Bild vom Sachverhalt zu machen, neutral zu berichten und der Justiz als Bürger und Journalisten auf die Finger zu schauen, war mein Aussehen eh egal.

Kutsch guckte im Saal umher. Er erklärte mir zur Ablenkung, wer wer war, und erzählte mir, was hinter meinem Rücken so geschah. Zudem machte er Witze, um mich aufzumuntern, wie den über den selbst erdachten Zeitungsbericht in der *Bild* von morgen: »Die große, junge Studentin mit dem wallenden, kastanienbraunen Haar …« Ich musste lachen. Am nächsten Tag stand es tatsächlich so ähnlich in der Zeitung, was mich nicht weiter wunderte.

Nach wenigen Augenblicken des Geraunes und Geraschels nach dem Setzen ergriff der Vorsitzende das Wort und begann meine Personalien abzufragen. Name, Vorname und so weiter. Mein Nachname und die Angabe »ledig« brachte das Gericht schon zum ersten Mal ins Stocken, denn man konnte sich nicht vorstellen, dass ich ledig war, aber dennoch einen anderen Namen als meinen Geburtsnamen trug. Die Möglichkeit, dass meine Mutter einen anderen Mann als meinen Vater geheiratet und ich dessen Namen angenommen hatte, war ihrer unmittelbaren Lebenserfahrung wohl fremd. Das musste erst erklärt werden. Man erfragte mein Geburtsdatum, meinen Wohnort, den ich erst nicht angeben wollte, dann aber anmerkte, dass ihn ja eh schon alle wüssten, und ihn daraufhin benannte. Danach wurde ich nach meinem Beruf gefragt, woraufhin man jetzt auch noch wissen wollte, was genau ich denn studierte. Dass die Antwort »Psychologie« sein würde, wusste das Gericht; dass es nicht unbedingt üblich ist, auch noch nach dem Studiengang zu fragen, bemerkte ich an der etwas unsicheren Nachfrage des Richters. Offenbar versprachen sie sich etwas von meiner Ausbildung und meinten, diese öffentlich betonen zu müssen.

Meine Stimme versagte zu meiner Überraschung bei der Beantwortung der ersten Fragen, und ich begann lauter und bestimmter zu reden, um diese Schwäche zu kaschieren. Der Richter belehrte mich, dass man vor Gericht die Wahrheit sagen müsse. Das tat er aber wohl sehr dürftig, wie mein Anwalt verwundert in der Pause sagte. Kutsch erzählte mir, dass er das von den meisten Richtern ganz anders, ausführlicher kenne. Nach der Belehrung beantragte mein Anwalt den Ausschluss der Öffentlichkeit – für das Gericht nicht unerwartet, denn er hatte den Antrag schriftlich schon kurz zuvor eingereicht. Der Vorsitzende Richter Seidling fragte daraufhin die Verfahrensbeteiligten nach Einwänden: Staatsanwalt Oltrogge erhob seine sägende Stimme und erklärte, dass er sich gegen den Antrag verwehre, allerdings nur hinsichtlich der Fragen, in welchen es nicht um die Intimsphäre ginge. Nebenklagevertreter Franz stimmte unserem Antrag voll und ganz zu, die Verteidigung schloss sich Oltrogge an, möglicherweise aber auch Franz – ich konnte das Gemurmel von Birkenstock nicht verstehen. Das Gericht erhob sich und erklärte, sich kurz zur Beratung zurückzuziehen. Seidling wies Kutsch und mich an sitzen zu bleiben, Richter Bock wiederum sagte, wir sollten aufstehen und noch einmal in den Zeugenraum gehen. Das taten wir nach einer kurzen Phase der Verwirrung dann auch. Die Zuschauer verließen mit leisen bis lauten Unmutsbekundungen langsam den Saal, nicht ohne sich zwischendurch nach mir umzudrehen, wie mir Kutsch im Zeugenraum berichtete.

Zurück im Zeugenraum wich die erste Nervosität. Ich war jetzt schon einmal im Saal gewesen und hatte die ersten Fragen beantwortet. Ich begann, mich etwas zu entspannen und zu konzentrieren. Kutsch schien mir auch ein bisschen gelöster, und die knapp zwanzig Minuten, die wir jetzt wieder warten mussten, waren weitaus weniger schlimm als die Wartezeit zuvor. Nachdem der Polizist uns wieder abgeholt hatte, das ganze Prozedere des Hinsetzens und Ordnens noch einmal wiederholt worden war und alle Zuschauer wieder ruhig waren, verlas der Vorsitzende einen kurzen Text, in dem er sinngemäß verkündete, dass die Öffentlichkeit für die gesamte Vernehmung aus Rücksicht auf meine Privatsphäre und die intimen und privaten Lebensumstände, die während meiner Aussage vor Gericht erörtert würden, ausgeschlossen sei.

Er gab auch dem Antrag meines Anwalts statt, ihn als meinen Zeugenbeistand beizuordnen. Das bedeutete, dass die Staatskasse meine Anwaltskosten, die durch die Zeugenladung entstanden waren, erstatten musste – die es eigentlich gar nicht gebraucht hätte, wenn ein Gericht nicht den überflüssigen Wunsch gehabt hätte, mich in diesem Prozess zu vernehmen und mich dadurch der nach Schlagzeilen hungernden Presse auszuliefern. Ohne meinen Anwalt wäre ich hilflos gewesen, sowohl vor Gericht als auch in allem, was meine Zeugenladung durch das Gericht nach sich zog. Mir als Studentin war es nahezu unmöglich, einen Anwalt zu bezahlen. Die Lösung dieses Problems wäre der Verzicht auf meine Ladung durch das Landgericht Mannheim gewesen, das aber der Entschlossenheit der Staatsanwaltschaft nichts entgegenzusetzen wusste. Einer anderen Zeugin, die sich anwaltlich gegen ihre Ladung zur staatsanwaltschaftlichen Vernehmung gewehrt hat, hatte die Staatsanwaltschaft sogar mit Zwangsvorführung gedroht.

Das Publikum reagierte auf den Beschluss der Kammer, die Öffentlichkeit auszuschließen, mürrisch und genervt. Als der Richter die Zuschauer aufforderte, den Saal zu verlassen, gingen sie widerwillig und vor sich hin murmelnd aus dem Saal. Ich verstand diese Reaktion, sofern sie aus den richtigen Motiven heraus geschah: Denn das Prinzip der Öffentlichkeit und Transparenz ist ein Stützpfeiler des Rechtsstaats, und die Kammer hat dieses Prinzip in weiten Teilen der Verhandlung außer Kraft gesetzt. In vielen Fällen, denke ich, zu Unrecht, wie beispielsweise bei der Anhörung einiger Gutachter, deren Ergebnisse für die Anklage vernichtend waren. Durch diese Vorgehensweise ermöglichte sich das Gericht, sagen zu können: »Ihr da draußen wisst gar nicht, was hier erörtert wurde, also erlaubt euch auch kein Urteil über unsere Arbeit!«, was die 5. Große Strafkammer in ihrer mündlichen Urteilsbegründung am 31. Mai 2011 dann ja auch tat. Exakt zur Widerlegung einer solchen Rechtfertigung gibt es in einem Rechtsstaat das »Prinzip der Öffentlichkeit«.

Als wieder Ruhe eingekehrt war, begann das Gericht, seine Fragen »zur Sache« an mich zu stellen.

Eine Zeugenvernehmung läuft in der Regel so ab, dass man als Erstes vom Vorsitzenden befragt wird, dann fragen die Beisitzer (die Schöffen haben ebenfalls das Recht, Fragen zu stellen, machen das aber in der Praxis fast nie), danach folgen Staatsanwälte, Gutachter der Staatsanwaltschaft und des Gerichts, Gutachter der Verteidigung und schlussendlich die Verteidigung.

Es gibt die unterschiedlichsten Frage- und Verhörtechniken für Gerichte, Staatsanwälte und Polizisten. Im Rahmen meiner Vorbereitung auf die gerichtliche Vernehmung hatte ich viele davon studiert, um innerlich besser mit der bevorstehenden Situation umgehen zu können. Dieses spezielle Thema hatte mich aber schon vor dem Zeitpunkt interessiert, zu dem ich wusste, dass ich vor Gericht würde aussagen müssen. Ich wollte einfach wissen, welche Mittel der Justiz zur Verfügung stehen, um lügende Zeugen zu entlarven. Aufgrund des Umgangs der Kammer mit der schlecht ausgedachten Geschichte der Nebenklägerin (die später die naive Frage von Richter Dr. Bock auslöste: »Warum lügt sie so schlecht?«) war mir klar, dass das Gericht offenbar keine ausreichende spezifische Vorbildung hatte, was die juristische Bearbeitung solcher Delikte anging. Ich ging daher davon aus, dass die Richter letztlich auch rein gefühlsmäßig entscheiden würden. Deswegen achtete ich bei meiner Vernehmung auf Äußerlichkeiten, da ich ahnte, dass diese in ihrer Welt womöglich mehr bedeuteten als das, was ich zu sagen hatte – zumindest dann, wenn ich nichts Negatives über den Angeklagten zu berichten wusste. Ich überlegte lange, was ich anziehen sollte. Letztlich entschied ich mich für eine helle gestreifte Kragenbluse mit langen gestärkten Manschetten und eine schwarze Jeans, darüber ein langer Mantel. Ich versuchte, eine gerade Haltung anzunehmen, wach und aufmerksam zu sitzen,

Füße und Beine still zu halten, die Arme vor mir locker übereinanderzulegen und den unfreiwilligen Gewichtsverlust von fünfzehn Kilo während der vergangenen Monate so gut es ging zu kaschieren. Diese Haltung hielt ich weitgehend die ganze Vernehmung über durch, denn sie gilt in der psychologischen Deutung als eine freundliche und offene, und selbst wenn die Richter über entsprechende Kenntnisse nicht verfügen sollten, so baute ich doch auf die Wirkung, die meine Körpersprache unbewusst auslösen musste. Der Druck, den ich empfand, alles tun zu müssen, um vor diesem Gericht die Wahrheit meiner Aussage zu beweisen, war immens. Ich fühlte mich von Anfang an in der Defensive.

Der Vorsitzende begann, chronologisch meine Beziehung zu Jörg abzufragen. Wie denn der erste Kontakt zustande gekommen sei und warum. Wer die Initiative ergriffen habe, wer zuerst angerufen und ein Treffen initiiert habe und so weiter. Bei jeder Frage hatte ich das Gefühl, dass man hoffe, die Antwort würde immer »Jörg wollte das« lauten. Als sei es etwas Verwerfliches, sich näher kennenlernen zu wollen, wenn man sich mochte. Es wurde der genaue Wortlaut unserer ersten Konversationen übers Internet abgefragt, die aber sehr harmlos waren und die selbst dann, wenn sie nicht harmlos gewesen wären, überhaupt nichts mit der behaupteten Tat zu tun hatten, um die es vor Gericht ging. Ich konnte mich teilweise nur mit Mühe erinnern, da die Fragen sehr ins Detail gingen.

Dr. Bock und Seidling begannen abwechselnd zu fragen und wechselten das Tempo immer wieder. Worüber man denn genau geredet habe beim ersten Treffen, ob dort schon »Zärtlichkeiten ausgetauscht worden seien« und Ähnliches mehr. Ich antwortete durchaus irritiert, aber freundlich so gut es ging auf die absurdesten Fragen in der Hoffnung, dass sie bald genug gehört hätten, da es nun wirklich nichts Spannendes und Ungewöhnliches zu berichten gab. Aber sie gaben nicht auf und schrieben alles eifrig mit, als hätten die banalen Fakten eines Kennenlernens auch nur den Hauch eines Beweiswerts im Rahmen eines Verfahrens wegen angeblicher Vergewaltigung einer ganz anderen Person. Es war grotesk.

Wann es denn zum »ersten sexuellen Kontakt gekommen sei«, wollte der Vorsitzende Seidling nun ganz genau wissen. Ich fragte ihn, was er denn damit meine, ob er Geschlechtsverkehr meine oder was genau. Sein Gesicht wurde rot, und er stammelte wieder etwas vom Austausch von Zärtlichkeiten und sexuellen Handlungen ... Das fragte man mich, als wir chronologisch nicht weit über das erste Date hinaus waren. Ich antwortete, dass so etwas erst viel später stattgefunden habe. Nun begann die Kammer aufgeregt, den genauen Zeitpunkt unseres ersten Sex einzugrenzen, und fragte nach einem Datum. Ein genaues Datum konnte ich nicht mehr nennen, aber allein die Tatsache, dass es viele Monate nach unserem ersten Treffen gewesen war, hatte sie schon genug deprimiert.

In einem Nebensatz erwähnte ich bei der Beantwortung einer Frage, dass ich in Jörgs vermülltes Auto stieg. Diese Aussage nutzte der Vorsitzende sogleich, um mir eifrig ins Wort zu fallen und mit der Begründung, ich hätte den Zustand des Autos erwähnt, jetzt wolle er zur Persönlichkeit des Angeklagten kommen, das offenbar nicht ertragreiche Thema zu wechseln. Ich war empört über diese irrsinnige Verbindung, die Seidling zwischen dem vermüllten Autos eines Mannes, der tagtäglich im Auto mehrere hundert Kilometer fuhr, und dessen Persönlichkeit zog, und vergaß für einen Augenblick, mein Temperament zu zügeln. Ebenso wie er mir ins Wort gefallen war, fuhr ich ihm über den Mund und zweifelte an, dass das eine mit dem anderen auch nur irgendetwas zu tun hätte. Ich wurde mit einem missbilligenden Blick und Räusperer des Vorsitzenden wieder zurechtgestutzt, und alle drei Richter schienen vergnügt ihr soeben gefundenes »Indiz für Jörgs Schuld« auf die vor sich liegenden Zettel zu schreiben – nämlich das böse vermüllte Auto.

Mir wurde übel. Die wochenlang erarbeitete Wutrede fiel mir wieder ein. Es war wirklich schwer, diese Mauer an Ignoranz und offensichtlicher Voreingenommenheit zu ertragen, ganz unmöglich jedoch, sie einzureißen. Es ist, wie einer der intelligenteren Kommentatoren des Verfahrens in einem Fernsehbericht vollkommen zu Recht feststellte (sein Name ist mir leider entfallen), ein zivilisatorischer Fortschritt, dass Moral und Vorurteile in einem Gerichtsprozess unserer Zeit nichts zu suchen haben, sondern dass es einzig und allein um die angeklagte Tat geht und um nichts anderes. Hier, wo schon ein vermülltes Auto zum Persönlichkeitsmerkmal wurde, war man weit davon entfernt.

Es wurde weitergefragt, haarklein jeder Entwicklungsschritt der Beziehung, die doch eine Liebe war, auseinandergenommen, abgefragt, aufgeschrieben, hinterfragt – es war das Entblößendste, das ich mir vorstellen kann. Und das Schlimmste: Es war so sinnlos und überflüssig.

Was um alles in der Welt trägt es zur Wahrheitsfindung in einem Prozess bei, der der Aufklärung eines angeblichen Verbrechens dient, bei dessen angeblichem Stattfinden ich nicht zugegen war, wenn ich erzählen soll, wann Jörg und ich uns wo getroffen haben oder wie viel Sex wir hatten oder was unsere Gesprächsthemen waren oder warum und wann ich nach Konstanz gezogen bin oder welche sexuellen Fantasien ich hege … Was geht das alles die Richter an?

Es war erniedrigend. Ich hatte nicht selten das Gefühl, dass die Richter einem gewissen Voyeurismus frönten und teilweise nur aus persönlichem Interesse fragten, auch wenn sie sich die Mühe machten, ausdrücklich zu betonen, dass dem nicht so sei und dass sie das alles nicht zum Spaß fragten. Zuweilen erschien es mir auch so, dass man mit den Fragen pädagogisch auf mich einwirken wollte. Man erfragte sehr peinliche und unangenehme Sachen, offenbar in der Hoffnung, dass ich später in mich ginge und es nie wieder tun würde. Ich begegnete diesen Versuchen, so gut ich konnte, mit Humor und Stolz. Ich hatte nichts Falsches gemacht. Die Kammer machte das Falsche, denn sie erfragte und hinterfragte Dinge, die in das Reich der Privatsphäre gehörten und nie für andere Augen und Ohren bestimmt waren als für den, mit dem man diese Dinge getan hat. Einen nachvollziehbaren Zusammenhang zum Verfahren gab es nicht.

Im Laufe der Befragung durch die Richter konnte ich dennoch immer besser mit ihrer Vorgehensweise umgehen, da ich dieses Prinzip relativ schnell erkannte und sich bei mir ein natürlicher Widerstand aufbaute: Je mehr sie versuchten, mich bloßzustellen oder mich mit ihren kleinen Anmerkungen und Nachfragen zu belehren, umso mehr verlor ich den letzten Respekt vor ihnen, was wiederum mein Selbstbewusstsein anhob. Wenn das nicht so geschehen wäre, wäre ich in dieser Befragung vermutlich zusammengebrochen.

Ich habe meiner Familie und meinen Freunden später auf Nachfrage berichtet, dass ich weniger von mir preisgegeben hätte und es angenehmer für mich gewesen wäre, wenn ich in diesem Saal hätte nackt und breitbeinig sitzen müssen. Das ist zwar ein krasser Vergleich, aber er war dennoch nicht übertrieben. Die Dinge, die ich dort erzählen musste, hätte ich nicht einmal meinem Psychologen erzählt, wenn ich denn einen hätte.

Ich weiß nicht, ob Richter sich der Auswirkungen ihrer Befragungen bewusst sind oder ob sich vielleicht auch eine gewisse Eigendynamik entwickelt, wenn man schon lange Richter ist, einen Zeugen, der stundenlang in diesem Saal sitzt, schon ein wenig zu kennen glaubt und sich in dieser allmächtigen Position befindet, in der man mehr oder weniger alles erfragen kann, was das Herz begehrt. Für mich hatte die Atmosphäre im Gerichtssaal etwas Unwirkliches, ohne Bezug zur Realität oder auch nur zum Verfahren. Ob das für die Gegenseite auch so war? Ich weiß es nicht. Ich weiß nur, dass das die freundlichste aller Deutungen ist. Im Nachhinein ist mir klar geworden, dass es auch aus diesem Grund richtig und wichtig gewesen wäre, die Öffentlichkeit nicht auszuschließen, denn die Richter hätten unter den Augen des Publikums sicher die Notwendigkeit einer jeden Frage genauer geprüft, als sie es ohne diese Kontrolle taten. Jörgs späterer Anwalt Johann Schwenn hatte das von seinem ersten Prozesstag an erkannt und zwang die Kammer deshalb in solcherlei Situationen zur Wiederherstellung der Öffentlichkeit. Birkenstock hingegen schien kein Mittel gegen eine allzu neugierige und indiskrete Kammer zu finden.

Die erste Stunde hatten mich nur Dr. Bock und der Vorsitzende Michael Seidling befragt, und ich wunderte mich zuweilen, warum sich Daniela Bültmann, die Berichterstatterin, die auch das schriftliche Urteil verfassen würde und die den unsäglichen Haftfortdauer-beschluss geschrieben hatte, so ruhig verhielt. Sie blätterte nur bei manchen meiner Antworten bedrohlich in einem großen Aktenord-ner, schrieb viel mit und blickte manchmal argwöhnisch, wie mir schien, zu mir herunter. Ich ahnte, dass sie mich wohl nicht sonder-lich sympathisch fand.

Irgendwann fiel sie mir bei einer Antwort, in der es um eine Datie-rung ging, überraschend ins Wort und meinte, dass das, was ich eben gesagt hätte, so ja wohl nicht stimmen könne. Ich war irritiert über die unfreundlichen ersten Worte, die sie zu mir sprach, dachte über ihren Einwand nach und verneinte dann dessen Richtigkeit. Ihr Ein-wand war unbegründet gewesen. Ich hatte ein bestimmtes Detail zeit-lich in den Sommer des Vorjahres eingeordnet, und sie behauptete, dass das, worum es ging, ja erstmals im Juni oder Juli in SMS-Nach-richten von Jörg und mir aufgetaucht sei, als ob diese Monate nicht zum Sommer gehörten. Kutsch neben mir nuschelte, empört über diesen Einstand der Richterin, vor sich hin und sagte dann etwas zu Frau Bültmann, woran ich mich nicht mehr erinnern kann, denn ich war einen Moment lang doch recht aufgewühlt. Selbst wenn meine Angabe wirklich objektiv falsch gewesen wäre: So what? Ich hatte mehrmals zuvor erklärt, dass mir die Dinge in Bezug auf ihre zeitliche Fixierung so detailliert nicht mehr im Kopf seien, schließlich spei-chert man Erinnerungen nicht kalendergleich ab. Daten im Sinne von Uhrzeit und Tag sind meist nicht das, was an einem Ereignis wichtig ist – folglich merkt man sie sich schlechter. Ich hatte ange-boten, dass ich zu Hause in meinem Planer nachschauen könne (wenn man alte Termine liest, kann man oft besser abrufen, wann was ansonsten geschehen ist), aber dieses Angebot wurde nicht wei-terverfolgt.

»Sie haben meine SMS, das ist ja interessant«, entgegnete ich Frau Bültmann, nachdem ich mich gefasst hatte. Ich hatte das natürlich geahnt. Seit meiner eigenen polizeilichen Vernehmung hatte ich den durch viele indiskrete Presseveröffentlichungen »aus den Akten« be-stärkten Eindruck, dass man in Mannheim und in Schwetzingen keine Rücksicht auf Privatsphäre nahm, auch dann nicht, wenn sie in keinerlei Beziehung zu den Ermittlungen stand. Dennoch wollte ich den Umstand, dass die Richter einen Ordner voll mit meinen privaten SMS vor sich liegen hatten und darin herumstöberten, zumindest einmal mit kritischem Unterton ausgesprochen haben. Frau Bültmann lächelte ein Lächeln, das ihre Augen nicht erreichte, und nickte.

Ich hatte nichts zu verbergen. Von Anfang an nicht, denn es gab nichts, das ich mit Jörg erlebt hatte oder von ihm wusste, das ihn auch nur ansatzweise belastet hätte, im Gegenteil. Das Einzige, das ich dem Gericht gern verborgen hätte, waren Dinge, die jeder Mensch gerne vor Fremden verbergen würde, nämlich meine Intimsphäre. Dennoch habe ich das nicht getan. Ich wollte ihnen den Gefallen einer Lüge nicht tun, denn dann hätten sie einen Grund gehabt, meine Ausführungen über Jörg nicht zu glauben und sie zu zerpflücken. Also habe ich jede auch noch so peinliche und unangenehme Frage beantwortet, und das erhobenen Hauptes – auch wenn es mir schwerfiel vor den Augen und Ohren von mehr als einem Dutzend Fremder. Hätte ich die Beantwortung einer Frage verweigert (das hätte Jörgs Verteidiger Birkenstock fordern müssen, vielleicht auch mein Zeugenbeistand) oder mir eine Notlüge ausgedacht, wäre das für meine Glaubwürdigkeit in den Augen der Richter fatal gewesen – schließlich war ich keine Belastungszeugin. Und dass nach Belastendem gesucht wurde, ergab sich aus der Art und Weise der Vernehmung.

Frau Bültmann und ich sind an diesem Tag miteinander nicht warm geworden. Nach ihrem ersten Einwurf kam immer mal wieder eine scharfe Frage von rechts außen. Einmal machte sie den Versuch eines Kompliments, um mich dazu zu bewegen, ein psychologisches Urteil über Jörg abzugeben. Es ging um Jörgs seelischen Zustand, und sie wollte von mir wissen, wie ich die Verfassung des Angeklagten und seine Stimmung beurteilen würde. Als Psychologiestudentin wäre ich ja sozusagen eine »Fachfrau«, meinte sie und schenkte mir zum ersten Mal ein fast freundliches Lächeln. Ich sah zumindest, dass sie sich bemühte, es freundlich aussehen zu lassen. Ich antwortete nach einem kurzen Luftschnappen so trocken und bestimmt, wie ich es eben zustande brachte: »Ich bin im dritten Semester des Studiums der Psychologie. Ich bin mit Sicherheit alles andere als eine Fachfrau.« Ihr Vorhaben war zu offensichtlich, um darauf hereinzufallen. Was hatte sie sich erhofft? Dass ich mich geschmeichelt fühlte und mich freute, endlich mal ein bisschen aus meinem Studium erzählen zu können? Dass ich anfinge zu fachsimpeln, dass man hier ja ein bisschen Schizophrenie erkennen könne, da ein bisschen Borderline und dort eine Spinnenphobie? Selbst wenn ich über diese Störungen Kenntnisse gehabt hätte: Wie käme ich dazu, mir als Studentin ein Urteil zu erlauben? Noch dazu in einem Gerichtsprozess? Ganz abgesehen davon, dass ein geliebter Mensch kein Studienobjekt ist …

Ich verweigerte mich der Zumutung, meinen persönlichen Eindrücken von einem Menschen auch nur den Hauch einer fachlichen »Diagnose« zu verleihen, griff dabei aber indirekt Frau Bültmanns fachliche Kompetenz an. Der Richterin verging sogleich ihr Lächeln. Ich meine sogar, eine gewisse Empörung bei ihr erkannt zu haben.

Da ich mir auf Anraten meines Anwaltes vorgenommen hatte, keinen offenen Krieg mit der Kammer zu führen und kein Verhalten zu zeigen, das als respektlos interpretiert werden konnte, beantwortete ich anschließend die Frage nach »der Verfassung des Angeklagten« unter dem Vorzeichen, was ich als ganz normaler Mensch bei Jörg wahrgenommen hatte. Frau Bültmann bedankte sich für diesen Dialog später mit einer Frage zu meinem aktuellen Gefühlsleben und ob Jörg und ich Kontakt hätten und ob wir noch zusammen seien und wie ich denn die Beziehung sehen würde. Was auch immer diese Frage am 15. September 2010 vor dem Landgericht Mannheim mit dem angeblichen Tattag am 8. Februar 2010 zu tun hatte …

Bild hatte an diesem Prozesstag ein Statement aus meiner polizeilichen Vernehmung gebracht und dabei den Eindruck erweckt, als handele es sich um eine aktuelle Aussage. Tatsächlich hatte diese Vernehmung knapp über eine Woche nach Jörgs Verhaftung stattgefunden, und als ich seinerzeit zu meiner Position gegenüber Jörg gefragt worden war, hatte ich mich als seine »feste Lebenspartnerin« bezeichnet. So sah ich mich jetzt nach allem, was ich gelernt hatte, nicht mehr, ohne allerdings eine neue Bezeichnung für den Status unserer Beziehung gefunden zu haben. Ich hatte, um genau zu sein, keine Ahnung, wo wir standen. Ich atmete kurz tief durch und antwortete: »Da es meine Erziehung und mein allgemeiner Umgang mit Menschen nicht erlauben, über die *Bunte* Schluss zu machen, ist noch nichts passiert seit Jörgs Verhaftung.« Die Beziehung liege auf Eis, bis man über alles reden könne, denn schließlich habe man ja keinen Kontakt und auch keine Möglichkeit dazu.

Die Kammer war sichtlich irritiert. Es lag offenbar nicht in ihrer Vorstellungskraft, dass jemand, der betrogen worden war und davon auch noch auf die denkbar ungünstigste Art und Weise erfahren musste, dem anderen zumindest die Chance ließ, darüber zu reden. Und das, obwohl gegen den anderen auch noch ein Verfahren mit einem stigmatisierenden Vorwurf anhängig war und man sich monatelang nicht gesehen hatte. Ein solches Verhalten ist vielleicht nicht selbstverständlich, aber es ist auch nicht übernatürlich.

Mir kam es in der Folgezeit so vor, als ob man versuchte, mich von meiner neutralen Offenheit Jörg gegenüber abzubringen, indem man mir viele Details der angeblichen Tatnacht präsentierte und zu bewerten gab, die man mir mit Sicherheit nicht hätte zeigen müssen. Schließlich war ich weder Psychologin noch Rechtsmedizinerin noch Spurentechnikerin, also warum führte man mir Spermaspuren und dreckiges Bettzeug vor? Ich konnte mir diese Vorhalte nur als pädagogische Maßnahmen erklären. Zu diesen »Begutachtungen« wurde ich nach vorn zum Richtertisch zitiert. Zu meiner Verwunderung stand beim ersten Mal nicht nur ich auf, sondern sämtliche Gutachter und auch die Verteidigung erhoben sich. Das ist üblich, denn alle Verfahrensbeteiligten müssen immer alles sehen können, was einem Zeugen gezeigt wird. Das wusste ich damals aber noch nicht.

Während ich also in einer netten Runde von ungefähr zehn Personen vor dem Richtertisch stand und wir uns, aus meiner unmaßgeblichen Sicht, ganz alltägliche Sexspuren ansahen, stellte mir Richter Bock allerlei Fragen rund um die Menstruation einer Frau. Ich gab ihm die notwendige »Nachhilfe«. Tatsächlich fragten die Richter oft nach Sachen, bei denen ich mir nur schwer vorstellen konnte, dass sie einem Erwachsenen nicht bekannt oder geläufig waren; ein Umstand, der mich weiter an der Kompetenz der Richter in diesem Strafverfahren zweifeln ließ.

Den ersten Preis in Sachen Lebensfremdheit habe ich allerdings innerlich Professor Mattern verliehen, der mich danach fragte, ob, wenn Jörg und ich Sex hatten, die Bettdecke immer auf dem Bett lag, ob wir immer darunter oder auf ihr gelegen hätten, ob sie während des Vorgangs heruntergefallen sei oder wie und überhaupt. Dabei fragte er nicht nach einem spezifischen Ereignis, sondern nach allen Begegnungen, zu allen Jahreszeiten, zu allen Tages- und Nachtzeiten. Auf meine Antwort, dass das sicher immer unterschiedlich gewesen sei, erntete ich großes Staunen und erheblichen Unglauben. Jetzt allerdings auch noch von Richter Bock. Es wurde mehrmals nachgefragt, ob das jetzt meine letzte Antwort zu dieser Frage und ob ich mir sicher sei. Ich sah mir den untersetzten, leicht verärgert blickenden Professor Mattern in seinem Teppichanzug mit seinem malkastenbraunen Haar an und war nur noch in einem Punkt ganz sicher: dass wir in zwei grundsätzlich verschiedenen, absolut unüberbrückbaren Welten lebten.

Die Vernehmung wurde nach neunzehn Uhr für mich unerwartet abgebrochen, als der Vorsitzende bemerkte, dass es ihm leidtäte, aber ich müsse noch einmal kommen. Inhaltlich waren wir, was meine Beziehung zu Jörg anging, irgendwann im Spätsommer oder Herbst des Vorjahres angekommen. Ich konnte es kaum fassen, noch einmal den beschwerlichen Weg nach Mannheim antreten und einen weiteren Tag Lebenszeit opfern zu müssen.

Außerdem hatte ich gehofft, dass sich nach dem Ende meiner Zeugenrolle früher oder später eine Möglichkeit ergeben würde, endlich mit Jörg reden zu können, um diese ganze Sache wie auch immer abschließen zu können. Mir schwebte vor, zumindest teilweise wieder ein normales Leben führen zu können, auch wenn ich wusste, dass ich, unabhängig vom Ausgang der Geschichte zwischen Jörg und mir, erst mit Abschluss des Prozesses wieder vollständig zur Normalität gelangen würde. Diese Chance auf Kommunikation wurde mir durch die erneute Ladung genommen, denn nun musste ich weiterhin darauf achten, dass man mir keine Voreingenommenheit zu seinen Gunsten oder Jörg Beeinflussung einer Zeugin vorwerfen konnte. Es war niederschmetternd. Das Prinzip der Endlosigkeit, das sich durch das gesamte Verfahren zog, war wieder einmal bestätigt worden.

Ich warf einen kurzen Blick auf Jörg, der traurig vor sich hinstarrte – warum, konnte ich nicht sagen, dazu gab es zu viele Gründe, traurig zu sein. Während meiner Vernehmung, das hatte ich aus dem Augenwinkel gesehen, war er aufmerksam gewesen, mit freundlichem Blick, und er hatte mir, ohne meine Ausführungen irgendwie zu kommentieren, offen zugehört.

Mir fiel beim Aufstehen mein Personalausweis aus der Hosentasche, den ich vorsichtshalber samt der Ladung mitgenommen hatte und den ich ohne den netten Hinweis von Professor Rothschild wohl dort verloren hätte. Dieser Vorfall kennzeichnet ein bisschen meine Verwirrtheit wegen der plötzlichen und unverhofften Entspannung einerseits und dem dumpfen Gefühl der Endlosigkeit des Verfahrens andererseits. Gut, dass Kutsch da war. Wir aßen erst mal bei McDonald's zu Abend. Auf seinem Telefon lasen wir die ersten Reaktionen in der Presse und deren rosarote Geschichtchen über den Prozesstag. Der Tag war vorbei, wir fuhren mit dem Auto in Richtung Koblenz, wo ich bei einem Cousin übernachtete. Ich war froh, zu jemandem zu fahren, der Familie war, bei dem ich mich entspannen konnte, weil ich mir das erste Mal an diesem Tag sicher sein konnte, dass man mir nichts Böses wollte.

Der 29. September 2010, der zweite Vernehmungstag, begann sehr ähnlich wie der erste. Mit dem Unterschied, dass mir alles schon seltsam vertraut war. Die Nervosität hielt sich in Grenzen. Sie resultierte dieses Mal aus der Furcht vor den Fragen der Staatsanwaltschaft, denn die standen ja noch aus. Und nachdem ich so gar nichts Belastendes erzählt hatte, würde die Staatsanwaltschaft sicherlich versuchen, mich irgendwie anzugreifen.

Wieder wurde die Öffentlichkeit ausgeschlossen, und Seidling eröffnete die Fragerunde mit einer kurzen Nachfrage zur Datumsangabe der ersten sexuellen Begegnung von Jörg und mir. Klasse Einstieg! Andererseits hatte er mich damit sofort wieder in die nötige Grundspannung versetzt. Die Fragen zogen sich ähnlich wie bei der ersten Vernehmung langsam und chronologisch durch die Beziehung, mit dem Unterschied, dass alle etwas besser gelaunt waren und selbst Frau Bültmann freundlicher wirkte. Sie lächelte zumindest öfter. Die Gutachter waren alle wieder da (die Tische waren ein wenig näher an die Zeugenbank gerückt worden, ansonsten war alles unverändert), der massige Franz saß wie eh und je vollkommen unbewegt statuenhaft auf seinem Stuhl, und Oltrogge schwatzte mit Oberstaatsanwalt Gattner. Birkenstock saß rechts auf der Verteidigerbank, neben ihm Jörg, daneben Schroth und ganz rechts Andrea Combé. Hinter mir saß wie schon zur letzten Vernehmung Frau Birkenstock, deren kräftiges Husten wie auch das Tuscheln der Staatsanwälte und das Räuspern von Herrn Birkenstock zur vertrauten Geräuschkulisse geworden waren. Auch die Schöffen guckten an diesem Tag wohlwollender von der Richterbank zu mir herunter. Stimmungsmäßig schien es ein besserer Tag im Saal 1 des Landgerichts Mannheim zu sein.

Ich war jedenfalls gelöster und konnte alles besser ertragen als noch am 15. September 2010. Nachdem die Kammer endlich mit ihren Fragen durch war, was noch einige Stunden in Anspruch nahm, war die Staatsanwaltschaft an der Reihe. Oltrogge fragte nichts. Man hatte mir, auch wenn die Wahrnehmung der Öffentlichkeit sicher umgekehrt war, den »bösen Bullen« zugeteilt: Gattner. Er leitete seine Fragen mit einem Lächeln ein, das wohl sympathisch wirken und eine Ebene des Vertrauens eröffnen sollte. Seine Stimme war dunkel und ruhig, aber seine Augen sprachen eine vollkommen andere Sprache als alles, was er mit Stimme und Mimik vermitteln wollte. Er stellte letztendlich wenige Fragen, allerdings solche, die klar darauf abzielten, irgendwelche noch so kleinen Widersprüche in meinen Aussagen zu finden. Er stellte sogar eine Frage, die genau so schon einmal von Frau Bültmann am vorhergehenden Vernehmungstag gestellt und von mir beantwortet worden war. Ich wies darauf hin, weil ich von Kutsch wusste, dass man innerhalb einer Vernehmung nicht zweimal auf dieselbe Frage antworten muss, und würgte die Frage so gut es ging ab. Nicht weil ich sie nicht noch einmal hätte beantworten *können*, sondern einfach, weil er mich zu einem Machtspiel herausforderte.

Die Befragung durch Gattner war überraschend kurz. Oltrogge lächelte nur, Franz wollte nichts wissen, und als Nächstes waren die Gutachter des Gerichts an der Reihe. Professor Mattern begann. Er stellte ergänzende Fragen zu Jörgs und meinem Sexualleben, die ich nicht verstand und die zumeist, wie ich dachte, auch schon beantwortet worden waren. Nach meinen Antworten schien er so unglücklich wie zuvor zu sein.

Der Nächste war Professor Pleines, der vom Gericht bestellte Psychiater, der Jörg begutachten sollte. Er hatte entgegen seinem strengen Gesichtsausdruck und seiner zuweilen steif wirkenden Haltung eine einnehmende weiche Stimme, die ich so nicht erwartet hätte. Ich weiß noch, dass sie mich für einen Moment aus dem Konzept brachte. Er fragte nach Jörgs Lebensumständen, seiner Kindheit und nach allem, was ich wusste über Jörgs Vergangenheit. Insgesamt war er einer der angenehmsten Fragensteller von allen, und das, obwohl er alles mitschrieb (was immer verstörend ist) und nie lächelte oder auch nur einen Gesichtsausdruck zeigte, der seine innere Haltung hätte erraten lassen. Er war undurchschaubar, was vermutlich beabsichtigt war.

Als Letzte zu meiner Linken war Professorin Greuel an der Reihe. Die Aussagepsychologin aus Bremen, die Staatsanwalt Oltrogge bestellt hatte, um die vernichtenden Vorgutachten der Verteidigung über die Glaubwürdigkeit der Nebenklägerin zu widerlegen – ein Schuss, der nach hinten losgegangen war. Von Nahem sah sie weitaus weniger streng und älter aus als auf den Fotos, die ich von ihr gesehen hatte, und im Gegensatz zu Professor Pleines, der links von ihr saß, strahlte sie Unsicherheit aus. Ihre Fragen betrafen fast alle Themen, die behandelt worden waren, konzentrierten sich aber besonders auf typische Verhaltensweisen Jörgs.

Zuletzt konnten die von der Verteidigung geladenen Gutachter ihre

Fragen stellen: Professor Rothschild hatte keine, und Professor Brinkmann, der außerordentlich freundlich war, aber von Nahem wiederum viel strenger aussah als auf Fotos, stellte noch einige Fragen, die, weil angenehm vorgetragen und zurückhaltend formuliert, gut auszuhalten waren.

Birkenstock richtete überraschenderweise nur eine einzige Frage an mich, nämlich ob jemals ein Pressevertreter auf mich zugekommen sei. Ich antwortete, dass man mir einen Strauß Blumen über die Firma Fleurop nach Hause zugestellt hätte, verbunden mit einem Telegramm, in dem ich aufgefordert wurde, mich bei der Chefreporterin der *Bunten* unter der angegebenen Telefonnummer und E-Mail-Adresse zu melden, da man sich ja ohnehin beim Prozess sehen würde und sie noch einiges *vor* meiner Aussage mit mir besprechen wollte. – Wie ich darauf reagiert hätte, fragte Birkenstock. Ich antwortete, dass ich ihr eine einzige Mail geschickt hatte mit der unmissverständlichen Bitte, mich nie wieder zu kontaktieren.

Richter Bock wollte am Schluss dann doch noch etwas wissen: ob ich denn mit dem Angeklagten, angenommen, er würde freigesprochen, wieder zusammenkommen wolle.

Ich wollte mich zunächst auf das Thema nicht einlassen, denn erstens ging es niemanden etwas an, zweitens wusste ich überhaupt nicht, was ich wollte, und drittens saß Jörg mit im Raum. Richter Bock setzte eine missbilligende Miene auf, und Kutsch flüsterte, dass ich hierzu nichts sagen müsse. Ich spürte aber, dass ich die vielen Stunden tapferen Beantwortens auch der unsinnigsten Fragen entwerten würde, wenn ich die Antwort auf gerade diese Frage jetzt verweigerte. Also antwortete ich doch und sagte, wie es war: dass ich das nicht wisse, dass zu viel passiert sei, um einfach so aus dem Stand eine Gefühlsklarheit behaupten zu können; dass die Zukunft davon abhinge, ob wir miteinander redeten und wie er sich verhalten, was er sagen werde und vor allem, was ich am Ende dann *fühlen* würde.

Damit war die Befragung beendet. Ich wurde aus dem Zeugenstand entlassen, Alle standen auf und verließen, sich unterhaltend, den Saal. Es war vorbei!

Kutsch und ich warteten im Zeugenraum noch auf die Kripo Heidelberg, die uns im blickdichten Auto aus der Tiefgarage des Landgerichts zurück zu unserem Wagen fuhr, wo wir uns wieder in das uns schon bekannte McDonald's-Restaurant begaben. Auf dem Weg dorthin rief mich Frau Birkenstock an, ob ich mich denn mit Jörg treffen wolle und dass er darum gebeten habe. Ich stimmte zu.

Große Frustration

Während der letzten Stunde von Miriams Einvernahme notierte ich mir aus den Unterlagen meines Verteidigers Schroth ihre Handynummer. Ich war mir nicht sicher, ob die Birkenstocks helfen würden, ein Treffen mit ihr hinzubekommen, sie sahen privat eine andere Zukunft für mich.

Ich insistierte, und wir trafen uns am Abend des 29. September 2010 bei Birkenstocks zu Hause und hatten einiges zu besprechen, vor allem ich hatte einiges zu erklären. Es war ein sehr schwieriger Moment, nach all dieser langen Zeit, all dem Scheiß, kurz alleine in der großen Eingangshalle im Haus des damaligen Verteidigers. Miriam war sehr dünn geworden, sie wog vielleicht gerade noch gut fünfzig Kilo, rauchte dafür wie ein Schlot. Ich spürte, wie nahe ihr alles gegangen war, und es tat mir leid, wie es ihr ging, auch wenn letztendlich Dinkel mit ihrer Falschbeschuldigung für die ganze Katastrophe verantwortlich war. Bei der ersten Umarmung nach über einem halben Jahr war jede Rippe fühlbar. In den Monaten darauf habe ich jedes Miriam-Kilo mehr als kleinen persönlichen Erfolg gesehen, den Erfolg der Dinkelei zurückzudrehen.

Noch in derselben Nacht erfuhr ich von Miriam, dass sie sich in der ganzen Zeit intensiv mit meinem Fall und dem Verhalten der deutschen Justiz befasst hatte, und das mit großer und ernsthafter Akribie – sie wusste über die juristischen Implikationen meines Falls deutlich mehr als ich. In den kommenden Wochen wurde sie zu einer wichtigen Stütze und half auch der Verteidigung. Parallel zur nicht gerade zunehmenden Energie von Birkenstock nahm Miriam immer mehr Aufgaben wahr und produzierte immer mehr Papier, das später sogar in die Gerichtsakten Eingang fand, zum Beispiel eine grafische Darstellung der unterschiedlichen Versionen der Nebenklägerin über den erfundenen Tathergang. Miriams Kampf war mehr als notwendig, es war die Zeit im Oktober und November 2010, als sich der Frust über die Unbelehrbarkeit des Mannheimer Gerichts wie Mehltau über alle und alles legte und als Birkenstock wohl spürte, dass seine rheinische Umarmungsstrategie als Schwäche ausgelegt und ausgenutzt werden konnte nach dem Motto: Wenn sein Mandant wirklich unschuldig ist, warum ist der dann zu uns Richtern so nett? Es wurde die schlimmste Zeit während des Prozesses. Man spürte die Frustration überall: eine gewisse Ratlosigkeit in der Verteidigung, das furchtbare *Bild*-Interview mit mir, das Birkenstock dringend gewollt hatte, Unterstützerforen im Internet verzweifelten an der Nachrichtenlosigkeit wegen des andauernden Ausschlusses der Öffentlichkeit und begannen um Infos zu betteln, die wir natürlich nicht geben konnten und wollten. Ich fing an, drängende Mails an das Verteidigungsteam zu schreiben, weil ich spürte, dass alles schieflief. Gericht und Staatsanwaltschaft frohlockten, als Birkenstock im Bemühen, auch dahin zu gehen, wo es wirklich wehtut, noch einen Dialog mit dem Journalisten Heidemanns von der *Bild* begann. Heidemanns machte kein Geheimnis daraus, dass er fast über jeden Promi und Politiker eine volle Schublade hat und dass es kein Zufall ist, wenn ein Star, der bisher eher zurückhaltend in der Öffentlichkeit agiert hat, plötzlich »freiwillig« Heim oder Weinberg herzeigt. Auch, so ließ Heidemanns durchblicken, würde man in Zukunft über den Politiker Wulff noch einiges hören.

Es war November, und alles fühlte sich nach November an. Miriam (internes Codewort bei Frau Combé und mir: »die entlassene Zeugin«), die auch zu Professor Seidler aus Heidelberg ein über vierzig Seiten starkes Kleingutachten über die »Wissenschaftlichkeit« seiner Methodik sowie Fragenkataloge für alle Zeugen schrieb, war die Ghostwriterin dieser drängenden Mails an die Verteidiger. Ich war wie paralysiert durch den Eindruck, nicht mehr angemessen verteidigt zu werden; im Anwaltsteam selbst kam es zu Disharmonien. Nur Miriam stand und schrieb für mich (ein paar kachelmanntypische Füllwörter plus etwas Latein habe ich noch reinredigiert, damit es auch ein bisschen von mir ist) schon Anfang November 2010 an die Verteidiger:

»Sehr geehrte Frau Combé, sehr geehrte Herren Dr. Birkenstock, Schroth und Prof. Höcker,

aufgrund der letzten Nachrichten aus der Kammer, nach der diese augenscheinlich relativ unbeeindruckt von der grotesken Aussagequalität der Nebenklägerin festhält, dass sie noch in keiner Richtung festgelegt sei und alles für offen hält, bin ich zur Überzeugung gekommen, dass jede Form von Appeasement gegenüber der Kammer sinnlos ist. Was 1938 mit Neville Chamberlain falsch war, kann heute nicht richtig sein. Wir haben bisher ein rationales Verhalten der Kammer dann erreicht, wenn wir sowohl fortiter in re als auch in modo waren. Suaviter funktioniert bei dieser Kammer nicht, und ich möchte mich nicht davon verabschieden, dass Frau Combé zwischendurch den Puls fühlt, aber wir sollten sonst so anstrengend wie möglich sein. Die Kammer hat unsere Freundlichkeit missverstanden und sie als Zeichen von Schwäche gesehen, mithin als verklausulierte Bitte um milde Behandlung meiner Person. Unsere und meine Haltung erscheint der Kammer und der Öffentlichkeit unlogisch. Ich werde als eiskaltes Monster dargestellt [durch den formidablen Professor Seidler aus Heidelberg, Anmerkung JK], mit Hitler verglichen, und wir bleiben freundlich. Die Kammer findet, dass ich ein Arschloch bin, und wird von dieser Meinung nicht mehr abrücken. Da ich mich aber defensiv verhalte und mich nicht wehre, glaubt die Kammer an ein dunkles unentdecktes Geheimnis und sieht, wie Dr. Bock das formulierte, noch Ermittlungsbedarf. Wir müssen unser Verhalten ändern und uns wehren und aggressiv sein, mit allen Mitteln, um eine Kongruenz herzustellen zwischen Erwartung der Öffentlichkeit (wenn er unschuldig wäre, würde er sich wehren) und der Kammer einerseits und unserem Verhalten andererseits.

Ich bin, wie Sie wissen, unschuldig, und wir müssen nicht mit Freundlichkeit bei der Kammer um Gnade winseln. Wenn die Kammer verurteilungswillig ist und bleibt, möchte ich, dass wir mit allem gekämpft haben, was zur Verfügung steht. Ebenso möchte ich aus denselben Gründen, dass für jeden Belastungszeugen der StA zwei Entlastungszeugen durch uns geladen werden. Es geht darum, dem Versuch der Monstrifizierung meiner Person entgegenzuwirken – diese durch uns geladenen Zeugen können zwar nicht aufheben, dass ich horribile dictu mehr als eine Beziehung gleichzeitig hatte. Aber sie können geraderücken, dass ich nicht das eindimensionale Monstrum bin, das durch Seidler mit Psychopathie und Hitler in Zusammenhang gebracht wird. Ich möchte um alles und gegen alles kämpfen, was von der anderen Seite kommt, egal wie klein und unwichtig es scheint. Ich möchte, dass alles Widerlegbare von allen (belastenden) Zeuginnen widerlegt wird, alles ist wichtig, auch wenn es auf den ersten Blick nicht so aussieht.

Wir haben zudem gelernt, dass Frau Dinkel auf Medienberichte sensibel reagiert. Ich möchte zu einer aktiveren Medienpolitik kommen, die keine Rücksichten auf Befindlichkeiten der Kammer nimmt. Es mag deren Interesse sein, die m. E. selbstvernichtenden Aussagen von Frau Dinkel unter Verschluss zu halten, um StA und Dinkel selbst zu schützen und womöglich am Ende eine Verurteilung/einen Freispruch zweiter Klasse begründen zu können, weil ja niemand so richtig erfahren hat, was im Dinkel'schen Dunstkreis zwischen Eltern und Seidler so alles passiert ist. Es gibt ein großes Unbehagen über den weitgehenden Ausschluss der Öffentlichkeit.

Weiter möchte ich durch Sie geprüft haben, welche Zivilprozesse gegen Frau Dinkel wir bereits jetzt anstrengen können, auch die Hitler- und Psychopathie-Bemerkungen von Seidler scheinen mir justitiabel, sein ›Gutachten‹ ist zumindest Beihilfe zur Freiheitsberaubung.

[...]

Und wir müssen systematisch über Mattern und Seidler informieren – wir haben zulassen müssen, dass Brinkmann und Elliger kaputtgemacht wurden, was hindert uns daran, auf Mattern und Seidler dezidiert loszugehen? Ja, wir machen das hoffentlich im Saal. Aber nicht nur dort. Mattern ist, wie man auf seiner Homepage lesen kann, kein Spezialist für so was wie in diesem Prozess – er kennt sich vor allem bei Toten, Gift und Verkehr aus.

Kurzum: Alles das, was mit uns gemacht wurde, möchte ich zehnfach zurückgeben. Ich bin unschuldig, wir sind im Recht, und wir müssen kaputt machen, was uns kaputt macht. **Wir dürfen uns nicht von kranken Menschen einlullen lassen, die uns vortäuschen, dass wir ein Bonbon bekommen, [wenn] wir brav sind. Wir brauchen kein Bonbon, wir haben Beweise.** *Die Kammer und die StA wollen uns einreden, dass unsere Situation schlechter ist als die von Frau Dinkel. Es ist umgekehrt, weshalb wir selbstbewusst und aggressiv auftreten müssen. Ich will, dass wir wie eine (kalte) Wand im Gerichtssaal auftreten, Dr. Birkenstock sollte sich gar nicht mehr herablassen, mit der Kammer zu sprechen. Die Kammer hat die Versuche von Freundlichkeit unserer Seite mit dem Mittelfinger beantwortet, was auch angesichts der Erfahrung und Vita des Doktors eine Respektlosigkeit und Unhöflichkeit nicht nur gegenüber ihm, sondern auch gegenüber Frau Combé darstellt. Wir reden nur noch im offiziellen Kontext mit der Kammer, und wenn die Kammer etwas signalisieren will, ist die Telefonnummer von Frau Combé bekannt.*

Wir waren in der Vergangenheit dann stark, wenn wir der Kammer gegenüber selbstbewusst aufgetreten sind, z. B. mit den Befangenheitsanträgen. Wir wurden immer dann kalt erwischt, wenn wir Druck weggenommen haben und freundlich waren. Damit muss es vorbei sein.

Es ist wichtig, dass alle Teammitglieder wissen, was wer gerade macht, dass die linke Hand weiß, was die rechte macht, um zu verhindern, dass zwei Leute das nämliche Feld beackern oder dass ein Feld unbeackert bleibt oder womöglich aus Versehen gegeneinander gearbeitet wird, wie das kürzlich der Fall war, als Dr. Birkenstock Aussagen Oltrogges kritisierte, am selben Tag aus unserem Team das angeblich harte Schicksal der Nebenklägerin bedauert wurde, die ja einen anstrengenden Tag gehabt hätte, was mich immer noch etwas fassungslos macht, wie wir auf die Idee kommen konnten, das irgendjemandem zu sagen. Nicht weiter verwunderlich, dass Zeitungen am nächsten Tag meine Verteidiger teilweise Frau Dinkel zuordneten.

Es muss in Zukunft eine klare Aufgabenverteilung geben mit klaren Fristen, deren Einhaltung an den Teambesprechungen verfolgt und sichergestellt wird. Ich möchte als Mandant eine klarere Strukturierung der Arbeit erkennen können und nachvollziehen können, was warum passiert oder nicht passiert. [...]

Zur Umsetzung will ich deshalb (der Schweizer in mir würde hier ein Bitte setzen, aber da ich an Deutsche schreibe, fällt dies aus Platzgründen weg) konkrete Punkte umgesetzt wissen, die ich in dieser Nacht ausarbeiten werde und die Sie morgen früh in Ihrer Mailbox vorfinden werden. Bis dahin danke ich Ihnen für die Zeit und bitte Sie, sich schon mal Gedanken um die Umsetzung des Obenstehenden zu machen.

Ich rufe Sie zur Schlacht – aber sie muss geordnet sein. Jeder Angriff muss wohlüberlegt und zu Ende gedacht sein, um nicht zum Querschläger zu werden. Auch deswegen ist Kommunikation mein Hauptanliegen, mehr dazu, wie erwähnt, in meinem Stichwort-Konzept, das in der kommenden Nacht zu Ihnen finden wird.

Herzlich

jk«

Diese doch zumindest für Schweizer Verhältnisse deutliche Nachricht bewirkte nichts. Ich habe versucht, mit beiden Birkenstocks einen freundlichen Umgang zu finden, der auch über weite Strecken funktioniert hat, wie in einer Schicksalsgemeinschaft im Krieg. Im Oktober und November 2010 zeigte diese Schicksalsgemeinschaft aber Auflösungserscheinungen, die nicht mehr aufzuhalten waren.

Miriam hatte zeitgleich sage und schreibe zweiundvierzig Widersprüche in der Aussage der Nebenklägerin herausgearbeitet, die jedoch nur mäßig interessierten. Combé versuchte verzweifelt, aber vergeblich, den Laden wieder in Betrieb zu setzen. Alles schien abzusaufen, und Miriam verfasste in ihrer Verzweiflung über die abnehmende Aktivität der Verteidigung immer mehr Schriften, die ich als meine weiterleitete, um nicht unnötig zu provozieren. In den letzten Wochen stammten die wenigen Fragen, die Zeugen durch Birkenstock gestellt wurden, meistens von Miriam. Die Verteidigung bestand in der Zeit vor dem Verteidigerwechsel im Wesentlichen aus einer vierundzwanzig Jahre alten Psychologiestudentin und entlassenen Zeugin und Andrea Combé, die aber auf Wunsch von Birkenstock mehr oder weniger stillgelegt war.

Im November 2010 gab es noch einmal eine Prozesspause von rund zwei Wochen, in der ich meine Kinder besuchte und aus der Ferne mitbekam, dass sich nichts Konstruktives ergab. Und als es schon nicht mehr tiefer zu gehen schien in der allgemeinen Depression, zauberten auch noch die Oberverfolger der Mannheimer Staatsanwaltschaft zusammen mit dem Burda Verlag die famose »Schweizer Zeugin« aus dem Hut, eine Prominentenfotografin der Schweizer Boulevardzeitung *Blick*, ein Ringier-Blatt, die noch nie auch nur ein Hauch einer meiner »Geliebten« gewesen war, zu der sie durch die Medien erwartungsfroh gemacht wurde und der auch Schlimmes durch mich widerfahren sei. Die gesamte Geschichte war erstunken und erlogen, was immerhin später zur legendären Reise des gesamten Gerichtstrosses in die Schweiz (da die »Schweizer Zeugin« ihre lustige Geschichte vorsichtshalber nicht im wilden Deutschland erzählen wollte) und wohl zur Wende in der Haltung der Kammer führen sollte.

Noch aber war es nicht so weit. Ein trauriger Birkenstock fragte mich am Telefon von Köln nach Kanada, ob ich die Frau kenne, und diesmal war ich noch mehr geplättet als bisher. Mit den meisten der bis jetzt angeschleppten Zeuginnen hatte ich wenigstens zum Teil ein bisschen was, aber nun versuchte man wirklich mit allen Mitteln, mich in den Knast zu bekommen. Ich war mir sicher – denn es gab schon vorher eine ganze Reihe von Indizien dafür –, es durch die Organisation immer wieder neuer »Zeuginnen« mit einem größeren Gesamtkunstwerk zu tun zu haben, bei dem viel Geld geflossen war und wohl immer noch floss, sonst würde eine *Blick*-Fotografin nicht ein solches Ausmaß von Stuss erzählen. Sie behauptete unter anderem, nach dem Aufeinandertreffen mit mir »mehrere Wochen arbeitsunfähig« gewesen zu sein. – Bei dem Gerichtstermin in Zürich stellte sich dann heraus, dass diese Arbeitsunfähigkeit dummerweise doch erst ein halbes Jahr nach dem von ihr angegebenen Zeitraum stattgefunden hatte. Wer sich heute noch alleine ohne Zeugen von ihr fotografieren lässt, muss suizidal veranlagt sein.

Teil VI

Die Wende

21.11.2010 *Jörg Kachelmann erhält eine Mail von dem ihm unbekannten Ralf Witte, in der dieser ihm zum Verteidigerwechsel zu Johann Schwenn rät.*

25.11.2010 *Johann Schwenn sagt zu, Kachelmann zu verteidigen.*

29.11.2010 *Jörg Kachelmann gibt den Wechsel seiner Verteidiger bekannt: Johann Schwenn übernimmt das Mandat von Reinhard Birkenstock und Klaus Schroth.*

01.12.2010 *Erster Prozesstag mit Schwenn.*

08.12.2010 *Schwenn wirft Bunte und Focus vor, mit »gekauften Zeuginnen« den Prozess beeinflussen zu wollen. Er beantragt, die Redaktionen der beiden Zeitschriften nach Beweismitteln für diese Anschuldigung durchsuchen zu lassen.*

20.12.2010 *Ein Experte des Landeskriminalamtes wiederholt vor Gericht die Ergebnisse des Untersuchungsberichts vom 26.04.2010: Am Messer finden sich keine DNA-Spuren von Kachelmann.*

15.02.2011 *Rechtshilfeverfahren in der Schweiz. Vernehmung der »Anknüpfungstatsachen«-Zeugin L. in Zürich.*

25.03.2011 *Claudia Dinkel wird nochmals vernommen. Sie bleibt bei ihrer Anschuldigung.*

31.03.2011 *Die beiden Staatsanwälte Oskar Gattner und Lars-Torben Oltrogge sagen als Zeugen aus.* Sie erklären dem Gericht, dass Claudia Dinkel sie in Bezug auf den Brief mit den Flugtickets, die sie in ihrem Briefkasten gefunden haben will, hartnäckig belogen hat. Am Tatvorwurf der Vergewaltigung ändere dies nach Ansicht der Staatsanwälte jedoch nichts.

04.04.2011 *Das Landgericht Mannheim geht in eine vierwöchige Osterpause und setzt den nächsten Prozesstermin auf den 02.05.2011 fest.*

05.05.2011 *Der von Gericht bestellte Psychiater Prof. Dr. Hartmut Pleines bescheinigt Kachelmann, dass er psychisch nicht gestört sei.*

11.05.2011 *Am 41. Prozesstag lehnt das Landgericht alle noch offenen Anträge von Staatsanwaltschaft und Verteidigung ab. Die Beweisaufnahme ist damit so gut wie abgeschlossen.*

18.05.2011 *Die Staatsanwälte fordern in ihren Plädoyers für Jörg Kachelmann eine Haftstrafe von vier Jahren und drei Monaten wegen besonders schwerer Vergewaltigung in einem minderschweren Fall und wegen gefährlicher Körperverletzung.*

24.05.2011 *Kachelmanns Verteidiger Andrea Combé und Johann Schwenn beantragen Freispruch für ihren Mandanten.*

31.05.2011 *Das Gericht spricht Jörg Kachelmann frei.*

06.06.2011 *Die Staatsanwaltschaft legt Revision gegen das Urteil ein. Die Nebenklägerin Claudia Dinkel legt einen Tag später ebenfalls Revision ein.*

15.07.2011 *Jörg Kachelmann gibt in seiner Firma Meteomedia eine Pressekonferenz.*

07.10.2011 *Der Freispruch ist rechtskräftig, da sowohl die Nebenklägerin Dinkel als auch die Staatsanwaltschaft ihre Revision zurückgezogen haben.*

»Ja, Schwenn«

Nachdem ich festgestellt hatte, dass ein trauriger Birkenstock auch nicht fröhlicher wurde, als ich ihm sagte, dass ich anhand von E-Mails leicht widerlegen könnte, was immer die Schweizer Zeugin behaupten würde, wusste ich, dass wir etwas tun mussten. Miriam kam auf der anderen Seite des Atlantiks auf die gleiche Idee, und als die Kinder im Bett waren, trafen wir uns über Skype, überlegten, was zu tun war, und fingen an, Anwälte zu googeln. Miriam sagte, dass es auf vorgetäuschte Sexualstraftaten spezialisierte Verteidiger gebe, erinnerte sich an ein *Zeit*-Dossier über Verteidiger (http://www.zeit.de/2001/18/ 200118_verteidiger.xml), und wir tippten die Namen der dort erwähnten Verteidiger ein, um sie uns genauer anzusehen. Wir machten das immer parallel und sahen schließlich ein Bild von Johann Schwenn. Miriam hatte den Namen schon gehört und fand, dass er gut und ein bisschen arrogant aussehe, und ich fand auch, dass er nicht wirkte, als ob er vor Mannheimer Provinzrechtsauslegern Angst hätte. Wir überlegten das Für und Wider, das ein solcher Verteidigerwechsel bedeutete, das Theater, das in den Medien entstünde, und dass behauptet werden würde, Birkenstock hätte das Mandat niedergelegt. Wir wussten ja auch nicht, ob Schwenn wollte oder konnte. Deshalb beschlossen wir zunächst, Schwenn in den nächsten Tagen anzurufen. Tags darauf erhielt ich eine E-Mail.

»Guten Tag Herr Kachelmann.

Datum 24. November 2010 20:18
Betreff Wichtig

Ich weiß nicht, ob diese Mail Sie persönlich erreicht, aber ich glaube, dass ich es mal auf diesem Weg versuchen sollte. Mein Name ist Ralf Witte, und ich bin vor Kurzem am LG Lüneburg von dem Vorwurf der Vergewaltigung freigesprochen worden, dank des besten Anwalts diese Landes

(Herrn Johann Schwenn) aus Hamburg. Ich verfolge Ihren Fall mit gro-
ßem Interesse, und ich glaube, Sie sind nicht in den besten Händen mit
Ihrem Anwalt, was wollen Sie machen, wenn Sie eine Revision brauchen?
Dann hat Ihr Anwalt so ziemlich alles Material verschossen, sicher ist es
sinnvoll, es gar nicht erst zu einer Revision kommen zu lassen, doch ich be-
komme immer mehr das Gefühl, dass Sie mit diesem Anwalt eine brau-
chen werden.

Ich bin mir relativ sicher, dass Sie schon von unserem Fall gehört haben,
ich habe fünfeinhalb Jahre unschuldig im Knast gesessen, Panorama,
Menschen und Schlagzeilen haben darüber berichtet. Wenn es die Mög-
lichkeit gibt, Sie mal persönlich zu sprechen, würde ich mich über einen
Anruf unter der Telefonnummer [...] freuen.
Mit freundlichen Grüßen
Ralf Witte«

Wow. Das konnte kein Zufall sein, fand auch Miriam als nicht gerade
sehr christlich sozialisiertes Kind mit einer Jugend in Ostdeutsch-
land. Zuerst schrieb ich eine übliche Routineantwort, weil schon
viele Wahnsinnige sich als irgendwer ausgegeben hatten in der Vergangenheit:

Datum 24. November 2010 21:09
Betreff Re: Wichtig

Sehr geehrter Herr Witte,
vielen Dank für Ihre Mail. Zuerst möchte ich Sie beglückwünschen zur
Freiheit und Ihnen meinen großen Respekt und meine Bewunderung be-
kunden, dass Sie das alles ausgehalten haben, was Sie zu Unrecht aushal-
ten mussten. Meine 132 Tage unschuldig im Knast sind nichts im Vergleich
zu Ihrer abgesessenen Zeit, und ich bin dankbar, dass Sie draußen sind,
und ich befürchte, dass es noch viele Menschen sind, die wegen ähnlicher
erfundenen Straftaten unschuldig einsitzen.

Ich würde Sie gerne anrufen, aber auch sicher sein, dass Sie's sind, wie wir beide wissen, gibt es viel Wahnsinn auf der Welt. Schicken Sie mir bitte eine Passkopie oder Ihren Knastausweis mit Foto, ich schick Ihnen dann Entsprechendes und wir telefonieren morgen?

Herzlich
jk«

Miriam und ich waren wie elektrisiert. Wir müssen es sofort machen! Ein Zeichen! Oder wie die Freunde in den USA sagen würden: God at work. Uns ging es beiden schon besser, und Miriam blieb die ganze Nacht wach. Wir beratschlagten uns lange, und je länger wir diskutierten, desto entschlossener waren wir: Wir brauchten Johann Schwenn! Sofort!

Ich wollte mit ihm telefonieren, aber zunächst mussten wir eine subtile Annäherung versuchen, falls in der Kanzlei jemand sein sollte, der vielleicht nur das Telefon abnahm und meinen Anruf so spannend fand, dass er ihn sonstwo weitererzählte. Um einundzwanzig Uhr sechzehn pazifischer Zeit schickte ich folgende Mail ab:

»Schönen guten Morgen,
Ihr Mandant, Herr Witte, hat mir geschrieben, allerdings gibt es bei E-Mails immer eine Restunsicherheit. Bevor ich mit ihm Kontakt aufnehme, würde ich gerne seine E-Mail verifizieren und zu diesem Behuf ein paar Worte mit Herrn Schwenn wechseln. Wann ist dies möglich? Ich bin gerade in einer Zeitzone neun Stunden hinter der Ihren und würde mich dennoch über einen Anruf freuen, wenn Herr Schwenn Zeit hat, gerne auch mitten in meiner Nacht. Er erreicht mich unter [...].

Herzlich, mit den besten Wünschen für einen guten Tag
Jörg Kachelmann«

Nichts passierte. Mist. Drei Stunden später hielt ich es nicht mehr aus und rief an. Herr Schwenn sei in Stuttgart unterwegs, würde sich aber am kommenden Tag gleich morgens melden, wenn er wieder im Büro sei. Unzufrieden und aufgeregt ging ich im kanadischen Busch ins Bett, nahm aber das Telefon vorsichtshalber mit.

Kaum war ich eingeschlafen, klingelte es. »Ja, Schwenn«, hörte ich die hanseatische Welt des Großmeisters zum ersten Mal und war sofort hellwach. Ich redete gar nicht mehr um die Sache drum herum, sondern sagte ihm gleich, dass ich mich nicht gut vertreten fühlte und ihn als meinen Verteidiger wollte.

Leider war Johann Schwenn von meiner Anfrage alles andere als begeistert. Birkenstock sei ein guter Anwalt, und er kenne ihn, eigentlich habe er auch viel zu tun und wenig Zeit.

Ich wurde sehr unglücklich in meiner kanadischen Nacht und begann nun einen vielleicht zwanzigminütigen Monolog, in dem ich die meisten Punkte aus Miriams Katalog abarbeitete, was hätte getan werden müssen, aber nicht getan wurde. Nun war er doch beeindruckt, weil er nach und nach den Eindruck bekam, dass meine Lage nicht so komfortabel war, wie sie als Unschuldiger mit einer eindeutigen Ausgangsposition sein müsste. Nach etwa einer Stunde des Bittens und einer Mischung aus Mitleid-erregen-Wollens und Sie-dürfen-mich-jetzt-nicht-hängen-lassen-Gefühl-Gebens hatte ich ihn rumgekriegt. Er sagte zu.

So wurde der 25. November 2010 ein guter Tag, und ich schickte ihm all die Miriam-Papiere, sagte ihm aber zunächst nicht, von wem sie stammten. Miriam wollte noch nicht als Autorin geoutet werden. Am deutschen Nachmittag des 26. November 2010, ich machte inzwischen das Frühstück und die Snackboxes für die Kinder, wurde ich schon ein bisschen mutiger und schickte Rechtsanwalt Schwenn das Kröber-Gutachten.

Ich bekam umgehend Post aus der Kanzlei zurück:

»Datum 26. November 2010 16:04
Betreff AW: Für Herrn Schwenn zur Erbauung

Sehr geehrter Herr Kachelmann,
ich gebe die Anlage an Herrn Schwenn weiter.
Ich habe Ihnen zur Information und event. Erbauung den gerade
erschienenen Artikel von Herrn Schwenn im Cicero eingescannt und
beigefügt.
Mit freundlichen Grüßen
Sekretariat«

In diesem Artikel beleuchtete Johann Schwenn bereits kritisch das Mannheimer Verfahren. Auch wenn fast sämtliche Medien mir nachher unterstellt haben, dass es in meinem Fall umgekehrt gewesen sein müsse: Ich habe Schwenns *Cicero*-Artikel, in dem er über meinen Prozess unter dem Titel »Die Pest unserer Tage« berichtet, erst nach der Mandatierung aus seiner Kanzlei erhalten und gelesen. Nach diesem Artikel waren wir überzeugter denn je, den richtigen Schritt getan zu haben. Schwenn ist jemand, der kompromisslos für einen Unschuldigen kämpft. Er hatte schon mit Andrea Combé telefoniert und gesagt, dass sie eine richtige und wichtige Verteidigerin sei, woran ich auch keinen Zweifel hatte. Nun musste ich den Herren Birkenstock und Schroth das Mandat entziehen.

Der Rückflug ging diesmal nach Amsterdam (in der Hoffnung, möglichst wenigen Deutschen im Flugzeug zu begegnen, die mit dem Handy rumfummelten), und es war schon fast dunkel im leichten Schneefall, als ich von unterwegs meine E-Mail abschickte, nachdem Anwalt Höcker Dr. Birkenstock schon mündlich informiert hatte. Eine eingehend begründete schriftliche Trennung war mir wichtig, weil ich den Journalisten, die sofort darüber spekulieren würden, ob Rechtsanwalt Birkenstock sein Mandat niedergelegt habe und was das wohl bedeuten mochte, notfalls würde zeigen können, wie es wirklich gewesen war. Miriam und ich hatten nicht lange an diesem Text gefeilt, er war schon in den dunklen Wochen des Frusts und der scheinbaren Ausweglosigkeit im Oktober und frühen November in unseren Köpfen und in Gesprächen präsent. Trotzdem schien es uns lange undenkbar, in unserer Situation nun auch noch den Verteidiger zu wechseln. Am Ende brauchte es eben »God at work«, um in Form der E-Mail von Ralf Witte das Quäntchen mehr auf die Mutseite der Waage zu bringen.

Nach der adrenalinreichen Fahrt durch den Schneefall von Amsterdam nach Hamburg traf ich zum ersten Mal Johann Schwenn in dessen Büro. Ich war fix und fertig, schon über sechsunddreißig Stunden wach und wie immer zu spät, aber er hatte gewartet. Zunächst machte er mir nicht allzu sehr Mut. Er beurteilte die Situation so, wie ich sie auch sah: eine Kammer auf blindem Verurteilungskurs und ein schwieriger Weg, dem Gericht die Aussichtslosigkeit dieses Unterfangens nahezubringen. Schwenn hatte genau die hanseatische Helmut-Schmidtigkeit, die ich mir vorgestellt hatte.

Andrea Combé war von dem Verteidigerwechsel zunächst nicht begeistert, zeigte sich aber nach dem Telefonat mit Schwenn optimistischer, dass sie in Zukunft über ihr erzwungenes Mauerblümchendasein (ich foppte sie immer mit dem Begriff »Stenotypistin« als Darstellung der ihr erlaubten Arbeit) als Protokollantin und Pulsfühlerin des Mannheimer Justizwahnsinns hinauswachsen dürfe. Wie die Geschichte zeigen sollte, durfte sie das; Schwenn überließ ihr das Hauptplädoyer, und Andrea Yvonne Combé wurde zu Recht national bekannt und geschätzt. Der Tag ihres Plädoyers war wieder ein Moment, an dem ich in Dankbarkeit an die Solidarität meiner Knastkumpels dachte, die mir ohne Hinterhalt den richtigen Ratschlag gegeben hatten. Es war für mich immer klar, dass Combé bei diesem Prozess an meiner Seite bleiben sollte, und zusammen mit Johann Schwenn hoffte ich nun, spät, aber nicht zu spät, mein Dreamteam beieinanderzuhaben.

Mit dem Verteidigerwechsel galt es auch Abschied zu nehmen von meiner kleinen Wohnung in Hürth, die ganze Vermieterfamilie hatte in schwerer Zeit mit Diskretion und Zuwendung zu mir gestanden, und wenn ich da war, gab's immer auch mal ein paar Mandarinen auf dem Kühlschrank im Gang oder sonst etwas zu essen. In den schwierigen Zeiten, als sich die Mannheimer Richter noch sicher waren, mit einer Verurteilung durchzukommen, waren die Stunden in der Hürther Wohnung eine kleine warme Insel in einer kalten Welt, deren Grauen in der allabendlichen Fahrt nach Mannheim gipfelte. Miriam und ich hatten inzwischen in einem Kraichgaudörfchen dreißig Minuten von Heidelberg entfernt eine neue Bleibe gefunden, wo wir bis Ende Mai rund um die Prozesstage bleiben würden.

Am 1. Dezember 2010 gab es den ersten Prozesstag mit Johann Schwenn. Ein Heimspiel insofern, als das Gericht wieder einmal zwei Frauen zu bearbeiten versuchte, die nun rein gar nichts Böses über mich berichten wollten und sich auch den Schmuddelblättern tapfer verweigert hatten. Auch hier hätten die Richter sicher gerne die Befragung, wie bei Miriam, auf mehrere Tage ausgedehnt, so überaus detailfreudig wühlten sie in der Intimsphäre völlig unbeteiligter Zeuginnen herum. Es muss eine Riesenenttäuschung gewesen sein, als ihnen am 1. Dezember 2010 Johann Schwenn in die Parade fuhr. Berichterstatterin Bültmann war sichtlich unzufrieden, weil die Zeuginnenaussagen so gar nichts Ungünstiges über den Angeklagten hergaben – so war das nicht vorgesehen. Sie ging die Zeugin immer ungehaltener an, die ausgesagt hatte, dass alles in voller gegenseitiger Übereinstimmung geschehen sei, und erklärte, dass sie da schon ein paar mehr Informationen haben wolle. Das war der Moment, an dem Schwenn Öffentlichkeit herstellen ließ, und zum ersten Mal musste das Gericht bei einer »Beziehungszeugin« damit umgehen, dass jemand vor Publikum und Presse die Methoden dieses Gerichts offenlegte und die Fragen als voyeuristisch und nicht der Sachaufklärung dienlich rügte.

Schwenn hat mir nie erzählt, was seine Strategie sein würde. Was mir auch recht war; ich bin ein großer Anhänger einer arbeitsteiligen Welt – mir soll keiner in die Wettervorhersage labern, ich will auch nicht, dass mich ein Arzt in irgendwelche Scheindemokratisierungsdiskussionen à la »Welche Behandlung ziehen Sie denn vor?« verwickelt, und der Verteidiger eines Unschuldigen muss einfach nur das tun, was er gelernt hat: verteidigen.

Miriams Sicht: Aussagepsychologie

Im Rahmen von Jörgs Verfahren und auch im Rahmen anderer Prozesse, in denen es um einen Vergewaltigungsvorwurf geht, wurde und wird so viel Mist von Journalisten und angeblichen Gerichtsberichterstattern über die Aussagepsychologie geschrieben und so viel Aberglauben selbst von »seriösen« Medien und Presseagenturen verbreitet, dass ich es für notwendig gehalten habe, einen kleinen Überblick über dieses Fachgebiet der Psychologie zu geben. Dieser hat keinen Anspruch auf Vollständigkeit – das wäre aufgrund der Komplexität dieser Disziplin hier gar nicht zu leisten, denn es gibt nicht nur sehr viel Literatur über Aussagepsychologie, sondern auch der Bundesgerichtshof (BGH) hat sich ausführlich mit ihr beschäftigt. Dennoch sollte schon dieser kurze Abriss reichen, um zu erkennen, dass die Informationen, die man hierüber regelmäßig von den Medien geboten bekommt, weitgehend durch Unwissen verzerrt und nicht selten schlicht falsch sind.

Aussagepsychologie ist eine Disziplin der Psychologie, die unter anderem dazu entwickelt wurde, der Justiz ein Instrument zu bieten, besser Recht zu sprechen, insbesondere in Fällen schwieriger Beweislage oder wenn Kinder als Belastungszeugen auftreten.

Die aussagepsychologische Begutachtung befasst sich mit der Frage, ob die Aussage einer zu begutachtenden Person als glaubhaft eingestuft werden kann oder nicht. Denn schließlich hängt gerade bei Konstellationen, in denen Aussage gegen Aussage steht, von einer solchen Einschätzung häufig der Ausgang des Verfahrens und damit die Existenz mindestens zweier Menschen ab. Der BGH hat gerade in solchen Konstellationen erhöhte Anforderungen an belastende Aussagen

221

festgelegt, die nur leider nicht von allen Gerichten beachtet, wenn überhaupt verstanden werden.

Im Normalfall geht es dabei nicht darum, ob eine Person grundsätzlich als glaubwürdig einzuschätzen ist, beispielsweise im Sinne einer rechtschaffenen Person, sondern um die Glaubhaftigkeit der Aussage, also ob die belastende *Aussage* der Wahrheit entspricht, beziehungsweise eine sogenannte Erlebnisbasiertheit aufweist. Untersucht wird dies anhand der Methode der kriterienorientierten Aussageanalyse.

»Gegenstand einer aussagepsychologischen Begutachtung ist – wie sich bereits aus dem Begriff ergibt – nicht die Frage nach einer allgemeinen Glaubwürdigkeit des Untersuchten im Sinne einer dauerhaften personalen Eigenschaft. Es geht vielmehr um die Beurteilung, ob auf ein bestimmtes Geschehen bezogene Angaben zutreffen, d. h. einem tatsächlichen Erleben der untersuchten Person entsprechen.« (BGH, Urteil vom 30. Juli 1999)

Dieses Urteil des Bundesgerichtshofs baut auf zwei eigens dafür in Auftrag gegebenen Gutachten des Heidelberger Sozialpsychologen Prof. Dr. Klaus Fiedler und des Berliner Forensischen Psychologen Prof. Dr. Max Steller auf, die in ihrem Fachgebiet neben dem Kieler Psychologen Prof. Dr. Günter Köhnken und der Berliner Rechtspsychologin Prof. Dr. Renate Volbert als führend gelten. Dieser höchstrichterlichen Grundsatzentscheidung folgten eine Reihe anderer BGH-Urteile, die sich weiterführend mit den an Glaubwürdigkeitsgutachten zu stellenden Anforderungen beschäftigen.

Aussagepsychologische Gutachten funktionieren nach dem Prinzip: »In dubio pro reo« (im Zweifelsfall für den Angeklagten), das von der sich aus dem Grundgesetz ergebenden Unschuldsvermutung abgeleitet ist.

»Das methodische Grundprinzip besteht darin, einen zu überprüfen-
den Sachverhalt (hier: Glaubhaftigkeit der spezifischen Aussage) so lange
zu negieren, bis diese Negation mit den gesammelten Fakten nicht mehr
vereinbar ist.« (BGH, Urteil vom 30. Juli 1999)

Der Sachverständige muss also zu Beginn der Begutachtung – ähnlich einem Richter, der die Unschuldsvermutung ernst nimmt – erst einmal annehmen, dass die behauptete belastende Aussage unwahr ist – die sogenannte Nullhypothese. Zusätzlich ist er dazu angehalten, Alternativhypothesen aufzustellen, die im spezifischen Fall relevant sein könnten. Beispielsweise könnte eine Aussage durch Fremd- oder Autosuggestionen oder durch mögliche psychische Beeinträchtigungen entstanden sein, oder es gibt Hinweise auf bestehende Falschbelastungsmotive und so weiter. Die Nullhypothese wird erst dann verworfen und stattdessen die »Erlebnisbasiertheit« angenommen, wenn am Ende der Begutachtung die Alternativhypothesen, die zur Prüfung der »Unwahrhypothese« angestellt wurden, schlüssig ergeben haben, dass es eben keine sinnvolle, durch Fakten gestützte Begründung dafür gibt, dass die Aussage unwahr ist.

Es gibt eine Reihe von Kriterien, anhand derer die Gutachter ihre Prüfung vornehmen. Die sollen hier allerdings schon deshalb nicht aufgezählt werden, weil es schon genug »Hilfeforen« und Informationen dazu im Internet sowie ganze Bücher darüber zu kaufen gibt, die nicht selten von Falschbeschuldigerinnen genutzt werden, um sich auf Glaubwürdigkeitsbegutachtungen gezielt vorzubereiten. Die Tatsache, dass ihre Zeugen sich auf ihre Aussagen und Begutachtungen teilweise akribisch vorbereiten, wollen Richter und auch Psychologen gern nur allzu oft verdrängen.

Dass sich gerade Falschaussagende derart vorbereiten, liegt in der Natur der Sache, schließlich steht für sie viel auf dem Spiel – wenn schon nicht die eigene Freiheit (denn selbst überführte Falschanzeiger müssen in der Praxis selten mit Freiheitsstrafen rechnen), dann zumindest ihre Glaubwürdigkeit und ihr Ansehen im persönlichen Umfeld.

Eine weitere Unterscheidung ist zu treffen zwischen den Begriffen »Aussagetüchtigkeit« und »Glaubhaftigkeit«. Manche Gerichtsreporter sind damit überfordert. So konnte man beispielsweise nicht nur in der *Bild* lesen:

>*»Danach ist als erster Gutachter der renommierte psychiatrische Sachverständige Hans-Ludwig Kröber geplant. Laut einem Gerichtssprecher soll er die Aussagen von Sabine W. einschätzen und beurteilen, wie glaubhaft sie ist.«* (Bild-Online, 3.12. 2010)

Aussagetüchtigkeit ist die Fähigkeit, eine Situation realistisch zu erfassen und sie später ohne massive unbewusste Verzerrungen, die etwa von einer psychischen oder psychiatrischen Störung herrühren könnten, wiederzugeben. Die Frage ist hier also: Ist dieser Mensch *prinzipiell* und unabhängig von der Glaubhaftigkeit einer spezifischen Aussage in der Lage, einen Sachverhalt so wiederzugeben, dass das Gericht sich auf diese Angaben stützen kann?

So kann es Kinder geben, die noch zu jung sind, um unterscheiden zu können, was sie wirklich erlebt haben und was sie sich später nur dazugedacht haben oder was ihnen von anderen Menschen erzählt wurde, oder sie vergessen, wichtige Dinge zu erwähnen; und andere Personen, die unter Medikamenteneinfluss standen/stehen oder erhebliche Beeinträchtigungen ihrer Erinnerungsfähigkeit aufweisen, an psychischen und/oder psychiatrischen Störungen erkrankt sind und deshalb in ihrer Wiedergabe von Geschehnissen nicht so zuverlässig sind, wie es für eine Gerichtsverhandlung vorausgesetzt wird. Bei der Frage nach der Aussagetüchtigkeit geht es demnach im Gegensatz zur Glaubhaftigkeit nicht darum zu prüfen, ob eine spezielle Aussage mit hoher Wahrscheinlichkeit wahr oder falsch ist, sondern ob die aussagende Person überhaupt in der Lage ist, eine Aussage abzugeben, die richtig und vollständig ist.

Leider gibt es nicht genug Fachkräfte auf dem Gebiet der Aussagepsychologie, sodass regelmäßig Ärzte oder andere nicht spezifisch für Aussagepsychologie ausgebildete Psychologen für solcherlei Begutachtungen von Gerichten herangezogen werden, deren Urteil dennoch schwer wiegt.

Schlimmstenfalls wird, was duchraus vorkommt, der behandelnde Therapeut der Anzeigeerstatterin vom Gericht bemüht, der schon von Berufs wegen befangen ist und daher theoretisch höchstens als sachverständiger Zeuge am Gerichtsverfahren teilnehmen kann, eigentlich aber gar nicht befragt werden sollte, da er naturgemäß seiner Klientin Glauben schenken wird. Schließlich behandelt er sie ja aufgrund der von der Anzeigeerstatterin angegebenen Symptome.

Genauso trug es sich auch in Jörgs Fall zu: Als die überstürzte Anklage der Staatsanwaltschaft zusammenzubrechen drohte, nachdem weder rechtsmedizinische Indizien vorhanden waren, die die Version von Frau Dinkel stützten, ja sie sogar teilweise widerlegten, und dann auch noch das von der Staatsanwaltschaft in Auftrag gegebene Glaubwürdigkeitsgutachten ergab, dass ein Erlebnisgehalt in den Aussagen von Frau Dinkel nicht festzustellen sei, brauchte man dringend jemanden, der Frau Dinkel stützte, sonst hätte man Jörg aus dem Gefängnis entlassen und die Anklage fallen lassen müssen. Doch das wollte damals offensichtlich weder das Gericht noch die Staatsanwaltschaft Mannheim.

Also fragte man Professor Seidler, den Therapeuten von Frau Dinkel. Professor Seidler ist nicht nur nicht Aussagepsychologe, sondern er beschäftigt sich auch mit dem von »Opfervereinigungen« oft für ihre Zwecke geradezu missbrauchten Gebiet der Psychotraumatologie.

Psychotraumatologie ist eine Fachrichtung der Psychologie, die sich mit den Folgen und der Behandlung von psychologischen Traumata – also seelischen Verletzungen – beschäftigt. In Situationen wie Kriegen oder Katastrophen hilft sie den Opfern und Betroffenen unter anderem, die Erlebnisse zu verarbeiten. Zudem beschäftigt sie sich mit Gedächtnisstörungen und Verdrängungsmechanismen.

Dieser Punkt wurde von übereifrigen Feministinnen und Opfervereinigungen aufgegriffen, um an den Rechten der Beschuldigten von Sexualverbrechen zu sägen. Denn es drängt sich mittlerweile der Eindruck auf, dass viele dieser psychotraumatologisch inspirierten Psychologen und Psychiater, die solchen Vereinen oft sehr nahestehen, eine Frau, die behauptet, Opfer einer Straftat geworden zu sein, per se als Opfer akzeptieren. Sobald Erinnerungslücken vorliegen oder auch vorgetäuscht werden, die möglicherweise einfach daraus resultieren, dass eine Falschbeschuldigerin nicht zu viele Details erfinden möchte, weil sie unter Umständen rechtsmedizinisch oder kriminaltechnisch nachweisbar wären oder weil es ihr zu kompliziert und riskant erscheint, sich alle zu merken, wird psychotraumatologisch nicht selten eine »traumabedingte Dissoziation« diagnostiziert.

Die Kriterien, nach denen ein Psychotraumatologe beispielsweise eine Posttraumatische Belastungsstörung (PTBS) diagnostiziert, sind aber zirkulär, solange die Existenz eines Traumas noch strittig, das heißt noch nicht erwiesen ist.

Wenn eine Vergewaltigung noch nicht bewiesen ist, kann ein Psychotraumatologe streng logisch auch kein Trauma aufgrund einer Vergewaltigung diagnostizieren. So weit ist die Wissenschaft noch nicht – aber trotzdem wird genau das regelmäßig gemacht. Anschließend wird dieses angebliche Trauma wieder als »Beweis« für eine tatsächlich stattgefundene Vergewaltigung im Prozess herangezogen. Ein perfekter Kreislauf der Unwissenschaftlichkeit.

So lief es auch in Jörgs Verfahren. Professor Seidler wollte bei Frau Dinkel ein erhebliches Trauma festgestellt haben, das wiederum eine schwere Posttraumatische Belastungsstörung ausgelöst haben sollte, die die Ursache für ihre angeblichen Erinnerungslücken sei.

Als Grundlage für seine Diagnose gab er dabei beispielsweise folgende Punkte an: die angeblichen Erinnerungslücken (die entgegen jeder Logik Ursache und Wirkung zugleich sein sollen) sowie die Angaben von Frau Dinkel, Albträume zu haben, nicht mehr die Küche betreten zu können, sich nackt nicht mehr vor einem Spiegel ansehen zu können (worauf er sie ermutigte, das doch mal wieder zu tun) und Bindungsängste zu haben.

Auch Frau Dinkels Angabe, dass ihre behauptete Spinnenphobie nach der angeblichen Vergewaltigung auf einmal ebenso verschwunden sei wie ihre Angst vor Gewittern, war für Professor Seidler ein handfestes Indiz. Genauso verhielt es sich mit einem Halstuch, das sie wie ein Mahnmal trug und das auf die Stelle verwies, an der sie verletzt worden zu sein behauptete. Sie trug das Tuch auch im Gerichtssaal, suggerierend, dass sie eine große Narbe darunter verberge, was nie der Fall war.

Das alles waren *eigene Angaben* von Frau Dinkel, die naturgemäß nicht zweifelsfrei überprüfbar waren wie beispielsweise die Albträume und deshalb auch von Professor Seidler nicht nachgeprüft, sondern schlicht und einfach als wahr unterstellt worden sind. Schließlich, so schreibt er in seinem »Gutachten«, sei es ja unmöglich, ein solches »Minuskriterium« wie das Fehlen einer Erinnerung zu spielen. Laut Professor Seidler ist es also ganz unmöglich zu behaupten, man erinnere sich an etwas nicht, obwohl man sich tatsächlich doch erinnert oder sich schlicht deshalb nicht daran erinnern kann, weil das behauptete Ereignis nie stattgefunden hat. Aha.

Die Richter der 5. Großen Strafkammer in Mannheim schienen trotz aller Offensichtlichkeit der argumentativen und wissenschaftlichen Mängel ganz begeistert über die Ausführungen des Therapeuten ihrer Belastungszeugin – es waren ja auch nur knapp dreißig Seiten zu lesen und nicht so ein dicker Wälzer von über hundertzwanzig Seiten wie bei der Aussagepsychologin Prof. Dr. Greuel, und schließlich stützte er die Anklage und zertrümmerte sie nicht. Alles füge sich »wie ein Zahnrädchen ins andere«, konnte man damals von der Kammer vernehmen, und sie wirkten glücklich und zufrieden, dass man den Kachelmann jetzt doch nicht freilassen musste und kein Gesichtsverlust mehr drohte.

Als das Gericht anordnete, Prof. Dr. Hans-Ludwig Kröber solle die *Aussagetüchtigkeit* von Frau Dinkel überprüfen, so geschah das also, weil ihr behandelnder Psychotraumatologe ihre eklatanten angeblichen Erinnerungslücken (die vorher unter anderem dazu geführt hatten, dass die Aussagepsychologin Greuel die Aussage von Frau Dinkel als nicht vor Gericht verwertbar einstufte) als »traumabedingt« einordnete – ein Versuch, Frau Dinkels Aussagetüchtigkeit für diesen speziellen Moment der angeblichen Vergewaltigung abzusprechen, der helfen sollte zu erklären, warum ihre Aussage so lückenhaft und schlecht war und letztendlich erkennbar darauf abzielte, die vernichtende Expertise von Professorin Greuel außer Kraft zu setzen.

Professor Seidler wurde im Rahmen der Hauptverhandlung noch durch einige andere Eigenarten bekannt. So gab er vor Gericht an, dass er »Angst riechen könne« und Frau Dinkel ja »stank!«« – und das, obwohl der erste Kontakt zwischen Frau Dinkel und Professor Seidler zirka vier Wochen nach dem behaupteten Übergriff stattfand. Dieser von ihm bekundete Gestank kann also kaum auf eine einen Monat zuvor erlebte Angst zurückzuführen sein, viel plausibler scheint eine Angst vor dem unbekannten Therapeuten und die Befürchtung, er könnte ihre Erfindungen durchschauen.

In seinen Mitschriften machte Professor Seidler sich aufgrund der Erzählungen von Frau Dinkel über Jörg Anmerkungen, die natürlich eher unfreundlich ausfielen – »er starrte – wie Hitler? (Psychopathie?)«. Eine weitere Eigenart war, dass er versuchte, wie er selbst in seiner Stellungnahme beschreibt, in die Aussage von Frau Dinkel korrigierend einzugreifen – offenbar weil ihm die offensichtlichen Widersprüche in ihrer Aussage auch schon aufgefallen waren. Er bemerkte zwar, dass es eigenartig sei, dass eine Frau mit einem angeblich »schweren Trauma«, die »die Küche nicht mehr betreten konnte, weil ich ihn dort sehe mit dem Messer«, aber ohne Probleme ab dem ersten Tag wieder in dem Bett schlafen konnte, in welchem sie angeblich vergewaltigt wurde. Er wundere sich zwar auch darüber, dass Frau Dinkel nach eigenen Angaben jeden Tag Stunden vor dem Computer verbringe, um möglichst alles, was über sie und Jörg geschrieben wurde, zu lesen und zu sehen – aber letztendlich ließ er sich durch nichts von seiner spürbaren Betroffenheit und seinem offenkundigen Mitleid mit Frau Dinkel abbringen.

Professor Seidler war demnach so sehr von ihren Aussagen überzeugt, dass er am Tag von Jörgs Entlassung mitteilte, dass Hilferufe ernst zu nehmen seien; er erwartete wohl einen blindwütigen Jörg, der nicht nur Frau Dinkel, sondern auch ihn umbringen wollte. So weit hatte sie ihn mit ihren Geschichten gebracht, so tief war er durch seine mangelnde Professionalität und seine fehlende Distanz gesunken.

Es hat lange gedauert und Schwenn viel Arbeit gekostet, bis die Richter der 5. Großen Strafkammer in Mannheim endlich begriffen hatten (falls sie es denn begriffen), dass sie es hier mit einem Wissenschaftler zu tun hatten, der wiederholt im Gerichtssaal »scharlatanesk anmutendes Gebaren«, wie Schwenn es ausdrückte, an den Tag legte. Da helfen selbst Seidlers viele Publikationen nicht, wenn sie auch so wenig professionell entstanden sein sollten, wie sein Verhalten es in diesem Verfahren war.

Die Psychotraumatologie ist in Bezug auf Gerichtsverfahren hart umstritten unter den Wissenschaftlern, weil sie entgegen gesicherter und allgemein anerkannter Erkenntnisse Gedächtnislücken regelmäßig als »traumabedingt« erkennen will, und daher ist ihre Forderung nach veränderten Kriterien der Glaubhaftigkeitsprüfung für Traumapatienten nur logisch.

Diese Forderung wurde richtigerweise höchstrichterlich verworfen.

Nicht wenige Psychotraumatologen, die sich in Strafverfahren einmischen, mögen es nicht, dass ihre A-priori-Diagnosen, die sie bereits erstellen, wenn das angebliche Opfer vom Opferanwalt das erste Mal vor die Klinik gefahren wird, durch Experten der Aussagepsychologie widerlegt werden. Deshalb behaupten sie gegenüber den Richtern nicht selten, dass es dem »Opfer« (das vorläufig ja nur behauptet, eines zu sein) nicht »zuzumuten sei«, von einem anderen als ihnen selbst begutachtet zu werden.

»Nach meinem Dafürhalten ist es aus ärztlicher Sicht nicht verantwortbar, erneut eine Begutachtung durchzuführen, insbesondere nicht durch Männer, und insbesondere nicht durch Nicht-Psychotraumatologen, wenn dieses denn der Fall sein sollte.« [Professor Seidler an den Vorsitzenden Richter Seidling]

Diese Vorgehensweise führte, wie man an erfolgreichen Wiederaufnahmeverfahren und Revisionen ablesen kann, nicht selten zu katastrophalen Fehlurteilen.

Es weihnachtet sehr

So wurde der Dezember 2010 ein guter, na ja, ein besserer Monat. Ich hatte meiner Mutter immer gesagt:»Wenn mich diese Leute unbedingt einsperren wollen, dann möchte ich bis zum Schluss kämpfen und das Gefühl haben, dass die Verteidiger und ich alles getan haben, um gegen das Unrecht zu kämpfen.« Genau das fand jetzt statt, die Liebedienerei mit der Presse war beendet, wir brauchten das nicht, Schwenn behandelte sie alle mit derselben richtigen und wichtigen Verachtung. Legendär für mich war Schwenns erstes Interview beim Gang in den Gerichtssaal, bei dem er auf eine blöde Frage zur Antwort gab:»Was'n das für 'ne blöde Frage?«

Ich will nicht ausschließen, dass ich ohne den Verteidigerwechsel verknackt worden wäre. Die Meinung der *Spiegel*-Gerichtsreporterin Gisela Friedrichsen, dass es auch unter Birkenstock hätte zu einem Freispruch kommen müssen, teile ich nicht. Nur die Verteidiger und ich haben die Atmosphäre einer geballten, aggressiv anmutenden Entschlossenheit der in Richtung Verurteilung marschierenden Staatsanwaltschafts- und Gerichtsmenschen in den nicht öffentlichen Verhandlungen erlebt, denen erst Schwenn mit seinem Willen zur Öffentlichkeit in die Quere kam. Der Bundesgerichtshof hätte das Urteil wohl aufgehoben, aber selbst das hätte Richter Seidling in Kauf genommen, das war jederzeit zu spüren.

Als wir in die drei Wochen lange Weihnachtspause gingen, fühlte ich mich immerhin nicht mehr so machtlos und elend wie zuletzt. Miriam hatte mit Combé und Schwenn nun zwei Gleichgesinnte für ihren Wunsch nach Offensive, und sie telefonierte regelmäßig mit meinen beiden Verteidigern, manchmal sehr lange, um die nächsten

Schritte zu erfahren und eventuelle Fallstricke zu antizipieren. Gut, dass ich später von Gutachter Prof. Dr. Pleines lernte, dass ich entgegen feministischer Klassifizierungen kein Narzisst sei. Das war praktisch, denn so konnte ich es gut aushalten, wenn Miriam nach einem Dreißig-Minuten-Gespräch mit Schwenn diesen fragte, ob er noch mit mir sprechen wolle. Der näselte nur hanseatisch:»Nö, eigentlich nicht.« Ich zog die bereits nach dem Hörer ausgestreckte Hand wieder zurück.

Miriam schrieb weiter Dinge auf, die ihr auffielen und ihr wichtig erschienen, und war während der Vorbereitungsarbeiten zum Plädoyer auch mal in der Kanzlei von Andrea Combé mit dabei. Miriam wurde zusehends entspannter, weil sie nun nicht mehr das kleine nervende Störemädchen des Staranwalts aus Köln war, sondern als Informations- und Ideenquelle außerhalb der Jurisprudenz wahrgenommen und behandelt wurde, mit einem gemeinsamen Ziel: Angriff gegen das System Mannheim. Das wollte ich auch, und so hielt ich es gut aus, dass Johann Schwenn statt mit mir lieber mit der Frau telefonierte, nach deren Aussage mir schon Verteidiger Schroth in Karlsruhe tief beeindruckt dringend geraten hatte, sie zu heiraten.

So hatte ich irgendwie doch wieder drei aggressive Verteidiger. Auf juristischer Ebene Schwenn und Combé, für den Rest der Welt Miriam. Sie hielt mich auch über die Dinge auf dem Laufenden, die im Internet standen. Es gab diverse Foren, die mich unterstützten, davon hatte ich schon im Knast gehört. Und es gab solche, die von der Nebenklägerin wohl nicht nur gelesen, sondern auch mitgestaltet wurden. Ihr Therapeut hatte kundgetan, dass die Nebenklägerin viele Stunden am Computer verbrachte, um ihre Wirkung auf die Öffentlichkeit zu überprüfen. Seidler hatte vergeblich versucht, den Internetkonsum seiner Patientin zu regulieren. Sie schien süchtig zu sein nach der Publicity, die sie gewonnen hatte: von der Radiomoderatorin zur national bekannten Celebrity, die es vermutlich genoss, endlich jemand zu sein. Dinkels aggressives Siegerlächeln am ersten Prozesstag und die Nummer mit dem Soziopathenbuch, das sie sich bei der Einfahrt zum Landgericht vor die Nase hielt – all das ist für mich nur

so zu erklären, dass ihr die Staatsanwälte vorgegaukelt haben müssen, sie werde am Ende gewinnen (anders ist es nicht vorstellbar, dass sie, wie in ihrem *Bunte*-Interview zitiert, durch das Urteil überrascht und geschockt war – das Gericht hatte an ihrem letzten Aussagetag deutliche Signale ausgesandt, dass ihr Vorhaben scheitern wird). Vielleicht wollte man Dinkel in Sicherheit wiegen, um zu vermeiden, dass sie zusammenbrach und auspackte, was die Polizei Schwetzingen und die Staatsanwaltschaft Mannheim ihr über die Wochen und Monate so alles gesagt und versprochen hatten – bis dahin, dass glaubhaft vermittelbar sein solle, dass sich die Sportsfreunde Vater Dinkel und Richter Seidling angeblich noch nie gesehen hätten. So hielt Claudia Dinkel bis zum Jubel über den Freispruch im Saal 1 des Landgerichts Mannheim durch – und darüber hinaus. Sie hatte nichts mehr zu verlieren, eine lose Kanone auf dem Schiffsdeck, und vermutlich unter ihrem Druck hat die Staatsanwaltschaft Mannheim etwas getan, was sie eigentlich nicht tun wollte: Revision einzulegen.

Geballter Schwachsinn

Dinkels Basislager waren die wenigen Frauen, die in den Internetforen nibelungentreu allein deshalb zu ihr hielten, weil sie eine Frau ist, und die, getreu dem Motto, dass eine Frau immer das Opfer ist, alles vergaßen, was mit Rechtsstaat zu tun hat. Alice Schwarzer und ihre Vasallinnen stehen schon lange nicht mehr auf dem Boden der freiheitlich-demokratischen Grundordnung, sie streiten nicht für die Gleichstellung der Geschlechter, sondern für die Privilegierung eines Geschlechts und die Kriminalisierung des anderen. Zusammen mit Verlagen, die wie Springer und Burda regelmäßig Persönlichkeitsrechte verletzen, entfalten sie eine fatale Öffentlichkeitswirkung. Kommt dann noch, wie in Mannheim, eine völlig losgelöste Polizei und Justiz hinzu, bilden sie eine echte Gefahr für den Rechtsstaat.

Miriam fiel es schwer, den geballten Schwachsinn und den Hassfuror der erfundenen Existenzen in den Foren stillschweigend zu ertragen, wie verlogen all die Mythen waren, die in den Medien herumgereicht wurden, von meinen angeblich gezielt gelöschten Handydaten bis zum ominösen Zeitloch in der Nacht der erfundenen Tat – alles Dinge, die es nie gegeben hat, die auch in öffentlicher Verhandlung aufgeklärt wurden, was aber keinen Niederschlag in den Medien fand. An der Berichterstattung über mich und den Prozess hat so gut wie nichts gestimmt. Der Fall war nicht kompliziert, er war einfach und sonnenklar. »Überraschende Wenden« im Prozess gab es nur für diejenigen Medien, die unkritisch den dramaturgischen Vorgaben der Staatsanwaltschaft gefolgt waren, soweit sie nicht sogar selbst bewusste Akteure einer Verurteilungskampagne waren. Es gab schon immer keine DNA am Messer. Es gab schon immer die Unwahrheit der belastenden Aussage. Es gab schon immer den Verdacht der Selbstverletzungen des »Opfers«.

Und hätten die Gerichtsreporter nicht kritiklos alles übernommen, was von einem Beamten kommt, hätten sie sich selbst Fragen gestellt. Zum Beispiel die, warum unbekannt geblieben ist, was man auf meinem beschlagnahmten Laptop gefunden hat, der in minutiöser

Kleinarbeit ausgewertet worden war. Man hat im Gerichtssaal nichts von dieser Auswertung gehört. War ja auch bloß ein abermaliger Fehlschlag der wackeren Nicht-Ermittler der Wahrheit aus Mannheim. Der Angeklagte hat im Gegensatz zur Nebenklägerin nichts gelöscht. Hat keine seltsamen Sachen gegoogelt. Hatte jeden Tag schlichte Normalität auf dem Rechner. Und war wegen des Auslandsaufenthalts auf diesen einen Rechner angewiesen – im Gegensatz zur Nebenklägerin, die noch Zugang zu ihrem Rechner im Büro und dem ihres Vaters hatte (beide Computer wurden nicht ausgewertet). Solche Untersuchungsergebnisse wurden verschwiegen, und die Presse fragte nicht einmal nach. Nachträglich kann ich noch dankbar sein, in der Zeit nach der angeblichen Tat nicht über ein Auswandern in die USA nachgedacht und ein bisschen zum Thema rumgesurft zu haben. Hätte ich das getan, wäre es ganz sicher im Gerichtssaal laut und deutlich verkündet, als vernichtendes Indiz gegen mich verwendet und logischerweise eins zu eins von den Medien übernommen worden. Sieht so die kritische Begleitung der Justiz durch die Presse aus?

Andere Ermittlungsergebnisse, die dem Jagdinstinkt der einseitig fixierten Ankläger einen Dämpfer verpasst hatten, waren ebenfalls sang- und klanglos in den Akten verschwunden. So gab es ein Haargutachten vom erfundenen Tatort, wo systematisch nach Haaren der Nebenklägerin gesucht wurde, schließlich sollte ich sie ja an den Haaren durch die Gegend gezogen haben. Das Gutachten hat diese Darstellung leider nicht gestützt. Und hat man auch nach Haaren des Beschuldigten gesucht, um sich zu vergewissern, ob seine Darstellung zutrifft? Nein, das war vorsichtshalber nicht in Auftrag gegeben worden. Kurpfälzer gegen Ausländer, da müssen wir nicht lange forschen. Bei Frau gegen Mann schon überhaupt nicht. Und das Gutachten wird versenkt. Hat halt nicht gepasst. Probieren wir es anders.

Deshalb kam alles das in den Medien nicht vor, was schon frühzeitig hätte die Öffentlichkeit darauf vorbereiten können und müssen, dass der Vorwurf eine Lüge war. Es musste bis zum Schluss »spannend« bleiben, damit sich mit dem Prozess noch Kohle verdienen ließ. Und überhaupt, man konnte jetzt nicht einfach schreiben: Oh, da haben wir uns damals aber getäuscht.

Umso wichtiger war die belächelte Gegenöffentlichkeit der Blogs und Foren, deren Berichterstattung um Lichtjahre vollständiger und durch die Vollständigkeit auch objektiv war. Das Gutachten des Hamburger Rechtsmediziners Prof. Dr. Klaus Püschel, das eindeutig auf Selbstverletzungen und eine intentionale Falschaussage der Nebenklägerin hinwies, ging in der Presseberichterstattung praktisch unter. Püschel sagte zu spät aus, es war schon Abend, und der Höhepunkt des Tages für die schnellfingrigen Sensationsmelder war eine dreiminütige Aussage von Alice Schwarzer, die aus einer Zeugnisverweigerung bestand. Für die meisten Medien war diese Petitesse allerdings die Hauptnachricht, hinter der so dröge Details wie die Erklärungen eines der renommiertesten Rechtsmediziner Deutschlands, des Experten für Selbstverletzungen schlechthin, natürlich zurückstehen mussten. Gisela Friedrichsen vom *Spiegel* und Sabine Rückert von der *Zeit* waren die einzigen Gerichtsreporter vor Ort, die diesen Namen verdienten, aber sie repräsentierten Medien, die wegen ihrer wöchentlichen Erscheinungsweise keine laufende Berichterstattung pflegen können.

Die anderen anwesenden Medienvertreter haben ausweislich ihrer Berichterstattung mehr oder weniger alle nichts verstanden von dem, was einen deutschen Strafprozess ausmacht, noch haben sie auch nur ansatzweise irgendetwas von dem verstanden, was in Mannheim passierte. Journalismus ist mehr, als einerseits dem Knabensopran von Staatsanwalt Oltrogge und andererseits Johann Schwenn zuzuhören, um dann ratlos zusammenzuschwurbeln, dass man nichts Genaues wisse und die Wahrheit wohl nie herauskommen werde.

Gutachterkriegsgeheul

Tatsächlich gab es so viele Aktenlecks, dass sich jeder ein eigenes Bild hätte machen können, wenn nicht diese schadenfroh-voyeuristische Partystimmung unter den Gerichtsjournalisten vorgeherrscht hätte, die die Berichterstattung auf eine Story hinauslaufen lässt, bei der es nicht mal selbstverständlich war, dass die Namen und Funktionen der Protagonisten zutreffend wiedergegeben wurden. Das Unvermögen einer kritischen Sichtung war so groß, dass sich fast alle auf den durchaus falschen Nenner einigten, dass es einen »Krieg der Gutachter« gebe. Den gab es nicht, alle waren sich einig, die einzigen Nuancierungen bestanden darin, ob die Spurenlage die Angaben der Anzeigeerstatterin widerlegten oder ihr nur nicht widersprachen. Es ging bei dem ganzen »Krieg« einzig und allein um die Frage, ob der Freispruch mit »in dubio pro reo« begründet werden konnte oder ob das Gericht nicht umhinkommen würde, wegen erwiesener Unschuld freizusprechen (auch wenn diese Begriffe letztendlich Medienfutter sind – in Deutschland gibt es nur einen Freispruch oder keinen, nichts dazwischen). Es gab kein einziges Gutachten, das die Behauptung der Nebenklägerin bewiesen hätte – konnte es logischerweise ja auch nicht geben.

Es gab in Mannheim nie einen Gutachterkrieg. Ein Gutachter, der von der Materie keine Ahnung hatte (der Heidelberger Professor Mattern), rettete sich in ein »Non liquet«, kann so oder so gewesen sein. Alle anderen Gutachter bezogen eindeutig Stellung – und das Verrückte: Fast alle diese Gutachten standen schon vor der Anklage zur Verfügung, weshalb es nur dank der Staatsanwaltschaft und der Medien gelang, sie alle zu verschweigen und bis zum Ende so zu tun, als ob es ein »Einerseits – andererseits« gäbe.

»Es ist sehr schwer vorstellbar, dass, wie von der Verletzten angegeben, der Beschuldigte ihr das Messer in dem insgesamt dynamischen Geschehen wiederholt auch fest andrückend gegen den Hals hält und dabei eine nur recht eng begrenzte Fläche des Vorderhalses in einer ausgesprochenen gleichsinnigen Weise mit gleichartiger Oberflächlichkeit verletzt.« [Gutachten Prof. Markus Rothschild]

Dinkel geriet mit ihrer Falschbeschuldigung in die schwierige Situation, zuerst steif und fest behauptet zu haben, mit der Messerschneide traktiert worden zu sein. Allerdings hielt dies selbst ihr Hausgutachter Mattern für unmöglich, sodass sie im Lauf der Zeit einen Salto rückwärts machen musste in Richtung Messerrücken. Nur daran hatte sie natürlich nicht in der Nacht der Präparation gedacht, das LKA fand ihre DNA nur an der Messerschneide (und von mir gar nichts). Also musste Dinkel im Mai 2010, als sie von der Aussagepsychologin Greuel befragt wurde, langsam die Kurve kriegen:

»Das ist, aber, ja, ich weiß es nicht. Ich hab's nicht gesehen, wie rum er es gehalten hat. Ich hatte nur dieses Gefühl einfach immer nur, Gott, das ist ja so gezackt, das war ein Sägemesser, und ja, ich war mir eigentlich sicher in der Situation, dass es die Klinge ist.«

In der Hauptverhandlung kapitulierte Dinkel vor dem Dilemma und flüchtete sich vollends ins Nichtwissen: Sie wisse nicht, ob das Messer mit dem Rücken oder mit der Schneide ihr an den Hals gehalten worden sei.

Auch die angeblich in der nämlichen Nacht erlittenen Hämatome auf den Oberschenkeln erlebten kein einfaches Schicksal. Anlässlich ihrer gynäkologischen Untersuchung am 9. Februar 2010 in der Frauenklinik Heidelberg zeigte Dinkel der untersuchenden Ärztin zwei blaue Flecke an ihren Innenschenkeln vor. Sie gab an, die Hämatome erst dort, beim Ausziehen, bemerkt zu haben. In ihrer anschließenden Vernehmung mutmaßte sie, dass ich zwischen ihren Beinen gewesen sei. Es sei »möglich«, dass ich »auf ihren Oberschenkeln gekniet« sei, was sie aber durch ihre Angst nicht mitbekommen habe.

Die Hämatome waren für die im Strafprozess tätigen rechtsmedizinischen Sachverständigen ebenfalls nicht mit den Angaben von Dinkel zur angeblichen Tat in Einklang zu bringen. Professor Rothschild hielt dazu fest:

»Die Verletzte schildert keine Situation, die die Entstehung der Ober-
schenkelverletzungen plausibel erklären würde.«

Auch hier war das Fazit von Professor Rothschild im Ergebnis repräsentativ für die Schlussfolgerungen der anderen im Strafprozess befragten Sachverständigen.

Auf die Ergebnisse der Gutachten reagierte Dinkel im Lauf des
Verfahrens ähnlich wie auf die Frage, ob ihr der Messerrücken oder
die Messerschneide an den Hals gehalten worden sei: mit auswei-
chenden Mutmaßungen und von ihr selbst als angstbedingt erklärten angeblichen Wahrnehmungslücken. Im Hinblick auf die Hämatome trieb dieses Verhalten besonders seltsame Blüten. In ihrer
Vernehmung in der Hauptverhandlung (das heißt nach Bekanntwerden der Ergebnisse der Gutachten) gab sie an, sie könne nicht ausschließen, dass sie sich die Hämatome beim Aufräumen der Wohnung in der Nacht selbst zugezogen habe, indem sie sich am Bett
oder am Couchtisch gestoßen habe.

Die im Strafprozess befragten Gutachter waren einhellig der Auffassung, dass die Hämatome durch schmerzhafte Gewalteinwirkung
entstanden sein müssen. Dass sie diese Einwirkung gar nicht bemerkt
haben soll, war also bereits unplausibel. Völlig ausgeschlossen ist, dass
Dinkel nicht gewusst haben soll, ob die Hämatome von mir oder von
einem Anstoßen an Bett oder Couchtisch (an der Schenkelinnen-
seite!) stammen. Diese seltsame Mutmaßung – durch Anstoßen an
Bett oder Couchtisch könnten zwei symmetrische Hämatome an den
Schenkelinnenseiten entstanden sein – ist wiederum nur dadurch erklärlich, dass Dinkel ihre Aussage den zwischenzeitlich ihr bekannt
gewordenen kritischen Ergebnissen der Gutachten anpasste und in
Mutmaßungen auswich.

Die Sache mit den Hämatomen hatte Dinkel sehr wahrscheinlich geübt, denn im Februar des Vorjahres 2009 hatte sie zwei Fotos von einem in Form, Größe und Lage ähnlichen Hämatom auf
ihrem Computer gespeichert. Die Staatsanwaltschaft entdeckte diese

Fotos bei der Auswertung ihres Laptops. Im Hinblick auf dieses nur ein Jahr zuvor fotografierte Hämatom konnte sich Dinkel nicht mehr daran erinnern, wann und wie die Verletzung entstanden sei. Sie behauptete dazu, dass es sie »schon von klein auf fasziniert habe, wie sich der Körper selbst heile«. Ihre Eltern allerdings sagten vor Gericht, dass ihre Tochter nie blaue Flecken gehabt hätte, und so schwenkte Dinkel auf die Erklärung um, ich hätte wilde Dinge mit ihr gemacht und würde darauf stehen, dann solche Fotos zu bekommen. Da war dann wieder unpraktisch, dass sie diese Hämatomübungsfotos nie verschickt hatte und ich zum Zeitpunkt der mutmaßlichen Entstehung der Hämatome weit weg bei den Kindern in Kanada gewesen war. Das bemerkte auch Dinkel, was dann zur Erklärung Nummer drei führte, dass die Hämatome aus 2009 beim Spiel mit ihrem wilden Neffen entstanden seien, der seiner Tante offenbar immer auf dieselbe Stelle an den Oberschenkelinnenseiten getreten habe. Es ist nicht davon auszugehen, dass diese Erklärung wahrhaftiger ist als die vorangegangenen; wenn ja, wird von diesem Neffen in ein paar Jahren vielleicht noch zu hören sein.

Dinkel muss sich in der Falschbeschuldigungsnacht, denn ich war es nicht, schließlich auch am Bauch und am linken Unterarm und Unterschenkel drei oberflächliche, ebenmäßige Ritzungen beigebracht haben, um das Ganze noch ein bisschen dramatischer aussehen zu lassen – ein Messer als Tatwaffe kommt immer gut und hebt die Mindeststrafe auf fünf und die Höchststrafe auf fünfzehn Jahre. Bei den Ritzungen hatte Dinkel dann offenbar schon aus den bisherigen Aussagen gelernt und sich gar nicht erst genau daran erinnert, wann und wie sie entstanden seien. Dass der »Untersuchungsbericht Molekulargenetische Untersuchungen des Landeskriminalamtes vom 26.04.2010« keinerlei Dinkel-DNA an der Messerspitze feststellte – ach, man muss aber als Falschbeschuldigerin an so viele Dinge denken –, war ebenfalls nicht hilfreich. Und noch mal: Das war bereits am 26. April 2010 bekannt. Hat aber in Mannheim niemanden gekümmert. Augen zu und durch.

Professor Rothschild hielt zu den Ritzungen schon am 20. April 2010 fest, einen Monat nachdem mich die baden-württembergische Staatsgewalt zu Unrecht eingesperrt hatte:

»Lokalisation und Morphologie der Verletzungen lassen zunächst an eine Selbstbeschädigung denken. Insbesondere die Gleichsinnigkeit und feine Parallelität der beiden ritzartigen Kratzspuren weisen auf eine gleich bleibende Druckausübung bei der Führung des Gegenstandes während der Verletzungsentstehung hin. Eine Verursachung durch fremde Hand während eines dynamischen Geschehens, wie es von der Verletzten geschildert wurde, ist ausgesprochen unwahrscheinlich.«

Professor Püschel vom Institut für Rechtsmedizin am Hamburger Universitätsklinikum fand noch deutlichere Worte und machte vor Gericht klar, dass man es hier mit einer Selbstbeibringung der Verletzungen zu tun habe. Dass ich Professor Mattern aufgrund seines sogenannten Gutachtens und der Vorgehensweise bei der Erstellung desselben wegen des Verdachts der Befangenheit ablehnen musste, war nur konsequent, aber wie immer vergeblich vor diesem Gericht. Dennoch möchte ich Ihnen nicht vorenthalten, was Johann Schwenn im Befangenheitsantrag über den Herrn formulierte:

I.

»1. a) Nicht anders als in anderen Strafverfahren, in denen sich früh das Erfordernis eines rechtsmedizinischen Sachverständigengutachtens abzeichnet, war der Sachverständige Prof. Dr. Mattern mit der Erstattung eines solchen Gutachtens von der Staatsanwaltschaft betraut worden. Der Sachverständige nahm den Auftrag an, erstattete das Gutachten und ergänzte seine Ausführungen noch im Ermittlungsverfahren. Erforderlich geworden war die Ergänzung, weil weitere, von dem früheren Wahlvertei-

diger des Angeklagten beauftragte rechtsmedizinische Sachverständige zu anderen Ergebnissen gelangt waren als Prof. Dr. Mattern.

Zur Hauptverhandlung war der Sachverständige – wie die ebenfalls während der Ermittlungen von der Staatsanwaltschaft mit einem aussagepsychologischen Gutachten betraute Sachverständige Prof. Dr. Greuel – nicht von der ursprünglichen Auftraggeberin, sondern auf die entsprechende Anordnung des Vorsitzenden geladen worden. Das hinderte den Sitzungsvertreter Oltrogge nicht, am ersten Hauptverhandlungstag dem von der Verteidigung geladenen Sachverständigen Prof. Dr. Brinkmann das Einnehmen des ihm von einem der Saalwachtmeister gewiesenen Platz am Tisch der Sachverständigen mit der Begründung zu verwehren, dort sässen die ›Sachverständigen der Staatsanwaltschaft‹.

b) Gegenstand des Gutachtens des Sachverständigen Prof. Dr. Mattern war eine Stellungnahme zur Vereinbarkeit der bei den Untersuchungen am 9.2. und 11.2.2010 festgestellten Verletzungen der Nebenklägerin ›mit der objektiven Spurenlage und dem Tatgeschehen nach Schilderung der Geschädigten‹, wie die Nebenklägerin auch von anderer Seite unter Vorgriff auf das erwartete Urteil genannt worden ist.

Obwohl der Sachverständige weder durch den Vorsitzenden noch durch ein anderes Mitglied des Gerichts zum Anstellen irgendwelcher Spekulationen aufgefordert worden war, missachtete er in seinem in der Hauptverhandlung erstatteten Gutachten den mangels anderer Leitung durch das Gericht fortgeltenden und im übrigen sachgerechten ursprünglichen Gutachtenauftrag in doppelter Hinsicht:

aa) Zu der Frage, ob der Angeklagte das Messer mit der Schneide oder dem Rücken (gemeint: der Klinge) gegen die Nebenklägerin eingesetzt haben soll, hatte sich die Nebenklägerin bei ihrer Vernehmung durch die Zeugin Scherzinger am 9.2.2010 so geäußert:

›Das kann ich nicht sagen. Aber ich hatte das Gefühl, dass es sich um die Klinge handelte, die er mir an den Hals gedrückt hat.‹

Dennoch gelangte der Sachverständige Prof. Dr. Mattern in seinem am 4.5.2010 erstatteten Gutachten zu dem Ergebnis, die Verletzung der

Nebenklägerin am Hals sei – eine Phase geringer Dynamik im Tatgeschehen vorausgesetzt – durch ›heftiges mehrfaches Andrücken des Messerrückens unter geringen Verschiebungen gegen den Hals‹ zu erklären. So hatte er das Verletzungsbild schon am 11.2.2010 in seinem ersten Gutachten gedeutet. Zuvor hatte er erkannt, dass ›vergleichbare Verletzungen ... auch durch horizontales Kratzen entstehen‹ könnten und die ›fein gezähnelte Schneide ... teilweise punktförmige Hauteffekte, teils auch parallelstreifige feinste Kratzer erwarten lassen‹ würde.

An der Festlegung auf den Messerrücken hielt er auch in der Hauptverhandlung fest, wobei er die ›geringen Verschiebungen‹ durch ein von ihm als ›Schwenkung in der Vertikalen‹ erläutertes Drehen des Messerrückens variierte.

Inzwischen enthielten die auch dem Sachverständigen bekannten Akten die Transkripte der Exploration der Nebenklägerin durch die aussagepsychologische Sachverständige Prof. Dr. Greuel. Der gegenüber hatte die Nebenklägerin zu der Beweisfrage Angaben gemacht. Die – nach der Aussage dieser Sachverständigen authentische – Abschrift von einem Tonträger belegt den folgenden Dialog zwischen ihr und der Nebenklägerin:

›(1497) –(1500)
F.: Was mir so ein bisschen auffällt – und wir führen unser Gespräch ja schon sehr, sehr lange –, wenn jemand ein Messer am Hals fühlt, dann würden ganz wenige nur sagen, ich habe das Metall gespürt. Also, die Beschreibung ist sehr auffällig.
A.: Mh.
F.: Deshalb versuche ich immer wieder dahin zu kommen: Wie hat sich das denn angefühlt?
A.: Also, mit Metall meine ich jetzt nicht das Metall an sich. Ich weiß nicht, wie sich Metall anfühlt, also nicht das Metall an sich, sondern einfach die Klinge, diese, ja, dieses Geriffelte, ich hab die Klinge gespürt, den Druck, dieses Schmale, es ist ja nur ganz schmal, dieses.
F.: Haben Sie eine Erklärung dafür, warum Sie keine Schnittverletzungen hatten?
A.: Am Hals? Hatte ich keine Schnittverletzungen?‹

In der Hauptverhandlung war die Nebenklägerin dank gewissenhafter Vorbereitung durch ihren Vertreter ersichtlich darüber im Bilde, dass sie der Spekulation des Sachverständigen Prof. Dr. Mattern zum Messerrücken durch ihre Angaben in der Exploration den Boden entzogen hatte, und bekundete nun gegenüber der Kammer, sie wisse nicht, ob der Angeklagte ihr das Messer mit der Schneide oder mit dem Rücken an den Hals gedrückt habe.

Auf diese auch für ihn erkennbare ›Nachbesserung‹ der Angaben in der aussagepsychologischen Exploration gründete der abgelehnte Sachverständige sein Gutachten in diesem Punkt und überschritt damit seinen Auftrag mit einem für den Angeklagten nachteiligen Resultat.

bb) Auf die von der Nebenklägerin in deren Vernehmung am 9.2.2010 nicht etwa geschilderte, sondern bloß für möglich gehaltene Ablaufvariante stützte der Sachverständige seine These, die Hämatome an den Oberschenkeln der Nebenklägerin könnten durch Knien des Angeklagten auf diesen Körperpartien hervorgerufen worden sein. Dabei ließ der Sachverständige außer Acht, dass die Nebenklägerin in ihren verschiedenen Aussagen ein derartiges Verhalten des Angeklagten weder geschildert noch durch das Vorbringen spezifischer Schmerzempfindungen Umstände angegeben hatte, die Anlass zu dieser Annahme geben konnten. Zwar hatte sie gemeint, sie habe den von ihr als möglich bezeichneten Vorgang aus Angst vielleicht nicht mitbekommen. Ihr anderweitig zugefügte Schmerzen will sie jedoch wahrgenommen haben.

[…]

d) Für die Vorbereitung seines in der Hauptverhandlung erstatteten Gutachtens hatte der Sachverständige Prof. Dr. Mattern zur Überprüfung seiner Ergebnisse keine rechtsmedizinischen Versuche angestellt. Erst als der Sachverständige Prof. Dr. Brinkmann, dessen Befangenheit zu besorgen die Staatsanwaltschaft mit Erfolg vorgegeben hat, die Anordnung seiner Versuche und deren in einer Lichtbildmappe dokumentierte Ergebnisse als Zeuge erläutert hatte, meinte auch der abgelehnte Sachverständige nicht zurückstehen zu können und stellte eben Versuche an.

Bei der Schilderung des von ihm Unternommenen berichtete er auch von dem – misslungenen – Versuch, durch Manipulationen mit dem Messerrücken am Hals der Nebenklägerin eine ähnliche Spur wie die hier interessierende hervorzurufen. Den Umstand, dass die Nebenklägerin bei dieser Gelegenheit in Tränen ausgebrochen sei, weshalb er den Versuch abgebrochen habe, versuchte er beharrlich auf deren Erinnerung an die angebliche Tat zurückzuführen, und ließ sich erst nach der wiederholten Rüge der Verteidigung, das Verfahren nicht mit dem Bekunden fremdpsychischer Tatsachen zu belasten, davon abhalten, der Kammer seine alternativlose Sicht des Verhaltens der Nebenklägerin nahezubringen.

Dass die Nebenklägerin, die schon die auch für sie selbst unübersehbaren Hämatome an ihren Oberschenkeln andere hatte entdecken lassen, ihn benutzen könnte, um die Kammer in ihrem Sinne zu beeinflussen, konnte oder wollte sich dieser Sachverständige offenbar nicht vorstellen.
[…]

II.

[…]

1. Spätestens dank der Unterrichtung durch seine beiden Verteidiger weiß der Angeklagte, dass der deutsche Strafprozess sich vom Verfahren angelsächsischen Typs nicht nur durch Art und Umfang der Laienbeteiligung, sondern vor allem durch die der Staatsanwaltschaft zugewiesene Stellung unterscheidet, die namentlich im Ermittlungsverfahren der des Richters ähnelt. Der Angeklagte weiß auch, dass jeder Sachverständige sein Gutachten unabhängig und nach bestem Wissen und Gewissen zu erstatten hat und es deshalb Sachverständige der Staatsanwaltschaft so wenig gibt wie Sachverständige der Verteidigung und der gegenteilige Eindruck strafprozessualer Laien nur die Folge der besonderen Anforderungen ist, an die § 244 Abs. 4 StPO den Anspruch eines Beteiligten an die Ladung weiterer Sachverständiger durch das Gericht knüpft.

2. All dies vorausgeschickt, muss der Angeklagte nicht verständiger sein als die Staatsanwaltschaft.

a) Erweist sich diese dem Verlust ihrer Verfahrensherrschaft durch die Anklageerhebung nicht gewachsen und führt sich danach auf wie eine auf ein für den Angeklagten nachteiliges Verfahrensergebnis fixierte Partei, so wird jeder Sachverständige, den sie unter Missachtung des Verfahrensfortschritts immer noch als den ihren behandelt, durch diese Fehlhaltung kontaminiert. Dass die Staatsanwaltschaft ihre Rolle in dieser Sache als die einer Partei missversteht, kann dem Sachverständigen Prof Dr. Mattern nicht entgangen sein.

Ein Sachverständiger, der von einem der Sitzungsvertreter noch bei Beginn der Hauptverhandlung als ›Sachverständiger der Staatsanwaltschaft‹ bezeichnet wird, wird aus der maßgeblichen Sicht des Angeklagten bestrebt sein, die Erwartungen dieser Behörde nicht zu enttäuschen und ihr einen deren Ansehen mindernden Verfahrensausgang zu ersparen.

b) Bei seiner Interpretation der Verletzungen der Nebenklägerin hat der Sachverständige sich nicht nur dadurch von dem Gutachtenauftrag entfernt, dass er der Kammer mit dem Knien des Angeklagten auf der Innenseite der Oberschenkel ein von der Nebenklägerin nicht geschildertes Geschehen zugrunde gelegt hat. Darüber hinaus hat er die Angaben der Nebenklägerin zum Entstehen der Halsverletzung gegenüber der Sachverständigen Prof. Dr. Greuel ausgeblendet und sich an die Angaben gehalten, mit denen die Nebenklägerin auch für ihn erkennbar ihre Aussage seinem Gutachten angepasst hat.

[...]

d) Von einem rechtsmedizinischen Sachverständigen dürfen die Beteiligten erwarten, dass er sich nicht zu Deutungen hinreißen lässt, die er nicht vermöge eigener Sachkunde vornimmt. Ein erfahrener Rechtsmediziner, der als Zeuge sogenannte Zusatztatsachen, also solche Umstände schildert, zu deren Wahrnehmung es keiner Sachkunde bedarf, weiß, dass er sich in diesem Zusammenhang der Bekundung fremdpsychischer Tatsachen zu

enthalten hat, zumal solcher, die, wenn sie wahr wären, den Anklagevor-
wurf stützen könnten.

Fühlt sich ein Sachverständiger noch nach der Beanstandung einer
solchen Äußerung gedrängt, solche fremdpsychischen Tatsachen zu be-
haupten, so darf er sich nicht wundern, wenn der Angeklagte ihn für einen
Parteigänger der Staatsanwaltschaft hält.

3. Der Angeklagte verkennt nicht, dass der Sachverständige Prof. Dr.
Mattern in seinem Gutachten in der Hauptverhandlung wiederholt aus-
geführt hat, er könne weder nachweisen, dass der Angeklagte der Neben-
klägerin auch nur eine der vorgewiesenen Verletzungen beigebracht hat,
noch, dass es sich jeweils um selbstbeigebrachte Verletzungen handelt.

Auch hat der Angeklagte das Zugeständnis des Sachverständigen ver-
nommen, sein diesbezügliches Erfahrungswissen sei nicht nur wegen des
Standorts seines Instituts in einer an Belastung durch Gewaltkriminalität
armen Universitätsstadt geringer als das in Großstädten tätiger Rechtsme-
diziner, zumal er sich bisher selbst nicht in nennenswertem Umfange mit
der Unterscheidung von Fremd- und Selbstbeibringung bei Verletzungen
beschäftigt habe.

Indessen kann auch dem abgelehnten Sachverständigen in den langen
Jahren seiner Tätigkeit nicht verborgen geblieben sein, dass sein Gutach-
ten dem Gericht keine für das Urteil verbindlichen Zwischenergebnisse lie-
fern, sondern Gelegenheit geben soll, genügend eigene Sachkunde zu er-
werben, um auch zu einem anderen Ergebnis als der Sachverständige
gelangen zu können.

Vor diesem Hintergrund ist der Versuch des Sachverständigen Prof.
Dr. Mattern, der Kammer vermeintlich belastende Umstände nahezu-
bringen, Ausdruck seines Verständnisses seiner Rolle in dieser Sache. Mit-
verantwortlich für einen Schuldspruch wollte er nicht sein, aber mit der
Staatsanwaltschaft wollte er es sich auch nicht verderben und ihr deshalb
die eine oder andere Vorlage für deren Schlussvortrag liefern.«

Lauter Lügen

Es ist davon auszugehen, dass Dinkel die Falschbeschuldigung von langer Hand vorbereitet hatte, darauf weisen schon die Hämatomversuche ein Jahr zuvor hin. Für die Tatnacht musste sich Dinkel etwas zurechtlegen, was gegen die Tatsache sprechen würde, dass es einen ganz normalen Geschlechtsverkehr gegeben hatte. Deswegen hatte sie sich überlegt, sich selbst einen Flugschein ihrer Nebenbuhlerin Viola Sch. in den Briefkasten zu legen und dazu einen Brief mit dem Satz »Er schläft mit ihr« beizulegen, den sie selbst geschrieben hatte – und weil sie eine mögliche Untersuchung ihres Computers und Druckers antizipierte, druckte sie das Ganze an ihrem Arbeitsplatz aus.

Weder ihren armen Eltern noch ihren Therapeuten erzählte Dinkel die Wahrheit über das Ticket und den Brief, schon gar nicht den Ermittlungsbehörden, die sie am 9. und 11. Februar 2010 sowie am 30. März 2010 hartnäckig anlog, als sie noch mal ausführte, wie sie zum Briefkasten heruntergegangen war, wann sie den Briefkasten zum letzten Mal geleert hatte, ob Werbung drin war und so weiter. Und sie wiederholte erneut, dass sie nie zu Viola Sch. Kontakt aufgenommen habe.

Diese Aussagen waren allesamt falsch. Den Brief hatte Dinkel selbst erstellt. Mit Viola Sch. hatte Dinkel in der Zeit vom 10. Dezember 2009 bis zum 13. Januar 2010 – unter aggressivem Einsatz einer fantasiereichen Geschichte – intensiv auf Facebook kommuniziert. Sie hatte sich dabei unter dem falschen Namen Christina Brandner bei Facebook angemeldet und Viola Sch. mit folgender Nachricht angeschrieben:

»Hallo Viola,
na so eine Überraschung! ☺
Erinnerst du dich? Wir haben uns im September 2008 in British Columbia in Kanada kennengelernt. Wie geht es euch denn, dir und Jörg?

Frank und ich haben uns inzwischen getrennt, es hat einfach nicht
mehr geklappt ... jetzt wohne ich wieder in München.
Wie läuft es bei euch? Alles in Butter?
Lass mal was von dir hören,
liebe Grüße Chris«

Alles das war frei erfunden. Entsprechend reagierte Viola Sch. befremdet. Dinkel legte nach, lud das Foto einer anderen Person hoch und schrieb:

»Hallo Viola,
du hast vollkommen recht. Ich habe mal ein Foto hochgeladen. Ich
hoffe es hilft beim Erinnern. Es war in der Nähe von ich glaube Bridge
Lake (oder so ähnlich?) an einer Tankstelle/Laden, soviel ich noch erin-
nere. Wir waren die mit dem knallroten Pick up und ich hatte mir gerade
den Absatz am Schuh abgebrochen. Warst du seitdem mal wieder da?
Wie geht es Jörg? Ich hoffe, wenigstens ihr seid noch zusammen und
glücklich.
*   Ich schlage mich jetzt erstmal wieder als Single durchs Leben. Ich habe*
Frank im hohen Bogen rausgeworfen, als ich herausfand, dass er mich
betrügt.
*   So what, shit happens, das Leben geht weiter, ich bin fast schon drü-*
ber weg! ☺
Liebe Grüße Claudia«

Die versehentliche Verwendung ihres echten Vornamens erklärte
Dinkel wieder mit einer aufwendig erdachten Geschichte:

»Sorry Viola, du kennst mich natürlich unter Christina, Claudia nennt mich nur meine familie, ist mein 1. Vorname, aber ich finde ihn doof. Hatte vorhin mit meiner Mutter telefoniert, deshalb war ich noch im Claudia-Wahn. ☺ Klingt bescheuert, ich weiß, ist es eigentlich auch ☺ Aber wenn du meine Familie kennen würdest, würde es dich nicht wundern, wir sind alle ziemlich verrückt. ☺ Gruß Chris«

Über Tage hinweg versuchte Dinkel durch weitere Ausschmückungen, die immer noch skeptische Viola Sch. zu einer Aussage über ihre Beziehung zu mir zu bewegen. Zum Schluss versuchte sie, durch Provokation zum Ziel zu kommen:

»Hallo Viola,
bitte entschuldige, dass ich dich nochmal nerve, aber du hättest mir ruhig sagen können, dass ihr beide, du und Jörg, nicht mehr zusammen seid. Wenn ich das gewusst hätte, hätte ich dich natürlich nicht mit der Frage nach seiner emailadresse etc. belästigt.
Ich habe es von einem Freund erfahren, der Jörg vor kurzem mit seiner Neuen gesehen hat. Tut mir leid, dass es mit euch nicht geklappt hat.
Liebe Grüße Chris«

Viola Sch. schrieb ihr daraufhin entnervt, sie wisse nicht, was das alles solle, sie finde die aufdringlichen Fragen zu ihrer Beziehung sehr seltsam, und sie sei nach wie vor noch mit K. zusammen.

Dinkel hatte ihr grünes Licht für die Falschbeschuldigung und meldete sich erst später wieder bei Viola Sch., um Solidaritätsbekundungen auszutauschen.

Die vorstehend wiedergegebene Chat-Korrespondenz wurde auf Dinkels Laptop sichergestellt. In einer ganzen Serie von Vernehmungen über Wochen hinweg wurde Dinkel zu den Umständen um den anonymen Brief und Viola Sch. befragt. Immer wieder log sie dazu, erfand neue Details und verteidigte hartnäckig ihre Darstellung. Am 30. März 2010 beispielsweise, als sie nach dem Decknamen Christina Brandner gefragt wurde, den sie für ihre Kontaktaufnahme mit Viola Sch. verwendet hatte:

»Kennen Sie jemand, der Christina heißt?«
»Christina? (überlegt) 'ne, Christina ich überleg grade von früher? Ich war im Kindergarten war ich mal mit einer Christina befreundet, ja, ja, die Kindergärtnerin ist dann weggezogen.«
»Und Brandner?«
»Brandner, sagt mir gar nichts.«

Erst unter massivem Druck gab sie in einer staatsanwaltschaftlichen Vernehmung am 20. April 2010 zu, Viola Sch. kontaktiert zu haben. An der Lüge bezüglich des anonymen Briefs hielt sie aber immer noch standhaft fest. Erst auf eindringlichen Vorhalt der beiden vernehmenden Staatsanwälte, sie »komme in Teufels Küche«, räumte Dinkel ein, insoweit gelogen und den Brief selbst geschrieben zu haben. Sie blieb aber, auch nach eindringlicher Befragung des Gerichts, bei ihrer Teildarstellung, den Flugschein (nun angeblich zu einem früheren Zeitpunkt) anonym erhalten zu haben. Dies hat ihr selbst das dinkelhörige Landgericht Mannheim bis zuletzt nicht geglaubt. Es hielt dazu fest:

»Vieles spricht zudem dafür, dass sie auch noch in der Hauptverhandlung an falschen Bekundungen zur verfahrensgegenständlichen Vorgeschichte festhielt.«

Dadurch wussten Polizei, Richter und Staatsanwaltschaft schon im April 2010, dass Dinkel auch unter großem Druck fantasiereich, detailliert und sehr hartnäckig lügen konnte – und zwar nicht in Beziehungsfragen, sondern vor Ermittlungsbehörden. Aber für die verlorenen Seelen der Mannheimer Justizdarsteller war es da schon zu spät für den Weg zurück. Sie hofften auf ein Wunder, und der damals schon massive Medienbeistand hat die Mannheimer gestützt und dazu geführt, dass selbst ein leibhaftiger Oberstaatsanwalt brandschwarz in die Kameras die Unwahrheit sagte. Wir erinnern uns noch mal an die Tatsache, dass die Rechtsmedizin in Heidelberg nichts festgestellt hatte, was zu einer Vergewaltigung passte. Dass das LKA Baden-Württemberg nicht sagen konnte, ob die Miniblutspur an Dinkels Lieblingsmesser von einem Tier oder von einem Menschen stammte, und dass keine DNA von mir am Messer festgestellt worden war. Zu jenem Zeitpunkt, als man das alles wusste, hat die Staatsanwaltschaft Mannheim Anklage erhoben. Sie wusste, wenn sie dies am 17. Mai 2010 tat (noch bevor Luise Greuel ihr Gutachten abgab, dass die Aussage von Dinkel in keiner Form belastbar sei), dass dann aufgrund der Geschäftsverteilung nach Datum an die einzelnen Kammern der Prozess beim guten Kumpel des Dinkel-Vaters Michael Seidling landen würde, und das würde für das mutmaßliche Gemeinschaftsprojekt unter Sportskameraden, mich lange in den Knast zu bringen, doch ein wichtiges Detail sein.

Noch vor meiner Verhaftung soll es laut eines örtlichen Journalisten im Großraum Schwetzingen bei Sportvereinen und Redaktionen groß angelegte Löschungen und Fotovernichtungsaktionen von Material gegeben haben, das die Nähe von Dinkel und Seidling belegen konnte. Bis heute sei niemand aus der Gegend willens oder in der Lage, derartige Fotos rauszurücken, zu groß sei der Druck und die Nibelungentreue in der kleinteiligen Gegend gegenüber einem Landrichter, der auch noch stellvertretender Vorsitzender der TSG Oftersheim (wo sich auch die Dinkels regelmäßig tummelten) und zudem Chef der örtlichen Freien Wähler ist – mit so einem will man's sich nicht verderben. So ist es nicht weiter verwunderlich, dass Oberstaatsanwalt Grossmann am 19. Mai 2010 dreist in die Kameras die Unwahrheit sagte, als er in einem Interview die folgende Behauptung von sich gab:

>>Die Staatsanwaltschaft Mannheim hat gegen Jörg Kachelmann Anklage wegen des Verdachts der besonders schweren Vergewaltigung in Tateinheit mit gefährlicher Köperverletzung erhoben. Ihm wird vorgeworfen, in der Nacht des 9. Februar eine langjährige Bekannte in deren Schwetzinger Wohnung vergewaltigt zu haben. Hierbei soll er laut Anklage der Geschädigten ein Messer an den Hals gehalten haben, daher der Vorwurf der besonders schweren Vergewaltigung.

Die Anklage beruht im Wesentlichen auf den mehreren Vernehmungen der Geschädigten, und die werden wiederum gestützt durch kriminaltechnische Untersuchungsergebnisse und ein Gutachten der Universität Heidelberg, der Rechtsmedizin. Im Kernbereich ist die Geschädigte bei mehreren Vernehmungen bei ihrer Aussage geblieben, wir haben keinen Anlass, an ihrer Glaubwürdigkeit zu zweifeln. Das Messer, bei dem es sich um ein Küchenmesser aus der Wohnung der Geschädigten gehandelt haben soll, hatte Blutspuren, die wir dem Opfer zuordnen können.<<

Das Video mit dieser Verlautbarung war im Juli 2012 unter http://www.youtube.com/watch?v=tWwjqqDzFoo im Internet abrufbar. Nichts daran stimmte, weder die Rechtsmedizin sagte so was, noch gab es DNA-Spuren, rein gar nichts, dafür reihenweise Dinkel-Lügen in ihrer Aussage. Und trotzdem kam es zur Anklageerhebung.

Ich habe von den Schwetzinger Polizisten und Mannheimer Staatsanwälten gelernt, dass deutsche Justizbeamte ungestraft lügen dürfen. Sie werden nicht nur nicht belangt, sie werden wie fast alle mit dem Dinkel-Fall befassten Leute auch noch befördert.

Angesichts all der oben stehenden Dinge, die das Gericht schon wusste, als es das Folgende schrieb, halte ich es für abseitig, dass Seidling, Bültmann und Bock noch über irgendeinen Menschen Recht sprechen dürfen. Als Begründung, warum ich nicht aus dem Gefängnis entlassen werden dürfe, schrieben sie am 1. Juli 2010:

»*Die Kammer führt zur Voraussetzung des dringenden Tatverdachts aus, dass die Aussage des mutmaßlichen Opfers zur Tat sowie zum Geschehen vor und nach der Tat nach Aktenlage glaubhaft sei. Demgegenüber wirke die Einlassung von Herrn Kachelmann zum Ablauf des Geschehens am mutmaßlichen Tatabend u. a. im Hinblick auf das sich aus den Akten ergebende Bild seiner Persönlichkeit und der Persönlichkeit des mutmaßlichen Opfers sowie der Eigenart ihrer Beziehung als wenig plausibel.*

Die Kammer führt ferner aus, dass die Glaubhaftigkeit der Angaben des mutmaßlichen Opfers nach Aktenlage bei einer Gesamtbetrachtung auch unter Berücksichtigung der von der Verteidigung vorgetragenen Einwände nicht nur durch das Nachtatverhalten einschließlich des Ablaufs der Anzeigeerstattung und das Ergebnis der rechtsmedizinischen Untersuchungen in Heidelberg, sondern u. a. auch durch die in ihrer Gesamtheit zu betrachtenden Ausführungen in dem aussagepsychologischen Gutachten gestützt werden.«

Der Einsatz der Medien hatte sich gelohnt – es war nun plötzlich von der »Persönlichkeit« des Angeklagten die Rede, weite Teile des Rests der Begründung sind, wie wir wissen, gelogen. Diese mediale Unterstützung gab den Mannheimer Richtern den Mumm, den eingeschlagenen Weg weiterzugehen und vom Messer zu erzählen, obwohl keine einzige Spur am Messer zu finden war, die die Dinkel-Geschichte gestützt hätte. In Mannheim isches grad egal, denn das Gericht schrieb weiter am 1. Juli, dass in rechtlicher Hinsicht daher davon auszugehen sei, dass ich nach Aktenlage dringend verdächtig sei, den Tatbestand der besonders schweren Vergewaltigung nach § 177 Abs. 4 Nr. 1 StGB sowie – wegen der Verwendung eines Messers –

den Tatbestand der gefährlichen Körperverletzung gem. § 224 Abs. 1 Nr. 2 StGB verwirklicht zu haben. Beide Tatbestände stünden in Tateinheit zueinander.

Zur Erfordernis des Haftgrundes führte das Mannheimer Landgericht aus, dass nach Aktenlage derzeit keine Anhaltspunkte vorhanden seien, die die Annahme eines minder schweren Falles rechtfertigen könnten, sodass angesichts der Mindestfreiheitsstrafe von fünf Jahren ein ganz erheblicher Fluchtanreiz bestehe, dem keine Fluchthemmnisse von ausreichendem Gewicht gegenüberstünden. Mildere Maßnahmen seien nicht ausreichend, um den Zweck der Untersuchungshaft sicherzustellen. Angesichts der Schwere der Tat sei die Aufrechterhaltung der Untersuchungshaft auch verhältnismäßig.

Und das alles, *nachdem* die Aussagepsychologin Greuel ihr Gutachten über Dinkel abgegeben hatte, in dem sie schrieb:

>*Zum einen handelt es sich um außergewöhnlich umfassende Erinnerungslücken, zum anderen hat die Analyse ihrer nachweisbaren Falschbekundungen (Flugtickets, Kontaktaufnahme zur Zeugin Sch.) ergeben, dass sie gerade hier auch Erinnerungslücken geltend gemacht und dadurch ihr Aussagemanagement abgesichert hat.«*

Dinkels Aussage zum eigentlichen Tatgeschehen war laut Greuel im Ergebnis so dürftig, dass man sie gar nicht analysieren könne:

>*Wenn aber, wie im vorliegenden Fall, auch nach intensiver Nachbefragung keine Angaben zu zentralen Aspekten eines inkriminierenden Vergewaltigungsgeschehens generiert werden können (z. B. Körperpositionen und Positionswechsel, Wechselspiel von Zwang/Gewalt und Widerstand, Ausmaß und Modi physischer Gewalthandlungen, Einsatz eines Tatwerkzeugs) und sogar komplette Handlungssequenzen nicht erinnert*

werden können (Zufügen von Verletzungen), dann mangelt es letztlich an diagnostisch relevantem Aussagematerial, um einen etwaigen Erlebnisbezug der Aussage oder einzelner Aussagekomplexe mit aussagepsychologischen Methoden bestätigen zu können.«

Der Kieler Psychologe Prof. Dr. Günter Köhnken interpretierte die Schlussfolgerung von Greuel später als »Bankrotterklärung bzgl. der von ihr festgestellten Aussagequalität« und legte dem Gericht die Tatsache einer intentionalen Falschaussage durch Dinkel nahe.

Als Verteidiger Birkenstock noch kampfeslustig und nicht durch den irrationalen Widerstand des Gerichts ermüdet war, schrieb er in seiner Verzweiflung eine sehr berechtigte und gut begründete Dienstaufsichtsbeschwerde gegen alles, was die unsägliche Staatsanwaltschaft in Baden-Württemberg aufgeboten hatte. Ich möchte diese (durch das Land routiniert abgewehrte) Beschwerde mit Ausnahme kleiner Schwärzungen, die die Persönlichkeitsrechte der Falschbeschuldigerin betreffen, im Wortlaut im Anhang dieses Buchs wiedergeben – vielleicht hat ja der neue Innenminister das Bedürfnis, sich darüber klar zu werden, mit welchen Beamten er und die Menschen im Lande es zu tun haben.

Wider die Journaille

Der größte Teil dieser Fakten war öffentlich, fast alle Journalisten hätten es wissen müssen. Die beamtete und unbeamtete Dinkel-Fraktion ließ nichts unversucht, scheinbar mich »belastendes« Material an die Medien durchsuppen zu lassen, um den Boden für eine Rechtsprechung nach Mannheimer Art zu bereiten. Mit Verzweiflung, Kunstgriffen und auf der Basis von erfundenen Geschichten hielten mich Seidlingbockbültmann in Haft und stilisierten mich schon vor dem Prozess im Verein mit den Medien zum persönlichkeitsgestörten Monster. Die einseitige Berichterstattung funktionierte so gut, dass die Staatsgläubigen nicht einmal mehr durch ein veritables Oberlandesgericht zu verunsichern waren. Dass nur vier Wochen nach dem abseitigen Haftfortdauerbeschluss ein Oberlandesgericht in einem Nachbarort dem fast schon rechtsbeugenden Landgericht dermaßen in die Parade fährt und mich fünf Wochen vor dem schon anberaumten Gerichtstermin freigelassen hat, ist zumindest außergewöhnlich: Das Oberlandesgericht Karlsruhe setzte nicht den Haftbefehl aus. Das Oberlandesgericht setzte keine Kaution fest. Das Oberlandesgericht legte keine Bedingungen fest, dass ich mich irgendwo melden müsse oder das Land nicht verlassen dürfe – das Oberlandesgericht ließ mich mit Beschluss vom 29. Juli 2010 bedingungslos frei und begründete aufgrund der Aktenlage über die Falschbeschuldigerin Dinkel:

»Dadurch, dass sie auch unter Befragungsdruck ihre Falschangaben durchgehalten hat (insbes. in der Videovernehmung am 30.03.2010 und auch zunächst noch in der staatsanwaltschaftlichen Vernehmung am 20.04.2010), hat sie ihre Fähigkeit zur Konstruktion und Aufrechterhaltung einer Falschaussage unter Beweis gestellt.« [Hervorhebung JK]

Doch die Desinformations- und Lügenkampagne von Polizei, Staatsanwaltschaft und Gericht hatte verfangen. Man kann vermutlich nicht behaupten, dass die *Stuttgarter Nachrichten* sich mit mir und der Wahrheit übermäßig befasst hätten, aber sie waren sich ganz sicher und schrieben am 29. Juli 2010 über den Beschluss des Oberlandesgerichts:

»Die Entscheidung ist ein fatales Signal an alle Opfer sexueller Gewalt. Im Fall Kachelmann sprechen die objektiven Spuren, die am Tatort und Opfer zu finden waren, ziemlich klar gegen den charmanten Wettermo-

derator. Das Gericht hat diese objektiven Spuren einfach ignoriert. Man kann es keinem Vergewaltigungsopfer verdenken, wenn es sich nach dieser Entscheidung lieber nicht der Justiz anvertraut.«

Wahr ist: Alle objektiven Spuren belegten genau das Gegenteil, und ein Opfer ist so lange kein Opfer, bis das gerichtlich festgestellt wurde; selbst das Mannheimer Gericht hat festgehalten, dass Claudia Dinkel kein Opfer ist – aber was kümmert es die *Stuttgarter Nachrichten*. In meinem Fall wurden mitunter auch Dinge geschrieben, die nicht mal die Staatsanwaltschaft erlogen und dann an die Medien geleakt hat, sondern die die Medien direkt frei erfunden haben. Eine davon ist die dummdreiste Geschichte von dem besonderen Geruch, den ich angeblich ausströme, den aber nur Auserwählte riechen könnten.

»Wie die ›Bild‹ berichtet, wird gegen Kachelmann nicht nur wegen der Vergewaltigung der Ex-Freundin, sondern auch wegen sexueller Nötigung und Körperverletzung ermittelt. Dem Bericht zufolge besteht der Verdacht, dass Kachelmann seine Ex-Freundin stranguliert hat. Darauf deuteten Würgemale am Hals hin, die der Mannheimer Gerichtsmediziner Prof. Dr. Mattern festgestellt und dokumentiert habe.«

Nein, das hatte nicht einmal der formidable Gutachter aus Heidelberg behauptet, dem der Wille seiner gerichtlichen Auftraggeber sehr am Herzen lag, wie man aus einem früheren Verfahren wusste, als sich Mattern laut *Spiegel* erst einmal darüber im Klaren werden wollte, was denn das Gericht am liebsten hören würde.

Es ist schwierig nach alldem, das hohlste und dreisteste Blatt zu küren. Burdas *Bunte* oder *Focus*, Springers *Bild*, die *Süddeutsche*, der *Stern*, der *Tagesspiegel* sind sicher die Blindesten unter den Einäugigen, aber wir wollen nicht die staatstreuen Medienhäuser in Baden-Württemberg vergessen, wo noch alles strammsteht, wenn es die

Obrigkeit gebietet, sei es noch so sinnlos und abseitig. Nach meinem Freispruch waren die *Stuttgarter Nachrichten* immer noch nicht recht zufrieden mit der Justiz, hat sie doch Johann Schwenn die verfassungsmäßig garantierte Wahrnehmung seiner und meiner Rechte erlaubt:

»Die Justiz hat in diesem Verfahren ein denkbar schlechtes Bild abgegeben. Das beginnt bei der Staatsanwaltschaft Mannheim, die seit der Verhaftung Kachelmanns im März 2010 den Eindruck erweckt hat, es gehe ihr nicht um die Sache, sondern um die einmalige Chance, einen Prominenten zu überführen. Aber auch das Gericht hat merkwürdige Schwächen offenbart. Wer einem Verteidiger wie Johann Schwenn jede Menge eitle Eskapaden durchgehen lässt, das Verfahren dann aber an anderen Tagen wieder nichtöffentlich führt, darf sich nicht wundern, wenn aus einem Indizienprozess ein Showprozess wird. Insofern ist der Fall Kachelmann ein neues Lehrstück deutscher Justizgeschichte – freilich kein gutes.«

Ja, liebe *Stuttgarter Nachrichten*, da wäre die Verurteilung eines Unschuldigen doch der geringere Aufreger gewesen, Hauptsache, keine Eskapaden vor Gericht.

Für eine kurze Zeit nach der bedingungslosen Freilassung durch das OLG schöpfte ich Hoffnung, dass in Claudia Dinkels Umfeld ein Licht aufgehen möge, das ihr klarmacht, dass das für eine solch schlecht erzählte Räuberpistole ein schöner Erfolg war. Nachdem alles zunächst so gut lief mit der Lüge, sind die Überraschung und Enttäuschung zu verstehen, mit der sie auf meine Haftentlassung und den Freispruch reagierte. Am Ende war der Schaden bei mir nicht so groß wie gewünscht: Ich habe Frau und Beruf und beides erfolgreich. Ursprünglich hatte Dinkel mit ihrer Falschbeschuldigung den maximalen Schaden durch eine Verhaftung vor den Olympischen Spielen erreichen wollen, was einen noch viel größeren Bohei verursacht hätte. Bereits bei ihrer ersten Vernehmung am 9. Februar 2010 legte Dinkel gegenüber der sie vernehmenden Polizeibeamtin ein auffallendes Interesse an den Tag, dass ich noch gleichentags festgenommen werden sollte. Die Schwetzinger Polizistin bestätigte in der Hauptverhandlung, dass Dinkel sie nachdrücklich mehrmals fragte, ob der Angeklagte nun jetzt gleich festgenommen werde. Dinkel kam es ganz offensichtlich darauf an, dass ich unbedingt noch vor meinem für den Mittag geplanten Abflug zu den Olympischen Spielen in Vancouver festgenommen würde. Selbst bei ihrer staatsanwaltlichen Vernehmung am 20. April 2010, in der Dinkel der Lüge bezüglich des Kontakts zu Viola Sch. und des angeblichen anonymen Briefs überführt wurde, war ihre zentrale Sorge offenbar, dass ich nun aus der Untersuchungshaft entlassen werden könnte. Dazu hielt das Landgericht Mannheim folgenden merkwürdigen Austausch fest:

»Oberstaatsanwalt Gattner und Staatsanwalt Oltrogge bekundeten als Zeugen zudem übereinstimmend, dass die Nebenklägerin, die bereits zu Beginn der Vernehmung einen aus ihrer beider Sicht niedergeschlagenen bzw. mitgenommenen Eindruck gemacht habe, nach Abschluss der in sehr nachdrücklichem Ton geführten Vernehmung, auf dem Weg nach draußen, in Tränen ausgebrochen sei und die Vermutung geäußert habe, dass er – der Beschuldigte – jetzt bestimmt frei komme. Staatsanwalt Oltrogge habe darauf letztlich sinngemäß erwidert, so schnell gehe das nicht, und damit die kurz zuvor anhand der gesamten Verdachtslage besprochene gemeinsame Position zum Ausdruck gebracht. Die Nebenklägerin habe sich dann kurzfristig wieder beruhigt.«

Auch aus ihrem Computertagebuch, das komplett an den *Focus* gegeben wurde (durch wen liegt nahe, wenn man bedenkt, dass Dinkel nicht gegen die Veröffentlichung vorging) folgt, dass Dinkel geradezu davon besessen war, dass ich nicht freikommen soll. Sie schrieb in ihrem Pseudotagebuch unter anderem:

260

»Hätten sie ihn doch gleich am 09.02. am frankfurter flughafen ge-
schnappt. Warum haben sie ihn fliegen lassen? Ich habe geahnt, dass es so
kommen wird.«

In ihrer Aussage in der Hauptverhandlung bestätigte sie erneut diese
klare Absicht:

»[...] ich hab ja, als ich zur Polizei bin an dem Morgen, ich wusste ja,
dass er um halb eins nach Kanada fliegt, mittags. Und das hab ich denen
ja auch gleich gesagt. Gesagt, der fliegt von Frankfurt nach Kanada, und
kann man am Flughafen kann man ihn doch fassen, und das war mir ja
auch wichtig.«

So viel zum Thema, dass ja eigentlich Dinkel gar nicht so viel Belas-
tungseifer gehabt hätte, wie die prozessbegleitende Öffentlichkeitsar-
beit der Dinkel-Schwarzer-Fraktion unentwegt zu streuen pflegte.
Furchtbarerweise muss man sagen, dass ein Unschuldiger heute fast
hoffen muss, dass eine Falschbeschuldigerin ihr Verbrechen möglichst
groß anlegt: Wenn Dinkel eine Vergewaltigung ohne Messer erfunden hätte, wäre es schwieriger gewesen, das Gericht hätte wie in vielen
Fällen einfach sagen können: »Wir glauben der Frau«, und sich über
die aussagepsychologischen Gutachter vielleicht hinwegsetzen können. Aber wie Dinkel selbst schrieb, wollte sie mich für immer weg-
gesperrt sehen.

Gemäß § 177 Abs. 4 StGB ist bei einer Vergewaltigung unter Waffeneinsatz auf Freiheitsstrafe nicht unter fünf Jahren zu erkennen.
Selbst in der Laiensphäre ist allgemein bekannt, dass Vergewaltigung
unter Waffeneinsatz ein sehr schweres Delikt ist, welches mit einer
Haftstrafe bestraft wird. Das wusste aufgrund der langen Vorbereitung sicher auch Dinkel. Ihr kam es mit ihren Erfindungen, insbesondere mit ihrer falschen Darstellung eines angeblichen Messer-

einsatzes, darauf an, mich verhaften zu lassen. Durch das Festhalten an ihrer falschen Aussage wollte sie mich aber nicht nur verhaften lassen, sondern eben auch erreichen, dass ich lange im Knast sitzen muss.

Als Alternative fantasierte die in den Medien als zurückhaltendes Hascherl dargestellte Falschbeschuldigerin, wie sie selbst hinlangen könnte. Dinkel schrieb in ihr Tagebuch, das sie weitgehend durch den *Focus* abdrucken ließ:

>*»17.2.:   Ich wünsche mir, dass er tot ist. Er soll tot sein.*
> *20.2.   Er ist ein Mörder.*
> *2.3.   Oh Gott, wie ich ihn hasse.*
> *4.3.   Hat sich das Schwein etwa umgebracht?*
> *Ich wünschte es wäre so.*
> *6.3.   Er muss aus dem Verkehr gezogen werden.*
> *10.3. ...   er ist doch nicht tot. Schade.*
> *14.3. ...   jetzt wünsche ich mir, er wäre tot.*
> *16.3.   Die gerechte Strafe (für ihn) wäre der Tod.*
> *20.3.   Wenn er doch nur tot wäre.«*

Und ihr Therapeut, der formidable Professor Seidler aus Heidelberg, machte in seinen Notizen zu Dinkel am 1. Juni 2010 den folgenden Eintrag:

>*»Sie [Dinkel] berichtet von einem Traum, der sehr berührend ist. Sie habe geträumt, dass sie ihn (Kachelmann) umbrächte. Und zwar mit dem Tatmesser. Sie habe es genommen und es ihm in den Bauch gestoßen. Er habe sie dankbar angesehen und Danke gesagt und sei dann in sich zusammengebrochen.«*

Auf die Frage vor Gericht, was sie täte, falls sie eine Waffe hätte, antwortete sie, sie wolle mich weiterhin umbringen.

Bis heute hat es Dinkel nicht geschafft, ihr Ansinnen umzusetzen, aber zusammen mit ihren in den Medien aufgetretenen Kameradinnen ist sie ein Sicherheitsrisiko, weil sie ja ihren zwar nicht wahnsinnigen, aber für die Mannheimer ausreichend ausgeklügelten Plan nicht umsetzen konnte – das Einzige, was ihr einigermaßen zufriedenstellend gelang, ist, dass ich in der *ARD* nicht mehr moderieren darf.

Es sollte der einzige Erfolg bleiben mit Ausnahme der anhaltend unangenehmen Begleitung durch die Journaille, die sich an jedem scheinbar noch so kleinen Scheitern und Anstrengen so vortrefflich delektierte. Dank Johann Schwenn und Andrea Combé haben am Ende die Verleumderinnen und das Pack in den Medienhäusern (ich bedanke mich abermals bei Herrn Johann Schwenn für die zutreffende Vokabel) nicht recht bekommen. Mit Schwenn wurden die Sitzungen wieder öffentlicher, und nach dem Schock des Verteidigerwechsels war auch das kollektive Aufatmen der Unterstützerblogs zu spüren, als Schwenn zu Werke ging. Nicht nur mir war klar geworden, wie irrational und unbeirrbar die Kammer des Landgerichts auf Verurteilungskurs war.

Zürcher Waterloo

Mit Schwenn und Combé an der Seite ließ sich auch der Höhepunkt der Absurdität der Mannheimer Gerichtsbarkeit aushalten, als im Februar 2011 der Gerichtstross zur bereits erwähnten Pressefotografin nach Zürich reiste. Sie arbeitete für den *Blick* im Schweizer Ringier Verlag. Nachdem all die Vorgängerinnen damit gescheitert waren, mir etwas anzuhängen, war es zumindest seltsam, dass nun auch noch diese Verzweiflungszeugin sich an etwas erinnerte, was wie immer in keiner Form stattgefunden hatte. Nach ihrer ersten durch Oberstaatsanwalt Gattner protokollierten telefonischen Aussage sollten ihr furchtbare Dinge passiert sein, die angeblich zu einer mehrwöchigen Arbeitsunfähigkeit geführt hatten. Gattner hielt diesen Anruf gesetzeswidrig wochenlang zurück, um ihn im taktisch richtigen Moment einzusetzen, als sich noch beim Letzten im Saal mühsam die Erkenntnis Bahn brach, dass irgendwie ja gar nichts war. Da kam die Promi-Fotografin des Schweizer *Blick* gerade recht: drei Wochen arbeitsunfähig, hurra, ein neues Kachelmann-Opfer, wenn das mal nichts ist! Und obendrein noch kurze Zeit vor der angeblichen Tatnacht! Frohlocken in fast allen Medien. Als Erstes brachte *Focus* die Räuberpistole, angeblich einen Vermerk von Oberstaatsanwalt Gattner zitierend. Die Internetblogs und -foren (nicht die normalen Journalisten, die zum großen Teil bis zum Ende des Verfahrens keine neuen Erkenntnisse gewannen) fanden durch einfaches Googeln schnell heraus, dass die Pressefotografin nach dem angeblichen Geschehen fröhlich weitergearbeitet hatte. Die Zeugin muss auch sehr unsicher gewesen sein, ob es eine gute Idee war, vor einem deutschen Gericht die Unwahrheit zu sagen. Das Gericht hatte nämlich in großer Vorfreude sogleich Termine mit schon lange geladenen Zeugen verschoben, um die famose Frau Toini L. schnellstmöglich zu hören, aber kaum war der Termin anberaumt, wollte sie dann lieber doch keine Märchenstunde in Deutschland abhalten. Weil die Fotografin aber die letzte Hoffnung von Seidlingbockbültmann war, dem Oberlandesgericht zu beweisen, wie man es anstellt, an überführungsrelevante »Anknüpfungstatsachen« zu gelangen, kam es zur legendären Reise in die Schweiz, mit der sich die Mannheimer Gerichtsbarkeit definitiv lächerlich machte.

Der Fotografin kam es zunächst zupass, dass sie sofort von nahezu allen deutschen Medien als Exgeliebte bezeichnet wurde, obwohl es dafür keine einzige Quelle gab. Andererseits musste sie bei ihrer Aussage verschiedene Klippen umschiffen: Außer Händen und Gesicht würde sie kein Körperteil von mir beschreiben können (ich hatte meinen Verteidigern schon erzählt, wie einfach man würde beweisen können, dass sie eine Ex-Garnichts war, indem man sie nach solchen Dingen fragen würde), und sie hatte nach dem erfundenen Ereignis weitergearbeitet wie eh und je. Wie üblich hatte natürlich auch sie niemandem von dem angeblichen Vorfall erzählt und mir noch Tage später eher freundliche E-Mails geschrieben, um es vorsichtig auszudrücken.

Ihrem Anwalt war diese Problematik bewusst und er (oder ein anderer) hatte deshalb wohl lange mit ihr geübt. Das konnte trotzdem nicht funktionieren, und nun hatte Schwenn die Staatsanwaltschaft genau dort, wo er sie haben wollte: in der Zwickmühle. Die Zeugin erklärte treuherzig, dass sie im Gegensatz zum vorfreudigen Gesprächsvermerk von Oberstaatsanwalt Gattner und dem wie immer unmittelbar folgenden Bericht in der Burda-Presseabteilung der Staatsanwaltschaft keineswegs unmittelbar nach dem angeblichen Vorfall im Januar 2010 drei Wochen krankgeschrieben worden sei und, nein, auch nie irgendwelche Verletzungen gehabt habe, aber im Sommer, also im Sommer sei sie dann schon krank geworden. Das sei öfter so, dass so etwas viel später komme.

Dumm gelaufen: Entweder hatte Gattner die Aussage der Fotografin falsch aufgefasst und wiedergegeben, was ein Staatsanwalt ungern auf sich sitzen lässt, oder mit der Zeugin stimmte etwas nicht. Gericht und Staatsanwaltschaft entschieden sich später für die letztere Variante.

Endlich wurden Mannheimer Staatsanwaltschaft und Gericht also auf den Wissensstand der Bürgerblogs gebracht. Nach der Aussage, dass die Arbeitsunfähigkeit Monate später kam und irgendwie auch ganz anders als erwartet, folgte ein langer, traurig-entsetzter Blick von Richterin Daniela Bültmann in Richtung von Oberstaatsanwalt Gattner. Er dauerte mehr als eine Minute, und Gattner alterte an jenem Tag in Zürich um mindestens zehn Jahre. Er sowie Staatsanwalt Oltrogge und das Gericht hatten sich viel erhofft von dieser Zeugin, und nun wurden sie von ihr der Lächerlichkeit preisgegeben. Nachdem sie schon fehlerfrei ein paar Sätze aufgesagt hatte, machte sie alles kaputt, indem sie fröhlich berichtete, sie und ich hätten nach dem angeblich furchtbaren Ereignis auch noch probiert, sich mit den Autos zu berühren. Eine längere Diskussion hob an, wie man mit Autos »Eiertütschis spielen« ins Deutsche übersetzen könnte, Oltrogge war sehr hilfsbereit mit Vorschlägen, Gattner und Bültmann schon ganz weit weg in Gedanken. Die beiden Hauptakteure auf dem Weg zu Kachelmann im Knast mussten ihr offenkundiges Herzensprojekt begraben.

Die angebliche Exgeliebte/Exfreundin hatte es vermasselt. Sie hatte es allerdings auch nicht leicht angesichts der Aufgabe, praktisch aus nichts eine Exfreundin zu machen, der dazu auch noch Schlimmes widerfahren sein musste. Die Schweizer Zeitung *Der Sonntag* trat dabei wie das Zentralorgan der Leute auf, die mich loshaben wollten. Es war kein schöner Tag, als die Zeugin L. nach ihrer Aussage in *Focus* und *Bild am Sonntag* auch noch in der Schweiz mit ihrer Story hausieren ging und die Schlagzeile »Kachelmann demütigte Schweizerin« im *Sonntag* prangte. In Wahrheit verhielt es sich genau umgekehrt, nur konnte ich mich damals leider noch nicht wehren. Wer als Angeklagter vor Gericht steht, ist vogelfrei, vor allem für die dummen Medien, die sich jede Ente auftischen ließen, ohne nachzurecherchieren – und das waren eben fast alle.

Als ich mit Johann Schwenn das Staatsanwaltschaftsgebäude in Zürich verließ, war ich einerseits beeindruckt davon, dass manchmal, sogar ganz ohne dass es je eine Beziehung gegeben hätte, das Blaue vom Himmel gelogen wurde; andererseits war mir und wohl auch dem Gericht jetzt klar, dass es die dringend benötigte Ersatzstraftat nicht mehr bekommen würde.

Aus heutiger Sicht kann ich sagen, dass offenbar einige Frauen fähig und in der Lage sind, auch vor Gericht zu lügen und zu betrügen, um einen/ihren Mann zu schädigen, zu kriminalisieren und aus ihrem Leben oder aus der Familie zu drängen. Es ist eine große Geduldsleistung vieler Männer, trotz ihrer Wehrlosigkeit gegenüber diesem Phänomen nicht auszurasten, sondern einen verzweifelten und zähen Kampf für die Gerechtigkeit zu führen. Die meisten Männer ergeben sich allerdings in ihr Schicksal, denn es ist heute inopportun, ihnen zu helfen – zu dominant ist das Image der Frau als Opfer.

Möglich geworden ist diese Wehrlosigkeit des männlichen Geschlechts durch die gewohnheitsmäßig männerverurteilende Justiz und durch »Opferorganisationen« wie den »Weißen Ring«, deren Arbeit einerseits realen Opfern hilft und ihnen auch zugutekommen sollte, andererseits jedoch die Schaffung von neuem Unrecht und die Kriminalisierung von Unschuldigen bewirkt. Denn solche Organisationen haben kein wirkliches Interesse an einer kritischen Prüfung, ob sich ein reales oder ein selbst ernanntes Opfer an sie wendet – jedes Opfer ist willkommen, denn es liegt in der Natur des Systens, dass es die Bedeutung der Organisation zu steigern und die Verdienstmöglichkeiten ihrer Mitglieder (Nebenklageanwälte, Therapeuten, Beraterinnen, Prozessbegleiterinnen) auszuweiten hilft. Bis zu einer durchgreifenden Reform sollte der »Weiße Ring« daher keine Spendengelder mehr bekommen. Die Opferindustrie in dieser kranken Form muss weg.

Solange dieses Ungleichgewicht herrscht, sind auch die echten Opfer gefährdet. Ich bin in meinem Leben einigen Frauen begegnet, die vergewaltigt wurden. In jedem Fall wollte ich diese Frauen durch Zureden dazu bringen, doch noch Anzeige zu erstatten, auch wenn das Verbrechen schon Jahre zurücklag. Es gelang mir in keinem Fall, und zwar nicht, weil sie Polizei und Gericht gescheut hätten, sondern einfach, weil diese Frauen ihren eigenen Weg des Verdrängens und Vergessens gesucht hatten und daran nicht rühren wollten. Ich habe diese Haltung immer falsch gefunden. Jede Vergewaltigung sollte zur Anzeige gebracht werden. Auf der anderen Seite bin ich aus persönlicher Erfahrung und aufgrund von Recherchen zutiefst davon überzeugt, dass weit über die Hälfte der angezeigten Vergewaltigungen nicht real ist. Es ist eine furchtbare Schere: Die Mehrheit der Vergewaltigungen wird nicht angezeigt – die Mehrheit der Anzeigen sind Falschbeschuldigungen.

Wahrheit und Gerechtigkeit

In den letzten Monaten vor dem Urteil war ich dankbar, dass Johann Schwenn die Hauptbeteiligten des Plots gegen mich im Gerichtssaal sehen konnte, auch wenn es in der Sache um nichts mehr ging. Die Nebenklägerin erschien im März 2011 erneut; sie saß mit schnippischer Miene und kopfschüttelnd im Saal, nachdem sie in den unsicheren Zeiten während und nach der Aussage im Oktober 2010 offenbar wieder stabilisiert worden war. Richter Bock fragte sie insgesamt dreimal, ob sie an ihrer Aussage nicht etwas ändern wolle, es gehe schließlich um ihr Leben. Sie wollte nicht, und Schwenn und Combé hatten dann auch so gut wie nichts mehr zu fragen. Es war überflüssig. Jeder im Saal wusste Bescheid, und wir mussten niemanden mehr überzeugen.

Ich bekam so etwas wie Respekt vor ihrem Anwalt Thomas Franz. Er schien schon vor langer Zeit beschlossen zu haben, diese Sache schweigend wie ein Buddha auszusitzen, und seine Körpersprache zeigte mir in jeder Sekunde, dass er eigentlich mit seiner Mandantin nichts mehr zu tun haben wollte. Franz hatte Dinkels Eltern ganz offensichtlich nicht auf deren Vernehmungen vorbereitet, weil zutage trat, dass sie auch ihre Mutter und ihren Vater anhaltend und dauerhaft belogen und sie bis zu diesem Tag nicht darüber aufgeklärt hatte, in welchen Punkten sie schon überführt worden war. Franz hätte vielleicht sein Mandat niederlegen können, vielleicht sogar müssen, aber mit seinem Weg der größtmöglichen Passivität und des absoluten Schweigens im Gerichtssaal – er wollte während der Aussagen von Dinkel nicht mal neben ihr sitzen – hat er möglicherweise das Äußerste getan, was er unter dem Erwartungsdruck des »Weißen Rings«, dessen Funktionär er ist, tun konnte.

Der zweite Auftritt von Viola Sch. war geprägt von der Vorbereitung Schwenns. Sie versuchte, eine selbstbewusste Vorstellung hinzubekommen, und präsentierte sich den Fotografen, wodurch sie sich freiwillig ihres Persönlichkeitsschutzes beraubte. Die Fragetechnik von Schwenn und Combé zeigte Wirkung: Viola Sch. wiederholte nicht mehr, was ihr angeblich die Mutter meiner Kinder erzählt hatte, dass ich die Kuckuckskinder sozusagen bei der Mutter bestellt hätte. Auch log die Zeugin Viola Sch. nicht mehr, was meine Friedfertigkeit betraf, dreieinhalb Jahre geduldig auszuhalten, in denen ich mich mit der Mutter meiner Kinder auseinandersetzen musste. Für die Anhänger der Narzissmustheorie à la Greuel, denen der Gutachter Pleines am Ende einen Riegel vorschob, war das immer ein unhandlicher Brocken gewesen: Ein Mann erlebt durch zwei Kuckuckskinder die maximale Kränkung, reagiert ziemlich entspannt darauf und kämpft jahrelang vor Gericht darum, dass er die Kinder weiter sehen darf. Am Ende wurde Viola Sch. durch die Befragung so in die Enge getrieben, dass sie auch in diesem Punkt die Wahrheit sagte: dass die Kinder immer gerne bei mir seien und jeweils lieber länger bei mir geblieben wären – eine Aussage, die vom Gericht mit sichtlicher Tristesse entgegengenommen wurde. Das Monster wollte partout keine Gestalt annehmen.

Die letzten Wochen vor Gericht wurden nicht weniger anstrengend. Miriam hatte eigentlich vorhergesagt, dass die Medien kippen würden, wenn die Gutachter kämen, aber die Vorverurteiler wollten so sehr recht behalten, dass sie sich verzweifelt an jedes Hoffnungsfitzelchen klammerten, das »Kachelmann belasten« könnte. Es gab allerdings nichts Ernstzunehmendes. Immer häufiger konnten wir von der Verteidigung in den Angriff schalten; ich war dankbar, dass Rechtsanwalt Höcker von Anfang an geraten hatte, alle Persönlichkeitsrechtsverletzungen zu verfolgen, auch wenn ich wusste, dass die Kosten dafür mich zwingen würden, fast alle Grundstücke und Häuser zu verkaufen, die ich hatte, zuerst die in Deutschland, um mit meinen Steuern nicht die Pension der Juristen, denen ich begegnet war, im weitesten Sinne mitzufinanzieren.

Der Auftritt eines der Päpste der Aussagepsychologie, Prof. Dr. Günter Köhnken, der mit zu den Gründern dieser Wissenschaft gehört, war eindrucksvoll, sogar schon im öffentlichen Teil seines Vortrags: Noch niemals in seinem langen Berufsleben habe er eine so lückenhafte Aussage wie die der Nebenklägerin erlebt. Die Möglichkeit einer Autosuggestion wies er entschieden und mit rationaler Begründung zurück. So musste sich die Kammer erstmals öffentlich mit der Möglichkeit einer Falschaussage ihrer Kronzeugin befassen, und es fiel der weithin in den Medien widerhallende Satz von Richter Bock: »Wenn sie lügt, warum lügt sie so schlecht?« Hätte er sich zuvor mit Köhnken oder der Aussagepsychologie beschäftigt, hätte er gewusst, dass Lügen kognitive Schwerarbeit ist. Und bekanntlich hatte die Nebenklägerin damit so ihre Schwierigkeiten. Dass sie bereits außerstande war, sich die Reihenfolge wesentlicher Handlungselemente zu merken, war immerhin ausgiebiger Gegenstand ihrer gerichtlichen Vernehmung gewesen.

Schlimm war allerdings, dass Bocks Ausspruch verriet, dass er den Beschluss des Oberlandesgerichts Karlsruhe entweder nicht gelesen, nicht verstanden oder aber schon wieder vergessen hatte. In einer Bemerkung »zu Ansätzen außerhalb dieser Methodik« (gemeint ist die Methodik der Aussagepsychologie) hatte das Oberlandesgericht diese Art der laienhaften Beweiswürdigung ausdrücklich zurückgewiesen:

»Der schlichte Schluss, die Nebenklägerin könnte den Angeklagten (aufgrund ihrer mangelhaften Aussage) zum Kerngeschehen, zur Vergewaltigung, nicht falsch angeschuldigt haben (weder objektiv noch subjektiv), weil sie den Angeklagten mit einer mangelfreien (qualitätsreicheren) Aussage hätte überzeugender falsch anschuldigen können, erscheint zirkelschlüssig (sofern die fragliche Aussage der Nebenklägerin keine externe Bestätigung finden sollte).«

Ich hatte mich nicht sedieren müssen, um die mehr als vierzig Prozesstage mit Anstand durchzuhalten, auch wenn das Gefühl der Macht- und Wehrlosigkeit gegen diesen ganzen Verurteilungsapparat manchmal schier atemberaubend war und es immer wieder Momente gab, an denen ich ohne Miriam, Andrea Combé und Johann Schwenn daran zu zerbrechen drohte. Diese schwachen Momente hielten aber nur kurz an, und vor allem die beiden Frauen zählten mir jeweils auf, warum mich jedes Gericht der Welt würde freisprechen müssen. Tatsächlich waren Körpersprache und Kommunikation der Kammer mir gegenüber seit der für das Gericht traumatisierenden Schweizreise anders geworden, und nach einigem Hin und Her war mir ja auch die dreiwöchige Reise im April zu meinen Kindern ermöglicht worden. So schloss ich mich weitgehend der Ferndiagnose der Psychologiestudentin Miriam K. an, dass Leute, die einen verknacken wollen, nicht so mit einem umgingen.

Dennoch war der Tag des Plädoyers der Staatsanwaltschaft kein schöner Tag, Dinkel saß triumphierend im Saal, und ich musste mir das Machwerk von Menschen anhören, die den Sachverhalt verbogen, bis er zur Anklage passte. Der traurige Höhepunkt der Veranstaltung war erreicht, als die Staatsanwaltschaft, das mahnende Wort des Oberlandesgerichts von der »Scharnierfunktion« des unglaubhaften Einstiegs der Nebenklägerin in den »Tatabend« noch im Ohr, schlicht behauptete, die Verabredung habe von vornherein den Inhalt gehabt, dass zunächst gegessen werde. Zur Untermauerung dieser Behauptung wurde bewusst unvollständig und sinnentstellend aus dem Chat mit dieser Verabredung zitiert.

Miriam und ich fuhren nach diesem letzten Aufbäumen eines irrationalen Verfolgungswillens nach Haguenau in Frankreich und aßen dort im Restaurant mitten in der Stadt, bevor wir todmüde in die Schweiz fuhren. Das Schlimmste war überstanden. Jetzt kam unser Tag mit Combé und Schwenn. Und dann der 31. Mai 2011, der Tag der Urteilsverkündung.

Miriam war mit Andrea Combé und weiteren Anwälten ihrer Kanzlei noch einmal die wichtigen Punkte für das Plädoyer durchgegangen. Die Chats und E-Mails zwischen mir und der Nebenklägerin aus einer Zeit, als ich Miriam schon kannte, erneut durchzulesen war ein schmerzhafter Prozess für sie. Ich wollte es verhindern, um Miriam nicht zu »retraumatisieren«, wie Professor Seidler es genannt hätte, aber Miriam wollte stark sein, sich der Wahrheit stellen und nichts dem Zufall überlassen.

Andrea Combé leistete ganze Arbeit. Auf Dinkel schien dies jedoch kaum Wirkung zu haben. Sie schüttelte nur zwischendurch enerviert grinsend den Kopf. Auch das längste Plädoyer kann nicht vollständig sein, aber Andrea Combé zeigte an diesem Tag, dass sie eine ganz Große ist. Johann Schwenn rundete den Auftritt der Verteidigung mit einer Stunde zehn Minuten fein ziselierter Justizschelte ab, die bei der indignierten Kammer entsprechend ankam.

Am Vorabend des 31. Mai 2011 trafen sich die Menschen im »Le Tigre« am Place d'Armes in Haguenau im Elsass, die mit mir einen der wichtigsten Tage meines Lebens verbringen wollten: Miriam, der Zürcher Anwalt Martin Kurer, der auf seine Art mitgeholfen hatte, und Reto Caviezel, erfolgreicher Unternehmer und alter Freund. Es wurde eine kurze Nacht im Etap-Hotel am Stadtrand. Wir standen schon um fünf Uhr morgens auf, und ich stieg gegen acht in der Nähe von Andrea Combés Privatwohnung in ihr Auto, mit dem wir wie immer unter großem Getöse und Bohei in die Tiefgarage fuhren und damit die Aufmerksamkeit von dem Wagen dahinter ablenkten, in dem Martin Kurer, Reto Caviezel und auf dem Rücksitz die unter einer Decke versteckte Miriam saßen, die uns in die Tiefgarage des Landgerichts Mannheim folgten.

Wie immer gab es eine freundliche Begrüßung durch das Justizpersonal im Landgericht, korrekte Leute, auf die das Land stolz sein kann. Sie sind nicht so wie die, für die sie arbeiten. Sie sind gute, echte, ehrliche Menschen, die die Angeklagten allgemein, nicht nur mich, anständig behandeln. Es war wie in der JVA: Der Fisch stinkt vom Kopf.

Während der ganzen Prozesszeit war ich in den Mittagspausen immer alleine in einem der Säle geblieben (und wurde mitnichten durch Frau Birkenstock oder sonst jemanden betreut), und wenn ich zur Toilette musste, führte mich einer der professionellen und zu Recht Uniform tragenden Justizbediensteten in den Keller, wo ich meinen Geschäften in einer derjenigen Zellen nachging, aus denen ich jeden Tag in Handschellen vorgeführt worden wäre, wenn es nach dem Willen der 5. Strafkammer des Landgerichts Mannheim gegangen wäre. Lustigerweise begegnete ich an diesem Tag auf dem Weg durch die

Katakomben zum zweiten Mal während des Verfahrens der Nebenklägerin mit ihrem Gefolge von wohl einem halben Dutzend Menschen, Prozessbegleiter im Auftrag des »Weißen Rings«, deren Anteilnahme einem Opfer galt, das es nicht gab. Dinkel schien durch diese
Begegnungen auf engem Raum gar nicht beeindruckt (überraschend,
wo sie doch angeblich immer um ihr Leben fürchtete), ihr Tross war
aber wieder ganz außer sich und kurpfälzerte sturzbetroffen: »Des isch
jetz aber unglücklich.« Ich antwortete mit einem fröhlichen »Guten
Tag«. Ich konnte und wollte nicht mehr an meinem Freispruch zweifeln. Andrea Combé hatte ihn mir fest versprochen.

In seiner nachahmlichen Art, Wörter komplett falsch zu betonen
und gerne jede Silbe einzeln in besonders gestelzter Art und Weise
zum Vortrag zu bringen, würgte der Vorsitzende den Freispruch förm-
lich aus sich heraus. Das Gericht hatte nicht erreichen können, die
Nebenklägerin zum Opfer eines bösen Mannes zu erklären. Es folgte
eine Stunde, in der das Gericht noch einmal die Trauer- und Wutar-
beit deutlich werden ließ, die erforderlich gewesen war, damit am
Ende die Rationalität siegen konnte. »Erbärmlich« hat Schwenn diese
Umwandlung einer Freispruchsbegründung in eine Pressekonferenz
genannt, in der das Gericht die Staatsanwaltschaft und sich selbst für
die Verfahrensführung lobte, die Medien rügte, meinen Verteidiger
Schwenn als »respektlos« schalt, sich im Übrigen bemühte, den tragenden Grund des Freispruchs, die Unglaubhaftigkeit der belastenden
Aussage, zu verschleiern und ansonsten nach allen Kräften gegen mich
nachzutreten. Schwenns Charakterisierung ist nichts hinzuzufügen.

Die zwanzig größten Unwahrheiten rund um
das Gerichtsverfahren

1. Frau Dinkel sei von Kachelmann vergewaltigt und/oder bedroht
   worden.

2. Frau Dinkels gerichtliche Aussagen seien glaubwürdig gewesen,
   sie sei »im Kerngeschehen« bei ihrer Aussage geblieben und habe
   sich nicht in Widersprüche verstrickt.

3. Birkenstock habe das Mandat niedergelegt und nicht Kachelmann ihm das Mandat entzogen.

4. Es habe eine »Schlacht der Gutachter« gegeben.

5. Die »Schweizer Zeugin« Toini L. habe Kachelmann einer Gewalttat belastet.

6. Die »Schweizer Zeugin« Toini L. sei eine Exfreundin von Kachelmann.

7. Verena C., Marlen P. oder sonst irgendeine ehemalige Bekannte Kachelmanns seien jemals von ihm in irgendeiner Form bedroht worden.

8. Johann Schwenn habe im Gerichtssaal geschrien und/oder auf den Tisch gehauen.

9. Die Vernehmung von Exfreundinnen des Angeklagten diene der Wahrheitsfindung.

10. Prof. Dr. Bernd Brinkmann sei befangen gewesen.

11. Dinkels Traumatherapeut, Professor Seidler, könne den Vorwurf beweisen.

12. Die Beweisaufnahme habe lediglich Zweifel an der Schuld von Kachelmann ergeben.

13. Kachelmann habe empfangene SMS auf seinem Handy systematisch gelöscht, um etwas zu verschleiern.

14. Kachelmann habe gesendete SMS auf seinem Handy gelöscht, um etwas zu verschleiern.

15. Kachelmanns Unschuld sei in dem vierundvierzig Tage dauernden Prozess nicht erwiesen worden.

16. Das Gericht sei unbefangen gewesen.

17. Es habe ein Zeitloch gegeben nach der angeblichen Tat.

18. Kachelmann habe seine Aussage vor dem Haftrichter später korrigiert.

19. Frau Birkenstock habe Kachelmann in den Prozesspausen psychologisch betreut.

20. Kachelmann habe während des Prozesses Beruhigungsmittel eingenommen.

Am 6. Juni 2011, nach Einlegen der Revision durch Staatsanwaltschaft und Nebenklage, war in der Onlineversion des *Schwarzwälder Boten* unter der Überschrift »Kachelmann-Prozess: Verfahren geht in die Verlängerung« Folgendes zu lesen:

»Kein Wunder, dass sich in Justizkreisen nun hartnäckig Gerüchte halten, in den Tagen vor dem Urteilsspruch habe es Absprachen zwischen Staatsanwaltschaft, Gericht und Nebenklage gegeben.

Demnach sollen sowohl Thomas Franz, Anwalt von Kachelmanns Ex-Geliebter, als auch die Staatsanwaltschaft dem Gericht angesichts der mangelnden Beweise signalisiert haben, dass sie im Fall des Freispruchs nicht in Revision gehen würden. Im Gegenzug soll das Gericht angekündigt haben, in der Urteilsbegründung eine Abrechnung mit Kachelmanns Anwalt Johann Schwenn, aber auch mit dem Wettermoderator vorzunehmen, um diesem die Geltendmachung zivilrechtlicher Ansprüche zu erschweren. In der Tat hatte der Richter scharfe Kritik an Kachelmanns Top-Verteidiger Schwenn für dessen Verhalten im Prozess geübt und ihm ›mangelnden Respekt‹ gegenüber allen Beteiligten vorgehalten.«

Ob diese Gerüchte aus Justizkreisen zutreffen, kann ich nicht sagen. Aber falls es so gewesen wäre, dann passte es ins Bild.

Nach dieser trostlosen Stunde wusste ich bereits, wie der Medientenor ausfallen würde. Ich hatte mir ohnehin vorgenommen, auch

275

nach dem 31. Mai 2011 genauso herauszufahren, wie ich es bei den vielen Prozesstagen zuvor gehalten hatte: mit einem abgeschalteten Gesichtsausdruck, zu dessen Herstellung ich mir keine Mühe geben musste, denn die Abscheu vor den Geiern, die sich um die beste Position an Andrea Combés Auto rauften, war echt, und nichts lag mir ferner als ein Blickkontakt oder ein Zeichen des Triumphs. Sie waren so beeindruckt von unserer Ausfahrt, dass sie sich für das Schweizer Auto hinter uns kaum interessierten, in dem Reto Caviezel, Martin Kurer und Miriam zum ersten und letzten Mal die Tiefgarage des Mannheimer Landgerichts verließen. Kurer hatte das Ganze im Gerichtssaal miterlebt, Reto und Miriam waren in einem Nebenraum und wurden nach dem Urteil Zeugen des Ausrastens der Nebenklägerin Claudia Dinkel, als sie ihren Anwalt Franz als »feige Sau« beschimpfte und akustisch nachvollziehbar gegen allerlei Gegenstände trat.

Es gab dem Freispruch trotz der nachtretenden mündlichen Urteilsbegründung einen süßen Nachgeschmack, dass er für Dinkel so überraschend kam und seine Wirkung erst nach einer Schockstarre entfaltete. Mich hatte erstaunt, dass sie überhaupt anwesend war, aber die Staatsanwaltschaft und die Schwetzinger Polizei (die in Gestalt von zweien meiner Verhafter auch bei allen Plädoyers und am Urteilstag im Saal vertreten war, um der Ernte ihrer Saat beizuwohnen) hatten sie vermutlich so weit »stabilisiert«, dass es erst mit Verspätung zur Reaktion kam.

Nun galt es, die Paparazzi abzuschütteln, um sich am Ende in einem Kraichgaudörfchen zu treffen und den Tag ausklingen zu lassen. Johann Schwenn gab noch Interviews und fuhr dann nach Norden, um dem Justizmoloch weitere unschuldige Opfer zu entreißen, und Andrea Combé und ich hatten das Problem mit den erwähnten Geiern. Einer der größten unter ihnen hatte schon seit Tagen die Kanzlei von Combé belagert und uns dort immer wieder widerrechtlich fotografiert. Nun verfolgte er uns per Motorrad. Ich wollte alles tun, damit es am folgenden Tag nicht ein Foto von einer als solcher bezeichneten Siegesfeier geben würde, und am späten 31. Mai 2011 wollten

Miriam und ich tunlichst ohne Verfolger in unser kleines Exil im französischen Département Jura (merci, Laurent et famille!) verschwinden, das wir schon seit einer knappen Woche bezogen hatten. Es ist kein leichtes Unterfangen, einen Motorradfahrer loszuwerden, das war mir klar. Andrea Combé war keine Königin des Einparkens, und ich ahnte, dass sie auch nicht die Höllenfahrerin sein würde, die einen Motorradgeier abhängen könnte, was ja auch okay war. Wir fuhren auf gut Glück in eine Tiefgarage, die ich zu Fuß irgendwo anders wieder verlassen wollte, damit der an der Einfahrt lauernde Paparazzo mich nicht sehen konnte; anschließend würde ich per Taxi zu einem Treffpunkt kommen. Was wir nicht wussten, war, dass die Tiefgarage in Heidelberg nicht irgendwelche Eingänge in ein Haus, sondern nur einen Notausgang in einen Innenhof aufwies. Mist. Da stand ich nun, frisch freigelassen, mutterseelenallein in einem großen Innenhof, umgeben von Wohnblöcken – fast schon wieder eine Einladung an Falschbeschuldigerinnen. An einer Ecke des Innenhofs stand eine Tür offen, durch die ich trat – ich hatte keine andere Wahl, da ich nicht um Hilfe schreien konnte und wollte. Unvermittelt stand ich in einem Großraumbüro bei drei sehr überraschten Menschen, von denen einer glücklicherweise Andrea Combé kannte. Ich bestand darauf, dass die beiden miteinander telefonierten, und bat um Geleit aus der Tiefgarage, musste aber freundlich bestimmt darauf bestehen, dass nicht nur die hilfsbereite Frau, sondern auch der Kollege mich dabei begleitete – schwer, etwas zu fordern, wenn man in der Bredouille ist, aber ich konnte erklären, dass ich aufgrund meiner Erfahrungen niemandem mehr trauen konnte und mich bis zum Lebensende nicht mehr mit einer Frau alleine in einem Raum aufhalten wolle. Das haben alle Beteiligten verstanden, und los ging es in dem kleinen Autochen mit mir auf dem Rücksitz, mit einer Fitnessmatte zugedeckt. Der Paparazzo hat es nicht gerafft, und ich wartete für mich unendlich lange Minuten an dem Ort, an dem ich ausgesetzt worden war, auf meine Abholer. Zehn Minuten später waren alle da, und wir blieben unentdeckt bis zur Pressekonferenz der Firma am 15. Juli 2011 – ein schöner Erfolg.

Die Paparazzi jammerten nach dem 31. Mai 2011 über die nach ihrer Ansicht unbotmäßige Erschwerung ihrer Arbeit, und im Branchendienst *fotointern.ch* schrieb man unter dem Titel »Fehlinvestitionen in Kachelmann«:

»Mit dem vorläufigen Freispruch für Jörg Kachelmann sitzen Fotografen und Agenturen auf teuer erwirtschafteten Bildern, die sie allenfalls nach einem Revisionsverfahren verwerten können. Während des Prozesses wurde die Publikation von seinen Anwälten umgehend und erfolgreich verhindert. Nun werden die ›bösen Medien‹ beschuldigt, über Monate dem Freigesprochenen nachgestellt zu haben. Doch die Geschichte wird eine Fortsetzung finden, mit einer Dokumentation, einem Spielfilm und einem Making-of. In Zukunft werden neben dem fachlich kompetenten und zeichnungsberechtigten Journalisten Jurist/innen sitzen, die Assistentin, die recherchiert hat, und [geprüft hat, Ergänzung JK], ob man die Bilder publizieren darf, wird in Sitzungen bis zum definitiven Redaktionsschluss Belege liefern müssen. Kachelmann und seine Anwälte haben uns Medienschaffende vereist, wie kaum jemand zuvor, und auch vereint.«

Die Krokodile jammerten darüber, dass sich ihre Beute wehrte. Dazu passt, dass Paparazzi gegen mich wegen Verletzung der Persönlichkeitsrechte klagen, weil ich Fotos ins Internet gestellt habe, die Paparazzi auf der Jagd auf mich zeigen. Es sieht so aus, als ob sich Paparazzi untereinander in ein Paralleluniversum gelogen haben, jenseits von Recht und Gewissen, in dem sie glauben, dass ihnen jeder Mensch hilflos ausgeliefert sein müsse. Erst Monate nach dem Freispruch nahm der Paparazzodruck langsam ab, und vorübergehend schlich sich ein Hauch von Normalität ins Leben zurück.

Die schriftliche Urteilsbegründung war, wie zu erwarten, kein komplettes Zurückrudern von der mündlichen Vorstellung unmittelbar nach dem Freispruch, der versucht hatte, Claudia Dinkel so gut wie möglich vor Strafverfolgung zu schützen. Und obwohl es einen gewissen Charme gehabt hätte, die ganze Sache vor einem unvoreingenommenen, wahrheitssuchenden und rational würdigenden Gericht erneut verhandelt zu sehen, hat auch ein rechtskräftiger Freispruch viel Schönes.

Bis zum bitteren Ende hat das überforderte Mannheimer Gericht nicht verstanden, dass ich in meinen ganzen Handyzeiten die Speicherung der gesendeten Kurznachrichten immer ausgeschaltet habe, sodass sie einfach nicht zu finden sein *konnten*. Und weil es ein relativ altes Handy war, habe ich empfangene Nachrichten ab und zu wahllos gelöscht. Wenn ich die umfängliche Urteilsbegründung richtig verstanden habe, ist das der Hauptgrund, warum es nur zu einem »in dubio pro reo« gereicht hat – obwohl es das, noch mal, eigentlich gar nicht gibt. Freispruch ist Freispruch.

Dass die Nebenklägerin und die »Beziehungszeuginnen«, sollte ich eine wahnsinnig verdächtig-belastende SMS bekommen oder versandt haben, diese ebenfalls besitzen müssten, hat das hohe Gericht nicht weiter beeindruckt. Dass keine dieser Personen auch nur behauptet hat, eine merkwürdige SMS verschickt oder erhalten und diese leiderleider gelöscht zu haben, hat für das Gericht keine Rolle gespielt. Offenbar war man es sich schuldig, die Feststellung meiner erwiesenen Unschuld selbst mit den dünnsten Begründungen zu vermeiden. Oder die hohe Kunst des Weglassens zu üben, damit die Beweisketten in die richtige Richtung abbrechen.

Anders als die Staatsanwaltschaft stellte das Gericht jedenfalls positiv fest:

»Die Nebenklägerin hatte damit dem Vorschlag des Angeklagten zugestimmt, an diesem Abend nach seiner Ankunft zuerst den Geschlechtsverkehr miteinander auszuüben und erst ›später‹ zu essen.« [S. 28]

In den Feststellungen des Gerichts gibt es eine zeitliche Lücke zwischen meinem Eintreffen und dem wann auch immer eingenommenen Abendessen mit anschließendem Trennungsgespräch. Festgestellt wird auch ein Geschlechtsverkehr, der sich zu einem unbekannten Zeitpunkt ereignet habe und von dem unbekannt geblieben sei, ob er einvernehmlich stattgefunden habe oder nicht. Zu den vom Oberlandesgericht Karlsruhe angesprochenen mangelhaften Angaben der Nebenklägerin darüber, warum, wieso und weshalb sie von dieser einvernehmlichen Planung plötzlich abgewichen sein will und welches Gespräch sich darüber entwickelt habe, heißt es in der gewundenen Beweiswürdigung:

»Vor diesem Hintergrund erschien es zumindest nicht überwiegend wahrscheinlich, dass der Angeklagte das abweichende Setting, welches sich ihm nach den Angaben der Nebenklägerin bei seiner Ankunft präsentierte, völlig kommentarlos hingenommen hätte. Die entsprechenden Angaben weckten daher Zweifel.« [S. 196]

Das war's. Da bricht etwas ab, bevor es beginnt. Zu der »Scharnierfunktion« dieser unglaubhaften Erklärung meiner Falschbeschuldigerin, die das Oberlandesgericht für untersuchenswert hielt, wird kein Wort verloren. Schließlich erfolgte diese Diskussion nur bei der Untersuchung meiner Aussage, deren Realitätsgehalt freundlicherweise immerhin als »möglich« bezeichnet wurde. Die unglaubhafte Aussage einer Frau dient also dazu, meine Aussage als möglich zu erachten. Leben wir in einem Unrechtsstaat, in dem die Aussage einer Frau per se mehr Gewicht hat als die eines Mannes?

Auch die Untersuchung der objektiven Beweise orientiert sich allein daran, ob sie den Anklagevorwurf stützen (logisches Ergebnis: nein), sodass auch hier keine Beweiskette geschmiedet wurde, weil sie nicht geschmiedet werden sollte. Die Kammer versteigt sich sogar zu dem Ergebnis, dass Selbstverletzungen nicht ausschließbar seien, referiert dann aber Gutachten, die Selbstverletzungen dringend nahelegen, und lässt die aus den brav wiedergegebenen Spurengutachten ersichtliche Tatsache, dass das Messer als Tatwaffe ausscheidet, gänzlich unberücksichtigt. Prof. Dr. Luise Greuel und Prof. Dr. Günter Köhnken wären arg verdutzt, könnten sie zur Kenntnis nehmen, wie die Landrichter aus Mannheim es vermieden haben, die Diskrepanz in diesem kleinen Bereich zwischen Greuel (Autosuggestionshypothese ist nicht abweisbar) und Köhnken (Autosuggestionshypothese ist auszuschließen) zu entscheiden. Die Kammer hat einen kreativen Mittelweg gefunden: Die Autosuggestionshypothese kann dahingestellt bleiben, denn irgendwie ist die ganze unzulängliche Aussage meiner Falschbeschuldigerin autosuggestiv kontaminiert, weil die Nebenklägerin, gebeuteltes Beziehungsopfer und krisengeschüttelt nach einem traumatisierenden Untreuegeständnis, zum Rekonstruieren von Erinnerungen neigt. Und wer weiß, wer weiß, so spekuliert man höheren Orts herum – und formuliert den traurigen Höhepunkt der bewussten Begründungsverweigerung meines Freispruchs:

»Damit konnte auch die Möglichkeit der bewussten Aggravation [soll heißen: der bewusst übertriebenen Schilderung; Anmerkung JK] eines tatsächlichen, strukturell nicht abgrenzbaren Gewaltgeschehens nicht ausgeschlossen werden.« [S. 193]

Wow. Das mag zwar als Bewerbungsschreiben für Drehbuchschreiber zur Verfilmung des Schicksals von Claudia D. durchgehen. Dem Bundesgerichtshof kann man diese klebrige Lektüre allerdings nicht zumuten, und einem Freigesprochenen, der unschuldig ist, erst recht nicht.

Der liest nur fassungslos auf Seite 193 des Urteils die Behauptung: »Das vorstehend gefundene Ergebnis war nicht mit dem Nachweis einer intentionalen Falschaussage der Nebenklägerin oder auch nur der erhöhten Wahrscheinlichkeit einer solchen gleichzusetzen« – doch die war in keiner Weise geprüft worden. Und er reibt sich die Augen, wenn er liest, dass die Kammer davon ausgeht, von der Nebenklägerin darüber angelogen worden zu sein, dass sie den Namen ihrer Konkurrentin im Herbst 2008 durch einen anonymen Anrufer erfahren und irgendwann im Laufe des Jahres 2009 anonym die Kopie der Ticketreceipts erhalten haben will. Auf eine Lüge mehr oder weniger kommt es wohl nicht an – ein Verfahren, wie es schon die Staatsanwaltschaft praktizierte.

Im Deutschen Richtergesetz heißt es: »Ich schwöre, das Richteramt getreu dem Grundgesetz für die Bundesrepublik Deutschland und getreu dem Gesetz auszuüben, nach bestem Wissen und Gewissen ohne Ansehen der Person zu urteilen und nur der Wahrheit und Gerechtigkeit zu dienen, so wahr mir Gott helfe.«

An der Existenz des Grundgesetzes, der Gesetze, der Wahrheit und der Gerechtigkeit, ja selbst an der von Gott, zweifele ich auch nach meinen Mannheim-Erfahrungen nicht. Dass Michael Seidling, Dr. Joachim Bock und Daniela Bültmann mein Fall aufs Gewissen schlug, ist für mich nach allem, was ich bis zum 31. Mai 2010 gelesen und danach in vierundvierzig Prozesstagen erlebt habe, nicht vorstellbar.

Teil VII

Was sich ändern muss

Miriams Sicht: Kein Einzelfall

Als aufmerksame Bürgerin, die teilweise mittelbar, teilweise auch unmittelbar von den Problemen betroffen war, die ich im Folgenden versuchen werde darzustellen, habe ich mich dazu entschlossen, in diesem Buch noch ein paar Seiten über unsere Justiz, zu Frau Schwarzer und der gesellschaftlichen Auseinandersetzung mit Jörgs Fall und ähnlich gelagerten Fällen zu schreiben. Weil es meiner tiefsten Überzeugung nach diverse Dinge gibt, die dringend öffentlich wahrgenommen und diskutiert werden müssen, möchte ich meine Beobachtungen und Erfahrungen der letzten Jahre hier aufschreiben und darstellen, welche Konsequenzen sich nach meinem Dafürhalten daraus ergeben müssten.

Dass die nachfolgenden Gedanken von einer sechsundzwanzigjährigen Psychologiestudentin geschrieben wurden, die aufgrund ihrer eigenen Erlebnisse quasi zur Expertin wider Willen wurde, und nicht etwa von den typischen Medienexperten oder Juraprofessoren, die gerne bei *RTL Punkt 12* für zehn Sekunden zum Stand um Deutschland befragt werden, werden manche wahrscheinlich bereits als Affront auffassen. Dass die darin enthaltenen Gedanken auch noch systemkritisch sind, mag heftige Reaktionen hervorrufen, aber nach den letzten zwei Jahren halte ich das gerne aus.

Die ernüchternde Situation

Im Rahmen des Prozesses gegen Jörg sind viele Missstände offensichtlich geworden in Justiz und Medienlandschaft.

- Die beängstigende und bis auf wenige Ausnahmen völlig einseitige Berichterstattung der Presse, die die Unschuldsvermutung mit Füßen trat und kampagnenhaft die Stimmung der Bevölkerung zu beeinflussen suchte, sogar aktiv ins Ermittlungsgeschehen eingriff, indem sie geladene Zeugen mit Geld beeinflusste und selektiv und teilweise schlicht falsch aus den Ermittlungsakten zitierte.

- Die erschreckend schlechte Ausbildung von Juristen und Polizisten, deren Vorgehensweisen sich nicht nur in Einzelfällen, sondern an manchen Orten systematisch von unserer Gesetzgebung zu entfernen scheinen.

- Wissenschaftler, die so eng mit ihrem zweiten Arbeitgeber, der Staatsanwaltschaft und dem Gericht, verbandelt sind, dass sie ihre Gutachten gegen ihre wissenschaftliche Erkenntnis für diese zurechtbiegen.

- Staatsanwaltschaften, die eine Pressepolitik betreiben, mit der sie sich nicht das selbst gewählte Prädikat der »objektivsten Behörde« verdienen, sondern eher den Beinamen »Kavallerie der Justiz« – und damit die Staatsanwaltschaften in den USA nur in ihren schlechtesten Seiten kopieren.

- Opferverbände, die ihren eigentlichen Auftrag oft vergessen zu haben scheinen, mit Spendengeldern einseitig Partei ergreifend in Ermittlungsverfahren eingreifen und ansonsten vornehmlich als Lobby für Nebenklageanwälte agieren.

- Gefängnisdirektoren, die Detektiv spielen wollen und zweifelhafte Vernehmungen von Mithäftlingen durchzuführen versuchen.

- Polizisten – denn niemand sonst kann es gewesen sein –, die Fotos aus der Polizeiakte kurz nach deren Entstehung an die *Bild*-Zeitung weiterreichen oder verkaufen; und andere, die eine »Promiverhaftung« als Event zu betrachten scheinen, zu dem sie sogar Verwandte mitbringen.

- Richter, die den Eindruck erwecken, lieber einen Unschuldigen zu jahrelanger Haft zu verurteilen, als zuzugeben, dass ein höheres Gericht zu Recht eine ihrer früheren Entscheidungen aufgehoben hat.

- Angebliche Frauenvertreterinnen, die sich selbst mithilfe der *Bild* zur Gerichtsreporterin hochschreiben (ohne überhaupt grundsätzliche Prinzipien der Justiz begriffen zu haben), die aber trotz ihrer angeblichen Tätigkeit als Gerichtsreporterin nur selten zu den Verhandlungstagen erscheinen und mitunter nur, um vor dem Haupteingang des Landgerichts Interviews zu geben und anschließend wieder zu verschwinden. Alles im Namen »*der* Opfer« und »*der* Frauen« natürlich, nicht etwa um den eigenen Popularitätswert kurz vor der Veröffentlichung der eigenen Autobiografie zu steigern und einen Grund zu haben, durch Talkshows zu tingeln.

Das alles hat sich zugetragen, und es wäre tatsächlich schon schlimm genug, wenn »der Fall Kachelmann« nur ein entgleister Einzelfall wäre, denn schon der müsste alle Menschen alarmieren, die an das Funktionieren des Rechtsstaats glauben.

Im Rahmen unserer Beschäftigung mit dem Thema sind Jörg und ich aber auf so viele vergleichbare Fälle gestoßen, dass wir zu der Überzeugung gekommen sind, dass sich Deutschland zumindest in Bezug auf die Verfahrensweise bei der Aufklärung von angezeigten Sexual- und Missbrauchsdelikten nicht mehr als Rechtsstaat verstehen kann. Auch in der Familienrechtsprechung zeigt sich Ähnliches, zumal diese leider immer häufiger mit Sexual- und Missbrauchsvorwürfen in Verbindung steht, wenn es um Unterhaltszahlungen und Sorgerecht geht. Denn die Waffe Falschanzeige ist scharf und effizient und erfreut sich wachsender Beliebtheit.

Das Problem ist also systemimmanent und nicht, wie gerne behauptet wird, eines, das speziell mit der Person Jörg Kachelmann zusammenhängt. Es war kein Ausrutscher von Justiz und Presse, kein »Zusammentreffen ungünstiger Umstände«, die man sonst so nicht antrifft. Nein, es ist einfach der allgemeine Zustand in Justiz und Medienlandschaft, der durch das Aufputschen und öffentliche Austragen dieses Falls offenbar geworden ist – und das war das einzig Gute daran: Die gegenwärtige Situation ist durch diese große öffentliche Aufmerksamkeit für viele Bürger offensichtlich geworden. Auch Nichtprominente können ihr zum Opfer fallen, nur wird darüber dann nicht in den Medien berichtet oder, wie im Fall Horst Arnold, erst wenn es schon zu spät ist.

Falsche Vorstellungen, naive Gesetze

Bis zum Frühjahr 2010 hatte ich, wie viele meiner Mitbürger, einen schier unerschütterlichen Glauben an das deutsche Justizsystem. Wann immer ein Staatsanwalt im Fernsehen eine Stellungnahme zu einem Verfahren abgegeben hat, habe ich sie ernst genommen und geglaubt. Schon allein deshalb, weil ich davon ausgegangen bin, dass es für einen Staatsanwalt schwerwiegende Konsequenzen hätte, würde er öffentlich die Unwahrheit sagen, schließlich ist er ja Beamter.

Außerdem, so dachte ich, ließe sich die Lüge eines Staatsanwalts sicherlich leicht aufklären, schließlich gibt es ja auch Verteidiger und Richter, die die Akten kennen; und letztlich konnte ich mir auch kein Motiv vorstellen, das einer bewussten Falschinformation über den Stand eines Verfahrens zugrunde liegen könnte. Was brächte sie denn dem Staatsanwalt oder seiner Behörde?

Seit ich allerdings den Ersten Staatsanwalt Grossmann im Fernsehen gesehen habe, als er die (wie ich später erfuhr: vollkommen unbegründete und überstürzte) Anklage gegen Jörg für die Öffentlichkeit begründen wollte und dafür mangels Beweisen und stichhaltigen Indizien einfach drauflos fabulierte und später an anderer Stelle behauptete, es habe DNA-Spuren Jörgs am Messer gegeben, habe ich den Glauben an die *angeblichen* »Richter vor dem Richter« verloren. Denn diese von Grossmann laut in die Öffentlichkeit posaunten Beweismittel gab es zu keinem Zeitpunkt, wie später vor Gericht von den Gutachtern auch bestätigt wurde.

Staatsanwalt Oltrogge, der mittlerweile im System Mannheim zum »Ersten Staatsanwalt« befördert wurde (was einiges über das dortige Beförderungssystem aussagt) und Oberstaatsanwalt Gattner haben besonders im Laufe der Gerichtsverhandlung Grossmann noch überholt, indem sie meiner Beobachtung nach falsche Informationen streuten und teilweise sogar mit Sätzen wie: »Auch dieser Gutachter konnte der Nebenklägerin eine Falschaussage nicht nachweisen« der Öffentlichkeit suggerierten, dass der Angeklagte seine Unschuld zu beweisen habe und nicht etwa umgekehrt, wie es aus dem Rechtsstaatsbekenntnis unseres Grundgesetzes folgt. Man muss dazu wissen, dass die deutsche Staatsanwaltschaft nicht als Partei, sondern als neutrale Institution im Gesetz angelegt ist, entgegen der amerikanischen Staatsanwaltschaft, die dort von Gesetz wegen Partei ist.

Die Unschuldsvermutung bedeutet letztendlich, dass ein Beschuldigter oder später Angeklagter bis zum Beweis seiner Schuld durch rechtskräftiges Urteil als unschuldig gelten muss. Und weiter, dass der Beweis seiner Schuld im Rahmen eines Verfahrens angetreten werden muss, in dem alle nötigen Voraussetzungen für seine Verteidigung gewährleistet sind. Die Unschuldsvermutung fordert, dass nicht der Beschuldigte seine Unschuld zu beweisen hat, sondern die Strafverfolgungsbehörden seine Schuld. Die Unschuldsvermutung ist festgelegt in der Allgemeinen Erklärung der Menschenrechte, in Artikel 6 der Europäischen Menschenrechtskonvention und letztendlich durch das Rechtsstaatsprinzip in unserem Grundgesetz verankert. Sie ist darüber hinaus ein Pfeiler unseres Rechtsstaats.

Mannheimer Staatsanwälte, Polizisten und fast alle Medienvertreter, die über diesen Fall berichteten, haben sich regelmäßig über diesen wichtigen Pfeiler des Rechtsstaats hinweggesetzt, und insbesondere bei den Beamten kann man nicht davon ausgehen, dass dies zufällig oder ohne besseres Wissen geschah. Es stellt sich also die Frage nach den Gründen.

Trübe Quellen

Der unerschütterliche Glaube der Deutschen an ihr Justizsystem beruht oftmals auf falschen oder halb wahren Annahmen.

Beispielsweise weiß kaum jemand, dass an einem Landgericht während der Hauptverhandlung kein Inhaltsprotokoll geführt wird. Den Protokollführer, dem man bei den Fernsehrichtern Alexander Hold und Barbara Salesch manchmal bei einem Schwenk der Kamera über den Rücken schaut, gibt es auf der Ebene der Landgerichte nur zu dem Zweck, die einzelnen formalen Schritte festzuhalten; also welcher Zeuge wann aufgerufen wurde, welche Anträge gestellt und wie sie beschieden wurden und so weiter. Weder wird das gesprochene Wort der Angeklagten, der Zeugen oder der Sachverständigen festgehalten, noch auch nur eine grobe inhaltliche Zusammenfassung erstellt, wie es bei den Amtsgerichten (eine Tatsacheninstanz unterhalb der Landgerichte mit einer Strafgewalt von maximal vier Jahren) üblich ist. Das aber wäre unbedingt notwendig, um den Inhalt der Verhandlung festzuhalten, denn die Tatsachenfeststellungen des Landgerichts werden durch keine weitere Instanz mehr überprüft.

In vielen Verfahren gibt es inzwischen nur noch eine sogenannte Tatsacheninstanz, so zum Beispiel im Verfahren gegen Jörg. Das einzige Rechtsmittel gegen ein dortiges Urteil war die Revision, also ein Verfahren vor dem Bundesgerichtshof. Dort jedoch hätte sich das Gericht nur mit der Überprüfung der *Verfahrensweise* dieser Instanz beschäftigt und mit der Frage, ob die rechtliche Würdigung des Sachverhalts korrekt ist oder das Strafmaß fehlerhaft begründet. Und die Entscheidung des Bundesgerichtshofs wäre allein aufgrund der erstinstanzlichen *Urteilsfeststellungen* getroffen worden – also nicht aufgrund von neuen Zeugenladungen oder Ähnlichem.

Dass es bei den Landgerichten keine Inhaltsprotokolle gibt, birgt mithin eine ganze Reihe von Fehlerquellen und Gefahren. Nicht selten kommt es dazu, dass Staatsanwalt und Verteidiger ein und denselben Zeugen in ihren Plädoyers mit völlig unterschiedlichen Sätzen zitieren, die der Zeuge schlimmstenfalls allesamt nicht gesagt hat, weil sich jeder Verfahrensbeteiligte auf seine eigenen, hastig mitgeschriebenen Aufzeichnungen verlässt oder gar auf sein Gedächtnis angewiesen ist, weshalb man sich im Zweifelsfall auf eine Version einigen muss. Es gibt keine objektive Quelle, auf die man zurückgreifen kann. Solchen Missständen könnten nur Video- oder Tonbandmitschnitte, mindestens aber ein Wortprotokoll abhelfen, das der Zeuge nach Erstellung seiner Aussage zur Durchsicht auf Fehler und zur Unterzeichnung ausgehändigt bekäme.

Die größere Gefahr des Fehlens einer nachvollziehbaren inhaltlichen Rekonstruktion der Hauptverhandlung liegt aber in dem »falschen Film«, den das Gericht in der schriftlichen Urteilsbegründung ablaufen lassen kann. Unüberprüfbar kann es einen Verfahrensverlauf zeichnen, der von dem abweicht, der tatsächlich stattgefunden hat. Es kann selektiv aus den Zeugenaussagen berichten oder der im eigenen Urteil erklärten richterlichen Überzeugung entgegenstehende Tatsachen einfach weglassen oder neue hinzufügen, sodass die nächsthöhere Instanz, die eigentlich als Kontrollinstanz agieren soll, keinerlei Möglichkeit hat, die Beweiswürdigung des Gerichtes objektiv und umfassend zu beurteilen. Schließlich weiß das Revisionsgericht nicht, ob ihm überhaupt alle Beweise präsentiert wurden. Das ist deshalb besonders schwerwiegend, weil diese »Tatsachenfeststellungen« – also das, was das Gericht ins Urteil schreibt, was es für Erkenntnisse aus der Hauptverhandlung gewonnen hat –, für das Revisionsgericht wiederum bindend, also unumstößlich sind. Das heißt, wenn das erkennende Gericht in sein Urteil schreibt: Zeuge A hat gesehen, wie Zeuge B und Zeuge C gemeinsam das Haus verließen, so ist diese Feststellung für das Revisionsgericht bindend. Selbst dann, wenn kein Zeuge (weder Zeuge A noch irgendein anderer Zeuge) das jemals vor Gericht ausgesagt hat.

Richter sind leider keine andersartigen menschlichen Wesen, auch ihre Wahrnehmungen und Erinnerungsleistungen werden von dem geformt und gelenkt, was sie ihre »Überzeugung« nennen. In der Psychologie ist sehr viel über die Formung von Ansichten und Urteilen geforscht und eine große Anzahl von psychologischen Effekten gefunden worden, beispielsweise die Tendenz dazu, vorgefasste Meinungen und Ansichten selbst nach deren Widerlegung beizubehalten, statt sie zugunsten einer neuen Überzeugung aufzugeben und infolgedessen sogar Indizien, die gegen die eigene Hypothese sprechen, außer Acht zu lassen (*confirmation bias*). Ein anderes Beispiel ist die Theorie der Selffulfilling Prophecy. Nur sind diese Erkenntnisse den meisten Richtern vollkommen unbekannt, und daher können sie auch nicht gegen diese Phänomene arbeiten.

So gruppieren sich oft Aussagen, Fakten und Gutachten aus der Hauptverhandlung wie von selbst zu einem stimmigen Bild, das logische Fehler und Brüche nicht erkennen lässt. Ob dies nun bewusst oder unbewusst zur Rechtfertigung der wie auch immer getroffenen Entscheidung geschieht, lässt sich im Nachhinein nicht mehr aufklären. Der Bundesgerichtshof als letztes Korrektiv befasst sich nur mit dem abgelieferten Bild und dessen Entstehungstechnik, nicht aber mit der Frage, ob alle vorhandenen Materialien in dieses Bild eingetragen wurden.

Hätte der Bundesgerichtshof dagegen ein Videoband, zumindest aber ein authentisches Inhaltsprotokoll, wäre die Kontrollinstanz unabhängiger von den Behauptungen der zu Kontrollierenden, die denen noch nicht einmal bewusst geworden sein müssen.

Was bei den polizeilichen Protokollen als erster Rekonstruktion von Wirklichkeit völlig selbstverständlich ist, gibt es ausgerechnet dort nicht, wo die schwersten Straftaten mit den erheblichsten Strafen verhandelt werden: bei den erstinstanzlichen Hauptverhandlungen in Strafsachen vor den Landgerichten. Warum ist das so?

Das hat zum einen historische Gründe, die aber, seit der BGH auch die Beweiswürdigung kontrolliert, obsolet sind. Zum anderen, weil hier von einer teilweise sträflich naiven Strafprozessordnung vorausgesetzt wird, dass ein Richter, der dem Gesetz verpflichtet ist, über die ihn beeinflussenden psychologischen Effekte erhaben ist und selbstverständlich der Kontrollinstanz weder bewusst noch unbewusst eine falsche Geschichte vorlegen wird, um eine Urteilsaufhebung zu vermeiden. Das Gesetz nimmt an, dass Richter sich freiwillig und mit allen Konsequenzen der nächsten Instanz stellen und ihre möglichen Fehler freimütig eingestehen, selbst wenn es der Karriere schaden sollte.

Richter sind aber leider nicht so übermenschlich, wie unsere Strafprozessordnung es sich wünscht. Das hat ganz konkrete Gründe: Auf der einen Seite macht es sich in dienstlichen Beurteilungen gut, wenn ihm bescheinigt wird, der Richter sei in der Lage, revisionssichere Urteile zu schreiben, auf der anderen Seite wird ein Richter, dessen

Urteile überdurchschnittlich oft von der nächsten Instanz aufgehoben werden, irgendwann vom Präsidium seines Gerichts in gerichtliche Besenkammern verbannt.

Die Menschen hinter den Roben und Uniformen
Bisher berücksichtigt der Gesetzgeber zu wenig oder gar nicht, dass auch Juristen und Polizisten nur Menschen sind. Und Menschen sind, wenn es ihnen gestattet wird, gerne faul, eitel, auf den eigenen Vorteil bedacht, und sie möchten gerne recht behalten – die wenigen Ausnahmen bestätigen die Regel.

Wenn man also einem Menschen per »richterlicher Unabhängigkeit« die Macht gibt, ungestraft und nahezu sanktionslos faul, rechthaberisch und egoistisch zu sein, dann wird er in vielen Fällen früher oder später davon Gebrauch machen. Insbesondere dann, wenn alle anderen sich ebenfalls so verhalten und man ansonsten ganz alleine dastünde mit seinen Idealen. Es gibt einfach zu wenige, die es durchhalten, gegen eingeschliffene Routinen und Rituale in Behörden anzukämpfen, denn dann werden sie natürlich zurechtgestutzt – mit der Folge, dass die Beurteilungen katastrophal sind, das Betriebsklima schlecht, die Karriere in Gefahr und die Moral am Ende ist.

Man sollte nie vergessen, dass Mitarbeiter, die durch gewissenhaftes oder intelligentes und ideales Handeln der Mehrheit der Angepassten und Mitläufer einen unangenehmen Spiegel vorhalten, sich bei Übergeordneten, die häufig durch Anpassung in ihre Positionen gelangt sind, nicht beliebt machen. Verschärft wird diese Tendenz dadurch, dass Behörden- und Gerichtsleitungen nicht selten politisch besetzt werden – trotz des Bemühens, die Justiz unabhängig von der Politik zu halten.

Es gibt sicher Behörden, die noch nicht so marode sind wie die in Mannheim und in denen sich zumindest bemüht wird, dem Gesetz gerecht zu werden. Es kristallisiert sich aber heraus, dass die Strafprozessordnung (StPO) es den Menschen, die mit ihr arbeiten, zu leicht macht, sie zu umgehen, zu verbiegen, zu missachten, solange diese Akteure die Rückendeckung ihrer Vorgesetzten, der Gerichtsorganisation, der Medien und der Politik haben.

In diesem Justizsystem geschehen zu viele Dinge, die nicht nachprüfbar sind. Vielleicht ist die Verantwortung zu groß, die Einzelpersonen aufgebürdet wird. Sie müsste besser verteilt und kontrolliert werden, weil Menschen nicht in der Lage sind, mit ihr in einer Weise umzugehen, die nicht nur den Vorgesetzten gefällt (auch wenn Richter keine Vorgesetzten haben) und der Karriere dient, sondern der Sache, für die sie eigentlich einzutreten haben.

Der Druck der Medien, die ein populistisches Hau-drauf-Prinzip propagieren, macht die Sache nicht leichter, denn kein Politiker welcher Partei auch immer kommt, wenn er einmal im Amt ist, an den Medien vorbei. Und die Staatsanwaltschaften hängen an der langen Leine des jeweiligen Justizministers, der mit seinen Weisungen die Grenzen der Unabhängigkeit der Justiz markiert.

Die richterliche Unabhängigkeit, die als grundlegende Garantie für die Gewaltenteilung geschaffen wurde, will ich nicht beanstanden. Im Gegenteil, die Gewaltenteilung ist richtig und wichtig und keinesfalls Gegenstand der Kritik. Die Kritik bezieht sich vielmehr darauf, dass die Tatsache, dass auch die richterliche Unabhängigkeit einen Richter nicht von der Bindung an das Gesetz enthebt, in der Realität nicht kontrollierbar ist. Es muss ein Weg gefunden werden, der sicherstellt, dass sowohl die Gewaltenteilung unangetastet bleibt, als auch die richterliche Tätigkeit einer effektiven rechtlichen Kontrolle unterworfen wird.

Formlos, fristlos, fruchtlos
Vielleicht sagen manche jetzt:»Es gibt aber doch die Dienst- und Fachaufsichtsbeschwerden!«Ja, die gibt es, nur werden sie in Juristenkreisen schon immer als »fff« bezeichnet, als »formlos, fristlos, fruchtlos«, weil sie regelmäßig ohne Konsequenzen bleiben.

Staatsanwälte sind weisungsgebunden, das heißt, ihr nächster Vorgesetzter hat ihnen gegenüber ein Weisungs- und Aufsichtsrecht. (Für Richter gilt das wegen des Prinzips der richterlichen Unabhängigkeit nur eingeschränkt.) Ebenso verhält es sich bei Behörden mit der nächsthöheren Behörde. Man hat also zumindest theoretisch die

Möglichkeit, bei dem Weisungs- und Aufsichtsberechtigten des jeweiligen Beamten, dem man eine vermeintliche Verletzung der Dienstpflicht vorwirft, Beschwerde einzulegen. Eine Dienstaufsichtsbeschwerde ist oft die einzige Möglichkeit des Bürgers, sich gegen Willkür eines Justizbeamten zur Wehr zu setzen.

In Jörgs Fall hat Dr. Birkenstock eine gut begründete Dienstaufsichtsbeschwerde, gegen den Generalstaatsanwalt Dr. Uwe Schlosser von der Generalstaatsanwaltschaft Karlsruhe, den Leitenden Oberstaatsanwalt Alexander Frenzel von der Staatsanwaltschaft Mannheim den Oberstaatsanwalt Oskar Gattner von der Staatsanwaltschaft Mannheim und den Staatsanwalt Lars-Torben Oltrogge, ebenfalls Staatsanwaltschaft Mannheim, erhoben. Diese Dienstaufsichtsbeschwerde ging ihren Weg (der dadurch, dass ein Generalstaatsanwalt involviert war, ein kurzer war) bis zum damaligen Justizminister Ulrich Goll. Dieser erklärte sich prompt für unzuständig und leitete sie an den Generalstaatsanwalt in Karlsruhe weiter, der die Aktionen seiner Untergebenen aber stets gebilligt hatte und daher der falsche Adressat war. Schlussendlich blieb alles daher geradezu zwangsläufig erfolglos.

Gegenüber dem Bürger halten die Instanzen zusammen und ziehen die Zugbrücke hoch, auch wenn hinter den Burgmauern bei Polizei, Steuerfahndung und Justiz interne Bossing- und Mobbingattacken ablaufen, wie gelegentlich publik wird. Wir als Außenstehende können uns schon glücklich schätzen, wenn es irgendein zur Mäßigung aufrufendes Schreiben an die betroffenen Staatsanwälte geben sollte.

Was also bringt die gesetzlich vorgesehene Möglichkeit der Kontrolle mittels einer »Dienstaufsichtsbeschwerde«, wenn sie in der Praxis der Behörden zur Floskel verkommt und allenfalls Selbstverteidigungsreflexe auslöst? Nur am Rande ein paar Google-Ergebnisse dazu: 1030 Suchergebnisse findet man bei Google zu »Dienstaufsichtsbeschwerde zurückgewiesen« und 105 zu »Dienstaufsichtsbeschwerde abgewiesen«. Dem stehen ganze acht Suchergebnisse zu »Dienstaufsichtsbeschwerde erfolgreich« und fünf zu »Dienstaufsichtsbeschwerde stattgegeben« gegenüber.

Anträge zur Besorgnis der Befangenheit

Die Strafprozessordnung geht also grundsätzlich davon aus, dass Richter und Staatsanwälte, die einen Eid auf das Gesetz abgelegt haben, sich immer und in jedem Fall vollständig daran halten. Wenn ein Richter einer Strafkammer von der Verteidigung als befangen abgelehnt wird, dann sollen die anderen beiden Richter aus derselben Kammer, die täglich mit diesem zusammenarbeiten, objektiv darüber entscheiden können, ob der Kollege im vorliegenden Fall dem Angeklagten gegenüber befangen agiert haben könnte, und zwar sollen sie dies aus der Sicht eines, wie es heißt, *verständigen Angeklagten* beurteilen. Das ist in der Realität jedoch nahezu unmöglich, weil es die psychologischen und sozialen Aspekte des Berufslebens vollkommen ausblendet, denen ein Richter genauso ausgesetzt ist wie ein nicht mit derartig überhöhten Anforderungen belasteter Angestellter in der Wirtschaft.

Ist zur Entscheidung eines Befangenheitsgesuchs eine andere Kammer desselben Landgerichts zuständig, sieht die Sache nicht besser aus: Auch die Mitglieder einer anderen Kammer kennen die betroffenen Kollegen, arbeiten mit ihnen möglicherweise in anderen Verfahren zusammen und essen gemeinsam mit ihnen in der Kantine zu Mittag.

Es kommt hinzu, dass Richter es als Affront auffassen, wenn ein Befangenheitsgesuch Erfolg hat, denn damit wird ihre richterliche Neutralität angezweifelt, die sie schon von Berufs wegen im Blut haben müssen – von Gottes Gnaden quasi, denn eine entsprechende Ausbildung ausdrücklich zur Neutralität haben sie nicht genossen. Eine solche Ausbildung gibt es nicht in Deutschland, und Selbstreflexion ist eine Fähigkeit, die in der Richterschaft genauso selten ist wie in der Normalbevölkerung. Den Mut, einem Befangenheitsantrag stattzugeben und damit einen Kollegen einer Demütigung auszusetzen (die zwar keine ist – es geht schließlich nur um die *Besorgnis* der Befangenheit –, aber als solche empfunden wird), muss man als beisitzender Richter erst einmal aufbringen. Zumal, wenn einem das Gleiche als Revanche später ebenfalls passieren könnte.

Als »Dank« für eine positive Bescheidung könnte es durchaus sein, dass die Kammer, die über den Befangenheitsantrag der Verteidigung entschieden hat, den Fall selbst verhandeln muss. Denn falls die Verhandlung der Kammer mit den abgelehnten Richtern platzen sollte, wird der Fall mit anderen Richtern neu verhandelt. Wegen der allgemeinen Überlastung der traditionell unterbesetzten Gerichte und Behörden will das natürlich niemand riskieren.

Lässt sich ausschließen, dass bei der Entscheidung auch solche ganz privaten Überlegungen eine Rolle spielen? Die Strafprozessordnung zumindest hat darauf keine Antwort.

Ein Angeklagter hat einen Anspruch auf einen neutralen Richter, das gehört unverzichtbar zum »fair trial«. Befangenheitsanträge werden jedenfalls regelmäßig abgelehnt, was zumindest der Aufrechterhaltung eines angenehm lauwarmen Klimas im Gericht dient, nicht aber den Rechten eines Angeklagten. Dabei könnte man das ganz leicht ohne unvertretbare zeitliche Verzögerungen und ohne Kostenfolgen ändern: Man müsste nur die Entscheidung über die Frage der Befangenheit eines Richters aus seinem eigenen Gericht woandershin verlegen. Würde sie an ein gleichrangiges Gericht an einem anderen Ort oder an die nächsthöhere Instanz delegiert, hätte man diesen Teufelskreis mit einfachen Mitteln durchbrochen. Die Entscheidungen über die Befangenheit würden dann zumindest nicht mehr eng mit dem Sozialleben eines Richters verwoben sein, und sie fielen auch nicht unter Abwägung zwischen üblicher oder Mehrarbeit, sondern könnten, wie es das Gesetz vorschreibt, lediglich die juristischen Aspekte betrachten. Es wird Richtern auch so schon schwer genug fallen, die Perspektive eines Angeklagten einzunehmen, wie sie es von Gesetz wegen tun müssen, aber ohne Fantasie nicht schaffen können; da sollte man sie nicht noch zusätzlich mit vermeidbaren Konflikten belasten.

In unserem Fall gab es zwei Befangenheitsanträge. Einer wurde gleich zu Beginn der Hauptverhandlung von Rechtsanwalt Birkenstock gegen zwei Richter (Vorsitzender Michael Seidling und Berichterstatterin Daniela Bültmann) der 5. Strafkammer Mannheim gestellt, der andere gegen die Kammer mitten im Prozess.

Wenn einem Antrag zur Besorgnis der Befangenheit stattgegeben wird, heißt das nicht etwa, wie viele unqualifizierte Journalisten immer wieder schreiben, dass man dem Richter, gegen den sich der Antrag richtete, tatsächlich eine Befangenheit nachgewiesen hätte, sondern lediglich, dass andere Richter befunden haben, dass es *aus der Sicht des verständigen Angeklagten* Grund zur Besorgnis dazu gab. Nicht mehr und nicht weniger. Denn schon die Besorgnis und der böse Anschein sollten in einem fairen rechtsstaatlichen Verfahren keinen Platz haben.

Der erste Befangenheitsantrag

Am 4. September 2010, zwei Tage vor Beginn der Hauptverhandlung am 6. September, übermittelte Jörgs damaliger Verteidiger Dr. Birkenstock vorab per Telefax und E-Mail ein Ablehnungsgesuch im Namen von Jörg gegen den Vorsitzenden Richter der 5. Großen Strafkammer Mannheims, Michael Seidling, und deren Berichterstatterin Richterin Daniela Bültmann.

Dieser siebenundsechzig Seiten starke Befangenheitsantrag beinhaltete eine ausführliche Argumentation, warum»der verständige Angeklagte« Jörg Kachelmann»besorgt sei«, dass diese beiden Richter ihm gegenüber im vorliegenden Verfahren nicht neutral eingestellt seien. Im Folgenden zitiere ich zumindest teilweise aus dieser Begründung, denn dieser Befangenheitsantrag ist ein wunderbares Beispiel für die zu Beginn dieses Kapitels aufgezeigten Probleme und Mechanismen.

ERSTENS:

Es gab soziale und örtliche Verbindungen des Vorsitzenden Richters Seidling zu der Familie der Anzeigeerstatterin. Die *Schwetzinger Zeitung* enthielt am 21. Juli 2010 den auf Seite 303 wiedergegebenen Artikel. Aufgrund dieses und weiterer Presseberichte hatte die Verteidigung Einblick in die Vereinsregister des Turn- und Sportvereins

1895 Oftersheim und des Turnvereins Schwetzingen 1864 und dessen Website genommen und in ihrem Befangenheitsantrag folgende Feststellungen gemacht:

- Der Vater der Nebenklägerin, Herr Walter Dinkel, war laut Eintragung im Vereinsregister des AG Schwetzingen vom 31. März 1977 bis zum 1. Juli 1987 1. Vorsitzender des TV 1864 und war am 3. März 2008 für seine sechzigjährige Vereinsmitgliedschaft geehrt worden.

- Am 20. Oktober 1987 wurde der Vorsitzende Richter Michael Seidling laut Vereinsregister Geschäftsführer des TSV Oftersheim und ist seit dem 17. November 1998 Vorstandsmitglied beim TSV Oftersheim und zuständig für Recht und Sport. Zuvor war er Zweiter Vorsitzender des Vereins.

- Marita Seidling, Michael Seidlings Ehefrau, wurde am 9. Juli 2010 für ihre fünfundzwanzigjährige Mitgliedschaft auf der von Seidling geleiteten Jahreshauptversammlung des Vereins mit der Ehrenadel in Silber geehrt. Dazu im Befangenheitsantrag:

»Herr Vorsitzender Richter am Landgericht Seidling ist auch Geschäftsführer der gemeinsamen Handballspielgemeinschaft des TSV Oftersheim mit dem TV Schwetzingen. Es ergibt sich also, dass die Eheleute Seidling bereits in der Amtszeit des Herrn Dinkel Mitglied als Vorsitzender des TV Schwetzingen Mitglieder beim TSV Oftersheim waren und der Vorsitzende Richter am Landgericht Seidling sich durch sein Engagement bewährt hatte, sonst wäre er von der Mitgliederversammlung nicht als Geschäftsführer gewählt worden [...] Ferner ergibt sich, dass der abgelehnte Vorsitzende Richter als Geschäftsführer der Spielgemeinschaft Oftersheim/Schwetzingen auch in den TV Schwetzingen integriert ist, dem Walter Dinkel als früherer langjähriger Vorsitzender, also als prominentes und allseits bekanntes Mitglied angehört.«

Zudem gibt es in Karl-Heinz Urschel noch eine Drittperson, die Funktionen in beiden Vereinen wahrnahm: als sportlicher Leiter bei der Handballgemeinschaft, bei der Richter Seidling laut Antrag der Verteidigung Geschäftsführer ist, und beim TV Schwetzingen als Mitglied seit 1958 und als Zweiter Vorsitzender. Zitat aus dem Antrag der Verteidigung:

»Herr Urschel ist also ein langjähriger gemeinsamer Bekannter einerseits des Herrn Vorsitzenden Richters am Landgericht Seidling und andererseits auch des Vaters der Nebenklägerin. Davon jedenfalls muss Herr Kachelmann als vernünftiger Angeklagter ausgehen.«

- Herr Seidling ist neben seinem Amt als Vorsitzender Richter am Landgericht und neben seiner ausführlichen Vereinstätigkeit seit der Kommunalwahl von 2009 auch noch Mitglied des Oftersheimer Gemeinderats für die »Freie Wählervereinigung Oftersheim« (FWV).
- Die Ortsvereine Schwetzingen und Oftersheim der FWV sind mit anderen im »Kreisverband Rhein-Neckar e.V.« der Freien Wähler verbunden, welcher regelmäßig gemeinsame Veranstaltungen durchführt.
- Am 18.7.2010 wurde der Oberbürgermeister der Nachbargemeinde Schwetzingen, René Pöltl, in der Schweizer *Sonntagszeitung* zu seiner Haltung zur Anzeigeerstatterin folgendermaßen zitiert: »Ich halte sie für äußerst glaubhaft.« Warum ein Oberbürgermeister sich bemüßigt fühlt, sein Amt zur Meinungsmache missbrauchend, so etwas von sich zu geben in einem laufenden Verfahren und ohne irgendein spezifisches Wissen, das ihn dazu befähigen könnte, sollten sich die Schwetzinger Wähler bei den nächsten Wahlen fragen.

Aufgrund seiner oben genannten Mitgliedschaft bei den Freien Wählern Oftersheim, einem Nachbarort Schwetzingens, ist anzunehmen, dass Herr Seidling den Oberbürgermeister persönlich kennt. Zitat aus dem Antrag der Verteidigung:

»*Es gibt also keinen Grund, daran zu zweifeln, dass beide gemeinsam vor 3 Jahren, wie in diesem Bericht der* Sonntagszeitung Zürich *ausgeführt, im Palais Hirsch in Schwetzingen das 10-jährige Jubiläum der Handballgemeinschaft Oftersheim/Schwetzingen – ein Fusionsprodukt aus TV Schwetzingen und TSV Oftersheim – gefeiert haben.*

Der abgelehnte Vorsitzende Richter hat auch nach dieser Pressemitteilung weder die Bekanntschaft mit dem Bürgermeister von Schwetzingen noch diese gemeinsame Feier in Abrede gestellt.

Auch ein vernünftiger Angeklagter muss wegen der objektiven und subjektiven Situation des Vorsitzenden Richters am Landgericht Seidling wegen dessen Funktionen im Sport und Gemeinderat doch die Mentalität ländlicher Sportvereine und der durch die Bunte *und* Focus *›informierten‹ Wählerinnen und Wähler einbeziehen, mit dem Ergebnis, dass er – zugegeben platt ausgedrückt – besorgen muss: Als Sportskamerad und Führungspersönlichkeit in den Sportvereinen Oftersheim und über die Spielgemeinschaft auch Schwetzingen, muss der abgelehnte Vorsitzende Richter befürchten, als Versager beschimpft zu werden, ebenso wie von seinen Rats- und Fraktionskollegen, wenn es ihm nicht gelänge, die Ehre der Vereinsfreundin und Tochter des langjährigen Sportskameraden Dinkel zu retten und den in diesen Blättern als zynischen Frauenbenutzer geschilderten ›Fernsehfritzen‹ dahin zu bringen, wo er hingehört, nämlich in die JVA.*«

Thomas Franz, der Anwalt der Anzeigeerstatterin, wohnt in Ketsch, einer Nachbargemeinde Schwetzingens, und ist wie der Vorsitzende Richter Seidling vor Ort politisch engagiert als Gemeinderat für die CDU. Die Entfernung zwischen den Privatanschriften von Seidling und Franz beträgt 5,1 Kilometer oder zehn Minuten laut Google-Maps. Die Entfernung zwischen der Privatanschrift des Vorsitzenden Richters und den nahe gelegenen Privatanschriften von Familie Dinkel (also Vater, Mutter und Claudia Dinkel) beträgt laut Google-Maps 3,3 Kilometer oder sieben Minuten Fahrtzeit mit dem Auto. Diese großnachbarschaftlichen Verhältnisse bestehen, wie sich aus der Vereinstätigkeit ablesen lässt, schon jahrzehntelang.

»Der abgelehnte Vorsitzende Richter hat weder die Ortsnähe, die Vereinsnähe noch die gemeinsame Bekanntschaft der einzelnen Personen zwischen sich und der Nebenklägerin bzw. deren Eltern durch einen Vermerk aktenkundig gemacht, noch hat er einen Vermerk darüber niedergelegt, dass er sich ungeachtet seiner Vereinsämter und -bekanntschaften und ungeachtet seines von Wählern und Parteifreunden abhängigen Ratsmandates in der Lage sieht, von jeder falschen Einflussnahme frei über die Frage der Glaubwürdigkeit der Nebenklägerin und die Frage der Glaubhaftigkeit von deren Aussage in diesem Verfahren zu urteilen. Dazu hat er sich nicht einmal nach der Presseanfrage bei ihm veranlasst gesehen, auch nicht zu einer Anzeige dieser Verhältnisse gem. § 30 StPO.«

Das *Merkblatt für Schöffen* des Landes Mecklenburg-Vorpommern macht klar, warum solche privaten Verflechtungen so problematisch sind:

»Selbst wenn von den zur Ablehnung Berechtigten kein entsprechendes Gesuch vorgebracht wird, ein Ablehnungsgrund aber vorliegen könnte, den der Richter selbst kennt, muss er *von sich aus Anzeige machen und darin seine Gründe mitteilen. Das Gericht entscheidet dann, ob der betroffene Richter von der Mitwirkung in dem Verfahren entbunden werden muss oder nicht. [...] Dies kann z. B. bei Freundschaft oder* gutnachbarlichen Beziehungen, *ebenso aber auch bei Feindschaft und Streit mit*

Seidling: „Ich kenne die Familie nicht!"

Von den Redaktionsmitgliedern
M. Wirth, A. Lin, J. Gruler

MANNHEIM/SCHWETZINGEN/OF-TERSHEIM. Die Frage der möglichen Befangenheit des in Oftersheim wohnenden Vorsitzenden Richters der 5. Strafkammer, Michael Seidling, kursierte gestern im Internet und in einigen Zeitungen. Die schweizerische „Sonntagszeitung" hatte zum Thema Kachelmann in ihrer Ausgabe vom 18. Juli hervorgehoben, dass Seidling in seiner Funktion als stellvertretender Vorsitzender des TSV Oftersheim eine ähnliche Funktion innehabe wie der Vater des Opfers und langjährigen Lebensgefährtin des Wettermoderators – denn dieser war jahrelang Vorsitzender des TV Schwetzingen und ist heute Ehrenmitglied. Da ja die beiden Vereine in Sachen Handball bei der HG Oftersheim/Schwetzingen gemeinsame Sache machen, liege Befangenheit nah, schlossen die Schweizer Journalisten kühn. Dass sich der Vater des Opfers schon vor vielen Jahren, nämlich im Jahr 1987, vom Vorsitzendenamt zurückgezogen hatte und zwischenzeitlich der Verein mehrere andere Vorsitzende hatte, spielte für sie keine Rolle.

Falschmeldung kursierte

Interessant auch, dass zahlreiche seriöse deutsche Tageszeitungen und sogar die berühmten Nachrichtenmagazine Spiegel und Stern sofort auf die vermeintliche Sensation sprangen. Das Telefon stand gestern bei uns in der Lokalredaktion nicht mehr still, nachdem morgens einige Regionalblätter ungeprüft die Falschmeldung verbreitet hatten, Vater und Richter seien im gleichen Verein und würden sich gut kennen. Prekär befand die „Sonntagszeitung" die Tatsache, dass beide Vereine in einigen Abteilungen kooperierten, beispielsweise auch die Leichtathletikabteilung, in welcher das vermeintliche Opfer jahrelang aktiv war. „Das alles ist schlicht nicht wahr, ich habe weder Kontakt zum Vater noch zum Opfer gehabt, noch, wie es in der Sonntagszeitung behauptet wird, mit der weiteren Verwandtschaft der Familie. Im Gegenteil, ich kenne die Leute nicht einmal!" Seidling wurde offenbar zu Unrecht angegriffen. Schon alleine die Art und Weise, wie die Kollegen des eidgenössischen Blatts Kontakt zu seiner Familie aufgenommen hatten, ist nicht seriös gewesen.

Richter Seidling, der seit 2004 für die FWV-Fraktion im Oftersheimer Gemeinderat sitzt, will aufgrund der Tatsache, dass ein solcher Befangenheitsantrag vielleicht beim Prozess neuerlich gestellt wird, dazu aus formalen Gründen nichts sagen. Es könnte ihm sonst so ausgelegt werden, als dass er sich verteidigen müsse. Natürlich hat Seidling die Handballspielgemeinschaft damals mit befördert. Aber das hat mit dem heutigen Fall gar nichts zu tun, zumal damals der Vater des Opfers beim TV Schwetzingen schon seit zehn Jahren nicht mehr aktiv war. Nun einfach zu behaupten, dass Oftersheim und Schwetzingen benachbarte Gemeinden seien und es so enge Beziehungen zwischen der Familie Seidling und der anderen Familie geben könne und somit Seidling befangen sei, nannten zwei Rechtsexperten, die wir gestern befragten, „schlichtweg infam". „Dann dürfte ja kein deutscher Amtsrichter mehr dort wohnen, wo er urteilt. Er könnte ja den Angeklagten oder wie in diesem Falle gar noch den Vater des Opfers kennen, womöglich sogar im selben Verein mit nahezu 2000 Mitgliedern sein", belustigt sich der Jurist.

Michael Seidling möchte die Sache am liebsten gar nicht publiziert wissen: „Das sieht doch so aus, als würde ich nun nach dem Motto ‚getroffener Hund bellt' handeln – eine Sache, die ich nicht möchte", so Seidling. Ein Wunsch, dem wir nicht nachkommen können, da ja bereits bundesweit berichtet wird.

Kein Zweifel an der Neutralität

Wir haben den Landgerichts-Präsidenten Günter Zöbeley gefragt, wie er die Sache sieht: Er stellt sich hinter seinen Kollegen aus der Hardtwaldgemeinde: „Wenn ein Zweifel an Richter Seidling bezüglich seiner Befangenheit bestanden hätte, dann wäre dies in einem förmlichen Verfahren vor der Kammer zur Sprache gekommen. Dort befinden die Mitglieder, ob von einer Befangenheit ausgegangen werden muss oder nicht" – und bei Richter Seidling habe zu keiner Zeit ein Zweifel an der Neutralität und Objektivität bestanden. Auch der Landgerichts-Präsident, der ja ebenfalls hier wohnt, hatte nach eigenen Angaben zu keiner Zeit Kontakt zur Familie des Opfers: „Die ganze Anschuldigung der Schweizer Zeitungsleute ist einfach nur absurd und entbehrt jeglicher Tatsache", findet er.

dem Angeklagten oder anderen Verfahrensbeteiligten der Fall sein. Unter Umständen reicht sogar die Zugehörigkeit zum selben Stammtisch oder zum selben Fußballverein aus.« [Hervorhebungen M. K.]

ZWEITENS:

Der Vater der Nebenklägerin hat laut verschiedenen Zeitungsberichten bei einer Medienanfrage zu seinem Verhältnis zu Richter Seidling den Hörer aufgelegt. Richter Seidling hat dagegen – statt die Journalistenanfragen an den dafür zuständigen Pressereferenten des Gerichts weiterzuleiten, wie es üblich wäre – seinen Heimatjournalisten der *Schwetzinger Zeitung* persönlich auf deren Fragen geantwortet.

Der auf Seite 303 wiedergegebene Artikel in der *Schwetzinger Zeitung* vom 21. Juli 2010 hatte wohl zum Ziel, zumindest vor den Augen der regionalen Öffentlichkeit Seidlings Neutralität wiederherzustellen, die nach zahlreichen Presseberichten über die Verbandelung des Vorsitzenden Richters mit dem Vater der Anzeigeerstatterin durchaus zu Recht gelitten hatte. Interessanterweise sind zwei der Autoren dieses Artikels selbst im Vereinsleben integriert. Der Versuch, sich mithilfe von Vereinskameraden vom bösen Anschein der Klüngelei zu befreien, ist eine eigentlich nicht sehr überzeugende Strategie – aber in Mannheim tickt die Welt, wie wir erfahren mussten, anders:

Andreas Lin ist einerseits Ressortleiter bei der Schwetzinger Zeitungsverlag GmbH & Co. KG und andererseits Geschäftsführer des TV Schwetzingen 1864. Eine Ina Lin ist Leiterin der Geschäftsstelle des TV Schwetzingen. Aufgrund der Seltenheit des Namens und der Tatsache, dass Schwetzingen ein kleiner Ort ist, kann man wohl davon ausgehen, dass diese beiden Personen familiär miteinander verbunden sind – und dass der Familie Lin demnach der TV Schwetzingen und dessen Mitglieder sehr am Herzen liegen.

Herr Markus Wirth, Koautor des oben genannten Artikels, ist ebenfalls Mitglied im TV Schwetzingen.

Im Antrag der Verteidigung heißt es zu dieser Gemengelage:

»Beide sind somit der Nebenklägerin und deren Familie als auch dem abgelehnten Vorsitzenden Richter persönlich bekannt. Davon jedenfalls kann berechtigt Herr Kachelmann als vernünftiger Angeklagter ausgehen.«

Insofern wirkt es wie ein ziemlich durchsichtiger Manipulationsversuch, den der Vorsitzende Richter gemeinsam mit den ihm bekannten Lokaljournalisten unternommen hat, wenn es in dem Artikel der *Schwetzinger Zeitung* heißt:

»*Michael Seidling möchte die Sache am liebsten gar nicht publiziert wissen: ›Das sieht doch so aus, als würde ich nun nach dem Motto, getroffener Hund bellt, handeln – eine Sache, die ich nicht möchte‹, so Seidling. Ein Wunsch, dem wir nicht nachkommen können, da ja bereits bundesweit berichtet wird.*«

Eine Zeitung veröffentlicht in solchen Interviews ungern gegen den Willen des zu Zitierenden ein Zitat. Und auch wenn große Boulevardblätter zugunsten einer Story vermutlich lieber einen Rechtsstreit riskieren, als vorherige Vereinbarungen einzuhalten, so wird man solch einen Regelverstoß von einer kleinen Lokalzeitung, die obendrein sozial mit dem Vorsitzenden Richter verbandelt ist, nicht erwarten.

Konsequent fasst Dr. Birkenstock die Argumentationslinie im Antrag der Verteidigung wie folgt zusammen:

»*Allein diese objektiven und subjektiven Umstände, die für den Vorsitzenden der Strafkammer in dieser Sache unwürdigen Verhaltensweisen, begründen auch für einen vernünftigen Angeklagten berechtigte Befangenheitssorge.*«

DRITTENS:

Richter Michael Seidling hat im selben Artikel erklärt, dass er weder die Anzeigeerstatterin noch deren Familie kenne. Im Wortlaut: »Das ist alles schlicht nicht wahr! Ich habe weder Kontakt zum Vater noch zum Opfer gehabt, noch, wie es in der *Sonntagszeitung* behauptet wird, mit der weiteren Verwandtschaft der Familie. Im Gegenteil, ich kenne die Leute nicht einmal.«

Hier hat sich der Vorsitzende Seidling in zweierlei Hinsicht selbst ein Bein gestellt. Zum einen war die »weitere Verwandtschaft« der Familie (müsste ihm die dann nicht bekannt sein?) nie Thema, sondern es ging immer nur um Claudia Dinkel und ihre Eltern. Zum anderen spricht der Vorsitzende, der hier so verzweifelt versucht, Neutralität zu beweisen, um den Anschein der Voreingenommenheit von sich zu streifen, im denkbar ungünstigsten Medium, nämlich seiner Lokalzeitung, von einem »Opfer« und dessen Familie.

Im Antrag der Verteidigung wird erläutert, was daran nicht tragbar ist:

»Diesem Zitat hat der abgelehnte Vorsitzende Richter weder öffentlich etwa in dieser Zeitung widersprochen, [...], noch hat er einen Vermerk in der Akte niedergelegt des Inhalts etwa, er sei falsch zitiert worden und habe in Wahrheit nicht vom Opfer, sondern vom ›mutmaßlichen‹ Opfer gesprochen. [...] Ebenso wenig kann er sich darauf zurückziehen, es handele sich insoweit um einen Lapsus Linguae. Eine solche Behauptung würde nur unterstreichen, dass hier ein ›Freud'scher Versprecher‹ vorliegt. Der abgelehnte Vorsitzende Richter meint das, was er der Schwetzinger Zeitung gesagt hat, genauso, wie er es gesagt hat.«

Und das alles, noch bevor der Prozess überhaupt angelaufen ist, bevor der erste Zeuge ausgesagt hat und ohne dass ein Geständnis des Angeklagten vorliegt, denn der bestreitet, die ihm vorgeworfene Tat begangen zu haben. Folglich musste genau dies Gegenstand der bevorstehenden Hauptverhandlung sein: ob Frau Dinkel nun ein Opfer ist oder nicht. Der Vorsitzende Richter dieser Hauptverhandlung jedoch demonstriert hier eindrücklich, dass diese zentrale Frage für ihn schon beantwortet ist, und zeigt damit in fast beispielloser Offenheit seine Voreingenommenheit. *Der Leitfaden für Schöffen* von Baden-Württemberg schreibt dazu:

»Hierfür genügt die ›Besorgnis der Befangenheit‹, d. h. die Ablehnung kann Erfolg haben, obwohl der Berufsrichter oder Schöffe gar nicht wirklich befangen ist, der Angeklagte aber aus seinem Verhalten (einer abträglichen Äußerung, einer geringschätzigen Geste) den Schluss ziehen kann, der Richter habe sich seine Meinung schon vor der abschließenden Beratung gebildet. Auch Äußerungen des Richters vor Beginn der Hauptverhandlung, ja vor Beginn des Verfahrens, können hierfür herangezogen werden.«

VIERTENS:

Auf fast vierzig Seiten legt die Verteidigung akribisch dar, wie Aussagen von Jörg verfälscht wiedergegeben und für Haftfortdauerbeschlüsse benutzt wurden, wie vorurteilsbeladen und verzerrt in mehreren Beschlüssen der 5. Großen Strafkammer argumentiert wurde, wie Beschlüsse schon geschrieben waren, bevor die Stellungnahme der Verteidigung überhaupt eingegangen war, Entlastungszeugen, die nicht geladen wurden, Gutachter, die nicht geladen wurden – und so weiter. In dem Schriftsatz werden auch die Gründe für das Befangenheitsgesuch gegen Richterin Bültmann aufgeführt, die als Berichterstatterin an diesen Beschlüssen maßgeblich beteiligt war.

Die Liste der nicht nachvollziehbaren und vorurteilsbelasteten Entscheidungen des Gerichts ist lang. Aus Platzgründen werde ich nur auf zwei dieser Beschlüsse eingehen.

Der *Beschluss vom 12. Juli 2010*, mit dem die erneute Begutachtung der Nebenklägerin auf ihre Aussagetüchtigkeit angeordnet wurde und zu dem es im Befangenheitsantrag der Verteidigung heißt:

> *»Der Beschluss vom 12.07.2010 geht zum einen davon aus, die Mängel der Aussagen der Nebenklägerin, die im Gutachten Greuel festgestellt worden sind, könnten auf einer traumabedingten Beeinträchtigung der Aussagetüchtigkeit der Nebenklägerin beruhen. Zum anderen könne der eingesetzte Sachverständige möglicherweise feststellen, dass ein – unterstelltes – Trauma der Nebenklägerin (nur) auf einer Vergewaltigung beruhen kann.«*

Diesen Ausweg aus der Unbrauchbarkeit von Dinkels Aussagen hatte ihr offenbar Psychotraumatologe Seidler nahegelegt, der sie natürlich – das sagt ja schon seine Berufsbezeichnung – auf ein Trauma hin behandelte, und das allein aufgrund ihrer Angaben, ohne diese in irgendeiner Form überprüft zu haben. Schon von Beginn an zeigte sich Seidler von deren Wahrheitsgehalt überzeugt. Die Voreingenommenheit des behandelnden Therapeuten hat Professor Kröber in seinem Gutachten über die Aussagetüchtigkeit der Nebenklägerin hinlänglich bloßgelegt.

Da Seidler als behandelnder Therapeut von Gesetz wegen befangen war und keine gutachterliche Aussage treffen durfte (wenngleich er es, das Gesetz missachtend, in seiner Stellungnahme für die Staatsanwaltschaft dennoch tat), musste für das Gericht ein Ersatz her, und es nahm seine Zuflucht zu einer weiteren Beweiserhebung in Form eines neuen Gutachtens. Dazu wieder im Befangenheitsantrag der Verteidigung:

> *»[...] Abgesehen davon, dass im Schriftsatz der Verteidigung dargelegt worden ist, die Tatsache des – unterstellten – Vorhandenseins eines Traumas der Nebenklägerin könne viele – nicht eruierbare – Ursachen haben,*

weil die Phänomenologie des Traumas keine Unterscheidung dazu leiste,
ob es sich um ein tatsächliches, eingebildetes oder schlicht erfundenes Trau-
ma handele, worauf der Beschluss ebenfalls nicht eingeht, zielt die Beweis-
erhebung abermals auf eine Ersetzung der Aussage der Nebenklägerin.«

Die Richter hatten hier das Problem, dass die Aussage von Frau Dinkel solche eklatanten Mängel aufwies, dass ihr von der auf Glaubwürdigkeitsgutachten spezialisierten Aussagepsychologin Luise Greuel eine Erlebnisbasiertheit ihrer Angaben zum angeblichen Tatgeschehen abgesprochen wurde. »Die Tathergangsschilderung bleibt vage, oberflächlich und nur bedingt nachvollziehbar«, hatte Aussagepsychologin Greuel in ihrem Gutachten geschrieben. Und zu den von Seidler wohlwollend als »traumabedingt« interpretierten Erinnerungslücken schreibt Greuel:

»Zum einen handelt es sich um außergewöhnlich umfassende Erinne-
rungslücken, zum anderen hat die Analyse ihrer nachweisbaren Falschbe-
kundungen (Flugtickets, Kontaktaufnahme Zeugin Sch.) ergeben, dass sie
gerade hier auch Erinnerungslücken geltend gemacht hat und dadurch ihr
Aussagemanagement abgesichert hat.«

Da die anderen »Beweise«, die Frau Dinkel ins Feld zu führen versucht hatte, wie die Verletzungen und angeblichen Spuren, allesamt entweder von einem Großteil der Gutachter als Selbstverletzungen identifiziert, bestenfalls aber als »non liquet« (man weiß es nicht) bezeichnet wurden oder schlicht nicht existent waren, brauchte man zumindest eine sinnvolle Aussage von ihr, die man als Beweismittel heranziehen konnte. Doch diese hatte Prof. Dr. Greuel mit ihrem Gutachten weitgehend vernichtet.

Also versuchte man mithilfe der Seidler'schen zirkulären Unlogik – *Die Patientin sagt, sie habe Erinnerungslücken. Also hat sie ein Trauma.*

Folglich muss sie vergewaltigt worden sein, sonst hätte sie kein Trauma –
die Mängel in Frau Dinkels Aussagen als traumabedingt gutachterlich
zertifizieren zu lassen, um so die Aussagepsychologin Greuel und ihre
Expertise umgehen zu können. Im Befangenheitsantrag der Verteidigung wird die dahinterstehende Strategie aufgedeckt:

>*Diese Entlastung der Nebenklägerin ist aus Sicht eines vernünftigen
Angeklagten, der Herr Kachelmann ist, geeignet, die Besorgnis auszulö-
sen, die abgelehnten Richter hätten als primäres Verfahrensziel im Auge,
seine Verurteilung über die Entlastung der Nebenklägerin mit Konfronta-
tionen der Mangelhaftigkeit ihrer Aussage zu befördern. Darüber hinaus
überantworten die abgelehnten Richter ihre Aufgabe, die Aussage der
Nebenklägerin – auch in Richtung ihrer Unbrauchbarkeit für eine Verurteilung – zu würdigen, auf einen Sachverständigen, der sich nicht mehr
mit der Aussage einer Belastungszeugin, sondern nur noch mit der (ret-
tenden) Erklärung für ihre Unbrauchbarkeit zu beschäftigen hat.*«

Auch der *Beschluss vom 26. Juli 2010* wird von der Verteidigung beanstandet, weil die Richter der 5. Großen Strafkammer gegen den Widerstand der Verteidigung einen Sachverständigen zur Eruierung von
Jörgs Schuldfähigkeit beauftragt haben:

»*Herr Kachelmann erwehrt sich zu Recht seiner Vorverurteilung als
nicht uneingeschränkt schuldfähig und möchte sich mit Persönlichkeiten,
die eine >andere seelische Abartigkeit< aufweisen, [...], nicht gleichgestellt
sehen [...].*
*Herr Kachelmann benötigt weder die Gnade der Entschuldung durch
das Gericht, noch möchte er sich zum Objekt einer Ausforschung von Umständen machen, die für die Entscheidung der Sache bedeutungslos sind.
Er strebt vielmehr ein gerechtes Urteil an, welches ihm von den abgelehnten Richtern offensichtlich im Vorhinein verweigert werden soll.*«

Normalerweise werden Gutachter zur Schuldfähigkeit nur dann bestellt, wenn es um junge Erwachsene geht oder es sich um ein Verbrechen handelt, bei dem aufgrund seiner Grausamkeit und/oder des Verhaltens des Täters nicht auszuschließen ist, dass eine psychologische oder psychiatrische Störung vorliegen könnte. Allerdings sind dann die Taten evident, wie beispielsweise bei dem norwegischen Massenmörder Breivik, oder es gibt ein Geständnis.

In Jörgs Verfahren jedoch ging es einzig und allein um die Frage, ob es die angebliche Tat gegeben hat oder nicht – wozu also wollte man ein Gutachten über einen verhaltensunauffälligen, schweigenden Angeklagten, der die Tat bestritten hatte, bestellen, wenn man nicht bis ins Mark voreingenommen war? Die Auffassung des Gerichts, möglicherweise einen verhaltensgestörten Narzissten auf der Anklagebank sitzen zu haben, war allerdings auch einer Spekulation Prof. Dr. Greuels im schriftlichen Gutachten zu verdanken. Diese hatte über ihren gutachterlichen Auftrag hinaus, ohne je auch nur ein Wort mit Jörg gewechselt zu haben – also allein auf den Angaben Frau Dinkels gestützt –, ein mögliches psychologisches Profil Jörgs in ihr Gutachten geschrieben, unter dessen Voraussetzung sie es für möglich halten könnte, dass Frau Dinkels Behauptung zuträfe. Dass ein psychologisches Profil, das sich allein auf die Angaben der Belastungszeugin stützt, welche für die Gutachterin wiederum größtenteils unüberprüfbar waren, katastrophal für den Angeklagten ausfallen würde, sollte eine erfahrene Aussagepsychologin eigentlich voraussehen können und daher diese Angaben mit besonderer Vorsicht betrachten, solange sie nicht von anderer Seite gestützt werden.

In dem Befangenheitsantrag der Verteidigung werden noch weitere Sachverhalte beanstandet, unter anderem:

• Die unübliche Verfahrensweise des Vorsitzenden, die Belastungszeugin, die normalerweise immer als Erste gehört wird, als eine der Letzten in den Zeugenstand zu rufen. Dadurch war es Claudia Dinkel möglich, sich selbst und über ihren Nebenklagevertreter einen Überblick über den Wissensstand des Gerichts, die Aussagen anderer Zeugen, die Verteidigung und letztendlich die gutachterlichen Erkenntnisse zu verschaffen und so »wohlpräpariert« ihre eigene Aussage zu machen.

- Die Ladung der »Beziehungszeuginnen«, die »nach Aktenlage« zu ihren früheren oder andauernden Intimbeziehungen mit Jörg aussagen sollten. Im Antrag wird festgestellt: Keine der »Beziehungszeuginnen kann nach Aktenlage von körperlicher Gewalt Kachelmanns i. S. der angeklagten Tat oder etwa einer Vergewaltigungsszene als Bestandteil des Liebesspiels berichten«.

- Die Nichtladung von Entlastungszeugen, wie beispielsweise etlicher Hotelangestellter des »Holiday Inn« in Mörfelden, die vor der Polizei ausgesagt hatten, dass Jörg am Morgen nach der angeblichen Tat einen normalen Eindruck gemacht und keinerlei Verletzungen gehabt hätte. Ein anderer Entlastungszeuge, der der Staatsanwaltschaft im Mai 2010 einen Brief geschrieben hatte, der inhaltlich eine intentionale Falschaussage der Nebenklägerin nahelegte, wurde ebenfalls nicht gerichtlich geladen, ja, noch nicht einmal von der Staatsanwaltschaft vernommen, mit der Begründung, dass »weitere Ermittlungen nicht als erforderlich angesehen« würden.

Das Fazit dazu im Befangenheitsantrag der Verteidigung:

»Diese Verfahrensweise der abgelehnten Richter vermittelt Herrn Kachelmann den Eindruck, Beweismittel, mit denen ihn entlastende Tatsachen bewiesen werden könnten, sollten nach dem Willen der Richter nicht herangezogen werden, um – so seine Besorgnis – die bereits vor Beginn der Hauptverhandlung bestehende Verurteilungsabsicht nicht zu gefährden, indem entlastende Umstände möglicherweise nicht zu Kenntnis genommen werden sollten.«

Der zweite Befangenheitsantrag
Mitten in der Gerichtsverhandlung zur ersten Vernehmung von Frau Dinkel erging der zweite Befangenheitsantrag, diesmal gegen alle drei Richter der Kammer. Unmittelbarer Anlass war, dass Richter Seidling es abgelehnt hatte, Claudia Dinkel nach Paragraf 55 der Strafprozessordnung zu belehren, was er notwendigerweise aus eigenen Stücken hätte machen müssen, spätestens aber nach dem erfolgten Antrag der Verteidigung. Der Paragraf 55 besagt, dass ein Zeuge die Auskunft verweigern kann, wenn er sich selbst bei wahrheitsgemäßer Aussage belasten müsste. Der Vorsitzende Seidling jedoch unterließ es nicht nur, Frau Dinkel von sich aus darüber zu belehren, sondern wies überdies auch den Antrag der Verteidigung ab mit der Begründung,»dass das hier ja nicht notwendig sei«.

Und das bei einem Stand des Verfahrens, in dem es kein Geständnis des Angeklagten gab, keine Beweise, die ihn belastet hätten, und noch keine Gutachter gehört worden waren. Wenn er in dieser Situation eine Belehrung über Paragraf 55 nicht notwendig fand, gibt es nur eine einzige mögliche Schlussfolgerung: Er war davon überzeugt, dass die Tochter seines Vereinskollegen die Wahrheit sprach, denn sonst hätte er sie, wie es das Gesetz vorschreibt, zu ihrem Schutz belehren *müssen*.

Als jeder einzelne dieser Anträge schlussendlich als angeblich unbegründet abgelehnt wurde, haben die Mannheimer Richter Jörg sogar allein schon den»Anlass zur Besorgnis bei vernünftiger Würdigung aller Umstände« abgesprochen. Das Bundesverfassungsgericht (BVerfG) und der Bundesgerichtshof (BGH) sehen ein Misstrauen in die Unparteilichkeit eines Richters, also eine Besorgnis der Befangenheit, schon immer dann als gegeben»[…] wenn der Ablehnende bei verständiger Würdigung des ihm bekannten Sachverhalts Grund zur Annahme hat, dass der oder die abgelehnten Richter ihm gegenüber eine innere Haltung einnehmen, die ihre Unparteilichkeit und Unvoreingenommenheit störend beeinflussen kann. […] Maßgebend ist der Standpunkt eines vernünftigen Angeklagten.«

Landgericht, Kammer und Staatsanwaltschaft schienen nicht nur aus Angeklagtensicht eine geschlossene Wand, auf der von Anfang an »Verurteilung« stand.

Mangelhafte Ausbildung

Für den erforderlichen Widerstand gegen die bestehenden Verhältnisse fehlt es Polizisten, Staatsanwälten und Richtern an der entsprechenden Ausbildung. Es ist schlicht ein systemischer Fehler, Menschen, die aus Uni und Referendariat kommen, auf die Bürger loszulassen, ohne sie gleichzeitig ausreichend psychologisch geschult zu haben. Es ist, als würde man einen Chirurg nur kurz und knapp die Theorie und Medizingeschichte lehren, ihn dann aber zu seiner ersten OP am offenen Herzen schicken, ohne dass er zuvor jemals ein Skalpell in der Hand gehalten hätte.

Die Juristen und Polizisten leben sich in ihren Beruf also irgendwie ein und übernehmen dabei oftmals die Mechanismen ihrer Ausbilder. Wenn ein Ausbilder bei seiner Stellungnahme zu einem Revisionsantrag des Verteidigers, ohne auf den individuellen Fall einzugehen, immer »copy« und »paste« macht von dem einen Schreiben, das er irgendwann einmal vor Jahren verfasst hat (oder das womöglich noch von seinem eigenen Ausbilder stammt) und in dem lediglich steht, er halte den Revisionsantrag für unbegründet und beantrage deshalb, den Antrag abzulehnen (wie man es im Blog eines empörten Rechtsanwalts lesen konnte), dann wird es der junge Jurist ihm gleichtun, denn warum sollte er sich mehr Arbeit machen als der Meister? So verkommen Stück für Stück Verfahrensabläufe zu Floskeln, die vom Gesetzgeber ursprünglich einmal aus sinnvollen Gründen eingesetzt worden waren. Hauptsache erledigt.

Die sogenannten Erledigungszahlen, die die Anzahl der in einem Jahr abgeschlossenen Verfahren bezeichnen, sind Gradmesser des beruflichen Erfolgs, aber sie sind kein Indikator für gute Arbeit im Sinne des Rechtsstaats – auch wenn sie oft damit verwechselt werden.

Und die Polizisten, die als erste Vertreter des Staates mit einem

Zeugen Kontakt haben und deren Arbeit die Grundlage für die Ermittlungen eines Staatsanwalts ist und somit einen nicht unwesent-
lichen Teil des Fundaments eines gerichtlichen Urteils darstellt? Auch
ihre Ausbildung ist bei Weitem nicht immer auf dem neuesten wissenschaftlichen Stand, den die Forschungen in Psychologie und Krimi-
nalistik mittlerweile erreicht haben. Anstatt nach aussagepsychologischen Regeln vorzugehen und speziell entwickelte Fragetechniken zu
befolgen, wird teilweise längst überholtes Wissen gelehrt. So ist etwa
die spezielle Befragungstechnik bei Sexualstraftaten nicht in jeder polizeilichen Ausbildung Pflicht. Zudem werden in Baden-Württemberg die Polizisten nicht zu Spezialisten ausgebildet; ihre Spezialisierung sollen sich die Beamten später selbstständig in Lehrgängen
erarbeiten – nur wurden diese laut einem Bericht der *Rhein-Neckar-
Zeitung* im Rahmen der Sparmaßnahmen im Jahr 2012 gestrichen.
Danach darf in Baden-Württemberg derzeit kein Polizist auf Lehr-
gang gehen. Würde man, wie es in der Medizin üblich ist, ein für alle
gleiches Grundstudium ansetzen mit nachfolgendem Hauptstudium,
das dann eine Spezialisierung zuließe, hätte man von Anfang an Fach-
leute in den jeweiligen Bereichen – das würde dem Land auch einiges
an Geld sparen, ohne einen nicht hinnehmbaren Qualitätsverlust der
Polizei zu verursachen, wie es derzeit der Fall ist.

Faustregeln und Bauchgefühl sind deshalb eher die Regel als die
Ausnahme in Polizeirevieren. Normalerweise muss jeder Polizist, der
sich nicht spezifisch weitergebildet hat oder einem Fachkommissariat
angehört, durch Learning by Doing seine eigene Technik finden, wie
er mit Zeugen und Beschuldigten umgeht. Da der Mensch jedoch
nachweislich ein eher schlechter Lügendetektor ist, weil er von Natur
aus auf die falschen Signale achtet, entsprechen diese »eigenen Techniken« meist nicht den Erkenntnissen der psychologischen For-
schung. So kann es dazu kommen, dass Polizisten, statt aufzuklären,
eher Spuren verwischen, was besonders dann schwer wiegt, wenn das
einzige Beweismittel die belastende Aussage eines Zeugen oder einer
Zeugin ist.

Da wird mit eigenen Worten zusammengefasst, wo wörtlich protokolliert werden sollte (nicht nur bei meiner eigenen polizeilichen Aussage ist das zu meiner großen Überraschung so geschehen), und die Zeugin geschont, wenn Tränen fließen, anstatt genau nachzubohren – ein falsches Mitleid, das allzu oft mit Empathie verwechselt wird und das sich am Schluss zwangsläufig zulasten auch von Unschuldigen auswirkt. Denn warum weint eine Zeugin? Weil sie von den Erinnerungen an die berichtete Tat überwältigt wird, weil sie eine Trennung nicht ertragen kann (und deshalb von einer nicht stattgefundenen Tat berichtet), oder weil sie Angst hat, man komme ihrer erfundenen Geschichte auf die Spur? Tränen beweisen gar nichts. Trotzdem glauben offenbar viele Polizeibeamte und Justizangehörige immer noch – und das gegen jegliche wissenschaftliche Erkenntnis –, dass Tränen ein Indikator für die Wahrheit der erhobenen Beschuldigung seien. Der von der feministisch orientierten Aussagepsychologin Luise Greuel in ihrer Dissertation angemahnte »Behandlungskomfort« für »Opferzeuginnen« kann kritische Hinterfragungen von Zeugenaussagen geradezu als No-Go diskreditieren. Hinzu kommen die von Opferverbänden und Psychotraumatologen gern ins Feld geführten Schlagworte von einer »Sekundärviktimisierung« und »Retraumatisierung« durch das Verfahren, die mittlerweile ebenfalls zu einer Bedrohung für Ermittlungen herangewachsen sind, die diesen Namen noch verdienen.

Wenn allein Aussage gegen Aussage steht und die belastende Aussage nicht gründlich auf Widersprüche und tatsächliche Unmöglichkeiten abgeklopft und der Anzeigeerstatter nicht unter dem Gesichtspunkt von Auto- oder Fremdsuggestion, psychischen Störungen oder Falschbelastungsmotiven geprüft wird, dann besteht von vornherein ein Ungleichgewicht zwischen Belastungszeuge und Tatverdächtigem. Das zieht sich fortan unbemerkt durch die gesamte Ermittlungsakte, verfälscht die Ergebnisse und liefert den Staatsanwälten und Richtern eine unzuverlässige Grundlage für ihre Entscheidungen, ohne dass sie sich dieser Unzuverlässigkeit überhaupt bewusst sind. Es wird allzu oft vergessen, dass Staatsanwälte und Ermittlungsrichter die Belastungszeugin oft gar nicht persönlich kennenlernen, sondern aufgrund der von der Polizei vorstrukturierten Aktenlage entscheiden. Und wenn ein völlig ahnungsloser Polizeibeamter ohne Begründung in die Akte schreibt, dass ihm eine »Opferzeugin« glaubwürdig erscheine (wie nicht nur in Jörgs Fall geschehen), dann wird dieser Vermerk später Grundlage für einen Haftbefehlsantrag nach Aktenlage.

Aber nicht nur Polizisten sind unzureichend vorbereitet auf die Anforderungen, die die Ermittlungen bei einem Sexualdelikt mit sich bringen. Zum Teil sind entsprechende Fachkommissariate wegen des geringen Fallaufkommens und allgemeiner Sparmaßnahmen schon gar nicht mehr vorhanden. Auch Staatsanwälten und Richtern fehlt oft das Handwerkszeug, das zur Bearbeitung solcher Fälle unbedingt notwendig ist.

Wenn man Staatsanwalt oder Richter werden möchte, muss man ein Jurastudium nebst Erstem Staatsexamen absolvieren, danach folgt ein zwei- bis zweieinhalbjähriges Referendariat, in welchem verschiedene Stationen der Justiz (Zivilgericht, Strafgericht, Staatsanwaltschaft und andere) und eine Wahlstation nach persönlichem Interesse zu durchlaufen sind. Nach dem abschließenden Zweiten Staatsexamen wird man Staatsanwalt oder Richter auf Probe. Verläuft die Probezeit erfolgreich, erfolgt die Ernennung auf Lebenszeit – dies alles unter der Voraussetzung, dass man aufgrund der eigenen Examensergebnisse zu den besten des Jahrgangs gehört.

Im Studium werden als Pflichtfächer allerdings nur juristische Disziplinen gelehrt, sämtliche Disziplinen des Rechts: Zivilrecht, Verwaltungsrecht, Internationales Recht, Strafrecht, Rechtsgeschichte und so weiter; psychologische oder sozialwissenschaftliche Kenntnisse werden meist nur als freiwillige Wahlfächer vermittelt. Die jungen Leute, die frisch nach dem Zweiten Staatsexamen als Richter oder Staatsanwalt auf Probe in den Dienst einsteigen, Mitte bis Ende zwanzig sind und echte Fälle bearbeiten, wenn auch bei Staatsanwälten anfänglich noch unter den Augen eines Vorgesetzten, werden, was ihre Aufgaben als Vernehmer und Menschenkenner betrifft, ins kalte Wasser geworfen. Was sie an Menschenkenntnis nicht mitbringen, das fehlt eben, das müssen sie sich im Lauf der Amtszeit irgendwie aneignen, wie die

Polizisten mit ihren »eigenen Techniken« – und zwangsläufig zulasten der Wahrheitsermittlung, von deren Gründlichkeit nicht selten Menschenleben abhängen.

Der Vorgesetzte des jeweiligen Beamten wird sicher seine durch Lebenserfahrung gebastelten Rezepte haben, wie man mit diesem oder jenem Typ von Angeklagtem umgeht, oder einen »Instinkt« für Körpersprache entwickelt haben, den er für Glaubwürdigkeitsentscheidungen benutzt. Selten auf wissenschaftlicher Grundlage, aber dafür umso selbstbewusster. Und wenn es sich bei diesen Techniken um eine bloße Ansammlung von Vorurteilen handelt, die von einer Juristengeneration auf die nächste weitergegeben werden?

Wie ist man bloß auf die Idee gekommen, Menschen auf eine Richterbank zu setzen und sie darüber entscheiden zu lassen, ob jemand glaubwürdig ist oder nicht, ohne spezifische, sie dazu befähigende Ausbildung? Niemand würde diese Aufgabe einem Chemiker oder Mathematiker anvertrauen, obwohl der ähnlich lange studiert hat und sein Fachgebiet nicht weniger anspruchsvoll ist und er letztendlich genauso wenig psychologische oder soziale Ausbildung genossen hat wie jeder Richter und Staatsanwalt in Deutschland, der nicht aus eigener Initiative eine Weiterbildung besucht hat. Da ist er wieder: der unerschütterliche deutsche Glaube an unseren Rechtsstaat. Richter sind erhabene weise Persönlichkeiten, eben »Richterpersönlichkeiten« – das ist das Klischee, das in unseren Köpfen herumgeistert. Nur, woher soll denn diese Weisheit kommen? Es gibt in den juristischen Fakultäten der Universitäten keinerlei Pflichtfächer, die sich mit den menschlichen Problemen beschäftigen, die diese Berufe mit sich bringen. Sämtliche (Weiter-)Bildungsangebote zu den Themen Kriminologie, Vernehmungstechnik, Aussagepsychologie oder Jugendpsychologie erfolgen auf freiwilliger Basis sowohl während des Studiums als auch im Berufsalltag. Sie werden nicht nur aufgrund der tatsächlichen Überlastung von Juristen im Staatsdienst nicht in dem nötigen Maße nachgefragt, sondern oft auch deshalb nicht, weil Richter und Staatsanwälte den Unfug von Weisheit, Erfahrung und Erhabenheit per Amt irgendwann selbst glauben. »Wem

Gott ein Amt gibt, dem gibt er auch Verstand.« Nichts könnte falscher sein.

Das liegt nicht zuletzt daran, dass Selbstreflexion kaum stattfinden kann, wenn man selten bis nie mit eigenen Fehlern konfrontiert wird. Wer einen Unschuldigen verurteilt hat, wird wegen der hohen Hürden und der langen Laufzeit eines Wiederaufnahmeverfahrens nur ausnahmsweise auf seine Fehlentscheidung hingewiesen. Ein Staatsanwalt, der einen Freispruch kassiert, kann immer das feige Gericht verantwortlich machen, dem bloß der Mumm zum richtigen Urteil gefehlt habe, wenn es nicht gar die Schöffen waren, die den oder die Berufsrichter überstimmt haben. Dann geht man eben in die nächste Instanz.

Wenn einem aber niemand widerspricht, einfach weil es keine Möglichkeit gibt, sich gegen die vom Gesetz zugesicherte nahezu schrankenlose Allmacht deutscher Richter und auch Staatsanwälte effektiv zu wehren – wie wenig die Praxis der Dienstaufsichtsbeschwerde dazu geeignet ist, habe ich bereits beschrieben –, woher soll dann eine Einsicht in die eigene Begrenztheit der Mittel kommen? Qualitativ hochwertige justizkritische Gerichtsberichterstattung findet lediglich in wenigen überregionalen Medien statt. Das alltägliche Anklagen und Richten vollzieht sich vor Lokalreportern, die affirmative Nacherzählungen abliefern, sofern sie das Stück überhaupt verstanden haben, das da gespielt wurde. Zugleich verkümmert die Rolle der Verteidiger als letzte Beschützer der Unschuldsvermutung durch die zunehmende Praxis der sogenannten Deals.

Ohne Spiegel wird man das eigene Aussehen allerdings immer nur erahnen können. Wenn etwas rechtskräftig wird, dann ist es auch richtig gewesen, aus dem Auge, aus dem Sinn, und der nächste Fall steht schon bereit, um die Fehler aus dem alten vergessen und wiederholen zu können.

Woraus soll denn da bitte Weisheit resultieren? Aus der über die Jahre vertieften Lektüre und Wiedergabe von Paragrafen, Dienstanweisungen, Urteilssammlungen und Gesetzeskommentaren? Ganz sicher nicht. Es bleibt also nichts anderes übrig, als zu hoffen, dass der juristische Nachwuchs in seinem Vorleben schon ein gutes Stück an Lebenserfahrung gesammelt hat und eine reiche Herzensbildung mitbringt. Die Liste der Hoffnungen ist allerdings ziemlich lang. Man muss hoffen,

- dass der Polizist, der eine Anzeige aufnimmt, sich eine zufälligerweise richtige selbst gebastelte Befragungstechnik angeeignet hat und motiviert ist, korrekt zu arbeiten, dass er ein Wortprotokoll aufnimmt und seine Ermittlungsschritte sauber dokumentiert;
- dass der Staatsanwalt nicht seinen ersten Fall bearbeitet und sich ebenfalls schon einige, hoffentlich richtige Arbeitstechniken und Vernehmungsstrategien zurechtgelegt hat, nicht auf die Anklagequote bedacht ist und in seinem Vorleben eine gute Herzensbildung genossen hat, die seine institutionell geförderte Jagdleidenschaft zügelt und seinem Gerechtigkeitsgefühl Vorrang verleiht;
- dass die eventuelle Anklage bei einem besonnenen Gericht mit einem Vorsitzenden landet, der zu einer vernünftigen Prozessführung im Sinne der Strafprozessordnung fähig ist und nicht, wie in unserem Fall, die Aussage der Belastungszeugin manipulativ erst kurz vor der Urteilsverkündung einplant, wo doch das Gegenteil aus dramaturgischen und ökonomischen Gründen sinnvollerweise üblich ist (was in der Strafprozessordnung aber nicht vorgeschrieben ist, die eben einen vernünftig agierenden Vorsitzenden voraussetzt, wenn sie ihm schon die Befugnis zur alleinigen unanfechtbaren Verhandlungsleitung einräumt);
- dass eine Verurteilung aufgrund von über vernünftige Zweifel erhabenen Beweisen erfolgt und nicht aus einem zur Überzeugung gewordenen Bauchgefühl heraus oder weil der Richter den Verteidiger nicht leiden kann;
- dass der Richter nicht zur Schonung seiner befreundeten Richterkollegen, die möglicherweise einen berechtigten, von der Verteidigung oder Staatsanwaltschaft gestellten Befangenheitsantrag abgelehnt haben, oder aus Gründen der Eitelkeit und aus Angst vor Aufhebung eines wackeligen Urteils in seiner schriftlichen

Urteilsbegründung dem Bundesgerichtshof einen »falschen Film« vorspielt. Und so den Bundesgerichtshof täuscht und ihn zugleich als Kontrollinstanz aushebelt, weil der mangels Wort- oder Inhaltsprotokoll der Hauptverhandlung nicht erkennen kann, ob die Beweiswürdigung tatsächlich rechtsfehlerfrei ist.

Aber ist es einer sich selbst als zivilisiert bezeichnenden Gesellschaft im Europa des einundzwanzigsten Jahrhunderts würdig, einen wichtigen Teil des Fundaments unseres Rechtsstaats auf eine Aneinanderreihung von bloßen Hoffnungen aufzubauen?

Notwendige Änderungen
Gesetze, die die Hoffnung durch Gewissheit ersetzen, gibt es (noch) nicht. Naive Gesetze und unzulängliche Ausbildung sind der größte Feind unseres Rechtsstaats. Da verwundert es nicht, dass das Sprichwort »Auf hoher See und vor Gericht ist man in Gottes Hand« immer noch zutrifft.

Wir brauchen neue Gesetze, die all diese Hoffnungen zu Verpflichtungen machen; Gesetze, die sich an den Erkenntnissen der Psychologie und Kriminologie orientieren.

Dazu gehört eine entsprechend angepasste Ausbildungsordnung für Juristen, denn auch Juristen, die nicht in den Staatsdienst gehen, profitieren von einem psychologisch-sozialen Basiswissen. Es kann so schwer nicht sein, das Studium der Rechtswissenschaft zu ändern, schließlich gibt es schon jetzt viele Universitäten, die sowohl eine psychologische als auch eine juristische Fakultät haben. Der bereits existierende Studiengang »Psychologie als Nebenfach« für Juristen muss zum Pflichtfach werden und spezifisch für Juristen ausgelegt sein. Wenn es genug Zeit für das Fach »Rechtsgeschichte« gibt, dann muss es auch genug Zeit geben für ein Fundament an Menschenkenntnis, die man täglich im Umgang mit Mandanten, Zeugen und Tatverdächtigen, ja sogar mit den eigenen Kollegen braucht.

Videomitschnitte, aber zumindest Wortprotokolle müssen grundsätzlich und ohne Ausnahme bei allen Verhandlungen in Strafsachen eingeführt werden; in jeder Tatsacheninstanz und bei Sexualdelikten sollten Videovernehmungen schon im Ermittlungsverfahren Pflicht sein.

Voraussehbare soziale Befangenheiten im beruflichen Umfeld sollten vermieden werden, um die Juristen nicht in unnötige Gewissenskonflikte zu stürzen wie beispielsweise bei einer Entscheidung über die Befangenheit eines Richters am selben Gericht oder bei der Entscheidung über eine Dienstaufsichtsbeschwerde. Entweder sollte die nächsthöhere Instanz oder ein örtlich entferntes, gleichrangiges Gericht für die Entscheidung zuständig sein. Das würde zugleich verhindern, dass Vorsitzende ihre Befugnis zur Verhandlungsleitung missbrauchen: Ihre durch die Planung der Hauptverhandlung für den Angeklagten ersichtliche Voreingenommenheit würde per Befangenheitsantrag effektiv überprüft werden können.

Polizisten müssen in ihrer Ausbildung sinnvolle und neueste Vernehmungstechniken erlernen, psychologische Grundkenntnisse erlangen und sich stets auf diesen Gebieten fortbilden, sodass sie nicht von jeder drittklassigen Schauspielerin und halb schlauen Kriminellen über den Tisch gezogen werden können. Die wichtige Erstvernehmung sollte zumindest in der Form einer Tonbandabschrift (was bei Glaubhaftigkeitsgutachten nicht umsonst vorgeschrieben ist) vorliegen, auch um Aussagepsychologen geeignetes Material an die Hand geben zu können.

Richter und Staatsanwälte, die Sexualdelikte bearbeiten, sollten zu jährlichen Weiterbildungen verpflichtet werden – bei gleichzeitigem Verbot der Teilnahme an »runden Tischen« von Opferschutzverbänden, Frauennotrufen, Psychotraumatologen und ähnlich parteiischen Netzwerken, die die Objektivität ihrer Arbeit angreifen. In gleicher Weise sollte es Polizeibeamten untersagt werden können, Mitglied oder Ansprechpartner von Opferorganisationen zu sein, deren Parteinahme unvereinbar ist mit der eigentlichen und objektiven polizeilichen Ermittlungsarbeit. Denn wie soll man unbefangen ermitteln, wenn man sich bereits vor Beginn der Ermittlungen einer Partei zugehörig fühlt und zur »Empathie« verpflichtet wurde?

Die Kammern und Strafverfolgungsbehörden müssen entlastet werden, indem mehr Strafkammern geschaffen, mehr Staatsanwälte eingestellt und mehr spezialisierte Polizisten ausgebildet werden. Ähnlich wie es in Amerika bei der Polizei »special units« und in vielen Bundesländern Fachkommissariate gibt, sollten auch Staatsanwaltschaften und Gerichte über Sonderdezernate und spezialisierte Strafkammern für Sexualdelikte verfügen, deren Mitglieder sich nachweisbar weitergebildet haben. Ja, ein Rechtsstaat ist teuer, aber er ist auch zivilisatorischer Fortschritt, den man nicht aufgeben darf. Es ist wenig sinnvoll, darauf zu hoffen, dass die Justiz sich schon selbst helfen wird. Da geht das Budget vor. Ohne gesetzlichen Druck geschieht gar nichts, wie es sich sehr schön an Paragraf 37 des Jugendgerichtsgesetzes belegen lässt. Diese Vorschrift lautet seit jeher so:

» § 37 Auswahl der Jugendrichter und Jugendstaatsanwälte
Die Richter bei den Jugendgerichten und die Jugendstaatsanwälte sollen erzieherisch befähigt und in der Jugenderziehung erfahren sein.«

Und wie wurden und werden diese erzieherisch besonders befähigten Staatsanwälte und Richter ausgewählt? Mit welchen Qualifikationen gelangen sie in ihre verantwortliche Stellung? In der Realität geraten sie, wie mir berichtet wurde, an den Job wie die Jungfrau zum Kind: Offenbar reicht es zum Nachweis der besonderen Befähigung schon aus, wenn sie Kinder, Nichten und Neffen haben. Falls das nicht der Fall ist, wurden sie in dieses juristisch unergiebige Betätigungsfeld häufig nur strafversetzt. Das soll sich nun ändern, denn seit 2010 liegt ein Entwurf des Bundesjustizministeriums vor, der mit der unsäglichen Praxis, die bislang herrschte, endlich Schluss machen soll.

Ein vergleichbares Gesetz wäre für die Staatsanwälte in den Sonderdezernaten für Sexualstraftaten und für die – in neu einzurichtenden Strafkammern für Sexualdelikte und Jugendschutzsachen bei den Landgerichten, die für erstinstanzliche und Berufungsverhandlungen zuständig wären – tätigen Richter zu fordern. Feld-, Wald- und Wiesenrichter und -staatsanwälte, die lediglich Strafsachen der allgemeinen Kriminalität bearbeiten, sind nicht in der Lage, sich kompetent mit den komplexen Problemfeldern zu befassen, die sich bei Sexualdelikten auftun, besonders dann nicht, wenn solche Fälle in ihrem Berufsleben nur ab und zu auftauchen.

Vorauseilender Gehorsam

Dass es in unserem Staat vielerlei Hilfsangebote für Opfer von Sexualstraftaten gibt, ist richtig und wichtig. Es gibt aber inzwischen auch viele Menschen, die sich ganz besonders anständig und politisch korrekt fühlen, wenn sie wie in einer Art vorauseilendem Gehorsam unkritisch und prinzipiell jede Frau unterstützen, die angibt, Opfer einer Sexualstraftat geworden zu sein. Dadurch steigt der Druck auf die Ermittlungsbehörden, die noch rechtsstaatlich handeln. Man findet Unterstützer in den Chefetagen der Medienanstalten, in der Politik und im ganz normalen Leben. Es ist cool geworden, Frauen zu beschützen, ihnen prinzipiell alles zu glauben, sobald das Wort »Missbrauch« oder »Nötigung« oder sogar nur »Sorgerecht« fällt, und ihnen ritterlich zu Hilfe zu eilen, solange es genügend Öffentlichkeit gibt, die die eigene Heldenrolle würdigt.

Talkshowmoderatoren trauen sich nicht mehr, eine Sendung über sexuellen Missbrauch zu machen, in der die Repräsentanz der »Opfervertreter« nicht ungleich höher ist als die von Vertretern der zu Unrecht Beschuldigten. Zeitungen schreiben bei Anfangsverdacht und angesichts der bloßen Behauptung einer Frau schon vom »Opfer«, auch wenn noch nichts ermittelt wurde und lediglich ein Verdacht besteht, ein Verdacht, den allein die Frau mit ihrer Anzeige hervorgerufen hat. Das »mutmaßlich« vor den Worten »Opfer« und »Täter« wird oft weggelassen und muss erst eingeklagt werden. Aber auch dieser Zusatz hilft nicht viel, im Internet schrumpft er meist zu einem rein formalen »mm« zusammen. Die Worte »Anzeigeerstatterin« oder später »Nebenklägerin« (weil sie ja alle immer nebenklagen) würden weniger vorwegnehmen, aber mit diesen formal korrekten Bezeichnungen lassen sich nun mal keine Schlagzeilen machen, die die Menschen bestürzen.

Die feministische, gegen den Mann an sich gerichtete Parteiergreifung für die Beschuldigerin wäre nicht der Gegenrede wert, wenn sie nicht schon längst Mainstream in den Medien, der Politik und in der Justiz geworden wäre. Sie bedroht die Unschuldsvermutung in einer Weise, wie es bislang nur Diktaturen gelungen ist, und erweist sich dabei als wesentlich effektiver, weil sie sich als vorgeblich humanitärer »Opferschutz« schleichend ausbreitet, gegen den ja niemand etwas haben kann.

Sobald Richter kritisch nachfragen und nicht sofort alles glauben, sondern sich ihre Überzeugung im Lauf des Verfahrens und der Beweisaufnahme bilden, wie es ihnen vom Gesetz vorgeschrieben ist (diese Richter gibt es trotz aller systemimmanenten Widrigkeiten immer noch), dann ist die nächste empörte Zeitungsschlagzeile sicher, und Frau Schwarzer fällt jedem ins Wort, der nicht ihrer Meinung ist, und tut lauthals kund, dass Frauen eigentlich keine Rechte hätten und vor Gericht »nochmals vergewaltigt« würden von den sexistischen und »täterorientierten« Richtern, Staatsanwälten und natürlich Verteidigern.

Hetzen und Halbwissen zu propagieren ist offenbar immer noch eine Eigenschaft, die deutsche Medien und Personen des öffentlichen Lebens für Deutschland angemessen halten. Da macht ein Hellmuth Karasek den Kohl auch nicht mehr fett, der in einem Buch anekdotisch erzählt, wie er vor Jahren einen Freund mit dessen Frau betrogen hat und diesen, als er ahnungslos unten am Haus vorbeilief, nackt Arm in Arm mit dessen Frau vom Fenster aus belächelte. Derselbe Karasek spricht sich öffentlich dafür aus, dass eine Frau, die betrogen wurde wie im »Fall Kachelmann«, selbst dann, wenn die behauptete Vergewaltigung nicht stattgefunden habe, ein Recht darauf habe, sich zu rächen. Da ist dann eh schon aller Anstand und jede Menschlichkeit über Bord geworfen, und der Scheinheiligkeit sind Tür und Tor geöffnet. Sich schützend vor Frauen zu stellen kommt offenbar immer gut an, selbst wenn die Frau der Angreifer ist.

Richter haben also mehrere Probleme: die Verführungen der Macht, mitunter auch Bequemlichkeit oder eigene Überheblichkeit, die alleine schon problematisch genug sind, und dazu der berufliche und öffentliche Druck, dem sie ausgesetzt sind, sobald sie sauber rechtsstaatlich agieren. Was geschieht denn, wenn ein Ermittler einen Unschuldigen vor sich sitzen hat? Stellt man wirklich regelmäßig später im Gerichtsverfahren fest, dass er es gar nicht gewesen sein konnte, ähnlich wie bei dem unschuldig inhaftierten Siebzehnjährigen im Fall Lena? Oder wird er am Ende trotzdem verurteilt für ein Verbrechen, das er nicht begangen hat, weil bei der Justiz die Mechanismen der Angst vor dem Gesichtsverlust greifen und in den Medien nur einseitig berichtet worden ist?

Im Rechtsstaat ist das Gesetz für alle gleich, und es muss auch für verurteilte Kindermörder gelten, auch wenn das manchmal dem eigenen Gerechtigkeitsempfinden zuwiderläuft und etwa Til Schweiger und Armin Rohde finden, dass es Menschen gebe, denen man jegliche Würde und Mitgliedschaft in der menschlichen Gesellschaft absprechen kann, wie sie in einer Sendung von Markus Lanz im Februar 2011 äußerten. Ein Rechtsstaat funktioniert aber nur so lange, wie man seine Regeln in jeder Situation einhält. Und wer solche Dinge fordert wie Herr Rohde und Herr Schweiger, der bewegt sich außerhalb des Rechtsstaates und auch außerhalb des Grundgesetzes und der Menschenrechtskonvention. Eltern, deren Kind ermordet wurde, oder Opfer schwerer Straftaten müssen diese neutrale Sicht der Dinge nicht haben, sie dürfen wütend sein. Sie dürfen auch hassen. Der Rechtsstaat und dessen Vertreter dürfen das nicht. Deswegen ist Justitia blind und hält neben dem Schwert eine Waage in der Hand.

Nur dann ergibt sich insgesamt ein gerechtes System, das zwar nicht jedem individuellen Schicksal gerecht wird, denn es ist letztendlich immer noch ein System, das von Menschen betrieben wird und von ihnen erfunden wurde, aber es ist das Beste, das wir haben, und das müssen wir schützen. Es wäre das Ende des Rechtsstaats, wenn der Forderung Alice Schwarzers, der Angeklagte müsste beim Vorwurf eines Sexualdelikts seine Unschuld beweisen, stattgegeben würde. Ausnahmen und Sonderregeln sind letztlich nichts anderes als eine Bevorzugung beziehungsweise Benachteiligung von bestimmten Gruppen. Aber wer bestimmt, welche Gruppen bevorzugt oder benachteiligt werden? Und mit welchem Recht? Auf welcher Grundlage? Es gibt keine Grundlage, auf der Frau Schwarzer und Co. verlangen könnten, dass eine Unschuldsvermutung für diejenigen gelten solle, die vorgeben, Opfer einer Straftat geworden zu sein, und dass die von diesen als Täter Benannten ihre Unschuld beweisen sollten, ganz im Gegenteil. Man stelle sich vor, wohin es führen würde, wenn es tatsächlich eine entsprechende Gesetzesänderung gäbe, wie es mittlerweile schon ganze »Opferverbände« fordern. Das würde bedeuten, dass ein Mann von seiner Nachbarin, Mitarbeiterin, Sekretärin, Freundin oder Ehefrau, mit der er in Scheidung lebt und die das alleinige Sorgerecht für die gemeinsamen Kinder will, angezeigt und beschuldigt werden kann, er habe sie oder gar die eigenen Kinder missbraucht, und dann beweisen müsste, das ihm Vorgeworfene nicht getan zu haben. Wie sollte ihm das gelingen?

Falls es sich bei dem Beschuldigten beispielsweise um einen Firmeninhaber oder einen Lehrer handelt und das öffentliche Interesse groß genug ist, dass irgendeine Zeitung über ihn berichtet, ist er innerhalb weniger Tage ruiniert. Dann erscheint sein Foto (der Balken wird gerne vergessen) zusammen mit seinem meist nur abgekürzten Nachnamen in der Zeitung und darunter steht, dass er ein Vergewaltiger sei (auch »mutmaßlich« wird ja gern weggelassen). Und jetzt soll er aus der Untersuchungshaft heraus versuchen, sich zu verteidigen und zu beweisen, dass er die Tat nicht begangen hat, während gleichzeitig innerhalb kurzer Zeit seine Firma den Bach runtergeht oder seine Ehefrau die Konten sperren lässt, wogegen er sich in Untersuchungshaft kaum wehren kann.

Der Staatsanwalt glaubt der Frau, weil sie vermeintlich kein Motiv und ihrer Freundin schon letzte Woche alles erzählt hat, die selbstverständlich bestätigt, dass sie das selbst ernannte Opfer noch nie so aufgelöst gesehen habe. Frühere Freunde des Mannes wenden sich schneller ab, als man ihren Namen aussprechen kann, als Angestellter ist man seinen Job in wenigen Wochen los, und im Knast ist man ganz unten in der Hackordnung. Kurz, das Leben ist zerstört.

Auch ohne Gesetzesänderung ist das alles schon jetzt so, denn wie man an Jörgs Fall deutlich ablesen konnte, ist die »Beweislastumkehr« (auch wenn dies eigentlich ein Begriff aus dem Zivilrecht ist) für sehr viele Polizisten und Strafverfolgungsbehörden bereits Realität.

Jörg musste bis zum Schluss kämpfen, um nicht doch noch verurteilt zu werden – und das, obwohl eine rechtsmedizinische Begutachtung von Anfang an ergeben hat, dass all die Verletzungen von Claudia Dinkel äußerst ungewöhnlich und mit der Geschichte der Nebenklägerin nicht in Einklang zu bringen seien, sondern eher für Manipulation und Selbstverletzung sprächen. Und obwohl keine DNA von Jörg an der angeblichen Tatwaffe gefunden wurde. Und obwohl Frau Dinkel Lügen nachgewiesen wurden und die psychologischen Untersuchungen vernichtend für ihre Glaubwürdigkeit waren.

Staatsanwalt Oltrogge sagte nach dem für die Anzeigeerstatterin wirklich desaströsen Gutachten zu ihrer Glaubwürdigkeit nur, »dass auch dieser Gutachter eine Falschaussage nicht beweisen konnte«. Dabei ignorierte er, dass psychologische Gutachter Falschaussagen nicht beweisen; sie können immer nur Wahrscheinlichkeiten aussprechen, das ist gesetzlich festgelegt, ansonsten überschreitet der Gutachter seinen Auftrag und wird von Gericht und Staatsanwaltschaft als befangen abgelehnt.

Das Zitat von Staatsanwalt Oltrogge zeigt, dass er den Grundsatz der Strafprozessordnung, wonach dem Angeklagten die Tat zweifelsfrei nachzuweisen ist und nicht umgekehrt der Angeklagte seine Unschuld zu beweisen hat, nicht zu begriffen haben scheint. Leider ist er nicht der Einzige, der das nicht begriffen hat oder nicht begreifen will.

Ohne unabhängige und objektive Justiz ist Demokratie nicht mehr gewährleistet; dann beginnt der Zerfall des Rechtsstaates. Dann kann man nämlich einfach jeden ins Gefängnis schicken, der einem im Weg steht. Muss man einer »Frauenrechtlerin« totalitäre Absichten unterstellen, oder war Frau Schwarzer im Geschichtsunterricht immer Kreide holen?

Vor wenigen Jahrzehnten gab es beim Thema Sexualdelikte ebenfalls schier unüberwindbare vorgefasste Urteile – nur in umgekehrter Richtung, und das war nicht minder katastrophal. Wenn eine Frau damals einen Übergriff oder eine Vergewaltigung anzeigte, wurde ihr in der Regel mit übermäßigem Misstrauen begegnet, und nicht selten hat man ihr selbst bei plausiblen Schilderungen und Indizien für eine tatsächlich stattgefundene Straftat entweder nicht geglaubt, ihr Schicksal bagatellisiert oder ihr gar selbst die Schuld zugeschrieben. Durch zu aufreizende Kleidung und Schminke hätte sie den Mann geradezu zu einem Übergriff provoziert – solche Argumente wurden nicht selten angeführt, um eine Verfahrenseinstellung oder Strafmilderung zu erreichen. Für jede Frau (und jedes Kind und jeden Mann), die einem solchen Verbrechen zum Opfer fällt, ist das eine Katastrophe, denn Missbrauch und Vergewaltigung, sei es durch die eigene Familie, Vertrauenspersonen oder einen Wildfremden, sind massive Eingriffe in das Leben eines Menschen, und manche Betroffenen haben selbst bei effektiver psychotherapeutischer Unterstützung ihr ganzes Leben mit den Folgen zu kämpfen.

Ein Gerichtsprozess, der den Täter zwingt, sich für seine Taten öffentlich zu verantworten, kann helfen, sich von der eigenen Scham und von Schuldgefühlen zu befreien. Er kann dazu beitragen, dass die Betroffenen begreifen, dass das, was ihnen zugestoßen ist, Unrecht war. Er kann ihnen verstehen helfen, dass sie zu diesem Unrecht weder beigetragen haben, noch dass ihre Persönlichkeit und ihr Selbst dafür verantwortlich sind, dass ausgerechnet ihnen dieses Unrecht zugestoßen ist.

Wie schwer es ist, einen Missbrauch zu verarbeiten und seine eigene Persönlichkeit von dem Missbrauchsgeschehen zu trennen, konnte man bei dem Prozess um den Familienvater beobachten, der sich im Februar 2011 vor Gericht verantworten musste und verurteilt wurde, weil er jahrelang seine eigenen Kinder missbraucht und teilweise sogar zur Prostitution gezwungen hatte: Eine seiner Töchter umarmte weinend ihren Vater außerhalb der Verhandlung und zögerte vorerst, gegen ihn auszusagen.

Ein Gerichtsverfahren und eine Verurteilung sind allerdings kein Therapieersatz. Mit einem juristischen Verfahren lassen sich die durch die Straftat bei einem tatsächlichen Opfer tangierten und gestörten Lebensbereiche nicht umfassend wiederherstellen. Trotzdem fordern »Opferverbände« das unablässig von den Richtern ein und üben damit Druck auf diese aus, doch endlich »opferorientiert« zu verhandeln (die Opfer von Falschbeschuldigungen meinen sie damit natürlich nicht, denn die gibt es ihrer Meinung nach ja nicht). Ein strafrechtliches Urteil ist kein Instrument der Wiedergutmachung und kann und darf es auch nicht sein. Einerseits, weil die Folgen einer Straftat für deren Opfer sowieso in den meisten Fällen viel zu komplex und individuell sind, als dass an der Allgemeinheit orientierte regelgeleitete Konstrukte wie Gesetzgebung und Verfahrensvorschriften ihnen gerecht werden könnten. Und andererseits, weil dann die Gefahr heraufbeschworen wird, dass Gerichte auch von echten Opfern als Racheinstrumente benutzt werden.

Opfer einer Straftat zu sein macht einen Menschen nicht zu einem besseren Menschen als andere. Auch »schlechte« Menschen können Opfer werden und »gute« Menschen können Täter sein, eine Tatsache, die aus Angst, moralisch unkorrekt zu erscheinen, oft selbst von Gerichten, Psychologen und Staatsanwälten, besonders aber von den Medien gern vergessen wird. Plötzlich sind selbst kriminelle Verfehlungen in den Lebensläufen mutmaßlicher Opfer verzeihlich und verständlich, man denke nur an Nafissatou Diallo, das Zimmermädchen im Strauss-Kahn-Verfahren in New York; hätte man umgekehrt solche Verfehlungen dem Tatverdächtigen nachgewiesen, wären sie als Zeichen einer verwerflichen Lebensführung erkannt und als verdachtsbestärkend gewertet worden.

Einheitliche Maßstäbe bei der Bewertung einer sogenannten Lebensführungsschuld von mutmaßlichem Täter und mutmaßlichem Opfer scheint es besonders bei Sexualdelikten nicht zu geben, wo man nicht selten in die Intimsphäre von Menschen vordringt und damit an die Grenzen jedenfalls der öffentlichen Moral gelangt. Jedes von der propagierten Moral abweichende Verhalten des Angezeigten dient dann zur Untermauerung einer »Tatneigung«, gleichartiges Verhalten bei der Anzeigenden stempelt sie erst recht zum Opfer – falls die Erforschung ihres Lebensstils nicht von vornherein aus vermeintlichen »Opferschutzgründen« unterbleibt.

All das muss die übergeordnete unparteiische Gesetzgebung berücksichtigen, all das muss antizipiert und bedacht werden. Das ist aber nicht die Realität. Real ist eine Tabuisierung und Marginalisierung dieser Tatsachen. Wer spricht schon im persönlichen Umfeld oder in der Öffentlichkeit über Opfer von Falschanschuldigungen? Wo sind die Politiker, Juristen, Wissenschaftler und aufmerksamen Bürger, die sich zum Schutz der Unschuldsvermutung dafür einsetzen, dass die Rechte von Beschuldigten nicht erneut geschwächt werden, wenn im Namen der Opferrechte wieder einmal ein Gesetz zur Stärkung der Rechte von bloßen Anzeigerstattern verabschiedet oder gefordert wird, wie beispielsweise die Ausweitung der die Unschuldsvermutung untergrabenden Nebenklage?

Wie kann eine Bundesverdienstkreuzträgerin wie Alice Schwarzer öffentlich und ohne eine Welle der Empörung hervorzurufen, die »Umkehr der Beweislast« bei Sexualstrafverfahren fordern? Und dabei auch noch Beifall von Opferverbänden und Politikern ernten?

Die wahren Opfer des erodierenden Systems

Es ist vollkommen unstreitig, dass eine tatsächlich stattgefundene Vergewaltigung ein schweres Verbrechen ist.

Es ist aber auch ein Verbrechen, einen Menschen eines solchen Verbrechens zu bezichtigen, wenn es nicht stattgefunden hat. Die Auswirkungen einer Falschbeschuldigung wiegen schwer. Durch die einsetzende Strafverfolgung und das Leben unter Verdacht erfahren die Betroffenen einen gravierenden Einschnitt in ihr Leben, sei es in Beruf, Familie, Freundeskreis und Nachbarschaft, sei es als Vergewaltiger oder Kinderschänder in der Untersuchungshaft oder schlimmstenfalls, wenn die Strafverfolgungsbehörden versagt haben, im Strafvollzug. Die psychischen Verletzungen kann man den Betroffenen deutlich ansehen: Zittern, Unsicherheit, Angstzustände, Paranoia, Konzentrationsstörungen, Depressionen und Bindungsängste, einhergehend mit dem Verlust der bürgerlichen Existenz, sind die Folgen einer Falschbeschuldigung – ähnlich denen eines Missbrauchs. Vor diesem Hintergrund muss man sich die Frage stellen, wie es sein kann, dass diese Kehrseite der Problematik – und es handelt sich um eine wachsende Zahl von Fällen – nicht diskutiert, sondern bagatellisiert und totgeschwiegen wird.

Warum setzt eine Alice Schwarzer sich nicht für Frauen- *und* Männerrechte ein? In den »Positionen« auf ihrer Homepage steht unter Punkt 4, dass sie sich für die Menschenrechte einsetze – warum nicht auch für die der Männer? Sind Menschenrechte nicht unteilbar?

Trotz des Freispruchs wird »Jörg Kachelmann« bis heute für die Propaganda von Opfervereinen und angeblichen Feministinnen als »schlechtes Beispiel« eingesetzt, weil »hier wieder einer davongekommen sei«, und mit voller Namensnennung in irgendeinen Onlineartikel über ein völlig anderes Thema eingefügt, vermutlich nur um bei Google im Ranking einen besseren Platz zu erlangen – und das sind nur einige Formen der bis heute anhaltenden Nachverurteilung Jörgs durch die Presse und öffentliche Personen. Wie diese quasi »natürliche« Nachverurteilung funktioniert, kann man gut anhand eines im Juni 2012 vor dem Freiburger Amtsgericht verhandelten Falls erkennen, bei dem es um eine Frau ging, die ihren Lebensgefährten und Vater ihrer Kinder fälschlich der Vergewaltigung beschuldigt hatte, was diesem zwei Monate Untersuchungshaft eingebracht hatte. Man hat der Anzeigeerstatterin ihre Geschichte so lange geglaubt, bis sie sich, nachdem ihr Lebensgefährte entlassen worden war, entschloss, doch noch zu gestehen, dass der Vorwurf gelogen war. Der Staatsanwalt jedoch konnte und wollte selbst nach ihrem Geständnis nicht glauben, dass er einen Unschuldigen verfolgt hatte, und meinte: »Es bleibt das Gefühl und die Frage, ob das mit den Vergewaltigungen nicht doch stimmt« – Worte eines angeblich neutralen Staatsanwalts.

Auch das ist ein Grund, warum die meisten, die einen solchen Anschlag auf ihr Leben (und nichts weniger bedeutet eine Falschanzeige für einen Unschuldigen und sein Umfeld), die Jagd der Strafverfolgungsbehörden und der Medien geradeso überstanden haben, aufgeben, umziehen und versuchen, ein neues Leben zu beginnen und das Geschehene möglichst schnell zu vergessen.

Die meisten Opfer von Falschanzeigen und Verleumdungen gehen nicht an die Öffentlichkeit und erzählen nichts von dem, was sie erlebt haben. Abgesehen davon, dass ein Nichtprominenter die Bühne dafür nicht hätte. Die öffentliche Bühne ist reserviert für Anzeigeerstatterinnen, und falls sich eine Anzeigende als Lügnerin herausstellt, wird die Berichterstattung einfach eingestellt. Oftmals wird nicht einmal davon berichtet, wenn das Urteil auf Freispruch lautet oder zu Unrecht Verurteilte erst nach Jahren im Gefängnis und einem erfolgreichen Wiederaufnahmeverfahren, das äußerst selten ist, freikommen. Mindestens ebenso selten wird Anzeige gegen die Verursacher erstattet.

Die Gründe dafür sind so einfach wie vielfältig: Die von Falschanzeigen Betroffenen sind in der Regel am Ende ihrer Kräfte, und ihr Leben ist zerstört. Sie haben kein Geld mehr und den Arbeitsplatz verloren, ihre Freunde haben sich abgewandt, und viele verlieren auch Frau, Kind und Haus. Falls die Familie die zermürbende Zeit der Falschbeschuldigung gemeinsam mit dem Opfer durchsteht, leidet sie genauso wie der Betroffene. Das ist ein Grund dafür, weshalb in den von Frau Schwarzer und den selbst ernannten Opfervereinigungen so oft zitierten Studien nur eine geringe Prozentzahl von Falschbeschuldigungen erscheint.

In solchen Studien werden nämlich im Gegensatz zu den bloßen Anzeigen von Vergewaltigungen, die auch ohne gerichtliche Prüfung eine eigene Erwähnung finden, nur die anhängig gewordenen, von der Polizei von Amts wegen eingeleiteten Verfahren wegen Falschbeschuldigungen erfasst, die sich aus ursprünglichen Verfahren wegen Sexualdelikten ergeben haben. Denn obwohl Falschbeschuldigung, Falschaussage vor Gericht sowie Freiheitsberaubung Offizialdelikte sind und Polizei und Staatsanwaltschaften von sich aus ermitteln müssten, wenn die Verdachtsmomente gegen den angeklagten angeblichen Vergewaltiger schwinden und er letztendlich freigesprochen wird (was besonders bei einer erfolgreichen Wiederaufnahme gilt), so kommt es in der Realität so gut wie nie zu solchen Strafverfolgungen. Und wenn ein Freigesprochener doch Gegenanzeige erstattet, wird das Verfahren regelmäßig eingestellt – mit der oberflächlichen Begründung, es gebe keinen hinreichenden Tatverdacht.

Das ist das übliche Verfahren, denn eine Staatsanwaltschaft, die einer anfänglich so überzeugend wirkenden »Opferzeugin« manchmal bis zum bitteren Ende vorbehaltlos Glauben geschenkt und dafür einen unschuldigen Menschen aus seinem Leben gerissen, ihn in Untersuchungshaft gesteckt und mit einem Prozess überzogen hat, wird in den seltensten Fällen die Seiten wechseln. Das hieße ja zuzugeben, dass man Fehler gemacht und sich von einer Schauspielerin im Gewand eines angeblichen Opfers hat instrumentalisieren lassen. Hat die Behörde obendrein noch Ermittlungsfehler gemacht, ist es wohl ein Ding der Unmöglichkeit, eine unvoreingenommene und gründliche Prüfung der Gegenanzeige durch diese »objektive« Behörde zu erhalten.

Auch deswegen erscheinen in den einschlägigen Studien nur magere fünf bis sieben Prozent an »Falschanzeigen«; in feministisch inspirierten finden sich noch groteskere Zahlen. Diese bilden dann die Grundlage für den Mythos, dass es falsch beschuldigende Frauen nicht gebe.

In Wirklichkeit bewegen sich die Zahlen von Falschbeschuldigungen in ganz anderen Dimensionen. Wenn man dem Rechtsmediziner Prof. Klaus Püschel folgt, der eine Ambulanz für Gewaltopfer leitet und als Experte für Selbstverletzungen gilt, dann sind seine Fälle zu knapp einem Drittel tatsächliche Vergewaltigungen, bei einem weiteren Drittel lässt sich die Frage mit rechtsmedizinischen Mitteln nicht entscheiden, und beim restlichen Drittel handelt es sich um Selbstbeibringungen. In einer anderen Aussage spricht Püschel von einem Viertel bis einem Drittel Falschaussagen mit steigender Tendenz allein schon in seinem Bereich, in dem Falschbeschuldigerinnen damit rechnen müssen, rechtsmedizinisch enttarnt zu werden. In hartem Kontrast zu solchen Befunden rufen Alice Schwarzer, der »Weiße Ring«, »Wildwasser e. V.« und all die anderen »Opferverbände«, wie nach Jörgs Freispruch oder bei dem 2011 freigesprochenem Biologielehrer Horst Arnold, der fünf Jahre zu Unrecht im Gefängnis saß: »Einzelschicksal! Nicht die Regel! Das hat ganz fatale Auswirkungen für Frauen, dass das öffentlich wurde! Keine Frau wird sich jetzt noch trauen, eine Vergewaltigung anzuzeigen!«

Warum eine Frau sich nicht mehr trauen sollte, eine tatsächlich geschehene Vergewaltigung anzuzeigen, nur weil ein zu Unrecht Beschuldigter zu seinem Recht kommt und freigesprochen wird, kann keiner dieser Marktschreier erklären. Wie auch? Es ist einfach nur Propaganda …

Das Schweigen der von einer Falschbeschuldigung Betroffenen ist daher nur zu verständlich, es dient jedoch denen, die von den bisherigen Missständen profitieren und die glauben, ein besserer Mensch zu sein, wenn sie jedem angeblichen Opfer sofort alles glauben wollen und sich immer schützend vor die Frauen stellen. Wirklich ändern kann man nur etwas, wenn man die Probleme benennt.

Der wohlwollende Sexismus der Alice Schwarzer

In Deutschland gilt Alice Schwarzer nahezu unwidersprochen als Ikone des Feminismus. Sie hat sich im Laufe ihres Wirkens einen internationalen Ruf als Frauenrechtlerin und Kämpferin für die Gleichberechtigung der Geschlechter erworben.

Auf ihrer Website beschreibt sie ihre »Positionen«, wie sie es nennt, unter der Überschrift »Worauf es ankommt«. Vier nette Statements, die sie mit wenigen Sätzen näher erläutert und die sicherlich edle Prinzipien darstellen, an die sie sich leider nur allzu oft selbst nicht hält:

»1. Ich bin für Chancengleichheit für Frauen und Männer.
2. Ich glaube nicht, dass Frauen von Natur aus das bessere Geschlecht sind.
3. Für mich ist Sexualität etwas sehr Privates und ganz Politisches zugleich.
4. Für mich sind die Menschenrechte unteilbar.«

Wer in ihrem Blog stöbert, dem klafft ein tiefer Graben entgegen, der sich zwischen diesen Maximen und ihren eigenen Artikeln und Kommentaren auftut.

Allein ihre Prozessberichterstattung zum »Fall Kachelmann«, die sie sich anmaßte, obwohl sie sich kaum mit den Vorgängen vor Gericht auseinandersetzte (was sie treffsicher in jedem ihrer Beiträge aufs Neue unter Beweis stellte), verletzte jedes einzelne dieser Prinzipien nicht nur einmal. Dazu passt, dass das Landgericht Köln nicht wenige ihrer Ausbrüche untersagte, Frau Schwarzer gegen die Verbote verstieß und gegen sie deswegen teilweise Ordnungsgelder verhängt wurden, weil viele ihrer Berichte entweder gelogen, falsch darstellend oder persönlichkeitsrechtsverletzend waren.

Zur Veranschaulichung, wie parteilich Deutschlands prominenteste angebliche Frauenrechtlerin auftrat und wie willig sie sich für die Propaganda der *Bild*-Zeitung einspannen ließ, seien hier die Überschriften sämtlicher Artikel zum Fall Kachelmann seit Prozessbeginn aus der Feder von Frau Schwarzer aufgeführt. Dass sie vor- und nachverteilend unter dem hier völlig unangebrachten Oberthema »Sexuelle Gewalt in Beziehungen« stehen, ist eine Erwähnung wert.

1. *Warum ich für* Bild *vom Kachelmann-Prozess berichte (6. September 2010)*
2. *Der mutige Auftritt der Ex-Freundin vor Gericht (7. September 2010)*
3. *Hat Kachelmann etwas zu verbergen? (10. September 2010)*

Dass objektive Berichterstattung anders aussieht, kann man schon an diesen Überschriften erkennen, die dem Inhalt der Artikel entsprechen. Sich als seriös verstehende Zeitschriften und Journalisten versuchen ja wenigstens noch, eine halbwegs offene Überschrift zu finden, und überziehen die Leser erst im Rahmen des eigentlichen Artikels mit ihren Wertungen. Frau Schwarzer allerdings scheint zu glauben, dass das Bundesverdienstkreuz ihr eine Art moralische Immunität verleiht.

Auf *einen* Artikel von Alice Schwarzer (oder »Aschwa«, wie sie im Internet in Anlehnung an Gurunamen genannt wird) möchte ich allerdings näher eingehen, denn er vereint beispielhaft alles, was an Schwarzers Forderungen, Meinungen und Aussagen so unerträglich ist. Ich gebe zu, dass ich ihn auch deshalb ausgewählt habe, weil er mich persönlich betrifft. Es handelt sich um den Artikel in der *Bild* vom 31. März 2011: »Was halten Sie von Kachelmanns Heirat?«

Schwarzer beginnt ihren Artikel damit, dass sie angeblich überall, wo sie so im Alltagsleben unterwegs sei, von den Menschen gefragt werde, was sie davon halte, dass Jörg Kachelmann wieder geheiratet habe. Schließlich muss man zumindest gegenüber der feministischen Gefolgschaft begründen, warum man sich als angeblich seriöse Gerichtsberichterstatterin ausgerechnet der *Bild*-Zeitung jetzt auch noch ganz unausweichlich mit solchen Klatschthemen befassen muss. Wenn nun aber mal die kleinen Leute von der Straße Antworten von ihr erwarten … Was soll sie denn da machen? Das ist ihre durchsichtige Rechtfertigung dafür, dass sie nun Klatsch und Tratsch schreibt.

Ein bisschen wird noch alibimäßig mit sich selbst gerungen, dass das zwar eigentlich Privatsache sei, aber gerade im »Fall Kachelmann«

seien die Privatsachen ja das Brisante. (Eine kleine *Bild*-kompatible Variante der Maxime, dass das Private politisch sei.) Spätestens der Prozessausgang hat allerdings bewiesen, dass Privatsachen mit dem Tatvorwurf nichts zu tun hatten. Von Anfang an betonten Jörgs Verteidiger und einige andere Juristen das immer wieder, die sich öffentlich gegen die Vernehmung der »Beziehungszeuginnen« aussprachen, weil diese allesamt am Abend der angeblichen Tat überhaupt nicht anwesend waren und somit nichts zur Aufklärung der Geschehnisse an diesem Abend beitragen konnten. Zudem gebe es kein rechtliches Bedürfnis für ihre Vernehmung; diese Vorgehensweise sei einzig und allein der Verunglimpfung des Angeklagten dienlich, nicht aber der Wahrheitsfindung. Frau Schwarzer sah das anders, sie stand Seite an Seite mit Staatsanwaltschaft und Nebenklage, denen das Gericht weitestgehend entgegenkam, weshalb es von ihr auch sehr gelobt wurde.

Ohnehin ist »Klatsch« vermutlich kein unwichtiger Grund, warum sie sich an dem ganzen Spektakel beteiligte, das sich seit Jörgs Verhaftung aufs Schönste entwickelte. Man konnte so wunderbar tratschen und eine Wartezimmerlektüre nach der anderen über das angeblich so schlimme Sexualleben eines Prominenten schreiben, dabei uralte Moralkeulen schwingen und unterhalb der gespielten Entrüstung an der Unschuldsvermutung sägen. »Sex sells« gilt eben selbst dann, wenn Alice Schwarzer darüber schreibt.

Dann spekuliert sie in besagtem Artikel über den Zeitpunkt der Eheschließung, die sie überhaupt nichts angeht und die nur deshalb bekannt wurde, weil der Vorsitzende Richter der 5. Großen Strafkammer in Mannheim es für nötig hielt, Jörg in aller Öffentlichkeit nach seinem Ehering zu fragen und ob er dazu etwas sagen wolle. Dies gegenüber einem Angeklagten, der grundsätzlich von seinem Recht auf Schweigen, auch hinsichtlich seiner persönlichen Verhältnisse, Gebrauch gemacht hatte. Warum der Vorsitzende seine Neugier ausgerechnet in einer öffentlichen Hauptverhandlung zu befriedigen suchte und damit die erwartbare Welle der Spekulationen und eine förmliche Jagd nach einem Foto des Eherings auslöste, wird wohl auf ewig sein Geheimnis bleiben. Jörg hatte den Ring schon am vorangegangenen Prozesstag völlig unbemerkt getragen, und er hätte ihn auch noch die restlichen Prozesstage unbemerkt tragen können, wenn da nicht der indiskrete Vorsitzende gewesen wäre.

Hätten wir eine öffentliche Anteilnahme an unserer Hochzeit gewünscht, hätten wir die Presse darüber informiert. Das haben wir aber nicht getan, wie unschwer nachvollziehbar ist. Spekulationen über Prozesstaktik und Scheinehe verboten sich also schon allein vor diesem Hintergrund, ganz abgesehen davon, dass es einem Gericht letztlich vollkommen egal sein kann, ob es einen verheirateten Mann verurteilt oder einen unverheirateten. Aus meiner Sicht war die Heirat bei diesem Gericht, das alles andere als neutral war und sich nicht selten von Bauchgefühl und Klischees leiten ließ, eher ein Nachteil. Für mich war daher nicht undenkbar, dass die Richter meiner Aussage nun mit noch mehr Vorurteilen begegneten, auch wenn ich sie gemacht hatte, bevor ich überhaupt wieder Kontakt zu Jörg hatte. Aber da die Aussagen der »Beziehungszeuginnen« juristisch sowieso vollkommen irrelevant waren und wir mit Schwenn nun endlich einen Anwalt hatten, der das auch verteidigte, hat uns diese Möglichkeit nicht weiter bekümmert.

Den nächsten Absatz von Schwarzers Artikel muss man wörtlich zitieren, sonst glaubt es keiner:

»Eines ist vermutlich kein Zufall: Dass die Eheschließung ausgerechnet jetzt eine weitere Ohrfeige ist für die zahlreichen Frauen, die Kachelmann über Jahre miteinander betrogen hat. Und die nun auch noch öffentlich gedemütigt sind. Denn trotz alledem hatte sich die eine oder andere noch immer Hoffnungen gemacht ...«

Dieser Absatz zeichnet in wunderbarer Kürze den Großteil von Schwarzers Argumentation im Verfahren nach und gipfelt mittels des Seidler'schen Zirkelschlusses in einer kompletten argumentativen Selbstzerstörung.

»Ausgerechnet jetzt« also heiratet Jörg Kachelmann – damit will Schwarzer offenbar suggerieren, dass wir eigens am Wochenende vor der erneuten Vernehmung der Nebenklägerin am 25. März 2011 geheiratet hätten, wie das der *Spiegel* in einem Artikel behauptete. Das war eine der vielen Falschinformationen, die den Prozess begleiteten. In Wirklichkeit haben wir zwei Wochen zuvor geheiratet und den Termin festgelegt, bevor uns bekannt war, wann wer noch aussagen würde. Das einzige Kriterium bei der Suche nach einem Termin war das eines garantiert prozessfreien Tages, und mit Sicherheit ist dabei nicht an eine Nachvernehmung der Nebenklägerin gedacht worden. Zudem weiß jeder, der verheiratet ist, dass einer Eheschließung ein längeres bürokratisches Verfahren vorangeht, und auch wenn die Schweiz in der Erledigung dieser Dinge schneller ist als Deutschland, so ist sie dennoch nicht Las Vegas.

Absolut unverständlich ist mir, warum diese Heirat ein Schlag ins Gesicht all derjenigen Frauen gewesen sein soll, die zuvor ihren Rachegefühlen vor Gericht und in den Medien freien Lauf gelassen und sich mit aller Deutlichkeit ab der ersten Woche von Jörg distanziert hatten, teilweise um ihre Bekanntschaft mit Jörg zu Geld zu machen, teilweise unter dem Vorwand, »andere Frauen vor ihm zu warnen und zu schützen«. Kurz zuvor hatte Schwarzer noch entrüstet über angebliche zeitgleiche und uneingelöste Heiratsversprechen von Jörg geschrieben, ein Artikel, dessen Onlinefassung unter anderem wegen der Unwahrheit dieses Vorwurfs von *Bild* gelöscht werden musste. Und wenn er dann heiratet, ist es plötzlich ein Schlag ins Gesicht all der Frauen, die ihn mit aller Deutlichkeit verurteilt hatten und nie wieder etwas mit ihm zu tun haben wollten? Das begreife, wer will.

Schwarzers Erklärung für diesen Widerspruch: »Denn trotz alledem hatte sich die eine oder andere noch immer Hoffnungen gemacht …«

Seltsame Worte aus der Feder von Deutschlands Cheffeministin, die früher die Ehe als Unterdrückungsinstrument des Patriarchats betrachtet und dem Rollenbild von Ehefrau und Mutter nichts abgewinnen konnte. Man kann es ihr als Mann aber auch wirklich nicht recht machen. Heiratet man nicht, ist man ein Schwindler und Betrüger oder bietet nicht den nötigen Rückhalt; heiratet man, nimmt man den Frauen, die Schwarzer in ihren Beiträgen vor dem von ihr eigens kreierten »Beziehungs-Monster« Kachelmann beschützt und deren »Opferstatus« sie herbeigeschrieben hat, eine dennoch existierende Hoffnung auf Eheschließung. Ein schönes Beispiel dafür, dass Schwarzer jedes Mittel recht war und ist, auf Jörg einzuschlagen, selbst dann, wenn sich die Argumente gegenseitig ausschließen und Frauen niedergeschrieben werden müssen.

Danach folgt in dem Artikel eine vernichtende Zeichnung meiner Person, natürlich ohne dass sie mich jemals zuvor ernsthaft gesehen, geschweige denn gesprochen hätte. Nein, das braucht eine *Bild*-Gerichtskommentatorin auch nicht, ihre Informationen entnimmt sie meiner Aussage vor der Polizei, die ich ein Jahr vor Erscheinen des Artikels – ein bisschen mehr als eine Woche nach Jörgs Verhaftung – gemacht habe und die der *Bild*-Zeitung entweder unvollständig zugespielt oder von ihr bewusst unvollständig zitiert wurde. Die wenigen darin enthaltenen Fakten gibt sie auch größtenteils noch sinnentstellend und falsch wieder. Vieles ist schlicht und einfach gelogen, wie so oft bei dem, was man bei der *Bild* und von Frau Schwarzer während des Verfahrens lesen konnte.

Natürlich bleibt der für Schwarzer offenbar sträflich hohe Altersunterschied nicht unerwähnt, und natürlich sei ich die »wohl Naivste« unter den angeblich »zahlreichen Ehe-Kandidatinnen«, die als »schwächstes Glied« in der »Frauenkette« jetzt doch das »Rennen gemacht« habe.

Ein letztes Mal kurz vor Schluss macht sie ihrem Unmut darüber, dass es nun »ausgerechnet Miriam« sein musste, Luft und schließt ansonsten mit dem Satz: »Eines ist klar: Diese erneute Heirat macht den der Vergewaltigung Angeklagten noch lange nicht zum Biedermann« – natürlich nicht, ohne mir mit dem Wort »erneut« noch einen stillen Gruß zu senden.

Warum ein Biedermann zu werden ein erstrebenswertes Ziel sein sollte, begreife ich nicht. Und wen Schwarzer sich nun lieber an Jörgs

Seite gewünscht hätte, ob sie sich Viola Sch. oder gar die Nebenklägerin vor dem Altar mit Jörg vorstellte, man weiß es nicht. Man will es auch gar nicht wissen, vermutlich hat sie einfach nicht richtig nachgedacht beim Schreiben – wie so oft.

Frau Schwarzer ist ein wunderbarer Kontraindikator für wirklich alles, was sie im Rahmen des Verfahrens gegen Jörg vorausgesagt und behauptet hat. Eine böse, aufmerksamkeitshungrige Frau, mehr ist von ihr nicht übrig geblieben. Schade für alle, die einmal an sie geglaubt haben.

In meiner Heimat, der früheren DDR, wird es allerdings niemanden kümmern, denn dort sind ihre Forderungen (soweit sie sinnvoll waren) schon seit Jahrzehnten umgesetzt und daher überholt. Dort weiß man auch, dass Emanzipation nicht bedeutet, dass man sämtliche Verantwortung für das eigene Leben auf den Beziehungspartner abschieben kann, um dann, wenn es schiefgeht, »Er hat mir alles genommen!« zu schreien. Der unverhohlene Sexismus, der aus dem zitierten Artikel von Frau Schwarzer heraustrieft, ist erschreckend, aber selbstverständlich spricht das kaum einer aus. Sie ist ja Frau Schwarzer – der Ikone des Feminismus kann man doch nicht Sexismus vorwerfen!

Kann man doch, wenn sie solche Artikel schreibt. Aber natürlich trifft ihr Sexismus mich. Denn natürlich stand ich ihrer Ansicht nach als typisches Weibchen in »finanzieller Abhängigkeit« von Jörg – selbstredend, ich bin ja die Frau. Natürlich bin ich »naiv«, weil ich sechsundzwanzig (damals fünfundzwanzig) Jahre alt bin. Natürlich war der Umzug nach Konstanz »auf seinen Wunsch hin« erfolgt. Und natürlich bin ich nicht in der Lage, meinen Ehemann so zu durchschauen, wie Alice Schwarzer das kann. Die Wahrheit über meine Beziehung, meinen Intellekt und meine Lebenstauglichkeit lerne ich erst, wenn ich Artikel der Allmutter lese …

Die zehn größten Irrtümer der feministischen Ideologie

1. Heterosexuelle Sexualität ist eine Kampfzone der Geschlechter.
2. Der aktivere Partner übt Macht aus.
3. Alle Männer sind potenzielle Vergewaltiger.
4. Frauen sind potenzielle Opfer.
5. Frauen, die einen Mann wegen Vergewaltigung anzeigen, lügen nie.»So was denkt man sich doch nicht aus!«
6. Die Falschbeschuldigungsquote beträgt nur drei Prozent.
7. Mit der Behauptung, ein Opfer zu sein, beginnt der Opferschutz.
8. Für Zeuginnen müsse die Unschuldsvermutung genauso gelten wie für Beschuldigte.
9. Nahezu jede Vergewaltigung führe zu einer Posttraumatischen Belastungsstörung (PTBS).
10. Wegen dieser PTBS sei es den Opfern nicht möglich, eine nach aussagepsychologischen Maßstäben glaubhafte Tatschilderung abzugeben, wodurch wiederum die Tat bewiesen werde.

Überhaupt kommen die Frauen in Schwarzers »Kachelmann-Artikeln« nicht gut weg, denn sie sind ihrer Meinung nach allesamt naturgemäß schutzbedürftig und können sich nicht selbst verteidigen gegen den angeblich so bösen, dominanten Mann, der sie betrog (was bedeuten da schon die gut bezahlten Interviews der Frauen, in denen ordentlich auf die Tränendrüse gedrückt und das Frauenbild der Fünfzigerjahre nachgezeichnet wurde). Da muss gleichsam wie in einer öffentlichen Selbsthilfegruppe mit Alice als Therapieleitung vor der gesamten deutschsprachigen Öffentlichkeit die jeweilige Beziehung diskutiert und »verarbeitet« werden: Ganz private und intime Details werden unter dem Deckmantel des Feminismus und dessen angeblich notwendiger Empörung über diesen Mann, der alle enttäuschte, öffentlich auseinandergenommen und ausgeschlachtet. Und um dem Ganzen noch die Krone aufzusetzen, wagt er es auch noch, nur eine zu heiraten! Die Sau!

Alice Schwarzer ist mittlerweile so weit entfernt von Emanzipation wie die *Bild*-Zeitung von wahrheitsgemäßer Berichterstattung.

Schlussplädoyer

Es darf einfach nicht vorkommen, dass jemand zu Unrecht wegen mehrfacher Vergewaltigung verurteilt wird, obwohl das angebliche Opfer noch jungfräulich ist, wie in den von Sabine Rückert in der *Zeit* und in dem Buch *Unrecht im Namen des Volkes* geschilderten erfolgreichen Wiederaufnahmefällen aus Niedersachsen, die eben kein Einzelphänomen sind. Eine Achtzehnjährige beschuldigte ihren Vater, sie sechs Jahre lang vergewaltigt zu haben. Während des Prozesses vor dem Landgericht Osnabrück behauptete sie, zusätzlich habe auch ihr Onkel sie mehrfach vergewaltigt. Die beiden Männer wurden daraufhin zu Haftstrafen verurteilt. Erst nachdem sie ihre Gefängnisstrafen abgesessen hatten, wurden sie nach einem Wiederaufnahmeverfahren voll rehabilitiert: Wie sich herausstellte, hatte die Anzeigeerstatterin die Taten frei erfunden, das angebliche Opfer war auch noch zu den angeblichen Zeitpunkten Jungfrau gewesen. Wie war so etwas möglich? Werden nicht einmal die schlichtesten medizinischen Untersuchungen durchgeführt? Hat das Gericht sich irgendeinen Gutachter bestellt, den man immer bestellt und der sozusagen auftragsgemäß darüber nachdenkt, was der Richter von ihm hören will, um das Bauchgefühl des Richters durch sein Gutachten zu zementieren?

Justizbeamte müssten sich mehr Zeit für jedes Delikt nehmen können, nur dann unterliefen ihnen weniger Fehler, und sie hätten es nicht mehr nötig, die schnelle Lösung per Deal zu suchen. Deals vor der Hauptverhandlung sind nicht nur ein Verstoß gegen die Unschuldsvermutung, sondern auch Erpressung zum Nachteil Unschuldiger und Halbschuldiger sowie eine Privilegierung von clever vertretenen Schuldigen, deren Schuld nur sehr aufwendig nachzuweisen ist, oftmals von Wirtschaftskriminellen. Dieses aus den USA übernommene »plea bargaining« – das »Aushandeln« eines geringeren Strafmaßes gegen ein Geständnis des Angeklagten – muss sofort beendet werden. Es ist eines Rechtsstaates unwürdig und nur deshalb eingeführt worden, weil dem Staat der Rechtsstaat zu teuer wurde.

Die rein quantitative »Erledigungsquote« dürfte bei günstigen Beurteilungen und Beförderungen keine Rolle spielen; die einzigen

Kriterien hierfür müssten saubere Aufklärung und nachvollziehbare Urteile sein, die jeder Rückfrage standhalten. Den der Justizgewalt unterworfenen Bürgern müssten bessere Kontroll- und Beschwerdemöglichkeiten an die Hand gegeben werden, die von unabhängigen Stellen bearbeitet werden, beispielsweise einem Ombudsmann oder einer ähnlichen Behörde für die Justiz.

Staatsanwälte und Richter sind persönlich nicht oder nur schwer für ungerechtfertigte Anklagen oder Fehlurteile zu belangen – das wurde so gesetzlich festgelegt, um die Unabhängigkeit eines Richters zu gewährleisten und ihn nicht erpressbar zu machen. Eine vorsätzliche Rechtsbeugung ist auch so gut wie nie nachweisbar, aber wenn man grobe Fahrlässigkeit oder Manipulationen beweisen kann (und das wiegt schon schwer genug), muss es auch in Deutschland möglich sein, einen Polizisten, Richter oder Staatsanwalt zivilrechtlich zur Verantwortung zu ziehen und, wenn nötig, in besonders krassen Fällen auch vor Gericht zu stellen.

Es kann doch nicht richtig sein, dass es einer hoch qualifizierten, für den Durchschnittsbürger unbezahlbaren Verteidigung bedarf, um die Verurteilung eines Unschuldigen zu verhindern und ein faires rechtsstaatliches Verfahren zu bekommen.

Dass dringend etwas gegen die zunehmend aggressive, vorverurteilende Pressepolitik der Staatsanwaltschaften unternommen werden muss, ist eine bittere Lehre aus Jörgs Verfahren. Die Wunschliste ist lang, die ich als ehemals der Justiz vertrauende Bürgerin zusammengestellt habe, nachdem ich ein derartiges Verfahren miterlebt habe. Zu allem Übel musste ich dabei auch noch entdecken, dass der Promi-Malus-Faktor nur für einige Auswüchse verantwortlich war, während die grundsätzlichen Missstände offenbar der Normalfall sind.

Eigentlich sollte es nicht meine Aufgabe sein, über die Missstände in der Justiz zu schreiben und dringend notwendige Verbesserungsvorschläge anzubringen. Es empört mich geradezu, dass ich mich in all diese Dinge einarbeiten musste, weil ich durch meinen Mann von diesen unglaublichen Umständen betroffen war. Eigentlich sollte es nicht so weit kommen, dass es notwendig ist, als normaler Bürger außerhalb der Justiz auf diese Missstände aufmerksam zu machen. Kritische Stimmen müssten viel eher von den Vertretern der Justiz und den Wissenschaften selbst kommen (wobei die Wissenschaft sich schon weitaus mehr bemüht als die Justiz).

Ein bezeichnendes Beispiel für die Realitätsferne des juristischen Personals lieferte Generalstaatsanwalt a. D. Karge. In einer Talkshow erzählte er den Zuschauern, die mittlerweile fast schon täglich beobachten können, welche medialen Kampagnen die Staatsanwaltschaften fahren – zum Beispiel bei Jörg Kachelmann, bei dem Ex-Post-Chef Klaus Zumwinkel, dem TV-Moderator Andreas Türck, der »No-Angels«-Sängerin Nadja Benaissa und vielen anderen –, dass die Staatsanwaltschaften so gut wie nie mit der Presse redeten, es sei denn, sie seien dazu gesetzlich verpflichtet. Vielmehr seien sie der Pressepolitik von Strafverteidigern hilflos ausgeliefert – wahrhaft eine verzerrte Selbstwahrnehmung.

Allein in unserem Fall gab es vonseiten der Staatsanwaltschaft Mannheim sechs offizielle Pressemitteilungen (die Statements, die sie rund ums Ermittlungsverfahren und vor und nach einem jeweiligen Verhandlungstag der Presse gab, nicht mitgezählt), das Amtsgericht Mannheim verfasste vier Pressemitteilungen über Jörgs Verfahren und das Landgericht Mannheim ganze einundfünfzig. So viel zu dem Punkt, die Justiz rede nicht mit der Presse.

Die Geschichte wird eben immer von den Siegern geschrieben, und die Sieger sind immer die Strafverfolgungsbehörden, denn niemand kann ihnen beikommen, weder juristisch noch medial, ganz egal wie sie arbeiten. Die Deutschen sind so fest davon überzeugt und stolz darauf, in einem Rechtsstaat zu leben, dass jede Kritik am Justizsystem geradezu als persönlicher Angriff gewertet wird.

Aber wie soll man auch einsehen, dass zu Hause etwas nicht richtig funktioniert, wenn man gleichzeitig mit dem politischen Finger auf andere Länder und deren Justizsysteme zeigt und Studien zitiert, denen zufolge Deutschland eines jener Länder mit einem guten Rechtssystem ist, und wenn man eine selbst ernannte Ikone der Frauen hat, die einem jedes schlechte Gewissen abnimmt, falls man mal wieder einen zweifelhaften Schuldspruch nur wegen der Tränen einer Frau ausspricht ohne Beweise.

Die Realität in Deutschland sieht anders aus als international wahrgenommen. Der Trend zur »Beweislast« für den Angeklagten, zur Aufweichung unserer rechtsstaatlichen Prinzipien und zur Zwei-Klassen-Justiz ist allerdings nicht nur ein deutsches Problem, es ist mindestens auch ein schweizerisches, österreichisches und amerikanisches. Die Frauen- und Opferbewegungen und die medialen Verwirrungen und gezielten Desinformationen, die solcherlei Entwicklungen fördern, gibt es international. Und überall dort, wo sie genug Einfluss haben, wird es früher oder später zu einer schleichenden Aushöhlung des Rechtsstaats kommen. In den Köpfen der Richter und Staatsanwälte hat sie schon längst begonnen.

Was wird

Unser Leben nach Mannheim ist noch nicht viel ruhiger geworden. Andere, auch prominente Opfer von Falschbeschuldigungen in der Vergangenheit haben den Weg der Ruhe gewählt, nichts mehr von der Sache hören und sehen wollen, Gras drüber wachsen lassen, hoffen, dass die Leute vergessen.

Dieser Weg ist sehr verlockend, und wir haben an dunklen Tagen mehr als einmal bedauert, ihn nicht eingeschlagen zu haben. Aber schon zur Knastzeit war mir klar, dass ich das an mir begangene Unrecht nicht auf sich beruhen lassen möchte. Miriam hat mich in dieser kämpferischen Haltung unterstützt, und so werden wir weiterhin systematisch wahr machen, was wir im Interview mit der Schweizer *Weltwoche* im Frühsommer 2010 angekündigt haben: diejenigen, die kriminell gehandelt haben, der juristischen Beurteilung zuführen. Weiterarbeiten wie bisher, ein im Rahmen der Möglichkeiten fröhliches und entspanntes Leben haben und denjenigen helfen, die einer Falschbeschuldigung zum Opfer gefallen sind oder wirklich Opfer sexueller Gewalt wurden.

Die Rastlosigkeit von früher erleben wir nur noch in Momenten, wenn wir auf der Autobahn oder an öffentlichen Orten von Leserreportern gejagt werden, die konsequent umsetzen, dass die Springers und Burdas dieser Welt für solche Fotos Geld bezahlen. Die Folge für uns ist ein Leben mit Basecap und Sonnenbrille im Sommer, Mütze im Winter, um uns wertvolle Sekunden bis zum Erkanntwerden zu erkämpfen. Da die Falschbeschuldigerin und ihre Helfershelferinnen letztendlich den angestrebten Erfolg nicht erleben durften und womöglich immer noch auf Rache sinnen, bin ich seit dem Prozess praktisch nie mehr alleine anzutreffen gewesen, Miriam als Vier-undzwanzig-Stunden-Zeugin war zwar für manche Gegenüber bei geschäftlichen Meetings etwas überraschend, aber letztendlich haben die Gegenüber immer verstanden: Die kriminellen Frauen von 2010/2011 sollten und werden keine zweite Chance bekommen. Meine »Gemahlinnenzeugin« ist immer bei und mit mir.

Anhang

Dienstaufsichtsbeschwerde vom 7. Juni 2010

Die auf Seite 256 erwähnte Dienstaufsichtsbeschwerde von Rechtsanwalt Birkenstock gegen Generalstaatsanwalt Dr. Uwe Schlosser, Leitenden Oberstaatsanwalt Alexander Frenzel, Oberstaatsanwalt Oskar Gattner und Staatsanwalt Lars-Torben Oltrogge wird hier im Wortlaut wiedergegeben. Geschwärzt wurden die Passagen, die die Persönlichkeitsrechte der Falschbeschuldigerin betreffen.

RGB
GBR

KANZLEI DR. BIRKENSTOCK

RECHTSANWALTS-GEMEINSCHAFT BIRKENSTOCK
GESELLSCHAFT BÜRGERLICHEN RECHTS
RECHTSANWÄLTE IN BÜROGEMEINSCHAFT

Kanzlei Dr. Birkenstock – Hohenzollernring 28 – 50672 Köln

Dr. iur.
Reinhard Georg Birkenstock
Rechtsanwalt
Fachanwalt für Strafrecht

Martin Bücher
Rechtsanwalt

Myra Bücher
Rechtsanwältin

Petra Wanitschka-Graebner
Rechtsanwältin

Jordana Wirths
Rechtsanwältin

Herrn
Minister Prof. Dr. Ulrich Goll MdL
persönlich/vertraulich/verschlossen
Justizminister des Landes Baden – Württemberg
Schillerplatz 4

70173 Stuttgart

Köln, 07.06.2010
MB 77/10

In der

Berichtssache 404 Js 3608/10 StA Mannheim

Im Bereich Mediation in Kooperation mit

Institut Konfliktplanung GBR
Johanna Post-Birkenstock
Mediatorin CfM
Wirtschaftsmediatorin CfM

erhebe ich hiermit namens und im Auftrag meines Mandanten, Jörg
Kachelmann (Vollmacht anbei: **Anlage 1**),

Dienstaufsichtsbeschwerde

gegen die Verantwortlichen für die Durchführung des Ermittlungsverfahrens, die Beantragung des Haftbefehls und die Anklageerhebung gegen Jörg Kachelmann, insbesondere also gegen

Kanzlei Dr. Birkenstock
Hohenzollernring 28
50672 Köln

Gerichtsfach K 1032

Telefon 0221/20 516-0
Telefax 0221/20 516-33
mail@kanzlei-birkenstock.de
www.kanzlei-birkenstock.de

Postbank Köln
(BLZ 370 100 50)
Konto-Nr. 30 22 09-506

Kreissparkasse Köln
(BLZ: 370 502 99)
Konto-Nr.: 275 770

Steuer-Nr. 215/5014/0513

Sprechzeiten nach Vereinbarung

    1.) Herrn Generalstaatsanwalt Dr. Uwe Schlosser,
    Generalstaatsanwaltschaft Karlsruhe,

    2.) Herrn Leitenden Oberstaatsanwalt Alexander
    Frenzel, Staatsanwaltschaft Mannheim,

    3.) Herrn Oberstaatsanwalt Oskar Gattner, Staats-
    anwaltschaft Mannheim,

    4.) Herrn Staatsanwalt Lars-Torben Oltrogge,
    Staatsanwaltschaft Mannheim,

wegen rechtsverletzender „Führung des gegen meinen Mandanten
gerichteten Ermittlungsverfahrens StA Mannheim -404 Js 3608/10
– durch die nachfolgend aufgeführten Ermittlungsfehler/ -

354

versäumnisse, sowie der Benutzung des Verfahrens und seiner Eingriffsmöglichkeiten in Grundrechte des Herrn Kachelmann zur Rechtfertigung der von Beginn an unvertretbaren Haftanordnung auf Antrag der StA Mannheim.

Die Ermittlungsfehler und –versäumnisse der StA Mannheim sowie deren Versuch, das –ungeeignete- Beweismittel „Zeugenaussage der Geschädigten" im Verfolgungsinteresse zum Nachteil des Herrn Kachelmann zu „retten" bestehen im Wesentlichen in Folgendem:

1. Unterlassen der sofortigen Glaubhaftigkeitsüberprüfung am 09.02.2010 bei Vergewaltigungsvorwurf anlässlich der Beendigung einer 11jährigen Beziehung. Stattdessen: Verlass auf einen Vermerk über das Glaubhaftigkeitsempfinden der Anzeigenerstatterin von KHKin Scherzinger. (Bl. 30 d.A.). Unterlassen der aussagepsychologischen Begutachtung ab dem 12.02.2010, nachdem Herr Prof. Dr. Mattern am 11.02.2010 in seinem Gutachten alle Verletzungen auch als der Selbstbeibringung zugänglich beurteilt hatte (S. 5 des Gutachtens vom 11.02.2010 von Prof. Mattern).

2. Die StA Mannheim trifft am 09.02.2010 die Entscheidung, derzeit nicht an Herrn Kachelmann heranzutreten. Eine Fluchtgefahr wird nicht angenommen (Bl. 26 d.A.). Die Nichtannahme einer Fluchtgefahr am Abreisetag (09.02.2010) nach Kanada steht im Widerspruch zur Annahme von Fluchtgefahr eines Schweizers mit Bleiberecht in Kanada und den U.S.A. bei dessen Rückflug nach Deutschland.

    Gleichzeitig am 09.02.2010: Unterlassen der sofortigen körperlichen Untersuchung von Herrn Kachelmann unmittelbar nach der angeblichen Tat auf Spuren einer behaupteten Vergewaltigung. Das Fehlen einer jeden Spur hätte ihn entlastet.

3. Unterlassen einer vollumfänglichen IT - Auswertung am 09.02.2010, obwohl der Laptop der Anzeigenerstatterin zur Verfügung stand.

    Eine IT - Auswertung wurde zu Beginn des Ermittlungsverfahrens nur hinsichtlich der Auswertung der Internetaktivitäten der Anzeigenerstatterin in der Zeit vom 09.02.2010, 00:00 Uhr bis 09.02.2010, 09:00 Uhr in Auftrag gegeben (Bl. 275 d.A.).

4. Die weiter notwendige vollumfängliche IT - Auswertung, die bis heute nicht erfolgt ist, hätte etwa bereits Mitte Februar - also vor Erlass des Haftbefehls - das Folgende ergeben, dass die Anzeigenerstatterin am 10.02.2010 um 23:56 Uhr eine Neuinstallation bzw. ein Update des Webbrowsers gestartet hat mit dem Ergebnis, dass alle Historien von August 2007 bis Januar 2010 geändert wurden und die größte Datei zeigt bereits auf, dass diese Dateien leer sind. Hier kann man von einer Löschung/ Leerung des Inhalts ausgehen. Auf das seitens der Verteidigung erstellte „Protokoll der Festplattenauswertung von Claudia Dinkel" über die rekonstruierten Dateien dieser Festplatte vom 27.05.2010 wird verwiesen. Es ist als **Anlage 2** dieser Dienstaufsichtsbeschwerde beigefügt. Das Original der Festplatte befindet sich nach wie vor bei den Ermittlungsbehörden.

5. Was inzwischen die Verteidigung aus der Rekonstruktion der ihr durch die Staatsanwaltschaft übergebenen gespiegelten Festplatte herausfinden konnte, wird im Folgenden aufgelistet:

    (1) Am 28.03.2008 suchte die Anzeigenerstatterin 15 Minuten über die Internetsuchmaschine google nach folgenden Begriffen: „Jörg Kachelmann Liebe", „Jörg Kachelmann verheiratet", „Jörg Kachelmann Sex."

    (2) Am 29.03.2008 suchte die Anzeigenerstatterin 7 Minuten über die Internetsuchmaschine google nach dem Suchbegriff: „Jörg Kachelmann."

    (3) Am 12.04.2008 suchte die Anzeigenerstatterin über die Internetsuchmaschine google nach folgenden Begriffen: „Vancouver Airport."

    (4) Am 27.02.2009 um 23.30 Uhr, am 28.02.2009 um 18:35 Uhr und um 19:06 sowie am 18.03.2009 googelt die Anzeigenerstatterin den Suchbegriff „12850 Mulholland drive." Dabei handelt es sich um die Adresse, in der der Regisseur Roman Polanski am 10.03.1977 ein dreizehnjähriges Mädchen vergewaltigt haben soll

    (5) Am 13.07.2009 suchte die Anzeigenerstatterin über die Internetsuchmaschine google nach folgenden Begriffen: „Olympische winterspiele 2010."

    (6) Am 20.07.2009 suchte die Anzeigenerstatterin in der Zeit von 17:57 Uhr bis 20:47 Uhr über die Internetsuchmaschine google nach folgenden Begriffen: „Jörg kachelmann", „Jörg kachelmann schwul", „Jörg kachelmann verheiratet". ▮▮▮▮▮▮

3

(7) Am 07.09.2009 und am 31.09.2009 informierte sich die Anzeigenerstatterin auf der Internetseite www.detektei-moenchengladbach.de im Bereich Dienstleistungen und Profil. Die Detektei bietet ihre Dienste im Bereich Wirtschaftsdelikte, Privatdelikte, Stalking und Untreue an.

(8)

(9)

(10) Am 10.02.2010, also zwei(!) Tage nach dem angeblichen Tatgeschehen und an dem Tag, der zwischen ihren Vernehmungen vom 09.02. und 11.02.2010 liegt, updatete die Anzeigenerstatterin um 23:56 Uhr ihren privaten Rechner und löschte Dateien.

(11) Das Tagebuch der Anzeigenerstatterin auf ihrem Rechner, welches sie dort führte, ist mehrfach verändert worden:

(a) Die erste Fassung des Tagebuchs (Datei „Warum.doc") wurde am 15.02.2010 um 18.38 Uhr erstellt, obgleich das Tagebuch am 08.02.2010 beginnt und zuletzt am 20.02.2010 geändert wurde.

(b) Die zweite Fassung des Tagebuchs wurde am 15.02.2010 erstellt und zuletzt am 10.03.2010 geändert.

(c) Die dritte Fassung des Tagebuchs wurde am 21.03.2010 erstellt und am 26.03.2010 zuletzt geändert.

Diese Änderungen lassen nach Auskunft unseres IT-Fachmanns nur 2 Schlüsse zu, nämlich, dass eine Zwischendatei angelegt worden ist und die Anzeigenerstatterin ihr Tagebuch weitergeführt hat – allerdings ist diese Datei auf dem Rechner nach ausführlicher Überprüfung durch unseren IT-Fachmann nicht zu finden – oder die Anzeigenerstatterin erst am 21.03.2010, also einen Tag nach der Verhaftung des Herrn Kachelmann, das Tagebuch korrigiert bzw. weitergeführt hat.

(12) Es steht fest, dass die Anzeigenerstatterin in ihrem Tagebuch wiederholt Änderungen vorgenommen hat – bei diesen Änderungen handelt es sich allerdings nicht etwa um Verbesserungen der Grammatik oder der Rechtschreibung, sondern um inhaltliche Änderungen, z.B. bezüglich des Tatgeschehens.

4

RGB
GBR
KANZLEI DR. BIRKENSTOCK

(13) Am 21.03.2010 erstellte die Anzeigenerstatterin die Datei „Warumneu.doc" und änderte dort fortwährend die Inhalte ihres Tagebuchs.

6. Unterlassen der Sicherung, der laut Bemerkung der KTU „sekrethaften" Anhaftungen auf der Sitzfläche und der Vorderseite der Couch der Anzeigenerstatterin am 09.02.2010, die dann erst am 26.03.2010 vorgenommen wird. Wegen des pflichtwidrigen Unterlassens des sofortigen Sicherns dieser Spur, bestand wochenlang Zeit für die Anzeigenerstatterin, die Spurenreste mit chemischen Putzmitteln zu entfernen *(Bl. 84 u 84 R des Sonderbandes Kriminaltechnische Untersuchungen)*. Die rechtzeitige Sicherung dieser beiden Spuren hätte den Nachweis der „sekrethaften" Anhaftungen als Sperma- oder Prostataflüssigkeit erbringen, die Schilderung der Anzeigenerstatterin widerlegen und die Einlassung Kachelmanns objektiv bestätigen können.

7. Völlig unreflektierte Annahme von Fluchtgefahr: Unprofessionelle Naivität bei der Annahme, Herr Kachelmann habe wegen der angeblichen Todesdrohungen gegen die Anzeigenerstatterin und deren Wirkung den Leichtsinn gehabt, in Frankfurt statt am 20.03.2010 in Kloten (CH) zu landen. Von dort aus hätte sich ein Schweizer Täter, der als Unternehmer international im Umgang mit Anwälten vertraut ist, sich bequem nach seiner Beschuldigungslage erkundigen können.

8. Unterlassen der eingehenden rechtsmedizinischen Untersuchung nach Abschluss der Vernehmung der Anzeigenerstatterin vom 11.02.2010 mit der Fragestellung danach, ob die vorgefundenen Verletzungen sich mit der Tathergangsschilderung in Einklang bringen lassen. (Laut eingeholten gerichtsmedizinischen Gutachten der Verteidigung ist dies nicht der Fall; siehe Gutachten Prof. Dr. Brinkmann, Prof. Dr. Rothschild und Dr. Schultes)

9. Fehlerhafte Annahme eines dringenden Tatverdachts aufgrund der unzulänglichen kriminaltechnischen Untersuchungen, den Ergebnissen der rechtsmedizinischen Schnellbeurteilung vom 11.02.2010 ohne Ergänzungsprüfung auf Plausibilität mit der Hergangsschilderung sowie aufgrund der sich inzwischen als unwahr erwiesenen und im Übrigen auch nicht glaubhaften Bekundungen der Anzeigenerstatterin und dadurch verfrühte und unreflektierte Beantragung des Haftbefehls am 22.02.2010 *(Bl. 70 ff. d.A.)*.

5

10. Die von der Verteidigung am 12.04.2010 vorgelegten aussagepsychologischen Gutachten belegen begründete Zweifel
an der Glaubhaftigkeit der Anzeigenerstatterin, trotzdem
beantragt die StA nicht die Aufhebung des Haftbefehls (siehe Gutachten Prof. Dr. Elliger, Prof. Dr. Jankowski, Dipl.-
Psych. Daber), sondern sie beauftragte am 15.04.2010 ab-
weichend von den eingeholten Vorschlägen der Verteidigung die Rektorin der Verwaltungshochschule Bremen,
Frau Dipl.-Psych. Prof. Dr. Luise Greuel, mit der Erstattung
eines aussagepsychologischen Sachverständigengutachtens.

11. Am 19.04.2010 liegt der Staatsanwaltschaft die von der
Verteidigung veranlasste IT-Auwertung des Laptops der
Anzeigenerstatterin vor. Diese ergibt wesentliche Lügen der
Anzeigenerstatterin (siehe unten), trotzdem wird von der
StA die Aufhebung des Haftbefehls nicht beantragt.

12. Am 20.04.2010 – nachdem sicher war, dass die Anzeigenerstatterin in mehreren Punkten gelogen hatte – wird trotz Beantragung durch die Verteidigung keine richterliche Vernehmung in Anwesenheit des Verteidigers durchgeführt,
sondern die Vernehmung von der StA in Anwesenheit des
Nebenklagevertreters durchgeführt und zwar ohne, wie zuvor von der Verteidigung ebenfalls beantragt, die Aussage
der Anzeigenerstatterin auf Video oder zumindest auf Ton-
band festzuhalten.

13. Die staatsanwaltliche Vernehmung vom 20.04.2010 wird,
nachdem die Anzeigenerstatterin nachweislich hartnäckig
gelogen hatte und erst nach einer Unterbrechung von 20
Minuten, wegen des gefakten Briefes einbrach, ohne auf die
eigentliche Tatanschuldigung einzugehen, abgebrochen und
damit die Chance vertan, die Anzeigenerstatterin zum Geständnis der falschen Anschuldigung zu veranlassen *(Bl. 470
ff. d.A.).* Im Einzelnen:

> Die Anzeigenerstatterin wird zu Anfang und auch während ih-
> rer Vernehmung vom 20.04.2010 nicht nach § 55 StPO belehrt,
> obgleich die Staatsanwaltschaft um die zuvor dreifach vorge-
> tragene Lüge der Anzeigenerstatterin weiß.
>
> Trotz der nachgewiesenen Lügen der Anzeigenerstatterin, der
> Ergebnisse der von der Verteidigung bis zu der staatsanwaltli-
> chen Vernehmung eingereichten psychologischen Sachver-
> ständigen-gutachten, der Chatnachrichten zwischen der Anzei-
> generstatterin und Herrn Kachelmann, die seine Angaben hin-
> sichtlich des Ablaufs des Abends am 08.02.2010 stützen sowie
> trotz des ersten rechtsmedizinischen Sachverständigengutach-
> ten des Herrn Prof. Dr. Mattern, der in seiner Schnellbeurtei-

6

lung vom 11. Februar 2010 auch ausgeführt hatte, dass die Verletzungsorte der Selbstbeibringung zugänglich sind, hat Staatsanwaltschaft nicht im geringsten in Erwägung gezogen, auch die zur Entlastung des Herrn Kachelmann dienenden Umstände zu ermitteln. In der staatsanwaltlichen Vernehmung hätte hierzu genügend Gelegenheit bestanden.

Ganz im Gegenteil aber geht die Staatsanwaltschaft Folgendermaßen vor:

Bevor die Anzeigenerstatterin in ihrer staatsanwaltlichen Vernehmung vom 20.04.2010 nur ein einziges Wort zur Sache gesagt hatte, teilten Herr StA Oltrogge bzw. Herr OStA Gattner der der mehrfachen Lüge überführten Anzeigenerstatterin durch die Eingangsvorhalte mit, dass sie deren Angaben hinsichtlich der eigentlichen Tatanschuldigung glauben.

Zu dieser Vorgehensweise – und der Vernehmung der Herren Staatsanwälte schreibt Frau Dipl.-Psych. Daher zutreffend das Folgende:

„In der staatsanwaltschaftlichen Vernehmung vom 20.04.2010 soll Frau Dinkel ausweislich des Protokolls auf Blatt 470 f. der Akte nicht offen (Aufforderung zum freien Bericht) befragt worden sein, vielmehr ist die aus weiteren Ermittlungen entstandene Einschätzung der Befragenden Inhalt der Auftaktfrage „es könnte sein, dass sie nicht in allen Punkten die Wahrheit gesagt haben." (Markierung des Unterzeichners)

Nachdem die Zeugin geantwortet haben soll „das weiß ich nicht" und länger geschwiegen haben soll, soll ihr vorgehalten worden sein „das muss sich nicht auf das eigentliche Tatgeschehen beziehen." (Markierung des Unterzeichners)

Aus der weitergehenden Vernehmung und den entsprechenden Antworten der Zeugin geht hervor, dass ihre erste Antwort, das nicht zu wissen (bei längerem Schweigen), bereits unzutreffend gewesen sein muss, denn aus dem späteren Eingeständnis, dass sie in verschiedenen zentralen Punkten, so hinsichtlich der Facebook Kommunikation mit Viola Sch█████ bzw. auch dem Entstehen des anonymen Briefes die Unwahrheit gesagt hat, ergibt sich denknotwenig, dass sie bereits in diesem frühen Stadium der staatsanwaltschaftlichen Befragung sehr wohl wusste, dass sie nicht in allen Punkten die Wahrheit gesagt hat.

Zu Beginn zeigt sich somit ein ausweichendes, sich im Vagen einrichtendes Aussageverhalten. Durch ihre Gegenfrage „in welchem Bereich?", sondiert Frau Dinkel nunmehr offensichtlich, was die Hypothesen auf Seiten der Befrager bezüglich etwaiger unzutreffender Aussageinhalte sein können, im Sinne der Unwahrannahme möglicherweise auch, welche der erlebnisfernen Schilderungen von den Ermittlungsbehörden entlarvt worden

7

*sein könnten. Denn wenn sie nur in einem Bereich, näm-
lich in bezug auf Kontakte zu Viola Sch████ gelogen
haben sollte, macht die Nachfrage „In welchem Bereich?" überhaupt keinen Sinn.*

*Zuvor war sie durch den Vorhalt der Staatsanwalt-
schaft bereits auf den Bereich des Rahmengeschehens
verwiesen worden, dies durch eine Voreinstellung der
Befrager, in welcher deren Erwartungshaltung bezüglich der zu gebenden Antwort bereits diese Antwort beeinflusst und bahnt. Dies geht deutlich aus der For-
mulierung des „das muss sich nicht auf das eigentliche Tatgeschehen beziehen.", hervor.* (Markierung des
Unterzeichners)

*Wenn die Zeugin, so wie es später in der staatsanwalt-
schaftlichen Vernehmung einräumt, bezüglich der benannten Punkte anonymer Brief und Chatkontakte zu
Viola Schillinger in den dokumentierten Vorbefragun-
gen falsch ausgesagt hat, dann müsste sie genau wissen,
auf „welchen Bereich" sich die Vermutung der Staatsanwaltschaft, ob es sein könne, dass sie nicht in allen
Punkten die Wahrheit gesagt habe, bezieht. Da sie indes
zunächst ausweicht „ich weiß nichts" und dann sondiert
„in welchem Bereich?" liegt nahe, dass Frau Dinkel
nunmehr herauszufinden bemüht war, welche Teilberei-
che und Aspekte ihrer möglicherweise deutlich umfas-
sender falschen Aussage als solche entlarvt worden sein
könnten, denn im weiteren Verlauf der Befragung stellt
sich dar, dass sie offenkundig zuvor absichtsvoll falsch
Berichtetes, Verschwiegenes, Frisiertes, aktiv und kreativ Erfundenes nur häppchenweise und nur dann als
solches einräumt, wenn sie konkret mit den Zweifeln,
mit der Skepsis der Befrager konfrontiert wird.*

*Aus aussagepsychologischer Sicht erscheint es im
Hinblick auf die Validität der Bekundungen unglücklich, dass Frau Dinkel dabei gleich eingangs in der
Befragung auf das Rahmengeschehen hin gelenkt
wurde, jedenfalls vom eigentlichen Tatgeschehen ab-
gelenkt wurde, so dass es durch diese Befragung gar
nicht möglich erscheint, die Zeugin durch Fragen zu
veranlassen oder ihr auch die Möglichkeit im Konkre-
ten vorzugeben, auch etwaige Unwahrheiten zum „eigentlichen Tatgeschehen" einzuräumen. Bereits sehr
früh in diesem Befragungsstadium wurde der Fokus
durch die Frageformulierung vom zentralen Kerngeschehen weg gelenkt.* (Markierung des Unterzeichners)

*Geht man theoretisch davon aus, Frau Dinkel habe tat-
sächlich ausschließlich in Bezug auf die in dieser
staatsanwaltschaftlichen Vernehmung eingeräumten Inhalte in den 4 dokumentierten polizeilichen Vernehmungen auch nach Belehrung über ihre Wahrheitspflicht gelogen, so bleibt die Nachfrage der Zeugin auf Blatt 471
„in welchem Bereich" in höchstem Maße unverständlich.*

8

(...)

*Im Protokoll der staatsanwaltschaftlichen Vernehmung
fällt auf, dass sie zunächst (Blatt 472f der Akte) weiterhin ausweichend und vage reagiert, auf Blatt 473 wurde
ihr vorgehalten „Frau Dinkel, Ihnen muss klar sein,
dass dann, wenn es wieder nicht stimmt, Sie in Teufels
Küche kommen. (Markierung des Unterzeichners), daraufhin soll sie darauf beharrt haben, dass es doch stimme, was sie gesagt habe. Sie soll dann eine erste Lüge
eingeräumt haben und angefügt haben, sie schäme sich,
dass sie die falschen Angaben gemacht habe.*

*Wenn sie hier nun Scham zum Ausdruck bringt, wobei
sie im Obrigen wieder aufgelöst gewirkt und geweint
haben soll, erscheint dieses Aussageverhalten dann,
wenn man die späteren, weiteren Ausführungen, in welchen sie weitere Unwahrheiten, diesmal in Bezug auf
den anonymen Brief eingeräumt haben soll, (Markierung des Unterzeichners) manipulativ. Denn sie hat in
dem Moment, in dem sie sich als voller Scham aufgrund
einer Unwahrheit beschrieb, ihre später als weitere
Unwahrheit eingeräumte Aussage bezüglich des anonymen Briefes zunächst ausdrücklich und nachhaltig
ausrecht erhalten, sogar noch in einem Befragungsstadium, in welchem ihr Zweifel hinsichtlich dessen wegen
weiterer Ermittlungsergebnisse (Fingerabdrücke etc.)
vorgehalten wurden. „Ich bleibe dabei, es war wirklich
so, wie ich es gesagt habe. "*

*Erst nach einer 20-minütigen Unterbrechung (Markie-
rung des Unterzeichners) soll sie mitgeteilt haben, noch
etwas ergänzen zu wollen, wobei sie dann offenkundig
keine Ergänzungen vornimmt, sondern weitere Lügen
einräumt, diesmal in Bezug auf den das Verfahren
betreffenden anonymen Brief.*

*Aus hiesiger Sicht zeigt sich nach den Inhalten des Pro-
tokolls der staatsanwaltschaftlichen Vernehmung insbesondere ein unoffenes, manipulatives, Affekte zu Kom-
munikationszwecken strategisch einsetzendes (Scham,
Pausen einlegen, weinen) Aussageverhalten, welches
dann, wenn von der Hypothese ausgegangen werden
sollte, sie habe tatsächlich ausschließlich zu den in der
staatsanwaltschaftlichen Vernehmung konkreter be-
sprochener Bereichen (Kontakte zu Viola Sch█████
Verfassen des anonymen Briefes) (Markierung des Unterzeichners) die Unwahrheit gesagt und ansonsten ausschließlich in allen dokumentierten Befragungen erleb-
nisbasiert berichtet, gerade nicht passt.
(...)*

*Denknotwenig heißt dies, dass die in der aussagepsy-
chologischen Stellungnahme vom 09.04.2010 festgestellten Widersprüche und Stimmigkeitsmängel in der
Bewertung noch höher ins Gewicht fallen müssen.*

9

Im übrigen ist zu hypothetisieren, dass der Prozess des Eingestehens von Unwahrheiten und der Veränderung des Aussageinhalts nicht abgeschlossen ist.

Nachdem die Anzeigenerstatterin Herrn StA Oltrogge bzw. Herrn OStA Gattner, der ihr kurz zuvor ausdrücklich mitgeteilt hatte, dass sie, wenn sie noch einmal lügt *„in Teufels Küche"* komme, nochmals dreist belügt um diese Lüge dann nach einer nicht näher dokumentierten Unterbrechung der Vernehmung lapidar zu berichtigen und schließlich auf Befragen kurz und knapp sagt:

„Nein, es gibt keine weiteren Dinge, die ich berichtigen muss. Alles andere stimmt so, wie ich es bisher gesagt habe." (Bl. 478 d.A.)

und die Vernehmung sodann beendet (!) wird, obwohl sie zuvor ähnliches wegen des gefakten Briefes behauptet hatte, ohne auf das weitere Geschehen, nämlich den Kernsachverhalt, einzugehen, kann wohl davon ausgegangen werden, dass eine Ermittlung, so wie es § 160 Abs. 2 StPO vorschreibt, von Anfang an und gänzlich unterblieben ist.

Frau Dipl.-Psych. Daber bemerkte insoweit in wahrlich sehr zutreffender Weise, dass

bereits sehr früh in diesem Befragungsstadium (...) der Fokus durch die Frageformulierung vom zentralen Kerngeschehen weg gelenkt. (Markierung des Unterzeichners)

wurde.

14. Obwohl die StA durch die IT-Auswertung seit dem 19.04.2010 weiß, dass die Anzeigenerstatterin lügt, und seit dem 20.04.2010 auch weiß, dass sie den gefakten Brief auf ihrem Laptop geschrieben, aber nicht auf ihrem eigenen Drucker ausgedruckt hat, sondern auf dem eines Dritten, nämlich ihres Arbeitgebers wird der mehrfachen Anregung der Verteidigung, eine IT-Auswertung auch am Computer der Eltern der Anzeigenerstatterin, mit denen sie in engem Kontakt lebt und von denen sie nur wenige Meter entfernt wohnt, nicht nachgekommen, und ebenso wenig der nahe liegenden Anregung der Verteidigung, die Geräte des Arbeitgebers der Anzeigenerstatterin, soweit diese dazu Zugang hatte, auszuwerten.

15. Ungeachtet der seit dem 19.04. und 20.04.2010 festgestellten Lügen der Anzeigenerstatterin werden die von der Verteidigung am 21.04.2010 vorgelegten rechtsmedizinischen Sachverständigengutachten von Herrn Prof. Dr. Brinkmann, Herrn Prof. Dr. Rothschild und Frau Dr. Schultes nicht zum Anlass genommen, die Aufhebung des Haftbefehls seitens

10

der StA zu veranlassen, obwohl diese Sachverständigengutachten übereinstimmend zu der Feststellung kommen, dass die bei der Anzeigerstatterin am 09.02. und am 11.02.2010 festgestellten Verletzungen ihr nicht innerhalb des von ihr geschilderten Tatgeschehens beigebracht worden sein können. Die Erstattung des von der StA in Auftrag gegebenen aussagepsychologischen Gutachtens stand damals noch aus.

16. Verwertung der unverwertbaren Stellungnahme Prof. Dr. Mattern, der sich selbst und die von der Verteidigung beauftragten Sachverständigen falsch zitiert (siehe Stellungnahme Prof. Dr. Brinkmann 19.05.2010 und von Prof. Dr. Rothschild sowie „Aktenvermerk Prof. Dr. Mattern", sämtlich als **Anlagen 3** beigefügt).

17. Trotz all dieser Widersprüche wird Herr Kachelmann nicht aus der Haft entlassen, sondern im Gegenteil: Wegen des Hinweises des damals zuständigen Ermittlungsrichters Reemen auf die wichtige Bedeutung des aussagepsychologischen Gutachtens über die Anzeigenerstatterin für ihn, wird dieser, der am 01.06.2010 über die Haftentlassung entscheiden wollte, wegen der telefonisch der StA wohl angekündigten und am 26.05.2010 per E-Mail vorab schriftlich mitgeteilten Ergebnisse dieser Begutachtung, mit einer vorschnellen Anklage am 17.05.2010 unterlaufen. Auf mein Schreiben vom 18.05.2010 an die StA verweise ich, es ist ebenfalls als **Anlage 4** beigefügt.

In der Anklage wird versucht, die Bedeutung der von der StA beantragten aussagepsychologischen Begutachtung der Anzeigenerstatterin herunterzuspielen. Auf mein Schreiben an die 5. große Strafkammer vom 26.05.2010 verweise ich **(Anlage 5)**. Gegenüber der Presse beruft sich aber die StA auf eine angebliche zuvor erhaltene inhaltliche Vorabstellungnahme der Gutachterin, die es in Wahrheit nicht gibt:

In der Presse heißt es im Spiegel, im Stern, in Bild: „Die Staatsanwaltschaft stützt ihre Anklage neben den DNA-Spuren auch auf erste Erkenntnisse aus einem Gutachten zur Glaubwürdigkeit der 36-Jährigen. Das von der Behörde veranlasste aussagepsychologische Gutachten wurde zwar noch nicht endgültig fertiggestellt. Eine „Kurzmitteilung" der Gutachterin lasse jedoch den Schluss zu, dass „der Tatverdacht gegen Kachelmann nicht entkräftet wurde", sagte ein Sprecher." Das ist unwahr, wie sich aus dem Vermerk von Staatsanwalt Oltrogge und aus meinem Schreiben vom 26.05.2010 **(siehe Anlage 5)** an die Strafkammer ergibt.

11

18. Der handschriftliche Vermerk des Herrn Staatsanwalt
Oltrogge datiert auf den 12.05.2010 und findet sich auf Bl.
662 d.A. Er lautet wie folgt:

„Vfg v. 12. Mai 2010 **Haft**

> *1) Vermerk: SV meldet sich telef. aus KASt.*
> *Die Exploration sei abgeschlossen, Ergebnis des*
> *Gutachtens noch nicht absehbar, die Sachlage – wie*
> *erwartet – komplex. Die Zeugin habe ihre bisherige*
> *Aussage zur Tat weitgehend bestätigt, zum Tatkern-*
> *geschehen unverändert wenig Details geschildert.*
> *Es liegen keine psychiatrisch relevanten Auffällig-*
> *keiten mit Auswirkungen auf Aussagetüchtigkeit der*
> *Zeugin vor.*
> *Eine vorläufige aussagepsychologische Bewertung*
> *könne erst nach vollständiger Auswertung gegen*
> *Ende Mai erfolgen. Die habe sie so auch der Pro-*
> *bandin mitgeteilt.*

(Unterschrift)

Oltrogge
Staatsanwalt "

19. Die Anklage stützt sich auf DNA-Spuren, die keine sind.
Auf Seite 10 oben des Untersuchungsberichts des KTU vom
26.04.2010 verweise ich ebenso wie auf die Stellungnahme
von Prof. Dr. Brinkmann vom 21.05.2010, die ich der
Kammer mit Schreiben vom 26.05.2010 übersandt habe. Es
handelt sich allenfalls nur um eine Sekundärspur. Wohl aus
Kreisen der Ermittlungsbehörde war diesbezüglich eine
Pressefalschmeldung am 20.04.2010 wegen angeblicher
DNA-Spuren meines Mandanten am angeblichen Tatmesser
vorausgegangen, am 20.04.2010 genau also an dem Tag, an
dem die Anzeigenerstatterin mit ihren Lügen einbrach, wurde die Falschmeldung an die Presse lanciert, was meines
Erachtens nur aus dem Bereich der Ermittlungsbehörden
geschehen sein kann.

Die Staatsanwaltschaft hat auch noch vor dem Eingang der
von ihr angeforderten Stellungnahme des Herr Prof. Dr.
Mattern zu den rechtsmedizinischen Gutachten der Verteidigung, vor dem Eingang der Spurenauswertung durch das
LKA und vor dem Eingang des Sachverständigengutachtens

12

365

von Frau Prof. Dr. Greuel sich häufig in der Presse unwidersprochen dahin zitieren lassen, nach derzeitigem Verfahrenstand stehe die Anklageerhebung bevor, obwohl zu diesen Zeitpunkten noch von der StA selbst veranlasste Untersuchungen nicht durchgeführt waren und deren Ergebnisse noch nicht vorgelegen hatten, also auch noch nicht ausgewertet sein konnten.

20. Die Anklage geht nicht auf die rechtsmedizinischen Gutachten ein, obwohl nunmehr sogar in seiner im Übrigen kaum verwertbaren Stellungnahme vom 04.05.2010 Prof. Mattern Selbstbeibringung nicht mehr ausschließt, und alle übrigen rechtsmedizinischen Gutachten belegen, dass die bei der Anzeigenerstatterin am 09.02. und 11.02.2010 vorgefundenen Verletzungen nicht ihrer Schilderung der angeblichen Tat in Einklang zu bringen sind.

21. Trotz Vorlage des Gutachtens der Prof. Dr. Greuel (Ergebnis siehe Gutachten) und Hinweis darauf, dass die Kammer erst Anfang der 13. KW entscheiden wird, nimmt die StA weder die Anklage zurück noch beantragt sie die Aufhebung des Haftbefehls.

22. Staatsanwalt Oltrogge nimmt auf den Antrag der Verteidigung vom 02.06.2010 auf Aufhebung des Haftbefehls durch Schreiben vom 02.06.2010 Stellung und tritt einer Aufhebung oder Außervollzugsetzung des Haftbefehls entgegen. In dieser Stellungnahme zitiert Staatsanwalt Oltrogge das Gutachten von Frau Prof. Dr. Greuel falsch bzw. vermengt seine Vorstellungen falsch mit den fundierten Feststellungen der Sachverständigen.

23. Nach Pressemitteilungen hat der Herr Generalstaatsanwalt die Anklageerhebung wenige Tage vor dem für Ende Mai angekündigten Eingang des von der Staatsanwaltschaft in Auftrag gegebenen Sachverständigengutachtens durch seinen Sprecher gutgeheißen und dabei auf das Beschleunigungsgebot hingewiesen, was wegen der persönlichkeitsvernichtenden Wirkung einer solchen Anklageerhebung diesseits als Heuchelei empfunden wird.

Dr. Birkenstock
Rechtsanwalt

13

Prof. Dr. Ralf Höcker:
Die presserechtliche Seite

Kein Strafverfahren erregte in Deutschland in den letzten Jahren ein solches Aufsehen wie der Kachelmann-Prozess. Und in keinem Strafverfahren haben Medien derart viele Tabu- und Rechtsbrüche begangen, wie anhand zahlreicher Beispiele in diesem Buch deutlich geworden sein dürfte. Mit der Festnahme Kachelmanns begann also nicht nur der Kampf um seinen Freispruch, sondern auch der Kampf gegen eine wildgewordene Medienmeute, die kollektiv den Verstand zu verlieren schien. Unsere Kanzlei führte diesen Kampf für Herrn Kachelmann mit den Mitteln des Presserechts. Was konnten wir erreichen? Wir erstritten eine wichtige Entscheidung, die dem *Focus* zunächst untersagte, aus der Ermittlungsakte zu zitieren. Wir ließen vorverurteilende Berichte ebenso verbieten wie Schilderungen von Kachelmanns angeblichem Sexual- und Privatleben sowie Paparazzifotos, die ihn im Gefängnishof, im Urlaub oder auf dem Hof seiner Verteidigerin zeigten. In einem aufsehenerregenden Verfahren erstritten wir vor dem Landgericht und dem Oberlandesgericht Köln Urteile, wonach Reporter selbst aus dem öffentlichen Teil einer Gerichtsverhandlung künftig nicht mehr alles berichten dürfen. Nach dem Freispruch griffen wir erfolgreich nachverurteilende Berichte an, die andeuteten, dass Kachelmann die Tat möglicherweise doch begangen habe. So bezeichnete eine frauenbewegte Staatsanwältin die Anzeigenerstatterin unbeirrt als »Geschädigte«. Andere sprachen immer noch von dem »Opfer« – und meinten nicht etwa Kachelmann, sondern Claudia Dinkel. Alice Schwarzer erfand sogar Richteräußerungen, um fälschlich zu suggerieren, dass das Gericht es angeblich genauso sehe wie sie, nämlich, dass Herr Kachelmann trotz seines glasklaren Freispruchs wahrscheinlich doch schuldig sei. Alice Schwarzer war überhaupt eine unserer »Dauerkundinnen«. Wir ließen ihre rechtswidrigen Kachelmann-Artikel mit mehr als einem halben Dutzend einstweiliger Verfügungen verbieten. Das beeindruckte sie zunächst wenig. Man gewann den Eindruck, dass gerichtliche Verbote Frau Schwarzer kaum kümmerten. Das änderte sich erst, als wir sie mit Ordnungsgeldern von insgesamt 4000 EUR belegen ließen und sie als Ergebnis einer Vertragsstrafenklage 14000 EUR an Kachelmanns ersten Verteidiger bezahlen musste. Inzwischen hat Frau Schwarzer nach eigenen Angaben auch ihr lange verfolgtes Projekt eines Kachelmann-Buches aufgegeben. Sie räumte ein, dass die ständigen anwaltlichen Interventionen zermürbend seien, behauptete aber, dass sie das Buch aus einem anderen Grunde nicht mehr schreiben wolle: Sie finde den Fall jetzt »zu ekelig«.

Insgesamt hat das Landgericht Köln im Fall Kachelmann fast einhundert einstweilige Verfügungen gegen Medien und Einzelpersonen erlassen. Spitzenreiter im Kassieren von Verbotsverfügungen waren die Häuser *Springer* und *Burda*. Hinzu kamen Hauptsacheklagen, Ordnungsmittelverfahren und mehrere Hundert außergerichtliche Abmahnungen, die zu Unterlassungserklärungen rechtswidrig berichtender Medien führten. Fast alle Rechtsverletzungen sind inzwischen aus dem Internet verschwunden und in den Archiven gesperrt, so dass sie zumindest künftig keinen Schaden mehr anrichten. Wir wissen, dass viele rechtswidrige Berichte aufgrund Kachelmanns massiver Gegenwehr gar nicht erst erschienen sind. Eine Reihe von Verfahren ist inzwischen beim Bundesgerichtshof und sogar beim Bundesverfassungsgericht anhängig. Es steht jetzt schon fest, dass der Fall Kachelmann die Rechtsprechung zur Berichterstattung über Strafsachen ganz erheblich vorangebracht hat. Die Rechte der Angeklagten gegenüber einer anmaßenden, persönlichkeitsrechtsverletzend berichtenden Presse sind erheblich gestärkt worden. Wer die Pressefreiheit missbraucht, muss eben damit rechnen, dass sie eingeschränkt wird!

Es folgt eine Liste der einstweiligen Verfügungen des Landgerichts Köln, die wir gegen Medienberichte erwirkten. Sie enthalten nur einen Bruchteil der Artikel, die wir insgesamt haben verbieten lassen. Nicht enthalten sind Hunderte Unterlassungserklärungen, die die Medien Herrn Kachelmann gegenüber auf unsere Abmahnungen hin abgaben. Auch Klageverfahren außerhalb des einstweiligen Rechtsschutzes sind in der folgenden Liste nicht enthalten.

Einstweilige Verfügungen, die Jörg Kachelmann
über die Kanzlei Höcker erwirkte

(Stand August 2012)

Titel	Az. LG Köln	Gegner	Gegenstand
Details aus der Ermittlungsakte	28 O 175/10	Focus Magazin Verlag GmbH	*Focus* hatte schon wenige Tage nach Kachelmanns Festnahme Details aus der Ermittlungsakte zitiert. Das LG Köln verbot die Mitteilung bestimmter Informationen aus der Ermittlungsakte und hat dieses Verbot auch auf den Widerspruch des *Focus* bestätigt. Später wurde eine Einigung mit *Focus* erzielt, über deren Inhalt wir Stillschweigen vereinbarten.
Details aus der Ermittlungsakte	28 O 190/10	Bild digital GmbH & Co. KG	*Bild* zitierte aus dem *Focus*-Artikel Details aus der Ermittlungsakte. Das LG Köln verbot deren Weiterverbreitung und bestätigte das Verbot auch auf den Widerspruch von *bild.de*. Im Rahmen der Berufung wurde die Angelegenheit übereinstimmend für erledigt erklärt.
Veröffentlichung privater SMS	28 O 193/10	Bild digital GmbH & Co. KG	Gegenstand der Verfügung waren private SMS, die Kachelmann der Sängerin Indira Weis gesendet haben soll. Die Verbreitung der SMS wurde verboten.
Veröffentlichung privater SMS	28 O 194/10	Axel Springer AG	Parallelfall zum Verfahren 28 O 193/10
Details aus der Ermittlungsakte	28 O 196/10	Tomorrow Focus Portal GmbH	Parallelfall zum Verfahren 28 O 175/10
Hofgangfotos	28 O 215/10	Axel Springer AG	Ein Paparazzo hatte Fotos von Jörg Kachelmann beim Hofgang in der JVA Mannheim gemacht. Den Abdruck dieser Bilder ließen wir verbieten. Das Verbot wurde vom OLG Köln bestätigt und ist rechtskräftig.
Hofgangfotos	28 O 216/10	Bild digital GmbH & Co. KG	Parallelfall zum Verfahren 28 O 215/10
Hofgangfotos	28 O 250/10	Bild digital GmbH & Co. KG	Parallelfall zum Verfahren 28 O 215/10
Angebliche Kachelmann-DNA am »Tatmesser«	28 O 252/10	Süddeutsche Zeitung GmbH	Die *Süddeutsche Zeitung* hatte über den angeblichen Fund von Kachelmanns DNA an einem Messer berichtet. Die Nachricht war eine Falschmeldung. Es gab nie einen solchen DNA-Fund. Die *Süddeutsche Zeitung* erkannte die einstweilige Verfügung schließlich als endgültige Regelung an.

Titel	Az. LG Köln	Gegner	Gegenstand
Persönliche E-Mail Kachelmanns an eine frühere Freundin	28 O 261/10	Bild digital GmbH & Co. KG	Das Gericht verbot die Verbreitung der Inhalte einer privaten E-Mail, die Kachelmann an eine frühere Freundin geschickt hatte. In der E-Mail hatte Kachelmann über seinen Gesundheitheitszustand gesprochen. Das parallele Klageverfahren hat bild.de in beiden Instanzen verloren. Die Revision wurde nicht zugelassen. Axel Springer und Bild digital haben beim Bundesgerichtshof Nichtzulassungsbeschwerde eingelegt (Az: VI ZR 356/11).
Persönliche E-Mail Kachelmanns an eine frühere Freundin	28 O 265/10	Axel Springer AG	Parallelfall zum Verfahren 28 O 261/10
Persönliche E-Mails Kachelmanns an eine frühere Freundin	28 O 266/10	Bunte Entertainment Verlag GmbH	Das Gericht verbot die Verbreitung der Inhalte von E-Mails mit persönlichem Inhalt, die Kachelmann an eine frühere Freundin gesendet hatte. Bunte hat die Verfügung als endgültige Regelung anerkannt.
Angebliche Kachelmann-DNA am »Tatmesser«	28 O 291/10	Bild digital GmbH & Co. KG	Bild hatte den Bericht der Süddeutschen Zeitung zur angeblichen DNA am Tatmesser übernommen, vgl. oben 28 O 252/10. Wir erwirkten eine einstweilige Verfügung, die vom LG Köln in der Hauptsache bestätigt wurde. In der Berufung hob das OLG Köln das Verbot auf. Kachelmanns Nichtzulassungsbeschwerde wird beim BGH unter dem Az: VI ZR 319/11 geführt.
Hofgangfotos und Kachelmanns »Gegenschlag«	28 O 318/10	Völkerling, Jörg	Dieses Verfahren richtete sich gegen den Paparazzo persönlich, der die Hofgangfotos gemacht hatte. Er konnte noch am Tatort namentlich identifiziert werden. Die Kölner Gerichte verurteilten ihn zum Verfügungsverfahren und im Klageverfahren in beiden Instanzen. Das OLG Köln ließ eine Revision zum BGH nicht zu. Völkerling erhob Nichtzulassungsbeschwerde, die beim BGH unter dem Az. VI ZR 348/12 geführt wird. Unter dem gleichen Aktenzeichen wird die umgekehrte Nichtzulassungsbeschwerde Kachelmanns bearbeitet. Kachelmann hatte Völkerling seinerseits bei seiner Arbeit fotografiert und das Foto auf Twitter eingestellt. Hiergegen wandte sich der Bild-Reporter erfolgreich.

Titel	Az. LG Köln	Gegner	Gegenstand
Intime Details	28 O 331/10	Focus Magazin Verlag GmbH	*Focus* hatte intime Details verbreitet. Dies ließen wir verbieten. Die einstweilige Verfügung wurde von *Focus* als endgültige Regelung anerkannt.
Veröffentlichung von privaten Blogeinträgen Kachelmanns	28 O 368/10	Bild digital GmbH & Co. KG	Kachelmann hatte sich in einem Blog unter Pseudonym privat geäußert. Die Verbreitung dieses Postings verbot das LG Köln.
Veröffentlichung von privaten Blogeinträgen Kachelmanns	28 O 368/10	Axel Springer AG	Parallelfall zum Verfahren 28 O 369/10
Angebliche Sexualpraktiken Kachelmanns	28 O 392/10	Focus Magazin Verlag GmbH	*Focus* hatte Details zu angeblich von Kachelmann ausgeübten Sexualpraktiken verbreitet. Das LG Köln verbot diese Berichterstattung. Gegen die einstweilige Verfügung legte *Focus* Widerspruch ein, der nur teilweise erfolgreich war. Die im Übrigen zunächst eingelegte Berufung hat *Focus* später zurückgenommen und die einstweilige Verfügung als endgültige Regelung anerkannt. Gegen *Focus* wurde wegen eines Verstoßes gegen die einstweilige Verfügung ein Ordnungsgeld in Höhe von 5 000 EUR verhängt. Die Beschwerde des *Focus* hiergegen wurde zurückgewiesen.
Angebliche Sexualpraktiken Kachelmanns	28 O 401/10	Bild digital GmbH & Co. KG	Auch *bild.de* verbreitete Schilderungen angeblich von Jörg Kachelmann bevorzugter Sexualpraktiken. Dem Verbot im Verfügungsverfahren folgte eine Klage Kachelmanns, die in zwei Instanzen erfolgreich war. Die Revision zum BGH wurde zugelassen. Dort ist der Fall nun unter dem Az. VI ZR 93/12 anhängig.
Angebliche Sexualpraktiken Kachelmanns	28 O 403/10	Ringier AG (CH)	Die Schweizer Zeitung *Blick* verbreitete auf ihrer Internetseite ebenfalls Schilderungen angeblicher Sexualpraktiken. Da die Internetseite des *Blick* auch von Deutschland aus gelesen wird, war das LG Köln zuständig. Es erließ eine Urteilsverfügung gegen die Ringier AG, die die Schweizer inzwischen als endgültige Regelung anerkannt haben.

Titel	Az. LG Köln	Gegner	Gegenstand
Intime Schilderungen aus der Ermittlungsakte	28 O 479/10	Bild digital GmbH & Co. KG	In diesem Fall wurden detaillierte Schilderungen aus dem Intimleben Kachelmanns veröffentlicht, die in der Ermittlungsakte enthalten waren. Diese Berichterstattung wurde in erster Instanz im Verfügungsverfahren und in zwei Instanzen im Hauptsacheverfahren verboten und die Revision zum BGH zugelassen.
Intime Schilderungen aus der Ermittlungsakte	28 O 480/10	Axel Springer AG	Parallelfall zum Verfahren 28 O 479/10
Hofgangfotos	28 O 492/10	Bild digital GmbH & Co. KG	Gegenstand dieser Verfügung war erneut die Veröffentlichung eines Paparazzo-Fotos. Es zeigte Jörg Kachelmann mit nacktem Oberkörper in einer Gruppe Mitgefangener im Innenhof der JVA Mannheim. Das Landgericht Köln hat die weitere Verbreitung des Fotos einstweilig untersagt. Das Verbot wurde im Klageverfahren hinsichtlich der konkreten Art der Darstellung von beiden Instanzen bestätigt. Die Revision zum BGH wurde nicht zugelassen, eine Nichtzulassungsbeschwerde soweit ersichtlich nicht eingelegt. Anhängig ist jedoch eine Verfassungsbeschwerde zum Bundesverfassungsgericht (Az. 1 BvR 712/12).
Hofgangfotos	28 O 493/10	Axel Springer AG	Parallelfall zu 28 O 492/10. Eine Verfassungsbeschwerde der Axel Springer AG ist anhängig (1 BvR 715/12).
»Getobt und geschrien«	28 O 501/10	Bild digital GmbH & Co. KG	Das LG Köln verbot Bild die falsche und frei erfundene Behauptung, Kachelmann habe »getobt und geschrien«, als er in der JVA Mannheim vom Bunte-Interview seiner früheren Freundin erfahren habe. Bild gab eine Unterlassungserklärung ab, nachdem eine einstweilige Verfügung ergangen war.
»Getobt und geschrien«	28 O 506/10	Axel Springer AG	Parallelverfahren zum Verfahren 28 O 501/10
Chat-Auszüge	28 O 518/10	Focus Magazin Verlag GmbH	Focus hatte Auszüge aus einem privaten Internetchat mit Beteiligung Kachelmanns veröffentlicht. Das LG Köln erließ eine Verbotsverfügung, die Focus als endgültig anerkannte. Wir ließen uns vom Nachbestellservice probehalber ein altes Heft schicken. Die verbotene Stelle war darin immer noch enthalten. Das LG Köln verhängte daraufhin ein Ordnungsgeld in Höhe von 1 000 EUR gegen Focus.

Titel	Az. LG Köln	Gegner	Gegenstand
Weitere angebliche Sexualpraktiken und Geisteszustand	28 O 527/10	Focus Magazin Verlag GmbH	In diesem Verfahren ging es erneut um eine detailreiche Schilderung sexueller Erfahrungen, die eine Frau mit Jörg Kachelmann gemacht haben will, sowie um die persönliche Meinung der Dame zu Kachelmanns Geisteszustand. Der neutrale, vom Gericht bestellte Gutachter teilte ihre Einschätzung später allerdings nicht und erklärte Kachelmann für geistig vollkommen gesund. Die Verbreitung der Äußerungen wurde *Focus* verboten. Dieser hat die Verfügung als endgültige Regelung anerkannt.
Weitere angebliche Seuxalpraktiken und Geisteszustand	28 O 537/10	Tomorrow Focus Portal GmbH	Parallelfall zum Verfahren 28 O 527/10
Weitere angebliche Seuxalpraktiken	28 O 545/10	Bild digital GmbH & Co. KG	Eine »Zeugin« behauptete, dass Kachelmann sie einmal unangemessen behandelt habe. Die Verbreitung ihrer falschen Äußerungen wurde *Bild* verboten. *Bild* hat keinen Widerspruch gegen die Verfügung eingelegt. Das zugehörige Klageverfahren hat Kachelmann in beiden Instanzen gewonnen. *Bild* hat Nichtzulassungsbeschwerde zum BGH eingelegt.
Weitere angebliche Seuxalpraktiken	28 O 547/10	Ullstein GmbH	Hier ging es um die gleichen Schilderungen der angeblichen Zeugin. Neben dem Verfügungsverfahren wurde ein Hauptsacheverfahren durchgeführt, das Kachelmann in beiden Instanzen gewonnen hat. Die Antragsgegnerin hat Nichtzulassungsbeschwerde zum BGH eingelegt.
Weitere angebliche Sexualpraktiken	28 O 548/10	B.Z. Ullstein GmbH	Parallelfall zum Verfahren 28 O 547/10
Weitere angebliche Sexualpraktiken	28 O 549/10	Axel Springer AG (Hamburger Abendblatt)	Hier ging es um die gleichen Schilderungen der angeblichen Zeugin, diesmal im *Hamburger Abendblatt*. Neben dem Verfügungsverfahren wurde ein Hauptsacheverfahren durchgeführt, das Kachelmann in beiden Instanzen gewonnen hat. Die Antragsgegnerin hat Nichtzulassungsbeschwerde zum BGH eingelegt.
Noch einmal neue angebliche Sexual-praktiken	28 O 551/10	Bunte Entertainment Verlag GmbH	Gegenstand war die Veröffentlichung neuer angeblicher sexueller Vorlieben Kachelmanns, diesmal unter Bezugnahme auf eine Romanvorlage. Die Schilderungen entstammten der Ermittlungsakte. Das LG Köln erließ eine einstweilige Verfügung, die von *Bunte* als endgültige Regelung anerkannt wurde.

Titel	Az. LG Köln	Gegner	Gegenstand
Kachelmann-Fotos vom Urlaub auf seinem Privatgrundstück in Kanada	28 O 590/10	Ringier AG (CH)	Verboten wurde die Veröffentlichung von Bildern auf *blick.ch*, die Kachelmann während seines Urlaubs in Kanada zeigten. Die für die Internetseite verantwortliche Ringier AG gab eine Unterlassungserklärung ab.
Kachelmanns Urlaubsfotos	28 O 591/10	Bunte Entertainment Verlag GmbH	Gegenstand waren auch hier Kachelmann-Fotos in *Bunte*, die ihn im Urlaub in Kanada zeigten. *Bunte* hat die einstweilige Verfügung als endgültige Regelung anerkannt.
Angebliche sexuelle Erlebnisse einer weiteren bezahlten Zeugin mit Kachelmann	28 O 616/10	Bunte Entertainment Verlag GmbH	Zeugin »Anja L.« gab gegen Honorar ein Exklusivinterview in *Bunte*, in dem sie angebliche sexuelle Erlebnisse mit Kachelmann wahrheitswidrig ganz anders schilderte als noch in der polizeilichen Vernehmung. Die Verfügung wurde von der *Bunte* als endgültige Regelung anerkannt.
Angebliche sexuelle Erlebnisse einer weiteren bezahlten Zeugin mit Kachelmann	28 O 641/10	May, Tanja	Bunte-Reporterin Tanja May, die das Interview mit der Zeugin »Anja L.« geführt hatte, kassierte hierfür auch persönlich eine einstweilige Verfügung.
Neue angebliche sexuelle Praktiken, angebliche sexuelle Vorlieben und Angaben zum angeblichen Gesundheitszustand Kachelmanns	28 O 685/10	Morgenpost Verlag GmbH	Die *Hamburger Morgenpost* hatte Spekulationen zu speziellen sexuellen Neigungen, zum Kondomgebrauch und zur Potenz Kachelmanns aufgestellt. Die hiergegen gerichtete Verfügung erkannte der Verlag als endgültige Regelung an.

Titel	Az. LG Köln	Gegner	Gegenstand
Neue angebliche sexuelle Praktiken, angebliche sexuelle Vorlieben und Angaben zum angeblichen Gesundheitszustand Kachelmanns	28 O 686/10	DuMont Schauberg (Express)	Auch der Kölner *Express* brachte die Behauptungen über intime Details, die der *Hamburger Morgenpost* verboten wurden. Die Verfügung wurde als endgültige Regelung anerkannt. Der *Express* versuchte allerdings erfolglos, sich gegen die Übernahme der Kosten zu wehren.
Intime Details aus der Ermittlungsakte	28 O 924/10	Bunte Entertainment Verlag GmbH	Erneut wurden *Bunte* sexualitätsbezogene Schilderungen verboten. *Bunte* hat die Verfügung anerkannt.
Angeblich »neue Zeugin«	28 O 939/10	Focus Magazin Verlag GmbH	*Focus* hatte über die »neue Zeugin Linda T.« und ihre Schilderungen angeblicher Erlebnisse mit Jörg Kachelmann berichtet, wobei Informationen hierzu weder im Gerichtsverfahren eingeführt wurden, noch der Verteidigung bekannt waren. Die Verfügung wurde als endgültige Regelung anerkannt.
Behauptungen über Gesundheitszustand Kachelmanns	28 O 944/10	Tomorrow Focus Portal GmbH	Gegenstand dieses Verfahrens waren Äußerungen über den angeblichen Gesundheitszustand von Jörg Kachelmann. *Focus* erkannte die Verfügung als endgültige Regelung an.
SMS, intime Details, Straftatvorwürfe, sonstige Falschbehauptungen	28 O 977/10	Bunte Entertainment Verlag GmbH	Gegenstand dieses Verfahrens war das *Bunte*-Interview mit einer weiteren Zeugin. Es enthielt erneut SMS, Schilderungen intimer Details, falsche Straftatvorwürfe und sonstige unwahre Behauptungen. Die Verfügung wurde von *Bunte* als endgültige Regelung anerkannt.
Angebliche Heiratsversprechen	28 O 3/11	Axel Springer AG	Gegenstand der Verfügung war die falsche Behauptung von Alice Schwarzer in *Bild*, Jörg Kachelmann habe sechs Frauen gleichzeitig die Ehe versprochen. Axel Springer hat die Verfügung nicht anerkannt, sondern das Hauptsacheverfahren erzwungen und in zwei Instanzen verloren. Die Revision wurde nicht zugelassen.

Titel	Az. LG Köln	Gegner	Gegenstand
Angebliche Heirats-versprechen	28 O 4/11	Bild digital GmbH & Co. KG	Parallelfall zum Verfahren 28 O 3/11
Angebliche Heirats-versprechen	28 O 5/11	Schwarzer, Alice	Frau Schwarzer kassierte für ihre falsche Behauptung auch persönlich eine einstweilige Verfügung, die sie nicht anerkannte, sondern das Hauptsacheverfahren erzwang. Dieses verlor sie in zwei Instanzen. Die Revision wurde nicht zugelassen.
Angeblich »neue Zeugin«	28 O 10/11	Tomorrow Focus Portal GmbH	Auch mit dieser Verfügung wurden Veröffentlichungen über eine »neue Zeugin« und deren angebliche Erfahrungen mit Kachelmann verboten. Die Verfügung wurde als endgültige Regelung anerkannt.
Angeblich »neue Zeugin«	28 O 11/11	Bunte Entertainment Verlag GmbH	Parallelfall zum Verfahren 28 O 10/11
Angeblich »neues Opfer«	28 O 13/11	Axel Springer AG	Auch Bild kassierte eine Verfügung wegen der Wiedergabe der Darstellungen eines angeblich »neuen Opfers«.
Angebliche sexuelle Praktiken	28 O 25/11	Vox Television GmbH	VOX hatte in der Sendung prominent! über angebliche sexuelle Praktiken Kachelmanns berichtet, wobei die Außerungen teilweise durch Bildmanipulationen unterlegt waren. Die Verfügung wurde auf Widerspruch bestätigt. Die zunächst eingelegte Berufung nahm VOX zurück, nachdem das Gericht auf die mangelnden Erfolgsaussichten hingewiesen hatte. VOX hat die Verfügung als endgültige Regelung anerkannt.
Angebliche sexuelle Praktiken	28 O 33/11	RTL Television GmbH	Parallelfall zum Verfahren 28 O 25/11 wegen der Schilderung intimer Details in der RTL-Sendung Exclusiv.
Haus mieten, Hei-ratsversprechen und Kinderwunsch	28 O 36/11	May, Tanja	Die Bunte-Reporterin hatte der RTL-Sendung Punkt 12 ein Interview gegeben und darin behauptet, Jörg Kachelmann habe mehreren seiner angeblich 14 Ex-Freundinnen gleichzeitig Häuser gemietet, in denen er mit ihnen zusammen gelebt habe. Er habe zudem mehreren seiner Exfreundinnen parallel vorgespiegelt, sie heiraten zu wollen und mit ihnen Kinder haben zu wollen. Nichts davon ist wahr. Die Wiederholung ihrer falschen Behauptungen wurde Frau May per Verfügung untersagt. Sie hat die Verfügung als endgültige Regelung anerkannt.

Titel	Az. LG Köln	Gegner	Gegenstand
Fotos auf dem Anwaltsparkplatz	28 O 107/11	Bild digital GmbH & Co. KG	*Bild* hatte insgesamt vier Paparazzi-Fotos gezeigt, die Kachelmann auf dem Parkplatz im Hinterhof bzw. unmittelbar vor der Kanzlei seiner Strafverteidigerin Andrea Combé in Heidelberg und in der Nähe seiner jetzigen Frau zeigten. Der die Fotos begleitende Artikel bezog sich auf die »Neue an Kachelmanns Steuer«. Das LG Köln verbot den Abdruck der Bilder.
Fotos auf dem Anwaltsparkplatz	28 O 127/11	Axel Springer AG	Parallelfall zum Verfahren 28 O 107/11
Angebliche Zeugin in der Schweiz	28 O 148/11	Bild digital GmbH & Co. KG	Die Verfügung richtete sich gegen falsche Behauptungen und Vorwürfe im Zusammenhang mit der Vernehmung einer vorgeblichen Zeugin in der Schweiz.
Angebliches Heiratsversprechen	28 O 150/11	Focus Magazin Verlag GmbH	Auch *Focus* verbreitete die Behauptung, Kachelmann habe sich mindestens sechs Frauen gleichzeitig gehalten, denen er die Ehe und Kinder versprochen habe. Diese Behauptung ist falsch und wurde vom LG Köln verboten.
Angebliche Zeugin in der Schweiz	28 O 155/11	Axel Springer AG	Parallelfall zum Verfahren 28 O 148/11
Angebliche Zeugin in der Schweiz	28 O 189/11	Focus Magazin Verlag GmbH	Auch *Focus* verbreitete Aussagen einer angeblichen Zeugin in einer Art und Weise, die die Intimsphäre von Jörg Kachelmann verletzte und ihn vorverurteilte. Das LG Köln hat dies verboten. *Focus* hat die Verfügung als endgültige Regelung anerkannt.
Fotos auf dem Anwaltsparkplatz	28 O 201/11	Axel Springer AG	Gegenstand auch dieses Verfahrens war ein Paparazzo-Foto von Jörg Kachelmann beim Verlassen seines Autos auf dem Parkplatz der Kanzlei seiner Strafverteidigerin. Das LG Köln hat die Verbreitung des Fotos im konkreten Äußerungszusammenhang verboten.
Fotos auf dem Anwaltsparkplatz	28 O 202/11	Bild digital GmbH & Co. KG	Parallelfall zum Verfahren 28 O 201/11
Die »gefährliche Zeugin«	28 O 208/11	Bild digital GmbH & Co. KG	*bild.de* hatte Aussagen einer angeblich »gefährlichen« Zeugin in intimsphärenverletzender und vorverurteilender Weise verbreitet. Das LG Köln hat dies verboten.

Titel	Az. LG Köln	Gegner	Gegenstand
Die »gefährliche Zeugin«	28 O 209/11	Axel Springer AG und Autoren des Artikels	Parallelfall zum Verfahren 28 O 208/11 gegen die Axel Springer AG und die Autoren des verbotenen Artikels.
Angebliche Zeugin in der Schweiz	28 O 213/11	Autoren des Focus-Artikels	Parallelfall zum Verfahren 28 O 189/11 gegen die Autoren des Focus-Artikels.
Fotos auf dem Anwaltsparkplatz	28 O 246/11	Axel Springer AG	Auch hier wurde die Veröffentlichung eines Fotos auf dem Parkplatz von Kachelmanns Strafverteidigerin verboten.
Fotos auf dem Anwaltsparkplatz	28 O 254/11	Bild digital GmbH & Co. KG	Parallelfall zum Verfahren 28 O 246/11
Videosequenz von Kachelmann auf dem Anwaltsparkplatz	28 O 260/11	Vox Television GmbH	Gegenstand war eine Videosequenz, die Kachelmann in der Nähe seines Autos auf dem Parkplatz im Hinterhof der Kanzlei seiner Strafverteidigerin zeigte und die in der VOX-Sendung prominent! ausgestrahlt wurde. Das Verbot wurde auf Widerspruch und in der Berufungsinstanz bestätigt und die Verfügung von VOX inzwischen als endgültige Regelung anerkannt.
Falsche Behauptungen von Alice Schwarzer	28 O 263/11	Axel Springer/ Bild digital/ Schwarzer	Hier ging es um einen in Bild und auf bild.de veröffentlichten Artikel von Alice Schwarzer, in dem sie behauptete, mehere Ex-Freundinnen würfen Kachelmann vor, in der Beziehung gewalttätig geworden zu sein. Im Übrigen spiele er während der Verhandlung angeblich mit seinem iPad. Nichts davon stimmte. Das LG Köln hat die Verbreitung der Äußerungen verboten.
Fotos von Jörg Kachelmann und seiner Frau Miriam auf einem kanadischen Flughafen	28 O 276/11	Axel Springer AG	Gegenstand der Verfügung waren zwei Fotos, die Jörg Kachelmann und seine Frau auf einem kanadischen Flughafen zeigen. Das LG Köln hat dem Verlag die weitere Verbreitung der Fotos in der konkreten Form verboten.

Titel	Az. LG Köln	Gegner	Gegenstand
Intimes und Gesundheitszustand	28 O 290/11	Verlag Der Tagesspiegel GmbH	Der *Tagesspiegel* hatte hier längst verbotene Schilderungen intimer Details und ebenfalls bereits verbotene Äußerungen über den angeblichen Gesundheitszustand Kachelmanns veröffentlicht. Dies wurde ihm gerichtlich untersagt. Auf einen Teil der Verfügung wurde später verzichtet, die (Rest-)Verfügung wurde als endgültige Regelung anerkannt.
Gesundheitszustand	28 O 297/11	Bild digital GmbH & Co. KG	Auch hier ging es um Äußerungen über den Gesundheitszustand Kachelmanns. Auch hier wurde auf einen Teil der Verfügung später verzichtet.
Karasek-Artikel mit intimen Details	28 O 330/11	Axel Springer AG + Emma Frauenverlag	Hellmuth Karasek hatte auf *abendblatt.de* und *emma.de* einen Gastartikel geschrieben, der Äußerungen über intime Details enthielt. Dies wurde verboten.
Intimes und Gesundheitszustand	28 O 342/11	Axel Springer AG	Auch hier ging es um Äußerungen über Intimes und über den Gesundheitszustand Kachelmanns, diesmal auf *welt.de*. Auch hier wurde auf einen Teil der Verfügung später verzichtet.
Intime Schilderungen im »seriösen« Mantel	28 O 343/11	Druck und Verlagshaus Frankfurt	*FR-online.de* berichtete aus Anlass eines *Bild*-Artikels über verfassungsrechtliche Vorgaben bei der Berichterstattung über intime Details in der Boulevard-Presse. Im Rahmen dieses Artikels wurden die Schilderungen der *Bild* wiederholt. Hiergegen erwirkten wir eine einstweilige Verfügung. Der Verfügungantrag wurde jedoch später zurückgenommen.
Gesundheitszustand	28 O 364/11	B.Z. Ullstein GmbH	Auch hier ging es um Äußerungen über den Gesundheitszustand Kachelmanns auf *bz-berlin.de*. Auch hier wurde auf einen Teil der Verfügung später verzichtet.
Gesundheitszustand	28 O 373/11	Isabella Pfaff & Normann Broschk GbR	Gegenstand waren Äußerungen über den Gesundheitszustand Kachelmanns. Die Verfügung wurde als endgültige Regelung anerkannt.
Gesundheitszustand	28 O 374/11	20 Minuten (CH)	Auch hier ging es um Äußerungen über den Gesundheitszustand Kachelmanns, diesmal in der Schweizer Publikation *20 Minuten*. Auch hier wurde auf einen Teil der Verfügung später verzichtet. Die im Wege eines Versäumnisurteils ergangene Verfügung wurde als endgültige Regelung anerkannt.

Titel	Az. LG Köln	Gegner	Gegenstand
Gesundheits-zustand	28 O 375/11	Berliner Verlag GmbH	Auch der *Berliner Kurier* äußerte sich widerrechtlich zum Gesundheitszustand Kachelmanns. Auch auf einen Teil dieser Verfügung wurde verzichtet.
Private SMS Kachelmanns an die Anzeigenerstatterin	28 O 377/11	Bild digital GmbH & Co. KG	Hier ging es um private SMS-Nachrichten, die Jörg Kachelmann dem angeblichen Opfer geschickt hatte. Die Verbreitung der Nachrichten wurde der Antragsgegnerin verboten.
Falsches Kachelmann-Profil auf Twitter	31 O 396/11	Twitter Inc.	Auf *Twitter* hatte jemand ein Profil unter dem Namen Kachelmanns eröffnet. Wir ließen es *Twitter* daraufhin verbieten, ein auf den Namen Kachelmanns angelegtes Twitterprofil ohne Zustimmung Kachelmanns zu verbreiten.
Kachelmann-Foto vor der Kanzlei Combé	28 O 449/11	Bild digital GmbH & Co. KG	Gegenstand dieses Verfahrens war ein Paparazzo-Foto, das Kachelmann unmittelbar vor der Kanzlei seiner Strafverteidigerin und bei der Vorbereitung eines Verhandlungstermins zeigte. Es wurde verboten.
Intime Details	28 O 466/11	Madsack Online GmbH & Co. KG	Auch in diesem Verfaren ging es einmal mehr um das Verbot der Verbreitung intimer Schilderungen. Die einstweilige Verfügung wurde als endgültige Regelung anerkannt.
Private Fotos von Kachelmann und der Anzeigenerstatterin	28 O 494/11	Bunte Entertainment Verlag GmbH	*Bunte* hatte Privatfotos von Kachelmann mit der späteren Anzeigenerstatterin gezeigt. Das LG Köln hat sie verboten.
»Böse Triebe« – Nachverurteilung I	28 O 539/11	RP-Online GmbH	Mit diesem Verfahren begann nach dem Freispruch Kachelmanns eine Prozessreihe gegen Nachverurteilungen unseres Mandanten. Im Internetforum *Opinio* der *Rheinischen Post* hatte eine Autorin geschrieben, man wisse nicht erst seit Kachelmann, dass in manchem Manne böse Triebe schlummern könnten. So erweckte sie den Eindruck, er habe die Vergewaltigung doch begangen und sei gar ein Triebtäter. Das LG Köln hat der RP Online GmbH die weitere Verbreitung der Äußerung untersagt. Diese hat dagegen erfolglos Widerspruch eingelegt. Die ebenfalls eingelegte Berufung beim OLG Köln (15 U 192/11) hat die RP Online GmbH zurückgenommen, die Verfügung als endgültige Regelung anerkannt und das Forum *Opinio* eingestellt.

Titel	Az. LG Köln	Gegner	Gegenstand
»Jetzt redet sie« – Nachverurteilung II	28 O 540/11	Bunte Entertainment Verlag GmbH	Im *Bunte*-Artikel »Jetzt redet sie« gab die Anzeigenerstatterin ein Interview, in dem sie den Vorwurf der Vergewaltigung in verschiedenen Äußerungen aufrecht erhielt und Kachelmann vorwarf, sie mit dem Tode bedroht zu haben. Die Verbreitung dieser Behauptungen wurde *Bunte* vom LG Köln untersagt. Der Widerspruch gegen die Verfügung blieb erfolglos. Die anschließende Hauptsacheklage Kachelmanns verlor *Bunte* ebenfalls. Gegen das Hauptsacheurteil ist die Berufung beim OLG Köln (15 U 102/12) anhängig.
»Jetzt redet sie« – Nachverurteilung II	28 O 557/11	Dinkel, Claudia	Kachelmann ging wegen des nachverurteilenden Interviews auch gegen die Anzeigenerstatterin persönlich vor. Das LG Köln untersagte ihr die Äußerungen. Der Widerspruch gegen die Verfügung blieb für Frau Dinkel erfolglos. Das nachfolgende Hauptsacheverfahren verlor sie ebenfalls. Gegen das Hauptsacheurteil ist die Berufung beim OLG Köln (15 U 97/12) anhängig.
»Noch einmal Opfer« – Nachverurteilung III.	28 O 617/11	Staatsanwältin Freudenberg, Dagmar	Gegenstand des Verfahrens war der Artikel von Dagmar Freudenberg, Staatsanwältin, Referentin im Niedersächsischen Justizministerium für Opfer häuslicher Gewalt und Opferschutz sowie Vorsitzende der Kommission Strafrecht des Deutschen Juristinnenbundes. In diesem Artikel bezeichnete sie Claudia Dinkel als »Geschädigte« bzw. als »Opfer«. Das LG Köln hat der Staatsanwältin verboten, den Freispruch in dieser Weise zu ignorieren. Sie legte gegen die Verfügung zunächst Widerspruch ein, nahm diesen in der mündlichen Verhandlung jedoch angesichts der Aussichtslosigkeit ihrer Position zurück und erkannte die Verfügung als endgültige Regelung an.
Schwarzers erfundene Richterzitate – Nachverurteilung IV.	28 O 1081/11	Alice Schwarzer	Alice Schwarzer hatte in einem SWR1-Interview behauptet: »Der Richter hat gesagt: Wir haben Restzweifel an der Schuld. Das heißt, wir sind überwiegend von der Schuld überzeugt, bleiben aber Restzweifel. In tieferer Kenntnis des Falles komme ich zum selben Schluss wie das Gericht: Ich halte es für sehr wahrscheinlich, dass er es war«. Diese Richterzitate und -meinungen hatte Alice Schwarzer vollkommen frei erfunden. Das Mannheimer LG hat nie von bloßen Restzweifeln an Kachelmanns Schuld gesprochen. Es hat auch nicht geäußert oder gar geurteilt, dass es »sehr wahrscheinlich«

Titel	Az. LG Köln	Gegner	Gegenstand
			sei, dass Kachelmann die Tat begangen habe oder dass es »überwiegend von der Schuld überzeugt« sei. Das LG Köln verbot Schwarzers Ausführungen und bestätigte die einstweilige Verfügug auch auf den Widerspruch von Alice Schwarzer. Die Berufung wird beim OLG Köln unter dem Az: 15 U 65/12 geführt.
Schwarzers »Unwort des Jahres« – Nach-verurteilung V.	28 O 96/12	Alice Schwarzer / EMMA Frauenverlag GmbH	In einem Artikel schlug Alice Schwarzer die Worte »einvernehmlicher Sex« und »Unschuldsvermutung« als Unworte des Jahres vor. Zur Begründung, so Schwarzer, frage man »am besten Nafissatou Diallo oder Claudia D. oder irgendeine von den 86800 geschätzten vergewaltigten Frauen im Jahr, deren Vergewaltigung nie ange-zeigt, nie angeklagt oder nie verurteilt« werde. Das Landgericht hat die Verbreitung dieser Äußerung verboten, weil sie den Eindruck erweckte, Kachelmann habe die Vergewaltigung, von der er freigesprochen wurde, doch begangen. Das Verfahren ist im Stand der Berufung beim OLG Köln (17 U 107/12).
B.Z. zitiert Bunte-Interview – Nach-verurteilung VI.	28 O 259/12	B.Z. Ullstein GmbH	Die B.Z. hatte in einem Internetartikel aus dem Bunte-Interview mit Claudia Dinkel zitiert. Die Weiterverbreitung der darin enthaltenen Nachverurteilungen hat das LG Köln verboten.
Nutzung des Kachelmannfalls zu Werbezwecken	28 O 263/12	Adolf Jaekle	Das Cover eines Buches zeigte Jörg Kachelmann, obwohl im Buch kein einziger Hinweis auf ihn enthalten war. Das LG Köln sprach ein Verbot aus, da die Abbildung Kachelmanns allein zu werblichen Nutzung erfolgte.